書物の愉しみ

井波律子書評集

井波律子

書物の愉しみ

井波律子書評集

岩波書店

まえがき

本書『書物の愉しみ』は、一九八七年から二〇一八年までのおよそ三十年間に書いた、書物にかかわる文章のほぼすべてを収めたものである。もっとも多いのは、おりおりに刊行された書物についての書評だが、このほか、解説や書物に関連したエッセイなども合わせて収めた。基本的に発表された年月順に収めたが、こうしてみると、自分でも驚くほど分量が多いため、全体の構成を三部に分けて収録した。そのうちわけは以下のとおりである。

第Ⅰ部「書評　1987~2007」には、はじめて書評を手がけた一九八七年から二〇〇七年の二十年間に発表した文章を収めた。ここでもっとも分量が多いのは、「朝日新聞」の書評欄に一九九八年四月から二〇〇一年三月の三年間に掲載された文章である。これ以前に書いたものには、なんらかの形で中国に関連したものが多いが、この三年間に書いた文章は、日本や欧米などの小説、随筆集、映画等々に関する書物で、ことにおもしろく思ったものも積極的に取りあげており、かなり幅が広くなっている。

第Ⅱ部「中国の古典　中国の歴史」には、中国の古典文学や歴史そのものを対象とする翻訳書や論考、および中国史上の人物を取りあげた書物についての書評を収めた。ここで中心になっているのは、『週刊エコノミスト』の「歴史書の棚」に二〇〇八年七月から二〇一一年三月に至るまで掲載された文章である。なお、ここで取りあげた書物は新刊書に限らず、刊行後、かなり時間がたっているものも少なくない。

第Ⅲ部「書評　2008〜2018」には、タイトルどおり二〇〇八年以降二〇一八年までに発表した文章を収めた。ここでもっとも分量が多いのは、「毎日新聞」の書評欄に二〇〇八年四月から二〇一八年十二月までの十年間に掲載された文章である（「毎日新聞」の書評執筆は現在も継続中）。ここに掲載された書評はますます幅が広くなり、欧米のミステリやロックンロール等々に至るまで、私自身が大いに好むジャンルの書物もどんどん取りあげている。

という具合に、まことに多種多様、盛りだくさんの書評集なのだが、こうしてまとめていただくと、先にもふれたように、なにぶん分量も膨大であり、長い年月、書評を通じて自分がいかに書物の世界を愉しく逍遥させてもらったか、しみじみと実感される。ここにあらためて、自由に書かせてくださった記者や編集者の方々にお礼を申しあげたいと思う。

さらにまた、この書評集の背後には、三十年の歳月が流れており、ああ、こんな本もあったと、懐かしく思い起こすとともに、書物をよすがに、自分自身の来し方や時代の移り変わりをふとたどりなおしたりする。この本を手に取り読んでくださる方々にも、そんなふうに、それぞれみずからの生の軌跡に重ねあわせながら、この書評集を読んでいただければ、うれしく思う。

付言すれば、ここで取りあげた書物には、いわゆるベストセラーは少なく、おりおりに光彩を放ち、おもしろく読んだものを掬いあげた場合が多い。こうして本書にその書評が収められ、そのおもしろさがふたたび日の目を見ることができれば、これにまさる喜びはない。

本書の刊行にあたっては、岩波書店編集部の古川義子さんにたいへんお世話になった。古川さんには今まで多くの本を作っていただいており、今回も膨大な書評群を、快刀乱麻を断つごとく、基本的に編年に並べ、みごとに三部構成にまとめあげてくださった。ここに古川さんに心からお礼を申しあげたいと思う。

また、装丁は、これまた私の多くの本を手がけてくださった坂口顯さんがやってくださり、美しい本にしあげてくださった。また製作担当の大宅尚美さんはエレガントで読みやすい本にしたててくださり、校正の秋山研吉さんはしっかりきめ細かに校正してくださった。坂口さん、大宅さん、秋山さん、ほんとうにありがとうございました。

なお、本書に収録された書評については、各文末に初出年月日、また巻末に初出一覧および主要作品名・著者名索引が付されている。おりにつけ、参照いただければ幸いである。

二〇一九年四月

井波律子

目　次

小見出しには書評対象書目の書名をあげた。複数の本をテーマとするエッセイの場合は、タイトルに〈　〉を付した。

Ⅰ・Ⅲ部の小見出しは初出年ごとに示した。

装丁＝坂口 顯

書物あれこれ 1

三つ子の魂、百までも

幼年時代このかた、さまざまな本を読んできたが、字を覚えるのは遅かった。物心ついたときから、寝る前などに、母が絵本や童話を読んでくれるのを、楽しく聞いてはいたが、自分で字を覚えて読もうとは思わなかった。小学校に入る二、三か月前、父も母もさすがにこれでは困ると思ったらしく、私の前に「いろはがるた」を並べ、識字の特訓をほどこした。すぐ一つ一つのひらがなは覚えたけれども、バラバラの知識がつながらないので、あいかわらず文章が読めず、本も読めなかった。そんなある日、何気なく絵本を開いたとき、そこに書いてある短い文章が「まとまり」として目に入り、すっと理解できた。バラバラだった一字一字が瞬時につながり、読めたのである。あの瞬間の感激は忘れられない。

以来、活字は何でも読むようになり、漢字も苦にならなかった。私は富山県高岡の生まれだが、一九五二年二月、小学校二年生の終わりごろ京都に転居した。住んだのは西陣の千本界隈である。当時は日本映画の全盛期であり、千本界隈には封切館が林立していた。大家族だったため、ほとんど毎夜、家族の誰かのあとについて映画館通いをし、それこそ想像を絶するほど数多くの日本映画を見た。西

陣で過ごした小学生時代には、映画館通いのほか、もう一つ大きな楽しみがあった。貸本屋通いである。近くの貸本屋で毎日だいたい二、三冊、雑誌や漫画および種々の小説などを借り、それを一日で読みきるのが日課だった。このときおのずと「速読」のテクニックが身についたのかもしれない。

映画と貸本に明け暮れた至福の日々はやがて終わる。中学入学と同時に、映画館も貸本屋もない閑静な、賀茂川《かもがわ》上流の住宅地に引っ越したのだ。一九七六年、金沢大学に勤めるまでこの家で過ごし、中学、高校、大学および大学院時代を送った。この間、時の経過とともに、読む本も変わっていった。大学に入ってしばらくは、フランスの小説や評論を濫読《らんどく》し（むろん翻訳で）、中国文学を専攻してからは、多種多様の中国古典が中心になった。

「書物逍遥」というより「書物放浪」ともいうべき、私の読書遍歴をふりかえると、字を覚えたときと同様、ある本を読むことがおのずと次の本を読むことにつながるという、連鎖のなかで、おもしろく本を読みつづけてきたように思われる。まさに「三つ子の魂、百までも」である。

（2010.1）

忘れられない一冊

私の手元に古色蒼然とした一冊の童話集がある。大正十五年（一九二六）、世界童話大系刊行会刊の「世界童話大系」第九巻である。重厚な装幀で全六百八十四頁、ずしりと重い。総ルビではないが、丹念にルビが付されており、所々に彩色図版が入っている。収録されているのは、『ラ・フォンテーヌ寓話集』『ペロー童話集』（いずれも佐々木孝丸訳）および『和蘭童話集』（松村武雄訳）である。

この童話集は私が生まれる前から父の書斎にあったが、最初から全二十三巻のうち何冊か欠けていたようだ。今を去ること半世紀余り、大家族で住んでいた家から引っ越すにあたって、道具類を処分することになり、父の蔵書もほとんど古書店行きとなった。

このとき、世界童話大系も処分対象となったが、たまたま私が自分の部屋に持ち込んでいた第九巻だけが残ったのだった。私はこのなかに収録された『ペロー童話集』がことのほか好きで、「青髭」「長靴を穿いた猫」「サンドリヨン」等々を、読むたびにぞっと恐怖を覚えながら、手元に置いて愛読していたのである。

以来、長い歳月が流れ、京都から金沢へ、金沢からまた京都へと、何度も引っ越しをくりかえしたが、この古びた童話集は私の本棚の隅に鎮座しつづけた。三年前、私は定年になり、勤め先の研究室に置いてあった大量の書籍を、わが家に持ち帰った。この大移動の渦中で、研究室に置いていたはずの童話集が行方不明になり、わが家に新しく並べた本棚をいくら探してもみつからない。

小学生のときからの古い友人を失ったような寂しい気持ちでいたところ、半年ほど前、大きな家具を動かしたさい、かげになっていた本棚の隅から、ひょっこり出てきた。研究室ではなく、もともと自室に置いてあったのだ。オーバーな言い方をすれば、失った過去を取りもどしたようなうれしさだった。以来、すぐ目に入る本棚の特等席に並べ、おりおりに存在を確認することになった。

私にとって、この古びた童話集は物語幻想の何たるかを示唆してくれた最初の本であり、また今は亡き父母と過ごした日々の記憶のよすがでもある。まさに忘れられない一冊の本である。

(2012.6.8)

I

書評
1987～2007

『魯迅ノート』

今村与志雄 著

（筑摩書房、一九八七）

魯迅《ろじん》はむずかしい。そのむずかしさのよってくるところは、第一に言葉の問題、すなわち魯迅の表現そのものの難解さにあり、第二には執筆状況、いいかえれば魯迅をとりまく周辺の状況のとらえがたさにあると思われる。後者の傾向は、特にその雑文においていちじるしい。

長年、魯迅研究に心血をそそいでこられた今村与志雄《よしお》氏の『魯迅ノート』は、こうした魯迅のわかりにくさをときほぐす示唆と発見に富んだ書である。著者は膨大な魯迅関係の文献を丹念に読み込むことによって、徹底的にディテイルにこだわり、そのこだわりのなかから新鮮な結論を引きだす。まさに「神は細部にやどりたもう」である。

たとえば、魯迅の名高い短篇小説「故郷」のなかに、若いころ「豆腐西施《せいし》」と呼ばれた楊《よう》おばさんという人物が出てくる。ふつうこの「豆腐西施」は「豆腐屋小町」と訳される。ところが、著者は、魯迅が序文を書いた劉復《りゅうふく》の標点本『何典《かてん》』（清《しん》末に張南荘《ちょうなんそう》が書いた呉《ご》方言の小説）に、「豆腐西施」という幽鬼が出てくることに着目し、呉方言の区域に属する魯迅の故郷の人々が、豆腐屋の楊おばさんをそう呼んだのは、「単に彼女が古代の越の美女西施におとらぬ美女だからそういうのではなくて、幽鬼の世界の『豆腐西施』に見たてたのであって、そこには、辛辣なからかいのニュアンスがあったのではなかろうか」云々と指摘する。私はかねがね、痩せこけて細い足をコンパスみたいに開き、冷笑的で手癖もわるいと描写される楊おばさんが、いくら若いときのことでも、「豆腐屋小町」とは変だと不審に思っていたが、この文章を読んでその疑問が氷解した。

いきなり細かい話になってしまったが、この「豆腐西施」を含む本書の第一部「魯迅ノートから(上下)」は、著者が魯迅の『且介亭《しょかいてい》雑文』や『中国小説史略』などの翻訳を進めるかたわら、書き綴られたものであり、訳業によって鋭さを増した著者の感度のよさが、今も見たとおり、随所に発揮されている。

「魯迅ノートから(上)」は、林達夫、野口米次郎、高見順、正宗白鳥などの日本の文学者が、魯迅との同時代性(一九三〇年代)のもとに書いたエッセイを取りあげたものである。ここでは、「日本における魯迅評価の変遷」が浮き彫りにされると同時に、魯迅を鏡として論ずる者自身の認識のありよう、ひいては当時の日本の知識人の精神状況がおのずと映しだされており、はなはだ興味深い。

「下」のほうには、胡風《こふう》の回想録をもとに、胡風、周揚《しゅうよう》、馮雪峰《ふうせっぽう》など魯迅をとりまく作家たちの錯綜した関係性を解明したエッセイや、「豆腐西施」のように魯迅における古語や俚語の使い方を取りあげた考察、さらに、魯迅が曹操《そうそう》の詩を「偽善的ではない。だから、いい」と評価したことや、北宋《ほくそう》の詩人黄庭堅《こうていけん》については、にべもなく「わたしは嫌いだ」と言い捨てたことなど、魯迅の面目躍如たる中国古典文学に対する発言を取りあげた文章が収められ、多様な角度から魯迅の人と文学を浮かびあがらせている。

本書第二部「魯迅――読書雑記」の、『魯迅日記』『魯迅書信集』など、魯迅の実生活を明らかにする資料についての論考や、「絶望の虚妄なることは、まさに希望と相《あ》い同じい」という魯迅の「箴言《しんげん》」の出典とされる、ハンガリーの詩人ペテーフィを論じた労作にも、魯迅に憑《つ》かれた著者の飽くことなき探究の跡が如実にうかがえ、感銘深い。

(1987.11.30)

『孔子』

井上靖 著

（新潮社、一九八九）

　孔子の死後三百年を経て編纂された『論語』に見える孔子の言葉は、「朝《あした》に道を聞かば夕《ゆうべ》に死すとも可なり」という具合に、おおむね簡潔そのものである。しかし、この簡潔さは一歩踏み込むと、たちまち茫洋たる広がりと深さに変じ、いかようにも受け取れる多義性を示しはじめる。孔子の発言の一つ一つがそうした多義性を内包するばかりではなく、『論語』にはまた、随所に相反する方向性をもつ多様な発言が併存してもいる。したがって、『論語』という書物、ひいてはさまざまな側面をもつ孔子という稀有の存在の全体像を描出することは、至難の業にほかならない。

　本書はこうした困難をみごとに乗り越え、孔子の全体像をヴィヴィッドに描きあげることに成功している。この成功は、なんといっても第一に、表現対象つまり孔子との距離の取りかたの巧みさによって、もたらされたと思われる。

　著者は、本書の語り手として、蔫薑《えんきょう》と呼ばれる架空の人物を設定している。蔫薑は亡国蔡《さい》の出身者で、二十五歳のときに、顔回《がんかい》、子路《しろ》、子貢《しこう》らの高弟とともに、放浪の旅をつづける六十歳の孔子とめぐりあう。以後、孔子に心酔した蔫薑は、七十三歳で孔子が没するまで、孔子教団の下働きをしながら、弟子の末席に連なることとなる。孔子の死後、三年の心喪《しんそう》を終えると、蔫薑は山里で隠者のような生活に入り、いつしか三十三年の月日が流れる。

本書は、この薦蕢という孔子教団の生き証人に、孔子とその弟子たちの織りなす壮大なドラマの進行係をつとめさせるのである。薦蕢は、じかに孔子の謦咳《けいがい》に接し、それぞれまたとないパーソナリティーをもった高弟たちとも親しく接触したことのある、孔子教団内部の人間ではあるけれども、その実まったくの脇役にすぎない。しかし、薦蕢にこうして脇役という位相を振り当てたことは、裏返せば、彼に、孔子とその高弟たちの織りなすドラマの一部始終を見渡す視座を与えたということにほかならない。しかも薦蕢は、いかなる事件も人物も、客観的にくっきりとした輪郭をもって回想するのに十分な、三十三年という歳月が経過した後に、語りはじめるのである。

表現対象と絶妙の距離をもつ、こうした語り手を設定したことによって、本書の小説空間には、未曽有《みぞう》の乱世を生きた孔子という人物の魅力、またおのおの個性的なその高弟たちとの関係性が、臨場感を帯びて、鮮やかな全体として浮かびあがっている。まさしく手練の小説技法というべきであろう。

ここに浮かびあがる孔子の貌は、まさしく「烈しさと穏やかさ。厳しさと優しさ、温かさと冷たさ。──こうした反対のもの、相反するものが、同居しているというか、一緒になっているというか、そうした状態にある魅力」に満ち、乱世に翻弄されながら陰湿な絶望などさかしらとして笑い飛ばし、「死生命《めい》あり」と大らかに生き抜くさまを描ききって、爽快である。孔子に対する、なみなみならぬ理解と共感の美しい結実だといえよう。

（1989.10.23）

『後宮小説』

酒見賢一 著

（新潮社、一九八九）

第一回日本ファンタジーノベル大賞（一九八九年）を受けたこの小説は奇想天外、無類におもしろい。この小説の構成と仕掛けは、実にうまくできている。十七世紀初頭、明《みん》末の中国をモデルとして設定された、架空の王朝である素乾《そかん》王朝の滅亡のさまを、後宮の女性たちの動きに焦点を当てて描きだしているのだが、この記述方法に、まずひねりがきかされている。『素乾書』『乾史』『素乾通鑑《つがん》』といった架空の歴史書を随所で引用し、いかにもまことしやかに、「史実」を述べるという体裁をとるのである。こうした仕掛けによって、ファンタジーと歴史という異質の要素が結び付けられ、メリハリのきいた物語空間が作りだされている。意表をついた構成の妙といえよう。

意表をつくといえば、この小説は徹頭徹尾、周到に読者の常識や予断の逆をつくことを意図しているようにも見える。そもそも後宮にはセクシュアルにしてエロティックなイメージがつきものだが、『後宮小説』というタイトルにもかかわらず、この小説に登場する後宮の女性たちは、皇帝の愛人となるべく訓練中の少女ばかりであり、ヒロインの銀河《ぎんが》にいたっては、まことに魅力的ではあるが、中性的で妖精のような存在として描かれている。後宮の唯一の真の男性である皇帝もまた、男装の麗人を思わせる。という具合に、ここで描かれる後宮世界になまぐささはなく、まさしくファンタジックなのである。後宮という性的デカダンスに満ちた場所を舞台にしながら、それを逆手にとって、意想外の爽快なファンタジーを描きあげた作者の才能には、脱帽せざるをえない。

この小説と『金瓶梅《きんぺいばい》』との共通性を指摘する向きもあるようだが、作者の感性のありかたが根本的に異質だと思う。『金瓶梅』に登場する男女の発散するドロドロとした官能性、エネルギッシュな毒気から見れば、『後宮小説』のほとんどノンセックスで邪気のない登場人物の姿は、あまりに「可憐」に見えもするのである。

(1990. 2. 16)

辻原登 著『村の名前』

(文藝春秋、一九九〇)

今年(一九九〇年)上半期の芥川賞受賞作『村の名前』は、作者手練のテクニックによる、巧妙な小説的仕掛けの上に成り立った作品である。

物語は、主人公の商社マンが、東京の畳卸し業者とともに、中国湖南省の奥地の村まで、藺草《いぐさ》の買い付けに出かけるところから、はじまる。彼らの商談に同行した中国側の関係者が正体不明で、不気味なところにもってきて、到着した村は、なんと桃源《とうげん》県桃花《とうか》源《げん》村という。この村で、主人公は現実と非現実の間をさまよい、奇妙な夢に似た体験をするのである。桃花源というのは、むろん東晋《とうしん》の大詩人陶淵明《とうえんめい》の「桃花源記」に描かれた、時間を超越したユートピアのことであり、この小説の舞台である桃源県(東晋のころは武陵《ぶりょう》)が、事実、いちおうその所在地ということになっている。

この小説は、こうした「桃花源記」のユートピア的イメージを巧みに用いて、人の心の深層に潜む永遠のユートピアともいうべき、幼年期の原型的記憶への回帰の過程を描いたものといえる。すなわち、主人公は奇怪な体験を通して、現在の貧しい農村である桃花源村の古層に、桃の花の咲き乱れる伝説のユートピアを幻視し、その幻影はまた、そのまま主人公の記憶の古層をなす、桃の木のある庭で母の腕に抱かれていた、みずからの幼年期へと、つながってゆくという趣向なのだ。この考え抜かれた物語展開は、大人の童話ともいうべき深い寓意に満ち、読者を遥かな内面の旅へと誘うものである。

(1990.11)

宮城谷昌光 著『夏姫春秋』（上下、海越出版社、一九九一）

今年（一九九一年）上半期の直木賞受賞作『夏姫《かき》春秋』は、最後まで読者を引き付ける仕掛けと迫力に満ちた、エンターテインメントの快著である。『夏姫春秋』の物語的時間は、中国の春秋時代の半ば、紀元前六三〇年頃から紀元前五八〇年頃までを中心とする。この時期、山西省西南部を根拠として南下をはかる晋《しん》と、湖北省を根拠として北上をはかる楚《そ》の二つの大国が、黄河中流域で激突をくりかえした。このため、この二大国にはさまれた鄭《てい》・衛《えい》・宋《そう》・陳《ちん》・魯《ろ》などの小国は、両大国を相手に臨機応変、きわどい駆け引きをおこない、巧みにバランスをとることによってのみ、辛うじて存続しえたのだった。

この間の混沌とした国際関係や、またひんぴんと政変に見舞われた各国家内部の波乱に富んだ乱世的状況は、『春秋左氏伝《しゅんじゅうさしでん》』に詳述されている。なにぶん小国の一つである魯の年代記をもとにした『春秋左氏伝』では、叙述が錯綜し、確たるイメージを結びにくいのが難である。『夏姫春秋』の作者の工夫は、このもつれにもつれた時間帯を扱うに際し、その焦点となるべき人物を創造したことにある。小国鄭の王女で、陳の貴族のもとに嫁ぎ、夫と死別後、陳王の愛妾となった妖艶な美女夏姫が、これにあたる。

もっとも夏姫は実在した女性であり、『春秋左氏伝』にも夏氏という名で登場し、陳王のみならず、陳王の二人の重臣とも関係があったと記されるなど、陳滅亡の原因を作った、ただならぬ女性であったことはまちがいない。『夏姫春秋』は、こうした『春秋左氏伝』の記述をもとにして、華麗なフィクションを大々的に加えて、夏姫を乱世きっての宿命の美女に仕立てあげ、彼女にかかわる男たちにふりかかった事件を追究するというかたちで、春秋中期の乱世状況を、総体として描きだすことに成功している。

ここに浮き彫りにされた諸国間の複雑怪奇な国際関係の諸相には、現代世界と通じるものもあり、実におもしろい。ただ、夏姫の妖艶美をセンセーショナルに誇張するあまり、作品全体のバランスを崩す局面もまま見られ、この点だけがいかにも惜しまれる。

（1991.9）

『客家――中国の内なる異邦人』

高木桂蔵 著

（講談社現代新書、一九九一）

はるか昔、戦乱状態に陥った北中国を逃れて南下した人々は、江南の人里離れた山間地帯に移り住んで集落を作った。彼らの子孫たちは、何百年あるいはそれ以上の時間の経過をものともせず、今なお北から来た先祖の固有の言語や風習を守りつづけている。これが、中国において客家すなわちハッカと呼ばれる人々についての、ごく一般的なイメージであろう。隠れ里に住む異人を思わせるこうした客家のイメージは、人をおのずと平家の落人《おちうど》伝説にも似たロマンの世界に誘うものである。

高木桂蔵著『客家』は、こうしてそもそもロマンの要素を濃厚にもつ客家に焦点を絞り、その静止的なイメージを払拭して、あたうかぎりダイナミックにその軌跡をたどった論著である。ここでは、客家は、隠れ里の異人ならぬ中国大陸における異人、それも転換期に起爆剤として絶妙の力を発揮する異人として位置づけられる。なにしろ清《しん》末、中国を揺るがした太平天国の乱も客家を中心とするものなら、かの孫文《そんぶん》も客家、また中国共産党の大物にしても、朱徳《しゅとく》、賀龍《がりゅう》、葉剣英《ようけんえい》、鄧小平《とうしょうへい》等々、枚挙に暇がないほど客家がそろっているのだから、この設定には説得力がある。

現在、四千五百万人にのぼる客家の南中国への移動は、秦《しん》末（前三世紀初め）以来、後漢《ごかん》末（二世紀末―三世紀初め）、西晋《せいしん》末（四世紀初め）、唐《とう》末（十世紀初め）、南宋《なんそう》末（十三世紀末）などの動乱期にさいし、数次にわたって行われたとされる。なにぶん動乱期のことゆえ、これらの時期に南中国に移住した人々は膨大な数にのぼったと思われるが、このうち奥地の辺境に逃れ住んだ人々だけが、客家となったのであろう。かくて客家は勤勉と相互扶助をモットーに、独特の古語を用いて連帯を強め、地域を超えて大規模な一種の秘密結社を形成するに至るというのが、本書描くところのその歴史的ストーリーである。

本書はこうした経緯によって形成された客家を論ずるにあたり、まず客家の代表として鄧小平を取りあげ、その権力掌握の過程において、客家的ネットワークがいかに強力に作用したかを探る。以下、客家の歴史、客家の文化を跡づける操作を経て、最後に華僑《かきょう》として世界各地に広がる客家の「血のネットワーク」の威力を浮き彫りにし、さらには、今や葉選平《ようせんへい》（葉剣英の長男）が省長として支配する客家王国広東《カントン》省などが、北京政府と対決し、資本主義的な経済システムをもって「独走する華南経済圏」を作りだしつつあるという、はなはだ刺激的な構図を描きあげるのである。

この「血のネットワーク」から「独走する華南経済圏」に至るスリリングな叙述は、本書の白眉にほかならず、なまじの冒険小説など足元にもおよばない。なかでも、天安門事件のリーダーたちが、客家のネットワークによって、広東から出国したとする箇所などは、文字どおり手に汗にぎるサスペンスがある。

ただ、客家のユニークな存在形態を強調するあまり、鄧小平を美化して彼が客家であることに力点を置きすぎたり、あるいは、恐るべき連帯を誇る「血のネットワーク」は、客家に独自なものというより、むしろ広く中国人に普遍的に見られる傾向といった方がよいと思われるなど、いささかの疑念もなくはない。

しかしいずれにせよ、本書は、こうした疑念を吹き飛ばすような壮大なパースペクティブをもって、中国の異人たる客家の存在を描ききった、「客家大スペクタクルロマン」ともいうべき快作であることは論をまたない。


(1991. 11. 28)

『百年の孤独』

G・ガルシア＝マルケス著、鼓直訳

(新潮社、一九七二)


コロンビアの作家ガルシア＝マルケスの『百年の孤独』は、途方もないおもしろさにあふれた堂々たる奇想小説である。

「豚のシッポ」のついた子供が生まれることを恐れつつ、血族結婚したホセ・アルカディオ・ブエンディアとウルスラ・イグアランは、苦しい旅の果てに、新天地マコンドを発見、この地に住み着くことになる。『百年の孤独』は、こうして建設された新しい町マコンドの百年の興亡のなかで、続々と誕生するホセ・アルカディオ夫婦の子孫が、いずれ劣らぬ奇行をはなばなしく繰り広げたあげく、もろともに滅んでゆくありさまを、活写する。

ホセ・アルカディオ一族の者ときたら、頗《すこぶ》る付きの奇人ばかりである。そもそも一族の「父」のホセ・アルカディオからして、マコンドにやって来たジプシーの長老メルキアデスの魔術に魅せられて発狂し、栗の木にくくり付けられて一生を終える体たらくなのだ。一方、「母」であるしっかり者のウルスラは、家霊のように百数十年も生きつづけ、ミイラと化すまで、子孫の奇行を見守る役割を担う。

彼らの奇矯な子孫たちは、男はきまってアルカディオかアウレリャーノ、女はウルスラかアマランタと名付けられる。このため、その奇行の内容こそ多種多様ながら、えんえんと連なる同名の連鎖が呪文のような効果をおよぼし、作品世界は、一種異様な永劫回帰《えいごうかいき》の雰囲気に浸透されるのである。

時間は確かに流れているはずなのに、今、起こっていることが現実なのか幻影なのか、判然としないといった様相は、この小説に特徴的な現実性(日常性)と非現実性(幻想性)の混在によって、いっそう強められる。たとえば、この一族の屋敷では生者と死者が共生し、事あるごとに死者が出現しても誰も不審を抱かない。また、この一族の血統には、おそろしくセクシュアルな男と、これとは対照的に、これまたおそろしくノンセクシュアルで片意地な女が誕生する傾向があるのだが、前者の代表ともいうべきウルスラの長男が自殺したとき、その身体から流れ出た血がいくつもの通りを走り抜けて、母のウルスラのもとに達したとされるし、近づく男をすべて死に追い込む「残酷な女神」のような、一族きっての美少女は、シーツに包まれ手をふりながら昇天する、という具合なのだ。こうした幻想的な事件が、鮮烈なリアリティーを帯びて頻発するこの作品の世界では、夢もうつつも、まさしく等価なのである。

しかし、最後に至って、この作品に描かれた出来事はすべて、百年前にジプシーの長老メルキアデスによって、サンスクリット語で記されていたことが明らかになる。こうして激しく揺れ動く『百年の孤独』の世界は、いわば「鏡の中の世界」として枠付けられ、みごとに完結するのである。ウンベルト・エーコの『薔薇の名前』もそうだが、このようにして虚構の枠組みを設定する方法は、紛れもなく伝統的な「語り」の文法に則ったものといえる。こうした語り口は、おそらく奇想小説に不可欠のものなのであろう。『百年の孤独』は、そんな原型的な語りの力に乗せて、読者をスリリングな「鏡の中の世界」に引き込む、奇想小説の傑作にほかならない。

(1992.5)

宮崎史学の魅力

私が京大文学部に入学したのは一九六二年、中国文学を専攻するようになったのは六四年からである。宮崎市定先生は六五年の春のご退官だから、一年だけでも授業を聴講させていただくことができたのに、当時の私は、中文の授業についていくだけで精一杯で、せっかくの機会を逃してしまった。また学部から大学院を通じて六朝《りくちょう》文学を研究テーマとしたため、六朝文学をやる者の必読書とされる『九品官人法の研究』をはじめ、宮崎先生の六朝史関係の著述だけは、読ませていただいたけれども、とても宮崎史学の真髄に触れるところまではいかなかった。

そんな私が、宮崎先生の著書を次々に読み、すっかりその魅力の虜《とりこ》になったのは、ここ数年のことである。ことに私自身の興味が六朝からしだいに近世にまで広がってゆくにつれて、宮崎先生の著書は、なくてはならない貴重な羅針盤になった。そうしたなかで、「明代蘇松地方の士大夫と民衆」と「中国における奢侈の変遷――羨不足論」の二編は、ことに私の大好きなものであり、何度も何度も暗記できるほど読ませていただき、測り知れないほど深い影響を受けた。

「明代蘇松地方の士大夫と民衆」は、先生ご自身、「私が自分ながら面白く思いつつ書いた最初の明代史研究の原稿は、昭和二十九年に発表した『明代蘇松地方の士大夫と民衆』であった」（全集第十三巻「自跋」）と述べておられる会心の作であるが、これはほんとうにすばらしい論述だと思う。とりわけ、蘇州について述べられた部分は、何度読みかえしても驚嘆するばかりである。

明代、反権力的気風をもつ江南の大都市蘇州は、「呉中《ごちゅう》の四才《しさい》」をはじめ多くの「市隠《しいん》」と呼ばれるアウトサイダーをはぐくみ、高度な文化を生みだしていった。このプロセスを、宮崎先生は実にダイナミックにいきいきと論じていらっしゃる。蘇州という都市がそこに住む人々の独特の生活様式を形成し、そうした人々が逆にまた蘇州という都市の特性を形づくってゆく相互浸透のさまが、ここには実に鮮やかに浮き彫りにされているのである。昨今、都市論が盛んであるけれども、今から約四十年も前に書かれた宮崎先生のこの蘇州論は、現在の都市論のすぐれた先駆けともいうべきものだと、私は思う。

またこの著述において、宮崎先生は、「呉中の四才」の一人で、蘇州生まれの生粋の都会人である祝允《しゅくいん》明《めい》と浙江余姚《せっこうよよう》の出身である王陽明《おうようめい》を比較され、「ただ蘇州という大都会に育った祝允明は、都会人らしい融通無礙の態度で、知ったことを厳格に行おうとせず、自己の趣味生活に耽溺することに最高の人生を見出そうとした。真なるものは情緒的に芸術的に捉えらるべきものであった。ところが田舎者の王陽明の潔癖は妥協を許さない。どこ迄も意志の力で知行を合一させなくてはならないのである」と、述べておられる。いつ読んでも、ここまでくると、失礼な言い方だが、宮崎先生はなんて明快でおもしろい方だろうと思う。ノンシャランな祝允明と生真面目な王陽明のイメージが、くっきりと対照的に浮かんできて、私はすっかりうれしくなってしまうのである。専門的な論文で、私のような歴史の門外漢にまで、これほど知的かつ情緒的な快感を覚えさせるのは、ほんとうに稀有のことだと思われる。

実は、私が、このイメージ喚起力にあふれる都市論「明代蘇松地方の士大夫と民衆」をはじめて読んだのは、三年ほど前、明末の短篇小説集「三言《さんげん》」をテーマとする本を書きはじめたころであった。「三言」の編者の馮夢龍《ふうぼうりゅう》は蘇州の人であり、「三言」のなかには「呉中の四才」の一人である唐寅《とういん》を主人公にしたものなど、蘇州を舞台にした作品が多い。だから、明代蘇州は「三言」のポイントなのだが、いろいろ調べてみても、どうしても蘇州という都市の雰囲気、エートスがつかめない。モヤモヤした気持ちで焦っていたときに、宮崎先生の著述に触れ、くりかえし読ませていただくうちに、霧が晴れるように、私なりの蘇州のイメージがくっきりと結ばれ、そのおかげで、具体的な手触りを感じながら、「三言」の世界の探究をすすめることができるようになった。

もう一つの私の大好きな宮崎先生の著述「中国における奢侈の変遷——羨不足論」は、桑原武夫先生がとても感心していらっしゃったことから、ずいぶん前に読ませていただき強い感銘を受けた。私はもう二十年も前、桑原先生が「中国詩文選」(筑摩書房)の『論語』を執筆されたときに、吉川幸次郎先生のお言い付けで、アシスタントをさせていただいた。その間に、宮崎先生がまだ刊行前の『論語の新研究』(岩波書店)の校正刷を届けてくださったと、桑原先生がたいへん喜んでいらっしゃったことがあった。そのとき、桑原先生は「奢侈の変遷」にはほんとうに感心したとおっしゃり、「きみは読んだか」とお聞きになった。まだ読んでいませんとお答えすると、「きみは何にも知らんのやなあ」と、呆れられてしまった。それで、さっそく慌てふためいて読ませていただいたのが、そもそものはじまりである。

はじめて読んだときから、私はこの「奢侈の変遷」に強く魅かれた。このなかで、宮崎先生は、古代から中世を経て近世宋代に至る奢侈の変遷を、量から質へ、さらにまた合理へと向かう転化の相のもとにとらえられ、具体的な例をもって、鮮やかに実証されてゆく。こうして奢侈の変遷にスポットが当てられることにより、古代から近世に至る総体としての中国の社会や文化の変化の過程が、みごとに浮かびあがってくるのだから、これはまったくスリリングというほかない。

さらに、宮崎先生の著述は先の「蘇松地方」もそうだが、この奢侈論にもまたみごとなイメージ喚起力があるため、論理の骨組みだけで組み立てられた歴史の論文には、すぐ飽きてしまってついてゆけない私なども、イメージを浮かべて楽しみながら論旨を理解することができる。たとえば、宋代の合理化された奢侈を論じられるに当たって、蔡京《さいけい》(北宋末の宰相)の厨房で働いていた料理女を例にあげられ、蔡京の厨房では極端に分業が進んでいたため、この料理女はネギを刻む係であり、長年、厨房で働きながらいっさい他の料理はできなかったとされる。こうして合理化された近世的奢侈、ひいては近世的社会や文化の特質を、百言を費やすよりも、鮮やかに切り取ってみせられるのだ。イメージ人間の私はすっかり感心して、この奢侈論を読ませていただいて以来、宋代といえば、あのネギ係のいた時代だ、と、朝から晩までトントンとネギを刻んでいる女性の姿が彷彿と浮かんでくるほどなのである。

こうして「中国における奢侈の変遷」のすばらしさに感動し、何度も何度も読み返したあげく、ちょっとした機会があって、私は自分でも「中国の散財史」という短い文章を書いた。もちろん宮崎先生の影響をもろに受けたものである。さらにこれが契機になって、ついさきごろ無謀にも、中国の物質的、精神的贅沢をテーマとした小さな本まで書いてしまった。すべて宮崎先生の「奢侈の変遷」にとりつかれた結果にほかならない。授業を受けたことも、お目にかかったこともないけれども、お書きになったものを通して、私は宮崎先生から実に多くのことを学ばせていただいたのである。

最後にもう一つ、これもまた私の大好きな『菩薩蛮記』について書かせていただく。周知のごとく『菩薩蛮記』は、宮崎先生が一九三七年(昭和十二年)、トルコ、シリア・レバノン、イラク、パレスチナ、エジプトを一か月半にわたって旅行されたときの記録である。

この間、先生はたった一人で、アザだらけになりながら、オンボロの乗合い自動車に揺られて国から国へと移動し、「バクシシ、バクシシ」と、無心をくりかえす子供の群れをかきわけて街を闊歩し、バザールの古本屋とねばり強く交渉して、相手の最初の言い値をなんと十分の一まで値引きさせてコーランを入手し、宿泊料をふっかけてくるホテルの主人に憤慨、丁々発止と渡りあって一歩も引かず、また別のホテルでは主人が何かと暴利を貪りながら、脅迫的に乗合い自動車の世話をしてやると食い下がるのを、「はなはだ快からず」思い、ひそかに相手の裏をかいてしっかり別の自動車をみつけておき、「口あんぐり」のくだんの主人を尻目にさっさとそれに乗り込んで、「心の中で赤んべ」をする、という具合に、まことに生きのいい自前の旅行を敢行されている。このヨーロッパとアジアの境目にあたる地域を、宮崎先生はみずみずしい好奇心にあふれて自分の足で歩き回り、その目で確かめられようとされるのだ。これはとうてい書斎に閉じこもるしか能のない、ブッキッシュな学者のなせる業ではない。

ちなみに、宮崎先生がこうして西アジアを旅されてから三十有余年後、気鋭のルポライターが東京を起点とし、一年がかりで乗合いバスを乗り継ぎユーラシア大陸を横断、西アジアを通過してロンドンまで旅した。彼、沢木耕太郎は長い時間をかけてそのときの記録を三巻の書物にまとめた。昨九二年に完結した超ベストセラー『深夜特急』である。不思議なことに宮崎先生の『菩薩蛮記』と、この『深夜特急』には、通過した地点の重なりもさることながら、その旅する姿勢そのものに深い一致が認められる。旺盛な好奇心、驕りも脅えもなく、率直かつ自然に異郷の懐に飛び込んでゆくその態度。この二つの旅の間に三十年以上の歳月が流れているとは、とうてい信じられないくらいだ。

こうしてみると、宮崎先生の感性や思考方法にはもともと、今の若者が熱中する『深夜特急』にも通じるような、フレキシブルな現代性があり、それゆえにこそ宮崎史学が、現代に生きる者の心をとらえて離さないのではないかと、思えてくるのである。

(1993.4)

陸文夫著、釜屋修訳『消えた万元戸』（日本アジア文学協会、一九九二）
張賢亮著、大里浩秋訳『土牢情話』（日本アジア文学協会、一九九三）

短篇小説集『消えた万元戸』の作者陸文夫《りくぶんぷ》（一九二三年生）と、やはり短篇小説集『土牢情話』の作者張《ちょう》賢亮《けんりょう》（一九三六年生）は、いずれも五七年の「反右派闘争」を皮切りに、六六年から十年つづいた「文化大革命」の期間を通じて、くりかえし批判され沈黙を余儀なくされた。この苛酷な経験を経て、いわば「煉《れん》獄《ごく》」から甦った彼らは、文革終了とともに執筆を再開した。ここに取りあげた二つの短篇小説集に見える作品に共通するのは、激動する時間帯を生き抜いた作者たちが各々、けっしてみずからを単なる受難者とすることなく、深く成熟した視点を獲得していることである。

陸文夫の『消えた万元戸』には、「路地の奥深く」「ワンタン屋始末記」「不平者」「消えた万元戸」の四編が収められている。このうち「路地の奥深く」だけは作者の若い時期の作品(五六年発表)だが、他はすべて八〇年代初期に発表されたものである。「ワンタン屋始末記」は、蘇州の親代々の屋台のワンタン屋が、文革のさなか、「資本家」だとさんざん非難されてこりごりし、工場労働者に転身する顚末を描く。「ワンタン屋が資本家だって?」という、作者のため息が聞こえてくるような、ペーソスあふれる佳篇である。

これに対して、「不平者」は文革期の農村に下放した威勢のいい「知識青年」を、表題にもなっている「消えた万元戸」は、文革後に出現した、にわか成金(万元戸)を、主人公にした作品だが、なんといっても後者が抜群におもしろい。主人公の孫万山《そんばんざん》は、せっかく万元戸になりながら、テレビの取材を受けることになったのが運のつきで物入りがつづき、一文無しになったあげく、失踪してしまう。

「ワンタン屋」が資本家呼ばわりされたかと思うと、「万元戸」もたちまち村中からよってたかって破産させられてしまうという具合に、ここには、ともすれば収拾不能の「雪崩現象」を起こしがちな中国的社会構造への、鋭い諷刺が認められる。しかし陸文夫はそうした諷刺性を、けっして居丈高にあらわそうとはしない。あくまで過ち多き凡人群像をあたたかいタッチで描きながら、問題の所在をさりげなく提示するという手法をとるのである。ちなみにプチブル的だと非難された「路地の奥深く」は、若き陸文夫が娼婦の過去をもつ少女の恋を、清冽な抒情あふれる筆致で描いた作品である。「路地の奥深く」から「消えた万元戸」まで、陸文夫の「やさしさ」は煉獄の時間を経て、いよいよ本物の輝きを増したというべきであろう。

一方、張賢亮の『土牢情話』に収められた「邢《けい》じいと犬」「霊魂と肉体」「土牢情話」の三編は、主として文革期の農村を舞台としたもので、いずれも八〇年代初頭に発表されている。張賢亮の置かれた状況は、陸文夫よりはるかにシビアだった。ブルジョア家庭の出身であることが災いして、約二十年も投獄、強制労働のくりかえしを強いられたのである。しかし張賢亮の凄いところは、先にも述べたとおり、けっしてこの体験を受難とかたづけることなく、混乱の極に達した農村で辛くも生きつづけるなかで、表面的な政治状況などとは無関係な生活世界をもつ、中国の農民に備わった「大地の魂」を肌で感じとり、それを揄いとって力強く形象化したところにある。とりわけ十人の反体制政治犯が収容されている、ある農村の牢獄を舞台とした「土牢情話」の完成度は高く、ここに描かれた、監視者でありながら、作者の分身とおぼしき囚人にひたむきに恋する少女の姿は、まさにすこやかな大地の魂そのものであり、まことに感動的だ。

総じて陸文夫も張賢亮もけっしてドグマティックな論理の言葉で、対象を切ろうとするのではなく、あくまで固有の感性と思考回路によって、自分たちが経てきたこと、見てきたものはいったいなんだったのだろうかと、作品世界を通じて、粘り強く問いかけつづけているのである。中国当代文学の底力を感じさせる作家たちだといえよう。

（1993. 4. 26）

ユン・チアン著、土屋京子訳
『ワイルド・スワン』
(上下、講談社、一九九三)

本書は一九五二年生まれの著者が、清《しん》王朝の滅亡、中華民国の成立、抗日戦争、内戦、中華人民共和国の成立、文化大革命と、激動の二十世紀中国を生きた、祖母、母、娘(著者自身)三代の姿を描いた、「大河ドキュメンタリー」である。ある家族を核として、具体的な手触りのもとに、清末から現代に至る中国近・現代史を浮かびあがらせようとする試みは、他に類を見ないものだといえよう。

三代にわたる女性のうちでは、祖母と母に関する叙述の部分が鮮やかだ。美少女だった祖母は、一九二〇年代、軍閥の将軍の妾にされて、著者の母を産む。しかし、彼女はなかなか意志の強い女性であり、将軍の死後、彼女を心から愛してくれる漢方医と再婚、その正妻となる。以来、文革のさなかにこの世を去るまで、彼女はひたむきに娘や孫を愛し、状況の激化もなんのその、あくまで快活でお洒落なおばあさんとして、たくましく生きつづけた。波瀾万丈の生涯をたどったこの女性の姿を、孫たる著者はやわらかな愛情をこめた筆致で描いており、陰惨な場面の描写が多いなかで、一種の救いともなっている。

祖母がイデオロギーとは無関係な世界を生きた女性であるのに対して、母のほうは、国民党統治のもとにあった女学生時代から、共産党のシンパとして積極的に生きた女性だった。彼女は誠実な共産党員の著者の父と結婚、中華人民共和国成立後、地方高級幹部となった夫とともに四川省に赴き、やがてみずからも幹部党員として活躍する。こうして社会的に活動するかたわら、続々と三男二女を生んだのだから、これまたたくましい。彼女は非常に率直であり、自己主張も強い。このため、真面目なあまり教条的になりがちな夫と衝突することも多かった。ちなみに典型的な「老幹部」たるこの夫(著者の父)の描き方も、なかなかみごとだ。このようにして両親のパーソナリティーの違いを、娘たる著者は巧まずして描き分け、「党員夫婦」の血の通った生活世界の様相を浮き彫りにしえている。

という具合に、三代の女性史のうち、揺れ動く時代のなかで、抗いながら懸命に生きた祖母、母の姿は(さらには父の姿も)、まことに鮮明に描かれ、感動的なのだが、著者自身に関する叙述になると、平板さがめだつのが惜しまれる。彼女の愛する両親が、文革でひどい目にあったことへの怨みや怒りもあって、被害者意識が強まり、毛沢東を諸悪の根源とばかりに断罪し、文革を悪夢として全否定することに急なために、その時代をリアルタイムとして生きた著者の肉声が聞こえにくいのである。著者は文革が終わってまもない一九七八年、英国に留学、そのまま滞在しつづけている。彼女が英国に赴いたころ、中国では、文革に対する怨みつらみを描いた「傷痕文学」が流行したことがあった。彼女自身に関する叙述は、残念ながら、「傷痕ドキュメンタリー」とでもいうべき様相を呈するにとどまっていると、いわざるをえないのである。

(1993. 4. 30)

倉本四郎 著『フローラの肖像』(講談社、一九九三)

昔、中国に庖丁《ほうてい》という料理の名人がいた。彼がひとたび牛刀を動かすと、肉と骨がサクリサクリとリズミカルな音をたてて切り離され、あっというまに一頭の牛が鮮やかにさばかれたという。絵画にあらわれた女性と花のイメージから、そこに秘められた宇宙的暗号を読みとってゆく、本書の著者のほとんど魔術的な手さばきは、まさしくかの庖丁を思わせる。対象とされる絵画は、大部分がルネッサンス期のものだが、それのみならず、インドや日本の浮世絵にまでおよび、その該博さには驚嘆すべきものがある。

こうして読みとられた女性と花の織り成す宇宙的暗号は、「花のエロティシズム」ともいうべき、まことに濃厚な官能の匂いと色彩にあふれ、読者を蠱惑《こわく》せずにはおかない。絵画に描かれた女性と花が交感しあって醸成する、本書の「花のエロティシズム」の世界で、注目されるのは、女性もそして花も、「相反する要素のせめぎあった」両極性、あるいは両義性をもつものとして、とらえられていることである。

たとえば、本書の冒頭で取りあげられる、バルトロメオ・ベネート描くところの「婦人像」。月桂樹の冠を戴き、手にヒナギクとオダマキを持つ、この魅惑的な女性像のモデルは、かの悪名高いボルジア家の令嬢、ルクレツィアの由だが、著者はこの女性像に、「無垢にして放縦、少女にして娼婦」の両面性を見る。また冠の月桂樹はドクウツギである可能性もあり、だとすれば、その実はブドウに似て甘いが猛毒性をもち、食べると死んでしまう。手に持つオダマキもまた、愛らしい姿に似ず微量の毒を含むという。なんとこのルクレツィアとおぼしき女性像には、人を魅了する美と、それとはうらはらに、近づく者を死に追い込まずにはおかない毒の相反する二つの要素が描き込まれているのだ。著者はこの点に着目し、「婦人像」の妖しくも陰影に富む貌をスリリングに開示してみせる。

これを始まりとして、著者は、女性像と花に秘められた宇宙的暗号の核、すなわち死と再生、世界の始まりと終わりの両極の共存のさまを、さまざまの絵画を通じ、多様な角度から冴えた筆致で探ってゆく。

季節のうつろいとともに、あでやかに咲く花はしぼみ、いったん死んでしまうが、実をつけ大地に種子を蒔き、春の訪れとともにまた甦る。そして生む性たる女性も胚胎し、新たな生命を生みだし、無限に甦りつづける。

その死と再生、死滅と豊饒の連鎖を、著者は、絵画のなかにけだるげに横たわる女神や冷たく輝く花々とともに、あるいは青く澱む黄泉《よみ》の淵に沈み、またあるいは天空を飛翔しながら、たどりつづけるのである。女神にひそむ娼婦性、美しい花に秘められた毒性を明確に指摘しつつ。

みごとに「花のエロティシズム」を描ききった、華麗にして鋭利なトゲを含む本書の基底には、総じて、価値観が移ろう世紀末において、確かなものは生命の根源と結び付く女性原理だけだとする認識があるといえよう。

(1993.9.10)

陳建功著、岸陽子・齊藤泰治訳
『棺を蓋いて』(早稲田大学出版部、一九九三)
陳凱歌著、刈間文俊訳
『私の紅衛兵時代——ある映画監督の青春』(講談社現代新書、一九九〇)
エィミ・タン著、小沢瑞穂訳
『キッチン・ゴッズ・ワイフ』(上下、角川書店、一九九二)

最近、中国の小説もずいぶんおもしろくなったが、なかでも陳建功《ちんけんこう》の短篇小説集『棺を蓋《おお》いて』は、上質のユーモア感覚にあふれ快い読後感を与えてくれる。陳建功(一九四九年生)は文革さなかの一九六八年に炭鉱夫となり、十年後ようやく北京大学に入学した。彼には「談天説話《よもやまばなし》」と銘打つシリーズがあり、『棺を蓋いて』はそのうち、炭鉱に題材をとる「棺を蓋いて」「鳳凰《ほうおう》の眼」、北京の胡同《フートン》(下町)に焦点を当てる「轆轤《ルル》把《パ》胡同九号」の三編を収める。抜群におもしろいのは胡同もので、「四合院《しごういん》(北京の伝統的住宅)」に雑居する五家族のテンヤワンヤの悲喜劇を描く。ここで彼は伝統的な語り物のテキスト「話本《わほん》」の手法を用い、時代の波に洗われる庶民の姿を、ブラックユーモアをまじえて活写している。

陳建功は典型的な文革世代の作家だが、相い似た経歴をもつ映画監督、陳凱歌《ちんがいか》(一九五二年生)の自伝『私の紅衛兵時代』は、一九六六年から十年におよんだ激動の時代、文革とは何であったかを、真摯《しんし》にとらえかえした名著である。この自伝を通じて、陳凱歌はみずからを文革の犠牲者とする安易な態度を拒絶しており、それがなにより感動的だ。こうして今なお文革の最良のスピリットを保ちつづける陳凱歌は、最新作「覇《は》王《おう》別姫《べっき》(邦題「さらば、わが愛」)」で、今年度(一九九三年)カンヌ映画祭のパルム・ドールを受賞した。

故郷を知るためには異郷をさまよわねばならぬ、と歌ったのはリルケだが、そういえば陳凱歌も目下、米国に在住である。その意味で、中国系アメリカ人作家エィミ・タンの『キッチン・ゴッズ・ワイフ』は、品性劣悪な夫に苦しめられながら、ついに本当の恋人にめぐりあって、一九四六年、上海から脱出、米国で新しい生活をスタートさせた母の一代記を、完全にアメリカ人の感覚をもつ娘が聞き書きするという、非常におもしろい作品である。悲惨な話も多いのにベッタリとした陰惨さはなく、奇妙に乾いた明るいタッチで、旧中国の歪みをみごとにクローズアップするこの作品の成功は、中国的伝統の呪縛から解放された、作者の自由な感性によってもたらされたものであろう。

(1993. 11)

『中国人の日本観』

アレン・S・ホワイティング 著、岡部達味 訳

（岩波書店、一九九三）

本書は、米国の東アジア研究者アレン・S・ホワイティングが、広範な層の人々へのインタビューと文献調査を通じて、中国人が日本という国家、あるいは日本人に対して、どのようなイメージを抱いているかを、徹底的に追跡したものである。扱われる時期は、主として一九八二年から八七年の五年間に絞られる。

この五年間に、日中両国の経済関係は曲折を経ながらも著しく進展した。反面、日本の歴史教科書の検定や閣僚の靖国神社参拝など、過去の中国侵略とかかわる問題が起こるたびに、中国政府はナーバスな反応を示し、日本政府に激しい異議申し立てをおこなった。これは中国政府の公式見解にとどまらず、過去のいきさつとは直接かかわりのない、中国の若い層までしばしば憤激させるに至った。

両国の関係性を袋小路に追い込みかねない、これらの事件の底にあるものを追究することによって、本書は、日本に対してアンビバレントな肯定と否定の両面性をもつ、中国人のメンタリティー（論理と感覚）を、みごとに浮かびあがらせる。同時に、著者は、中国人とは対照的な日本人のメンタリティーにも目をそそぎ、両者の行き違いの根本的な原因に鋭い洞察を加える。このように中国人の視点と日本人の視点をバランスよく組み合わせることができたのは、いうまでもなく著者がアメリカ人であり、過剰な思い入れでどちらかに肩入れをする危険から、あらかじめ完全に解放されていることによる。

　著者によれば、中国人と日本人のメンタリティーのもっとも大きな差は、過去を扱うさいの態度にあるとされる。本書には、「水に流す」という日本の慣用句に対して、ある中国人が「われわれにはそんなにたくさん水はない」と反論したという、引退した日本の外交官の印象的な回想が寸描されている。ことほどさように、中国人は過去に対して、「前事を忘れず、後事の師となす」という態度をつらぬき、とりわけ個人的なものであれ、社会的なものであれ、みずからが受けた過去の損害の記憶をけっして忘れない。これに対して、日本人は過去、ことに自分にとって具合の悪い過去を忘れたがり、現在に生きることを優先する性癖が強い。これが中国と日本のカルチャーギャップとなって、ことあるごとに顕在化し、些細な問題がこじれにこじれて、深刻な事態を招来することにもなる。

　本書が対象とする時期から七年後の現在、中国は大きく様変わりした。中国と日本の貿易額も、八二―八七年には百億ドル台であったものが、九三年には三百七十八億ドルとほぼ四倍にもなり、その関係の密度も比較を絶するほど深まった。

　だが、いくら経済的な関係が密になろうとも、本書が指摘する、過去に根差す中国人と日本人の根本的なメンタリティーの差が、依然として存在することは論をまたない。その意味で、「殷鑑《いんかん》遠からず（戒めの材料はすぐ側にある）」、本書は今も、否、今こそ傾聴に値する事例の宝庫といえよう。

（1994. 3. 25）

『天怪地奇の中国』

西村康彦 著

（新潮社、一九九四）

全二十一章からなる本書には、「中国の不思議」ともいうべき、奇々怪々な現象を記した話が満載されている。演奏に合わせて舞う馬、助けてくれた人間に恩返しをする虎の話といった動物異聞、全身で楽しみたいと、髪の先までどっぷり酒につかった大酒飲みの話、化粧から身のこなしに至るまで完璧に女を模倣し、ホンモノの女よりももっと女っぽい存在に変身を遂げた男の「佳人」たちの話等々。まさしく驚天動地、めったにお目にかかれないような怪異譚が次々に紹介される。

これらの怪異譚は、十二、三世紀の南宋《なんそう》に成立した「筆記（記録・随筆）」のジャンルの作品群から、現代中国の新聞雑誌に至るまで、いわば「記録の海」のなかから掬いとられた、選り抜きのものばかりだ。

本書の何よりすぐれたところは、単にこれらの怪異譚を羅列するのではなく、古代から現代につながる「奇譚の系譜」というコンセプトでとらえようとしている点である。たとえば、男性「佳人」の章にしても、現代中国の農村で嫁不足のおりから、ある農夫が仲介者に大枚しはらい、その引きでようやく一人の娘と結婚にこぎつけたところ、実はその新婦は十七歳の「少年」だったという悲喜劇が、まず呈示される。これを皮切りに、「筆記」など過去の文献のなかから、さまざまな奇想天外な男女とりかえばや物語が引用され、最後にまた、二十年近くもつづいた京劇の女形役者とフランスの外交官との世にも珍妙な恋愛関係が取りあげられ、時間が現代にふりもどされるという仕組みなのだ。

このようにして本書の著者は、現代の天怪地奇と何世紀も前の天怪地奇との類似性を浮かびあがらせ、そこに時代を超えて「中国の大衆が意識の奥底にもつものの恒久性」を探ろうとする。

ワンダーランド中国の基底にあるものを見定めようとする著者の真摯な姿勢と問題意識が、この怪異に満ちた書物にいきいきとした魅力を与えているといえよう。

（1994. 6. 26）

『檻獄都市――中世中国の世界芝居と革命』

大室幹雄 著

（三省堂、一九九四）

本書は、著者が一九八一年以来、『劇場都市――古代中国の世界像』『桃源の夢想――古代中国の反劇場都市』『園林都市――中世中国の世界像』『干潟幻想――中世中国の反園林都市』と書きすすめてきた、「歴史の中の都市の肖像」シリーズの五作目にあたる。これは、錯綜をきわめる中国の歴史の奥義を、「都市」を核として開示しようとする壮大な試みである。

本書『檻獄都市――中世中国の世界芝居と革命』では、隋《ずい》末、放蕩皇帝煬帝《ようだい》の滅亡後、各地で蜂起した武装勢力を撃破して唐《とう》王朝を立てた高祖李淵《りえん》（六一八―六二六在位）の時代から、兄の太子を殺し父の李淵を退位させて二代皇帝となり、みずから「世界芝居」のシナリオを書きかつ実演して、唐王朝の基礎を固めた太宗《たいそう》李世民《せいみん》（六二六―六四九在位）の時代を経て、太宗の後継者の第三代皇帝高宗《こうそう》（六四九―六八三在位）の妻として、高宗の在世中から辣腕をふるい、その死後、中国史上唯一の女帝となった武則天《ぶそくてん》（六九〇―七〇五在位）の時代に至るまで、ほぼ百年にわたる時間帯が扱われる。これにつづいて、唐末五代の時間帯に焦点を当てた第六作『遊蕩都市』が書かれることを、著者はすでに予告している。古代から中世へ、そしておそらく近世へと、「歴史の中の都市の肖像」シリーズは書き継がれてゆくのであろう。気の遠くなるほど長くて厖大な中国の歴史を、「躍動する現在」の形でとらえかえし、開示しつづけようとする著者の凄まじい粘着力と馬力、鬼気迫るパトスに、ただただ驚嘆し脱帽するほかない。

それはさておき、本書『檻獄都市』において繰り広げられるドラマには、二人の超人的な主人公が登場する。ドラマの前半を支配する太宗李世民と後半を支配する武則天である。

まず太宗については、高祖李淵の武勲赫々たる二男として、その青春のエネルギーを燃焼させ、唐王朝の成立に貢献した「鷹の時代」、兄を殺し弟を殺し、さらには父を追い落として、最高の「富貴」を奪取した「杜鵑《ほととぎす》の時代」、宮廷劇場の所有者・興行主かつ主役として名君役を演じ、みずからが世界の中心に屹立《きつりつ》する唯一無二の存在であることをみせつけた「鸚鵡《おうむ》の時代」、後継者問題に躓《つまず》いた晩年の「阿呆鳥の時代」の、四つの時期に分けて論じられる。こうして生態学的に立ちあがってくる絶対権力者太宗のイメージは、臨場感にあふれ、おそろしく生々しい。のみならず著者は、太宗のドラマの徹底的な追跡を通じて、時代を問わず、絶対権力なるものに不可避的にともなう腐蝕のありかを剔抉《てっけつ》するに至っており、その論理展開はみごとというほかない。

ただ、前半部の主人公太宗のイメージが、名君たらんとする芝居がかった形式主義のせいか、やや重苦しいのに対して、後半部の主人公武則天のイメージは、唐王朝の一族をほぼ皆殺しにするなど、凄惨な方法で武周《ぶしゅう》革命を断行したにもかかわらず、その卓越した政治的センスと絢爛たる文化的志向が活写されているため、終始、陽気な祝祭気分に満ちあふれている。

こうして重苦しい太宗からはなやいだ武則天へと、世界の中心が移動するさまを描くにあたり、本書がとる手法はまことにユニークなものである。それは、二つの都市、つまり太宗の世界芝居の舞台となった「支配の機能と象徴とを極限まで追求」した「檻獄都市」たる長安《ちょうあん》と、みずからを天女の再来だとする武則天の革命神話を具象化した、「弥勒下生のバロック・ユートピア」たる洛陽《らくよう》との対比のもとに語られるのだ。都市は、それを形成し支配した者の理念と生態が刷り込まれたテキストであり、それを読み解くことで、「歴史」を現前させようとする著者の意図は、ここに鮮やかに実現されたというべきであろう。ちなみに次著『遊蕩都市』では、檻獄都市長安が、武則天の孫玄宗《げんそう》の治世下で、ユートピア都市洛陽のエートスを吸収し、臈長《ろうた》けた「牡丹の都」に変貌するさまが語られるという。読者として、華麗に変貌した長安と再会する日の近からんことを願うのみである。

（1994.9.17）

「異界」と現実――漱石について

先日、青木玉著『小石川の家』という本を読んだ。幸田露伴が女子大に通っていた孫娘（著者）に学校で何を習っているのかとたずね、彼女が『十八史略』だと答えたところ、露伴は目をむき、「お前、十八史略なんざ、俺は五つくらいの時焼き薯を食べながら草双紙やなんかといっしょに読んだが、お前の大学はそんなものを教えるのか」とあきれ返ったという話がみえ、たいへんおもしろかった。

夏目漱石は、焼き薯を食べながら『十八史略』を読んで育った幸田露伴と、まったく同年の慶応三年（一八六七）の生まれである。漱石の漢文体験もまた、子供のときに湯島聖堂の図書館に通って、荻生徂徠《おぎゅうそらい》の『蘐園十筆《けんえんじっぴつ》』を書き写したと、みずから述べていること（「思ひ出す事など」六）からみて、露伴に勝るとも劣らぬ早熟なものだった。子供、といっても少なくとも十代の後半まで含む広い意味での「子供」ではあろうが、ともあれそんな若さであの佶屈《きっくつ》な文章を筆写するなど、現代の日本人の漢文水準から見れば、想像を絶するというほかない。こうして血肉と化すまで深く漢文に馴染んだことが、漱石の文学にとってどれほど大きな要素となったか、測り知れない。

考えてみれば、そもそも「漱石」という筆名からして、中国の古典、すなわち魏《ぎ》・晋《しん》の時代の名士の逸話を集めた『世説新語《せせつしんご》』にみえる話から、とられたものである。西晋《せいしん》の孫楚《そんそ》という人物が隠遁の決意を友人に告げるとき、「枕石漱流（石を枕とし、流れで口を漱《すす》ぐ）」と言うべきところを、つい「漱石枕流（石で口を漱ぎ、流れを枕とする）」と言い損なってしまった。まちがいを指摘されると、意地っぱりの孫楚は、「流れを枕とするのは耳を洗うためだし、石で口を漱ぐのは歯を磨くためだ」と、言い張ったというものである。

漱石は、この典故を十二分に活用して筆名とし、悪戯っぽくみずから「意地っぱり」であることを、標榜したことになる。ちなみに、明治二十三年（一八九〇）、正岡子規あての手紙に録された五言古詩に、

石に漱ぎて又《ま》た石に枕し
固陋《ころう》　吾が痴を歓ぶ
君が痾《あ》は猶《な》お癒《いや》すべし
僕の痴は医《いや》すべからず

という一節がある。子規の結核は治癒するだろうが、むやみと片意地な自分の愚かさだけはなおらないというのだ。ここで「漱石枕石（石に口漱ぎ、石に枕す）」と、ユーモラスに石のイメージを重ね、もともとの

孫楚の「漱石枕流」より、いちだんとみずからの「固陋」ぶりを誇示しているところが、なんとも秀逸である(むろん押韻の関係もあるのだが)。

明治三十三年(一九〇〇)から三年におよんだ英国留学を機に、漱石はこうしておりにつけ作りつづけた漢詩の筆を折った。その制作が再開されるのは、十年を経て、修善寺で大吐血し九死に一生を得たあとである。英国留学中に書かれた『文学論』の序において、漱石は「翻つて思ふに余は漢籍に於て左程根底ある学力あるにあらず、然も余は充分之を味ひ得るものと自信す」と記し、のちに学んだ英文学より、幼いころから親しんだ漢籍に対する共感のほうがはるかに強いとした。漢詩制作の十年のブランクは、あるいは、みずからの文学的原体験としての漢文的あるいは漢詩的世界から、いったん身を引き離そうとする意志のあらわれだったのかも知れない。

とはいえ、漢詩を作らなかった間に書かれた小説にも、漢文ひいては中国文学の影がくっきり映っているものがある。たとえば『夢十夜』。私ははじめてこの作品を読んだとき、直観的にこれは『捜神記《そうしんき》』だと思った。『捜神記』とは、四世紀末、東晋《とうしん》の干宝《かんぽう》が編纂した怪異譚集である。なかでも『夢十夜』の「第三夜」は、負った子供が異形の者に変化する話だが、『捜神記』にも幽霊を背に負う、きわめて印象的な話(巻十六、「宋定伯」)が収められている。むろん『夢十夜』はきわめて完成度の高い作品であり、稚拙なフォークロアの趣をもつ『捜神記』とは、とても同日に論じられないのだけれども。

怪異な話といえば、『永日小品』に収められた作品にもすばらしいものが多い。異様な行列が目前を通りすぎる顚末を描き、「宅《うち》の小供は毎日母の羽織や風呂敷を出して、こんな遊戯《いたづら》をしてゐる」と結ぶ「行列」や、亡母が自分を呼ぶ声をはっきり聞いたが、実はそれは近所の老婆が「十二三になる鼻垂小僧」を呼ぶ声だったとする「声」などは、その最たるものだ。ただ、これらの話は、異界へ滑り込みそうになった瞬間、現実世界にひきもどされるという構成をとるところが、『夢十夜』と大いにことなる。

さらにまた、『草枕』の物語構造が、これまた東晋の大詩人陶淵明《とうえんめい》の「桃花源記《とうかげんのき》」を踏まえて構想されていることは、すでに論者が指摘されるとおりである。ちなみに漱石は、「菊を采《と》る東籬《とうり》の下、悠然として南山を見る」と歌った、自覚的な隠遁詩人陶淵明を大いに好み、漢詩はいうにおよばず著作の随所で言及している。このほか、漱石は、前漢の劉向《りゅうきょう》の手になる仙人たちの伝記『列仙伝』も、ずいぶんと気に入っていたようである(「思ひ出す事など」六)。

洞窟や穴の向こうに広がる、現実とは次元を異にする世界を訪れるという点では、「桃花源記」は明らかに、中国古典小説に枚挙に暇がないほど見られる「仙界訪問譚」のバリエーションの一つにほかならない。『草枕』の主人公の画家は、仙界ユートピアを思わせる山間の里を訪れる。だが、この仙界は陶淵明の桃花源とは異なり、そこに住む美女のところに別れた亭主が無心にやって来たり、美女のいとこが兵役に赴いたりするなど、ドンドンなまぐさい現実が入り込んで来て、けっして仙界として完結しない。これは、『永日小品』の作品世界が異界に滑り込む瀬戸際で、現実に回帰するのと同質の構造だといえよう。漱石は、怪異譚や仙界訪問譚など、異界を志向する中国的な物語幻想の枠組みを、しばしば好んで用いたけれども、『夢十夜』をのぞいて、けっきょく現実の侵蝕をうけ、異界が消滅することで、物語を終わらせるのである。

一方、十年のブランクをおいて、修善寺の大患以後、「実生活の圧迫を逃れたわが心が、本来の自由に跳ね返つて、むつちりとした余裕を得た時、油然《いうぜん》と漲ぎり浮かんだ天来の彩紋である」として、堰《せき》を切ったように作られた漢詩の場合はどうだろうか。漱石は晩年しきりに山水画をかいた。大患以後の漱石の漢詩もまた、一種の絵だったように、私には思われてならない。漱石は絵筆を動かすように、平仄《ひょうそく》を合わせ言葉を選んで、自然と人間が渾然《こんぜん》と融和する夢の小宇宙を描きつづけた。そういえば、『草枕』の仙界を訪れた主人公も画家であった。小説『草枕』の仙界は完結しなかったけれども、漱石晩年の漢詩にあらわれた異界は、けっして消滅することも破綻することもなかった。漢詩の強固な型、様式の枠組みが、漱石の見果てぬ夢をしっかりうけとめ、完結させたということであろうか。

(1994. 11)

凌海成 著、斌華・衛東 訳

『最後の宦官――溥儀に仕えた波乱の生涯』（上下、河出文庫、一九九四）

本書は、清《しん》王朝最後の皇帝溥儀《ふぎ》に仕えた宦官孫耀庭《そんようてい》の生涯を綴ったドキュメントである。河北省静海県の貧しい農家に生まれた孫耀庭は十歳のとき、悪辣な地主に騙され借金に苦しむ家族を救うため、みずから宦官になる決心をした。もともと静海県は極貧地帯であり、貧しさから脱出するために我が身を傷つけ、権力の中枢に食い込もうとする宦官の出身地として有名なところだった。

一九一二年秋、医者もみつからず、孫耀庭の父は泣く泣く自分の手で、幼い息子の「浄身《じょうしん》（宦官になるための手術）」を断行した。なんとも悲惨な話だが、さらに孫耀庭にとって悲惨だったのは、この直後に中華民国が成立、清王朝が滅亡してしまったことである。王朝が滅べば当然、宦官も無用の存在になる。遅れてきた宦官孫耀庭の波瀾万丈の生涯は、こうしてはじまった。

清王朝は滅亡したものの、皇帝一族は依然として北京の紫禁城《しきんじょう》にとどまっていた。北京に出てしばらく他の皇族の邸に勤めていた孫耀庭は、やがて同郷の宦官の伝《つて》で、下っ端の宦官として紫禁城に入った。宦官の新規採用は中止されていたから、その身分は「黒太監《こくたいかん》」とよばれるもぐりの宦官だった。以後、一九二四年、皇帝一族が追放されるまで、ほぼ六年の間、孫耀庭の紫禁城暮らしはつづく。もともと利発な孫耀庭は村の私塾の先生の薫陶《くんとう》をうけ読み書きに堪能だったので、宮廷でも大いに重宝がられた。こうして宮中の奥深くに身を置いた孫耀庭が実地に見聞した皇族の生活ぶり、退廃した宦官や哀れな宮女の生態、宮廷内部のカラクリなどは、まことに鮮やかに描かれており、内部から宮廷生活なるものの実態をあばく貴重な証言となっている。

溥儀の紫禁城追放とともに、宦官たちはすべて失職した。長年の宮廷生活で豊かな貯えのあるベテラン宦官なら転身を図ることも容易だが、孫耀庭のような若い下っ端宦官は、町に放りだされてもどうしようもない。そんな行き場のない宦官たちが身を寄せる拠点になったのは、道観《どうかん》(道教寺院)であった。孫耀庭も道観に身を寄せながら、身の立つすべを求めて、同輩の宦官仲間とともに北京の盛り場天橋《ティエンチャオ》に足繁く通う。

そこで覚えた芸を使って手品師の真似事をしたり、宦官の大先輩で天橋のボスになっていた呉《ご》老公なる人物の番頭になったりと、宮廷生活とは天と地ほども隔たりのある体験を重ねたのだった。ここで孫耀庭が接触した大道芸人、極貧にあえぐ庶民たちなど、一九二〇年代末から三〇年代末にかけての中国の市井に生きる人々の姿が、等身大に活写されるくだりは、まさに圧巻である。

一九四一年、孫耀庭は満州国の皇帝にまつりあげられた溥儀に仕えるべく、新京《しんきょう》(長春)に向かった。しかし、そこで孫耀庭の目に映じたのは、往年の面影さらになく無残に変わり果てた婉容《ワンロン》(溥儀の皇后)の姿をはじめ、清王朝の断末魔的情景にほかならなかった。失望した孫耀庭は逃げるように北京にもどり、ふたたび道観に身を寄せる。

以後、日本軍の敗戦・撤退、国民党軍の占領・撤退、中国共産党の北京入城、中華人民共和国の成立、さらには文化大革命とつづいた激動の時間帯を、孫耀庭は道観に住む元宦官として、ときには激しい批判にさらされながら生き抜いた。

本書は、こうして旧時代から新時代を生き抜いた元宦官孫耀庭ならではの、社会の上層と下層の両極を見渡す複眼を通し、中国の激動の二十世紀を長いスパンによって、裏側からあぶりだすことに成功しているといえよう。

(1994. 11. 10)

幸田文と身体感覚

幸田露伴は儒家の古典から西洋の釣りの解説書まで、万巻の書を読破した博学多識の「大文豪」だが、けっして頭脳宇宙に自足していた人ではない。釣りや山歩きを好んだのは言わずもがな、新しい物にも目がなく、明治三十年代末にすでに自転車に乗りカメラを手にする、とびきりの「ハイカラ実践派」でもあった。露伴は何事につけ自分の身体を動かし、実際にやってみないと気がすまないのだ。

初期の随筆集『折ゝ草』に収められた「わが失敗」には、そんな露伴の姿が鮮明に映しだされている。病みあがりのある日、ふと木工細工がしたくなる。文箱・文机・煙草盆等々、りっぱに仕上がった自分の作品が目に浮かぶ。それにはまず道具だ。ところが準備万端取り揃え、いざ鉋をかける段になると、なんとぜんぜん動かない。これから露伴の鉋との格闘がはじまる。鉋の刃を砥《といし》にあてて磨くうち、砥じたいの歪みに気付き、今度はこれを直すことに精根傾ける。物事のプロセスを重視して、けっして手抜きはしないのである。

木工は強情な鉋がなかなか言うことをきいてくれず、うまくゆかなかったけれども、なにしろアイデアマンだから、めずらしいアルコール飲料を作ったこともある。脱脂乳に砂糖と少量のイーストをまぜ発酵させた「クミス」という飲料で、これを飲むと病弱者は元気になり、健康な者にとっても「慰藉的或ひはレフレッシュメントに適する」(「爐邊漫談」)と、露伴は大満悦であった。こんなところは、露伴が大いに好んだ北宋《ほくそう》の大詩人蘇東坡《そとうば》によく似ている。蘇東坡は多才多芸の人で酒造りもした。もっとも蘇東坡の酒造りは失敗に終わり、飲んだ人は激しい下痢に悩まされたのだが。後年、露伴は酒問屋に嫁いだ幸田文にも自慢の「クミス」の製造販売を勧めたが、実現はしなかったらしい。

つまるところ露伴は、読書をしたり原稿を書いたりするときに頭を働かせるのと同じ比重を、日常生活における身体の動きに置いた。露伴にとって頭脳宇宙と身体宇宙がピッタリ重なることが理想だったのである。周知のごとく、幸田文は十五、六のときから露伴に徹底的に家事を仕込まれた。たとえば拭き掃除。露伴はまず娘に雑巾がけをさせたあと、自分でやって見せ、彼女にみずからの未熟さを実感させる。その情景を幸田文はこう書いている。

白い指はやゝ短く、づんぐりしてゐたが、鮮かな神経が漲《みなぎ》つてゐ、すこしも畳の縁《へり》に触れること無しに細い戸道障子道をすうつと走つて、柱に届く紙一ト重の手前をぐつと止る。その力は、硬い爪の下に薄くれなゐの血の流れを見せる。規則正しく前後に移行して行く運動にはリズムがあつて整然としてゐ、ひらいて突いた膝ときちんとあはせて起てた踵《かゝと》は上半身を自由にし、ふとつた胴体の癖に軽快なこなしであつた。〈「水」。「あとみよそわか」所収〉

この動作の間合いやリズムは、まさしく露伴の文体そのものである。幸田文は、こうして露伴の身体感覚を鋭く感受し、習練を重ねることによって、無意識のうちに「文章修業」を積んだように思われる。ただ、作家として見た場合、露伴の身体感覚の原形質のまわりには、書物から得たおびただしい知識が鬱蒼とからまっているけれども、幸田文の場合はその感覚が原形質のまま、すっきり磨き抜かれて突出しているように見える。

たとえば露伴も幸田文も樹木が好きだ。しかも露伴は「望樹記」に見えるとおり、馬鹿っ木と呼ばれる「とねりこ」に魅かれ、幸田文は檜になれない役立たずの「アテ」に魅かれる（「ひのき」。『木』所収）というふうに、いずれも可哀想な半端物に執着する。こうして志向はぴったり一致しているのに、露伴はあくまで樹木を「樹」と書き、幸田文は断固として「木」と書きつづける。「樹」という字面から鬱蒼とした雰囲気が立ちのぼるのに対し、「木」には、モヤモヤした一切を潔癖にそぎおとして屹立するイメージがある。

父のもっとも原形的な身体感覚をきっぱり受けとめ「木」を愛する娘は、「樹」を愛する大いなる父と緊迫感をもって対峙しつづけ、その終焉を見届けた。露伴という人は、よくもあしくも生粋の東京者で、とめどなく気難しく底意地がわるくなったかと思うと、次の瞬間には嘘みたいにあっけらかんとやさしくなる。無限に意地悪く無限にやさしい父幸田露伴は、気迫をもってそんな父と張り合いながら「献身」しつづけた娘にこう別れを告げる。

仰臥し、左の掌を上にして額に当て、右手は私の裸の右腕にかけ、「いゝかい」と云つた。つめたい手であつた。よく理解できなくて黙つてゐると、重ねて、「おまへはいゝかい」と訊かれた。「はい、よろしうございます」と答へた。あの時から私に父の一部分は移され、整へられてあつたやうに思ふ。うそでなく、よしといふ心はすでにもつてゐた。手の平と一緒にうなづいて、「ぢやあおれはもう死んぢやふよ」と何の表情もない、穏かな目であつた。私にも特別な感動も涙も無かつた。別れだと知つた。「はい」と一ト言。別れすらが終つたのであつた。（「終焉」）

「木（娘）」が大いなる成長を遂げ、ゆるがぬ勁《つよ》さをもったことを確信した「樹（父）」は、穏やかにすべてをゆだねて去って行く。なんというみごとな父娘のけりのつけ方だろう。

考えてみると、幸田文は血縁の死と向き合いつづけてきた人である。六歳のときに母と死別、その二年後、露伴が愛してやまなかった姉歌子が死に、二十二歳のとき、弟成豊が結核で死んだ。幸田文は父の再婚相手を「はゝ」と記し「母」とは記さない。露伴はこの「はゝ」と不仲でありイザコザが絶えなかった。「二人ともに思考する人間特有の冷淡さははつきり有《も》つてゐ、かりそめの争ひにもその冷淡さだけは子供にさへよく伝はつて理解された」（「かたな」。『みそつかす』所収）と、幸田文にはその収拾不能の葛藤の構図を、愛憎を越え、しーんとした冷静さで見抜く勁さがあった。しかし弟の成豊にはその勁さはさらになく、やがて心身ともに蝕まれ深く病んでゆく。幸田文はこうして死に至る病に犯された弟を、ひたすら看病し抜いたのだった。

幸田文は、弟の死に立ち会い父の終焉を見届ける役割を担い、看病という具体的行為を通して、人の死の裸形の貌をまざまざと見た。彼女は人の死すら、身体感覚によって受けとめたのである。露伴の死後、書く人となった幸田文の作品に見られる、独特のくっきりとした具体性、感受性の異様な鋭さは、こうしてすべての事象を直接的な身体性を通して、受けとめるところから来ている。露伴が意識的に頭脳宇宙と身体宇宙の一致をめざしたとすれば、幸田文にとって無意識のうちに身体宇宙がすなわち頭脳宇宙なのである。露伴は、未成の作家幸田文に雑巾がけや料理から重病人の看護まで、ありとあらゆる身体感覚の鍛練をほどこした。その意味で、作家幸田文は、露伴最大の傑作にほかならないといえよう。

（1995. 3）

幸田露伴

幸田露伴は生涯を通じて書物とともにあった大読書家である。栴檀《せんだん》は双葉より芳し。七歳のころから漢文の素読を習い、小学校入学後は、『児雷也《じらいや》物語』『弓張月』『田舎源氏』など江戸の読本を耽読した。当時、祖母に何をしていたいかと聞かれると、「芋を食つて本を読んで居ればそれで沢山だと答へたさうですが、芋ぐらゐが好物であつたと見えます、ハ、、、。」（「少年時代」）と、のちに露伴は本好きの少年だったころをふりかえっている。

明治十二年（一八七九）、十三歳で東京府第一中学に進学したものの、家庭の事情により一年余りで退学。明治十四年、東京英学校に入りなおしたが、ここも一年ほどで退学した。在学期間は短かったが、このとき露伴は英語力の基礎を養い、後年、英語で釣りの本を読んだりしている。もっとも発音の方はからきし駄目だった。

一方、英学校在学中から毎夜、漢学塾に通い『朱子語類《しゅしごるい》』(南宋《なんそう》の儒者朱子の講話録。白話《はくわ》つまり口語で記されている)などを学んだ。このトレーニングにより、幼少から素読で鍛えられた露伴の漢文読解力は、めざましく進歩した。読書の範囲も大いに広がり、『水滸伝《すいこでん》』や元曲《げんきょく》(元代の戯曲)など、白話で書かれた中国の俗文学まで難なく読みこなせるようになる。また漢学塾に通うかたわら、図書館に通い、そこで知り合った淡島寒月《あわしまかんげつ》に西鶴の作品を教えられたりもする。こうした十代の転変のなかで、露伴の和漢洋にわたる学識や読解力の基礎が、培われたのだった。

明治十六年から十七年にかけて電信修技学校に通学するけれども、露伴のいわゆる学歴は漢学塾の時点で終わっている。その後の露伴は恐るべき該博な知識をすべて、生涯にわたる自前の読書のなかから得た。量質ともに他を圧する自前の読書が、露伴を文豪にし学者にしたのである。露伴はまさしく学校教育と無縁な、自立した天才にほかならなかった。

露伴にとって書くことと読むことは車の両輪のようなものだった。専業作家となったのちの生活ぶりは、たとえばこんなふうだ。

毎日との朝を、まだ薄靄《うすもや》が村の田の面《も》や畔《くろ》の樹《き》の梢《こずゑ》を籠《こ》めてゐるほどの夙《はや》さに起出《おきで》て、そして九時か九時半かといふ頃までには、もう一家の生活を支《さゝ》へるための仕事は終へて了《しま》つて、それから後《あと》はおちついた寛《ゆる》やかな気分で、読書や研究に従事し、或《あるひ》は訪客に接して談論したり、午後の倦《う》んだ時分には、そこらを散策《さんさく》したりしたものであつた。

(「蘆聲」)

これは、露伴が愛妻(夭折した先妻、幸田文の母)と子供たちに囲まれ、家庭的にもっとも幸福だった時期(明治三十年代)を回顧した文章だが、朝早く執筆をおえ、あとはゆったり読書をして過ごすという生活のパターンは、ずっと変わらなかったらしい。晩年にはむしろ読書の方が主となり、ことに真夏には「若いころは釣りに読書に、晩年は専ら読書に費す」(幸田文著「菅野の記」)のがつねだったという。

露伴は、「藝術の士よ、勉強する勿れ、勉強は不必要なり。たゞ藝術上の怡悦《いえつ》の裏《うち》より知らず識らず其の製作を成し出し来るべし」(「潮待ち草」四十三)とみずから述べるように、およそ強制的な「勉強(勉め強いる)」が嫌いだった。だから読書も興のおもむくまま次から次へと読むというのが、あくまで基本的な姿勢である。しかも、

書を読むに、古き事の跡を古き書の上にて視、古き人の説を古き書の中にて聴くとおもへばおもしろからず、今ある事今ある人の上なりとおもひて読めば近こと明かに其跡其説も心に映《うつ》るものなり。

(「話苑」読書)

と、古典もまたヴィヴィッドな現実感覚をもって読むよう心がけた。

こうして露伴が興のおもむくまま読み漁った書物は想像を絶するほど広範囲にわたる。漢籍では儒教の経典・仏典・道教書・神仙道の書から、歴代詩人の詩文集・筆記(記録・随筆)・古典白話小説・元曲や明《みん》曲《きょく》(明の戯曲)と、ありとあらゆる分野を網羅する。また和書では『古事記』『日本書紀』から芭蕉や西鶴まで、これまた縦横無尽に読み抜いている。このほか趣味の釣りや将棋の書もおさおさ怠りなく読んでいるのだから、驚くほかない。読書を通じて練りあげられた博覧強記こそ、広く深い海のような、あるいは鬱蒼とした森のような、露伴文学を作りあげたといえよう。

「興のおもむくままに」とともに、いま一つ露伴の読書の特徴をなすのは、何か一つのテーマについて考え書こうとするとき、手に入るかぎりの資料や文献を集め、それらを徹底的に読んだことである。この

やり方はテーマの大小にかかわらない。たとえば、ちょっとした興味から教訓書の歴史をたどった「圏外文学漫談」でも、平安時代から江戸時代にまで、ありとあらゆる教訓書を網羅し論じ尽くす。また、釣りの道具を論じた「鉤の談」と「釣車考」の執筆にさいしては、洋書まで取り寄せて読むという具合なのだ。ちなみにこの二編の釣り談義は、明治四十二年、露伴の京都大学講師在任中に書かれたものである。

京大で江戸文学を講じた露伴にとって、この読書徹底癖は意外にも裏目にでた。講義にそなえて、凡作も愚作も合わせ江戸後期文学を読みすぎたために、すっかりうんざりし、こんなものばかり読んでいるとバカになると匙をなげ、一年余りで京大を辞職してしまうのである。自由人露伴と帝国大学は水と油、しょせん相性がわるかったのであろう。

露伴は大読書家だったが、蔵書家でも愛書家でもなかった。転居や疎開のため三度も蔵書を売って大整理しているし、ふだんでも本屋が本を届けてくると、不要不急のものはざっとめくりメモをとると、すぐ払い下げて別の本を持ってこさせた。こうしてドンドン読んでは手元から離したのである。露伴は東京の下町育ちの人間にままある合理主義者でもあったから、「積んどく」の趣味など薬にもしたくなかったのだろう。

少年時代から、昭和二十二年、八十一歳でこの世を去るまで、露伴はケチな所有欲とは根っから無縁な、まことにきっぷのいい読書三昧の生涯をつらぬいた人であった。

(1995.5)

『桃源郷の機械学』

武田雅哉 著　（作品社、一九九五）

今から千五百年ほど昔、中国の六朝《りくちょう》時代に書かれた「陽羨鵝籠《ようせんがろう》」という物語がある。鵝鳥《がちょう》の入った籠をかついで山道を歩いていた男が、一人の書生と出会う。書生は疲れたと言い、背中の籠に入れて運んでくれと男に頼み、そのまま小さな籠のなかにすんなり入ってしまう。やがて書生は口から美少女やごちそうの盛られた食器を吐きだし、宴会をはじめる。書生が酔って眠ってしまうと、美少女が口から美男子を吐きだし、やがて美男子がまた美女を吐きだす。こうして一人ずつ別の人間を吐きだし、しばし遊び戯れているうち、書生が目を覚ます。すると逆にまた一人ずつドンドン飲み込んでゆき、最後に書生が美少女と食器を飲み込んで、ひとり飄然と去って行く。

本書はこの奇想天外な物語を導入として、中国の物語や博物誌に頻出する不思議の世界「桃源郷」へと読者を誘う。枠組みが固定されたリアルな歴史時間や現実空間と異なり、「陽羨鵝籠」の世界がまさにそうであるように、シュールな桃源郷では時間も空間も自在に伸縮するうえ、変な怪物もウヨウヨしている。さて、この奇怪な桃源郷はどんな「からくり仕掛け」で動かされているのか。著者はみずから楽しみながら、さまざまな仕掛けで組み立てられた桃源郷を縦横無尽に探求し、その秘密を鮮やかな手並みで明るみに出してゆく。

第一部「さかしまの地理学」では、さまよえる不死の山「崑崙山《こんろんさん》」あるいは黄河の源流を探検し、第二部「人工宇宙の遊び人たち」では、中国の庭園幻想に秘められた謎の暗号を探り、第三部「怪物たちの午後」では、『西遊記』の猪八戒《ちょはっかい》をはじめとする、さまざまな怪物のイメージをたどり、終幕の第四部「桃源郷の機械学」では、桃源郷を支える宇宙論や永久機関に、資料を駆使してアプローチする。

こんなふうに展開されるテーマ自体のおもしろさに加え、本書にはユニークな図版が満載されており、居ながらにして、中国の桃源郷への旅を満喫できるのが、なんとも楽しい。

（1995. 3. 2）

『明末のはぐれ知識人――馮夢龍と蘇州文化』

大木康 著

（講談社選書メチエ、一九九五）

十七世紀の明末《みん》に編纂された白話《はくわ》短篇小説集「三言《さんげん》」（『古今小説《ここんしょうせつ》』『警世通言《けいせいつうげん》』『醒世恒言《せいせいこうげん》』）は、恋愛、不倫、姦通、殺人、成功物語に没落物語と、およそ考えられるかぎりのメニューを網羅した、エンターテインメント文学の宝庫である。しかし、この「三言」の編者であり、「明末通俗文学の旗手」と目される馮夢龍《ふうぼうりゅう》（一五七四―一六四六）を、正面から取りあげた論著は、意外に少ない。本書はこの空白を埋める意欲作である。

馮夢龍の生きた明末は、儒教的イデオロギーの貫徹した中国的伝統社会とはおよそ異質な、独特のエートスに包まれた時代であった。知識人層にも、政治的・社会的に有効な存在たらんとする従来の士大夫的価値観にさからい、庭園造りや芝居見物に寝食を忘れて打ち込んだり、花柳の巷に足しげく通い、妓女と華麗な交際を結ぶことに生きがいを見いだしたり、みずからの嗜好や欲望を過剰なまでに追求する、奇人や変人が続出した。一種、箍《たが》のはずれたような奇妙な解放感と、濃厚なデカダンスにおおわれた明末社会は、固有の生を過激に求めるこれら奇人・変人に喝采をおくったのだった。

本書の著者は、馮夢龍をこれら伝統的な価値軸からそれた明末知識人の一つの「典型」としてとらえ、その生の軌跡を追う。馮夢龍はさまざまな側面をもつ人であった。彼は、官吏登用試験の科挙に合格できなかった万年落第生であり、その失意を癒すためもあって、三十代半ばまでは、花柳の巷に入り浸る遊蕩児だった。やがて一念発起して、遊蕩生活と縁を切り、落第生の身でありながら、堂々と科挙用の受験参考書を著し原稿料を稼ぐ一方、持ち前の文学的センスを生かして、民間に流布する小説・民歌・戯曲などを編纂、続々と出版して名をあげた。従来の中国社会では、知識人の生き方の選択肢はきわめて乏しかったけれども、出版業が栄え、文化の枠組みが広がった明末になると、エリートコースからはずれた馮夢龍のような知識人の生き方にも、こうして可能の領域が広がったわけだ。しかし、けっきょく官界に対する幻想を捨てきれなかった馮夢龍は晩年、科挙とは別のルートで地方官吏のポストにつき、積年の夢をささやかな形で実現させた。退職後、ふたたび編集・出版にたずさわっている時期に、明王朝が滅亡、反清運動に加わった馮夢龍は、老いの身に鞭打って情報収集に奔走中、死亡した。

本書のすぐれた点は、かくも曲折と矛盾に満ちた馮夢龍の生涯を、彼自身の著述ばかりでなく、その友人や知人の記述を通して、多面的かつ緻密にあとづけたことである。こうして同時代を生きた他者の視線を通して、立ちあがってくる馮夢龍のイメージは、実にいきいきとしている。かくして著者は、明末知識人の「典型」としての馮夢龍を描くことを通じ、「世の中全体がどこか「はぐれ」」た明末という時代そのものの貌を、浮かびあがらせることに成功したといえよう。

(1995.6)

『中国山水画の誕生』

マイケル・サリヴァン著、中野美代子・杉野目康子訳

（青土社、一九九五）

中国の山水画は十一―十二世紀の北宋《ほくそう》後期、「もっとも高邁な、そしてもっとも高貴な理想を表現しうる象徴的な言語」として成熟し、以来、数ある表現ジャンルのなかでも高い位置を占めた。本書は、この山水画のジャンル誕生の軌跡をたどったものである。

古代中国において、風景はいかに描かれていたか。漢《かん》代の画像石・壺・香炉・青銅器・鏡・織物には、装飾的な幾何学文様のスタイルをとりつつ、山や川など風景を構成する要素が描かれるケースが多い。著者はまず、こうした漢代の資料に注目し、ここに出現する抽象的なモチーフが、しだいに具象的な「風景言語」へと変化し、「自然主義」に接近してゆくプロセスを、鮮やかに読みとる。

こうして「風景言語」をめざした長い前段階から一気に飛躍し、中国絵画史上、忽然と山水画のジャンルが誕生したのは、六朝《りくちょう》時代であった。最後の古代帝国漢が滅亡し、古い文化の枠組みが壊れたこの時代、混迷を深める現実世界に愛想を尽かした「知的エリート」たちは、道家《どうか》思想をよりどころに、大いなる自然と一体化することを切望した。こうした時代のエートスのなかで、画聖と呼ばれる顧愷之《こがいし》をはじめ六朝の画家たちは、限定された画面の上に、奥行きと遠近感をもつ無限の自然空間を現出させることに、精根を傾けた。

無限の自然空間をいかに現出させるか。六朝の画家たちは、描写・彩色・画面構成に配慮しながら、

「気韻《きいん》(精神の調和)」、すなわち自然のあらわす宇宙的なリズムにみずからを呼応させることを何より重視した。たとえば、顧愷之の作と伝えられる「女史箴図《じょししんず》」に描かれる風景には、崖の上にそびえる山をめぐる小径が配置されている。こうして画家自身、小径をつたって山の奥深くに入り、風景と合体せんとするのみならず、見る者をも小径づたいに画中の世界へ誘い込もうとするのだ。ここから宋代の山水画までは、もう一歩である。限定された画面に無限の自然を象徴的に現出させ、点描された人物などを通じて、見る者を画中の世界に引き込もうとするのは、宋代以降の山水画の特徴的な手法なのだから。画家も鑑賞者も一体となり、描かれた風景とひっそり融合すること。こうして人と自然の象徴的な共生空間を作りだすことが、山水画の理想の境地なのである。

本書の著者マイケル・サリヴァンは、以上のように、漢代、自然の痕跡を示すにすぎなかった風景画が、六朝時代に至るやコペルニクス的転回を遂げ、高度な象徴言語としての山水画に生まれ変わる過程を、緻密な実証と鋭い洞察をもって、みごとに追跡し抜いた。さらにまた六朝には、山水画のみならず、王羲之《おうぎし》を代表とする書、文学理論や美学理論など、高度な象徴言語が続々と誕生した。山水画と絡ませつつ、これらのジャンルにも言及した本書は、六朝ひいては中国の自然と芸術の相関関係を、トータルな視点からおのずと浮き彫りにしており、圧巻というほかない。

(1995.7.14)

『幸田文の簞笥の引き出し』

青木玉 著

（新潮社、一九九五）

著者は前著『小石川の家《うち》』（講談社）において、祖父幸田露伴と母幸田文の織り成す生活風景を、やさしい距離感を保ちながら、鮮やかに描きあげた。これにつづく本書で、著者は、娘としての思いの深さと、天性の鋭い感受性によって、着物とのかかわりを通し、母幸田文のイメージをみごとに浮き彫りにしている。

著者の結婚披露宴のさい、幸田文は紫の留袖を着たという。新婦の席に座った著者が広い会場を見渡すと、親族の席は遠く、男の礼服、女の黒留袖と、全体が暗く沈んで見える。そのときのことを、著者はこう書いている。「隅の一点に紫がある、ああ母さんはこれを考えて着物を作ったのかと悟った。「私はここに居るよ」と」。鋭敏な母幸田文の発信するシグナルを、著者はこれまた鋭敏このうえない感性をもって発止《はっし》と受けとめるのだ。ここには、一種、緊張感にあふれる母と娘の根底的な交感のさまが、実にみごとに描かれており、心揺さぶられずにはいられない。

この「紫の留袖」は幸田文の着物美学を象徴的に示すもののようにも思われる。こんな話もある。あるとき幸田文は、よそゆきの赤と白の飛び絣《かすり》の入った紺のお召を着付け、出かけようとした。そのとき、姿見にうつった自分の姿を凝視したまま動けなくなってしまう。次の瞬間、彼女は硯《すずり》箱から筆を取りだし、上前の赤い色の上をひょいひょいと撫でる。すると、「色のしぼの立った部分が墨で消され目立たなくなった」。赤い色が目にたちすぎ、「あっ、これはまずいと悟った途端の対応の早さ、その意外さ、出先に立って墨を刷いたなどと、誰が思うだろう」と、娘たる著者は感嘆をこめて記すのである。

この例や先の「紫の留袖」の例が端的に示すように、幸田文は、あらかじめ「場」の効果を透視したうえで、常套的な発想の虚をつく着物選びを、きびきびと敢行するケースが多い。けっきょく、それがおりおりの「場」にみごとにはまり、得もいわれぬ効果を発揮することになるのだ。ここに「江戸の遺民」幸田露伴からその愛娘幸田文へと脈々と受け継がれた、生きのいい着物美学、ひいては「生活世界の美学」を読みとることもできるであろう。こうした祖父や母の磨き抜かれた美学を、かくまでに具象的に描ききった、本書の著者自身の美的感性じたい絶妙というほかない。

幸田文の箪笥の引き出しには、そのピーンと張りつめ、メリハリのきいた息づかいを感じさせる品々にまざって、心をぎゅっと締めつける思いも入っている。きちんと整理された引き出しのなかに、裁ちかけの浴衣をみつけた著者はこう記す。「ここまでやって母さんは疲れたんだ。明日の朝、手元が明るい中でと考えたけれど、その明日もやる気は起きなかった。裁ちさえすれば縫い上げたろうものを、その踏みこたえが利かなかったのだ」。ときには悪戯気《いたずらっけ》たっぷり、颯爽《さっそう》と着物を着こなすのみならず、みずから針を持ち、座布団からはては雑巾にするまで着物を活用した、勝ち気な母、幸田文。その母の老いを、裁ちかけの浴衣で確認する著者の思いがなんとも哀切である。

嫁ぐ娘にシグナルを送った紫の留袖から裁ちかけの浴衣まで、著者は、箪笥の引き出しに入っている着物を通じて、幸田文の軌跡をたどり、その世界をくっきりと浮き彫りにした。読者に快感をおぼえさせる、流麗にして透明感のある文体が、このすぐれたエッセイの魅力を、いっそう高めているといえよう。

〈1995. 11. 22〉

宮城谷昌光 著
『孟嘗君』
（1―5、講談社、一九九五）

孟嘗君《もうしょうくん》は、中国の戦国時代、数千人にのぼる食客を擁し、諸国を股にかけて活躍した斉《せい》の宰相である。本書は、この孟嘗君の生の軌跡を中心に据えながら、その周囲に、孟嘗君の実父の田嬰《でんえい》、秦《しん》の宰相となり超大国秦の基礎を築いた商鞅《しょうおう》、斉の軍師となった天才兵法家の孫臏《そんぴん》など、歴史に名を馳せた人物を巧みに配し、壮大なドラマを展開している。

ドラマの前半で活躍するのは、孟嘗君の育ての親、白圭《はくけい》である。孟嘗君は数奇な生い立ちの人であった。その母は斉の王族田嬰の側室青欄《せいらん》である。五月五日に孟嘗君を産んだ青欄は、五月生まれの子は親を殺すという言い伝えにより、孟嘗君を殺せという田嬰の命令に背いて、盗賊あがりの下僕の僕延《ぼくえん》に生まれたての孟嘗君をあずけ、その命を助けた。僕延は孟嘗君を盗賊時代の知り合いの隠れ家にあずけたが、この隠れ家が刺客に襲われ、その家の主も殺されてしまう。あわやというとき、生まれたての孟嘗君を救いだしたのが、たまたま行きあわせた白圭だった。

宮城谷昌光《みやぎたにまさみつ》描くところの大長篇小説『孟嘗君』の世界には、英雄、異才、傑物がキラ星のごとく登場するけれども、この白圭には主人公の孟嘗君を凌駕するほど、圧倒的な魅力が付与されている。

もともとアウトロー的な存在だった白圭は、孟嘗君の育ての親となってから、一念発起して大商人となる。権力をものともしない、自立した商人の論理を体現する白圭の生き方は、まことに爽快そのものである。ちなみに、白圭については、司馬遷《しばせん》の『史記』「貨殖《かしょく》列伝」に、ごく簡潔な伝記がみえる。この断片的な歴史記述から、かくもダイナミックな商人白圭像を造型してゆく作者の想像力と筆力はみごとというほかない。

成長した孟嘗君は白圭のもとを離れ、斉の王族である実父の田嬰のもとにもどってゆく。『孟嘗君』のドラマの後半は、諸国の利害が入り乱れる紀元前三世紀の戦国時代、政治のまわり舞台をみずから動かし、めざましい活躍を示す孟嘗君の動きを中軸として展開される。なにより興味深いのは、孟嘗君は実父の後を継いで斉の宰相となりながらも、けっして斉一国の利害にとらわれないことである。彼はケース・バイ・ケース、招聘されれば敵対国の秦や魏《ぎ》の宰相にもなるのだ。

諸国を股にかける孟嘗君のコスモポリタンぶりは、育ての親白圭の姿と相似形をなしているといえよう。自立した商人白圭と自立した政治家孟嘗君。彼らはその傑出した個人的魅力によって、大勢の人間を魅きつけずにはおかない。本書『孟嘗君』は、この両者のイメージを巧みに重ね合わせながら、激動の乱世を自力で生き抜いてゆく人物像を鮮やかに浮かびあがらせるのである。

また、白圭の妹で商鞅の妻となった風麗《ふうれい》、数奇な運命の転変を味わい孟嘗君の妻となった洛芭《らくは》など、女性の登場人物も多彩であり、雄大な『孟嘗君』の物語世界に奥行きを与えている。

（1996. 1. 10）

杉本秀太郎 著

『杉本秀太郎文粋』

（1―5、筑摩書房、一九九六）

杉本さんに、十五世紀イタリアの画家ピサネロについて論じた、『ピサネロ　装飾論』（白水社）という作品がある。この傑出した絵画論には、ボードレール、大田垣蓮月《おおたがきれんげつ》、『徒然草』、京都、花と、ジャンルを越えて多様なテーマを取りあげ、豊饒の世界を現出させる、杉本秀太郎の感性や思考のありよう、さらには表現方法が、くっきり映しだされている。

ここで杉本さんは、ピサネロの「聖エウスタキウスの見たもの」の構図分析をおこない、それが大小いくつもの三角形から成ることを発見する。見いだされた大小の三角形は、画面のなかで相互に結び付きまた離れ、運動しはじめる。これを眺めているうち、杉本さんの目は耳となり、絵画は音楽へと転化する。「私はフーガ形式の楽曲を聴いているのと同種の快楽をおぼえる。たとえば、ベートーヴェンの作品一〇一のソナタの第三楽章、イ長調のフーガが、ピサネロのこの画面を見ていると、私には目にみえるように聞こえてくる」と。ここに語られているのは、まさしく視覚と聴覚のコレスポンダンスである。

「聖エウスタキウスの見たもの」の構図から、ベートーヴェンのソナタを「目にみえるよう」に聞きとり、あるいはドラクロアの描く「聖母の教育」の画面から、「憂鬱を孕みながら澄明な音色で鳴り出す色彩の音楽が見えてきて、私を魅惑する」（『絵　隠された意味』「音楽」）という杉本さんに、私はつい「風に乗る仙人」列子《れっし》を連想してしまう。

列子は紀元前四、五世紀の中国に実在したとおぼしい道家《どうか》的哲学者である。列子は修業のはてに、目は耳、耳は鼻、鼻は口のようになり、いっさい五感の区別というものがなくなった。こうして骨も肉も渾然と融合し、かさばった肉体の重みをまったく意識しなくなると、風に乗ってヒラヒラと舞いあがり、東へ西へと漂い、空中を飛行しつづけたという。

器官の役割を交換させ、視覚と聴覚を共鳴させる点では、明らかに共通性があるものの、列子の神秘主義は、杉本さんとは無縁なものだ。杉本さんをつき動かしているのは、あくまで明晰な方法意識なのだから。

たとえばアール・ヌーヴォーの技法について、杉本さんはこう述べている。「アール・ヌーヴォーというのは、伝統的なジャンルのあいだの限界を意識的に取り払うこと、限界を溶かすことによって、芸術の諸ジャンルが相互にぼかしの美に到達することを理想として技芸の粋をきそったときに出現した、異様な熱気の別称であると、いえないだろうか」。この記述はアール・ヌーヴォーのみならず、限界を溶かして聴覚と視覚を相互交換させ、目で聞き耳で見る共感覚をもって、対象を複合的にとらえようとする、杉本さん自身の方法意識をもあらわしているように思われる。

対象を一面的に絶対化せず、異質なもの、相反するもの、対立するものと、両立させながら重ね合わせ照応させて、複合的にとらえようとするこの方法意識は、杉本さんの作品の随所に、さまざまなバリエーションをもって出現する。たとえば京都の町を語るときには、パリの町や失われた過去の京都の風景が重ね合わされる。こうして空間的にも時間的にも、そのイメージは硬直した絶対化をまぬかれ、みごとな平衡感覚と距離感をもって相対化される。そういえば、杉本さんのすぐれた評伝『大田垣蓮月』のヒロイン蓮月尼もまた、渋いへちまの花瓶に、はんなりとしたエロスの歌を書きつけた人であった。さりげなく渋みと華やぎを両立させる、蓮月のこの平衡感覚を、杉本さんは高く評価するのだ。

対象を二重化してとらえる、杉本さんの方法意識のベクトルは、ときとしてあざやかに逆転する。そのもっともスリリングな例は、これまた『ピサネロ　装飾論』にみえる。先述のとおり、杉本さんはピサネロの「聖エウスタキウスの見たもの」の画面を、いくつもの三角形に構図分析した。その結果、驚くべきことが起こる。なんとそこに、ピサネロの構図にぴったり重なり、カンディンスキーの「重さのなかの軽さ」の画面の構図がせりあがってきたのだ。二重化の名手杉本秀太郎の複眼が、寄主《きしゅ》の植物的精気を吸収し活力をます宿り木のように、ピサネロの構図の基本的要素を転用し、これにかぶさって新たな世界を作りだした、カンディンスキーの「たくらみ」を、みごとにあぶりだしたのである。

名手といえば、杉本さんは隠れたピアノの名手である。そのキャリアは何十年にもなるが、一度も先生につかれたことはないと聞く。みずからの体のなかに響く音色に聞き入りながら、ひとり弾きつづけ、難しい楽曲を自家薬籠中《じかやくろう》のものにされたのであろう。この自前で体得されたピアノの澄んだ音色が、さまざまな意匠と戯れながら、いつも杉本さんの作品世界に反響しているように、私には思われてならない。反響し重なりあう音楽とことば。杉本秀太郎の世界は、コレスポンダンスの大いなる装置そのものなのかも知れない。

（1996.3）

『北京好日』（上下、芙蓉書房出版、一九九六）

林語堂著、佐藤亮一訳

本書は、一九二〇年代から三〇年代にかけ、はなばなしい文筆活動を展開した林語堂《りんごどう》が、日中戦争と内乱により大混乱に陥った中国を離れ、米国に移住した二年後の一九三九年、英文によって発表し、大ベストセラーとなった長篇小説である。

舞台となる時間は、一九〇〇年の義和団事件から、一九一二年の中華民国の成立を経て、一九三七年の日中全面戦争への突入に至るまで、ほぼ四十年にわたる。『北京好日』は、この中国近現代史の深刻なメルクマールとなる時間帯のなかで、裕福な上流家庭の姚《よう》家・曹《そう》家の人々がたどった生の軌跡を、多角的な視点から、パノラマのように描きあげている。

この作品の下敷きになったのは、林語堂が愛してやまなかった、中国古典小説の最高傑作『紅楼夢《こうろうむ》』にほかならない。大勢の登場人物を巧みに交差させ、複雑な人間の関係性を軸として、物語世界を形づくってゆく周到な語り口。十八世紀の清代中期に書かれた『紅楼夢』の二人の対照的なヒロイン、鋭敏でラディカルな林黛玉《りんたいぎょく》と冷静で協調性のある薛宝釵《せつほうさ》が、二十世紀に生まれ変わったならば、かくあろうと思わせる、ヒロインの姚家の姉妹、木蘭《もくらん》と莫愁《ばくしゅう》。

こうして物語構造から登場人物の設定まで、『紅楼夢』の濃厚な影響をうけ、また随所に中国の長い伝統に裏打ちされた、高度な文人趣味のエッセンスを馥郁《ふくいく》と漂わせながら、この『北京好日』のなによりの特徴は、時代状況を鋭くうがつアクチュアリティーをもつことにある。
終幕に向けて、登場人物の運命は苛酷の度を増す。ことに日本軍の侵入により、悲惨な最期を遂げる木蘭の義姉の姿は、怒りをこめた圧倒的な迫力をもって描かれる。興趣あふれる物語世界を展開しつつ、鋭いメッセージを投げかける『北京好日』は、鮮烈なアクチュアリティーによって、今も読者に深い衝撃を与えてやまない。

(1996.7.4)

ハリエット・サージェント著、浅沼昭子訳

『上海——魔都100年の興亡』

(新潮社、一九九六)

一八四二年、アヘン戦争でイギリスに敗北した清《しん》王朝は、上海を開港した。以来、一九四九年、中華人民共和国が成立するまでの約百年間、上海は「中国の大地に築かれた外国人の都市」となった。
本書において、イギリス人の女性ライター、ハリエット・サージェントは、さまざまな国籍をもつ厖大な数の人々へのインタビューを通じて、多様な角度から、この幻の都市「上海」の「百年の記憶」を浮き彫りにしている。
ここで、上海という都市の風景を構成する、主要な登場人物として選ばれているのは、白系ロシア人、イギリス人、そして中国人である。二十世紀初頭、上海に流入した白系ロシア人は、おびただしい数にのぼった。彼らの「気まぐれで、退廃的で、感傷的で、大胆で、ロマンチック」な気質が、そのまま華麗な表舞台のかげで、貧困と腐敗がすえた臭いを発散する、上海の度しがたくも魅力あふれる気質になったと、著者は指摘する。

こうした上海の都市としての両義性のうち、表側の華麗さを代表するのがイギリス人社会であり、裏側の貧困を代表するのが中国人社会であった。イギリス人である著者は醒めた目で、華麗なるイギリス人社会の虚偽をたじろがず見据えると同時に、中国人社会の悲惨を直視しつづける。華麗と悲惨が渾然一体となり、その際限もない欲望の膨張に自家中毒しかけた「魔都」上海は、やがて土足で踏み込んで来た蔣介《しょうかい》石《せき》の国民党と日本軍部によって、根底からくつがえされた。それは、「暗闇のような中国を背景に、覗きからくりの主人公」のように、短い光芒を放って消滅したのである。

本書は、そんな「覗きからくり」の幻の都市上海の栄光と悲惨を、その臭いや音までも、まさに「今、ここ」の臨場感をもって、あますところなく描き尽くす。圧巻というほかない。

（1996. 12. 9）

西村康彦 著『龍あらわる——中華怪有篇』（文藝春秋、一九九七）

昨年（一九九六年）暮、勤め先の忘年会で、声自慢の面々が次々にマイクをにぎる場面があった。やがて一人の中国人学者がマイクを手に朗々と、現代京劇「紅灯記《こうとうき》」の一節を歌いだした瞬間、私は思わず跳びあがりそうになった。マイクも壊れんばかりの大音声。圧倒的な迫力である。こんな大きな声を聞いたのは、生まれてはじめてだ。この人は体格こそ堂々としているが、ふだんはもの静かな民俗学者であり、その研究テーマも「桃の花のシンボリズム」と、いたって柔らかい。それが一転、こんな凄まじい迫力のある歌い方をするとは。あの広大な黄色い大地で育まれた、文化の古層から湧き起こったような歌声に、呆然と聞き惚れながら、私はあらためて、中国人は不思議だ、中国は凄いと思った。

西村康彦氏の新著『龍あらわる』は、歴史の堆積のなかで脈々と受け継がれてきた、そんな中国人あるいは中国の不思議を、主として怪異現象に焦点を絞り、歴代の「筆記《ひっき》（記録・随筆）」を縦横無尽に活用しながら、古代から現代に至る長いスパンで追求した作品である。

全十八章から成る本書では、時間の経過とともに消滅する、いか墨で書かれた文書をめぐる奇譚、細い竹箸に精緻な文様をほどこす酒浸りの名匠の話、花や樹木の言葉を聞きとる特異能力者の逸話、天才的な騙しのテクニックを弄する詐欺師たちの物語等々、多種多様の怪異な世界が引きもきらず展開される。中国の不思議を開示してゆく著者の語り口は、旅行記あり、ドキュメンタリーあり、小説ありと、これまた変幻自在、読者を居ながらにして時空を越えた怪異の世界に遊ばせる。

さらに興味深いのは、本書においては、過去の筆記に見える奇聞・奇談と、現代中国のそれを対比し、両者の類似性を浮き彫りにする手法が、終始一貫してとられていることだ。ちなみに、現代中国の奇聞・奇談は、『北京日報』のような民衆が好んで読む新聞、あるいは著者自身の数十回にのぼる中国旅行の体験のなかから、引きだされる。

こうした形で過去と現在の怪異現象を対比させる手法は、前著『中国の鬼』（筑摩書房）や『天怪地奇の中国』（新潮社）においても、顕著にみられたものだが、今やまさしく名人芸、その切れ味はますます冴えわたる。この著者独特の手法により、『龍あらわる』において、表面でははげしく変化しながら、その深層の部分で「怪異の風土という遺産」を継承しつづける、現代中国の貌《かお》がくっきりと照射されるさまは、まさに圧巻といってよい。

西村康彦氏の鬼気迫る名人芸は、膨大な数にのぼる中国歴代の筆記を渉猟し、これを読んで読んで読み抜こうとする努力と執念によって、磨きあげられたものだと思われる。

筆記とは大まかにいえば記録・随筆のたぐいを指し、文学ジャンルとして確立したのは、十二、三世紀の南宋《なんそう》のころである。もっとも、ジャンルとして確立されるずっと前、六朝《りくちょう》時代から、これに類する著述はすでに存在した。たとえば、四世紀末から五世紀初め、東晋《とうしん》の干宝《かんぽう》が編纂した怪談集『捜神記《そうしんき》』、五世紀中頃、劉宋《りゅうそう》の劉義慶《りゅうぎけい》らによって編纂された魏晋《ぎしん》の名士の逸話集『世説新語《せせつしんご》』も、前者は怪奇現象の記録、後者はいわば奇人録であり、すでに筆記のジャンルに入る作品だといえる。

総じて筆記は、おそろしく雑食性のつよいジャンルであり、多種多様の作品群が共存しているが、だいたい次の三つに分類できる。

第一は「小説・故事」の類《たぐい》である。古くは、今あげた六朝時代の『捜神記』および『世説新語』から、清《しん》代の大学者紀昀《きいん》の著した怪奇小説集『閲微草堂筆記《えつびそうどうひっき》』、王晫《おうたく》の手になる明《みん》末清初の奇人録『今世説《きんせせつ》』に至るまでの、おびただしい数のいわゆる「筆記小説」がこれにあたる。これらは見てのとおり、内容的には、『捜神記』にはじまる怪奇小説と、『世説新語』にはじまる奇人録の二つに大別することができるが、いずれの場合も、小説とは言い条、虚構の世界を作るというよりは、現実社会の枠組みを越える不思議な事実や人物について、記録するという態度で著されている。ちなみに、これらの筆記小説は文言（書き言葉）で記されるのが、必要十分条件であるため、白話《はくわ》（話し言葉）で書かれた小説はすべて除外される。

筆記の第二種に分類されるのは、「歴史瑣聞《さぶん》」、つまり正史からはみでた異聞やこまごまとした事実についての記録である。いわゆる野史《やし》、雑録、雑記などがこれにあたる。前漢《ぜんかん》末の劉歆《りゅうきん》が著したとされる『西京雑記《せいけいざっき》』、唐《とう》の劉餗《りゅうそく》の『隋唐嘉話《ずいとうかわ》』、北宋《ほくそう》の欧陽脩《おうようしゅう》の『帰田録《きでんろく》』から、清の王士禛《おうししん》の『池北偶談《ちほくぐうだん》』等々に至るまで、この分野には大学者の筆のすさびによる著述が多い。ちなみに、六朝梁《りょう》の宗懍《そうりん》の『荊楚歳時記《けいそさいじき》』をはじめとする歳時記、南宋の孟元老《もうげんろう》の『東京夢華録《とうけいむかろく》』を代表とする都市論も、この分野に入る。

第三種に分類されるのは、「考証・弁証」、すなわち読書随筆や制度・文物などに関する考証を記した著述である。この分野にも、西晋《せいしん》の崔豹《さいひょう》の『古今注《ここんちゅう》』から、北宋の沈括《しんかつ》の『夢渓筆談《むけいひつだん》』、南宋の洪邁《こうまい》の『容斎随筆《ようさいずいひつ》』、清の銭大昕《せんたいきん》の『十駕斎養新録《じゅうがさいようしんろく》』まで、これまた枚挙に暇がないほどの著述がある。

いちおう以上の三種に分類できるのだが、なにぶん筆記は雑食性の旺盛なジャンルである。個々の作品じたいにもボーダーレスの要素がつよく、境界を越えて多様な領域にまたがり、記述の幅を広げているケースも稀ではない。中国人の好奇心の強烈さを如実に映す筆記ジャンルは、南宋以後、時代が下るとともにますます隆盛となり、それこそ信じられないくらいの膨大な作品を生んだ。

西村康彦氏はさながら、この中国の不思議を抱え込んだ、大いなる筆記の海を航海する熟練の船乗りである。『龍あらわる』は、この熟練の船乗りが、筆記の海をめぐる体験を重ねながら、周到に描きあげた「怪異の風土」中国への航海図だといえよう。

(1997.2)

川西政明 著
『わが幻の国』
(講談社、一九九六)

本書『わが幻の国』は、十九世紀後半から現在(一九九六年)に至るまで、中国と日本の関係がはげしく軋《きし》んだ百三十年余りの時間帯において、日本の文学が、中国をどのように表現してきたかを、徹底的に追跡したものである。ここで著者は上海、紹興《しょうこう》、揚州《ようしゅう》、南京、大連《だいれん》、哈爾浜《ハルビン》、敦煌《とんこう》、北京の八つの都市に照明をあてながら、「中国」を核とする日本文学表現史をたどるという、きわめてユニークな方法を採用している。これは、日本文学に表現された中国を、空間的な構成によって、全体としてとらえかえそうとする試みにほかならない。

ちなみに、武田泰淳は『司馬遷』において、『史記』的世界は、空間的に構成された歴史世界であると喝破した。表現の歴史を、ただ単に時間的な縦軸に沿ってたどるのではなく、空間的な横軸と交差させてとらえようとする著者の態度には、この『史記』の作者司馬遷の歴史認識のありようと、はるかに通底するものがある。

このように空間すなわち都市をキーワードに表現史を読み解くと同時に、本書ではもう一つ、きわめて重要な試みがなされている。それは、日本文学が表現した中国の像を浮き彫りにしつつ、これと並行して、中国文学が表現した日本の像をも浮き彫りにしようとする態度が、つらぬかれていることである。日本文学の側からみた中国、中国文学の側からみた日本。両方の視点を合わせもとうとする複眼の思想によって、著者は、日本文学が表現した中国の像を相対化しつづけるのだ。こうしてあくまでも複眼によって、表現史を見据えようとする明確な意識が、「わが幻の国」たる中国にかける著者自身の執念にも似たパトスと、渾然一体となったところに、本書の圧倒的な迫力があるといえよう。

本書冒頭の「上海」の章では、日本文学と上海との百三十余年のかかわりが描かれる。一八六二年、江戸幕府が派遣した貿易船千歳丸の乗組員が上海に上陸、その印象を記録に残した。以来、一九四五年八月まで、多くの日本の文学者が上海と深くかかわった。このかかわりの変遷が、「支那の文物に愛着をもって自己の文学の糧とし」た谷崎潤一郎、芥川龍之介、佐藤春夫の時代から、「自分たちがおかした中国への罪と罰とを償いきるまで書き尽すほかない」と、みずからをぎりぎりの地点まで追いつめ、表現しつづけた竹内好《よしみ》や武田泰淳の時代への転換を軸に、くっきりと描出される。上海というそれじたい刻々と変貌する都市を舞台とするこの章で、本書で扱われる表現者の生きた時間帯が、まず全体としてあぶりだされる仕掛けになっている。

つづく「紹興」の章では、紹興出身の魯迅《ろじん》と秋瑾《しゅうきん》に焦点を絞り、『魯迅』を書いた竹内好と、『秋風秋雨人を愁殺す』において秋瑾を書いた武田泰淳が、試行錯誤をくりかえしながら、ついに中国人と同じ地点から、「辛亥革命の先駆者」魯迅や秋瑾をとらえかえすに至るプロセスがたどられる。

こうして武田泰淳や竹内好の苦渋に満ちた「中国理解」の足跡をたどった後、著者は「揚州」の章を設け、井上靖によって造型された『天平の甍《いらか》』の主人公鑑真《がんじん》のイメージを通して、日本がいかに中国の文化を理解し受容してきたか、歴史的文脈のなかで洗いなおす操作をおこなう。

「上海」において時間軸を設定し、「紹興」「揚州」と、日本文学における中国理解の跡をたどりなおした著者は、ついで「南京」に目を転じ、あの抗弁の余地のない無残な南京事件を正面から取りあげる。ここでは、日本軍の南京掃討において主導的な役割を演じた軍人、佐々木到一の『南京攻略記』が一方の極に据えられる。この対極に置かれるのが、殺される側の中国人の視点に立ってこの事件を描いた堀田善衛《よしえ》の『時間』、中国人みずからがこの事件を描いた阿壠《あろう》の『南京慟哭』である。この両極の中間には、石川達三の『生きてゐる兵隊』、火野葦平《あしへい》の『麦と兵隊』などの従軍小説が配される。こうして三つの視点を設けることによって、本書の著者は戦争と文学の相関関係を複合的にとらえながら、この事件を起こした日本軍の底知れない罪深さを、おのずと根底からえぐりだす。

悲惨な南京のドラマを目に焼きつけつつ、著者の「幻の国」遍歴は、江南の四都市から北中国へと移る。北中国で舞台に選ばれるのは、いわゆる満州のテリトリーに入る「大連」と「哈爾浜」、西域の「敦煌」、首都の「北京」の四都市である。このうち、戦後日本でとみに盛んになった、中国に題材をとる歴史小説との関連で論じられる「敦煌」の章はさておき、残る三都市の章ではいずれも、時間の彼方に埋もれてしまった、かつての日本文学の担い手たちのおびただしい作品にまで目配りがなされ、これらの作品において、どのように大連や哈爾浜や北京が描かれているか、丹念に掘り起こされている。

さらにまた、「哈爾浜」の章では、満州族の作家、旧満州在住のロシア人作家、および蕭紅《しょうこう》や蕭軍《しょうぐん》を中心とする東北地区の中国人作家を取りあげ、「北京」の章では老舎《ろうしゃ》や周作人《しゅうさくじん》を取りあげるというふうに、これらの都市を舞台に創作をつづけた多様な作家群像に注目し、彼らを日本人作家と共時態でとらえようとする姿勢が、顕著に見られる。日本文学の側から見た中国、中国文学の側から見た日本、の両方の視点を重ね合わせる著者の複眼の思想は、むしろこの北中国の四都市の章に、より鮮明に打ちだされていると思われる。

本書の最終章「北京」には、この都市で少女時代を過ごした加藤幸子の『夢の壁』『北京海棠の街』が引かれている。これらの物語には無邪気な日本の少女と、日本軍との戦争に巻き込まれ母を殺された中国の少年が登場する。少女が帰国する日、弟のようにかわいがっていた少年は、とうとう見送りに来ない。

少年は少女に体現される日本を拒絶したのだ。

「これにたいして少女は、帰国する列車の扉のすきまから夢の壁に立つ少年の姿を幻視する。それは日本と中国がいつかほんとうの友人になる日のくることを願う少女の夢のあらわれであろう」と記し、著者はこの大著『わが幻の国』を結ぶ。少女の夢は、著者川西政明の夢でもある。この祈りにも似た夢があればこそ、著者は文学にあらわれた日本と中国の関係の修羅の相を徹底的にえぐりだしつつ、『わが幻の国』を幻視し、かくもみごとな作品として定着しえたのであろう。

(1997.2)

『中国怪食紀行――我が輩は「冒険する舌」である』

小泉武夫 著

(日本経済新聞社、一九九七)

とにかくたいへんおもしろい本である。近ごろ、本を読みながら、笑いすぎて息がとまりそうになることなど、めったにないけれども、小泉武夫著『中国怪食紀行』は、文字どおり抱腹絶倒、稀にみる愉快なエッセイにほかならない。好奇心にあふれた著者は、尋常ならざる食物を求め、あの広い中国大陸のすみずみを精力的に歩きまわる。そのかいあって珍奇な食物にめぐりあうや、著者の強靱な胃袋は歓喜にあふれつつ、凄まじい咀嚼《そしゃく》力と消化力を発揮して、異《い》なる食物をドンドンバリバリ吸収する。この著者の食欲と胃袋の異様なたくましさに、まず圧倒される。

それにしても、中国大陸に生きる人々の食生活は、凄まじいまでに多種多様、豊富そのものだ。所変われば品変わる。地域ごとに珍奇な食習慣があり、概して蛇といわずネズミといわず、食べられるものは何でも食べる。異なる食物を求めて旅する著者は適応力抜群、どんな奇怪な食物に遭遇しても、まず「うまそうだ」と旺盛な食欲をはたらかせ、怖《お》めず臆《おく》せず挑戦して、舌鼓をうつ。中国人の食に対する執念と情熱には壮絶なものがあるが、著者の場合もこれに勝るとも劣らない。

こうして、著者は貴《き》州のシコシコと歯ごたえのある犬料理、雲南省昆明《こんめい》市の青臭い蛇酒、内蒙古《うちもうこ》自治区のまるまる一頭の羊料理等々を、次から次に大いなる感動とともに、食べかつ飲みつづける。

なかでも虫料理との出会いのくだりは圧巻だ（本書第7話「虫は胃のもの味なもの」）。もともと著者は、虫食いのベテランであり、あの臭いカメムシの幼虫――なんでも蛆《うじ》の形をしているそうだが――まで食し、臭い成虫とは似ても似つかぬ「かすかにバラの花を思わせる甘く、そして耽美なにおいを持っている」と、絶賛する剛の者。中国の虫料理に欣喜雀躍《きんきじゃくやく》して飛びつくのも当然といえば当然かも知れない。というわけで、著者は雲南省西双版納《シーサンパンナ》のとある町角の屋台で、竹虫の炒め料理を味わい、「味は大変に上品。甘く、そしてなめらかな脂肪味が絶妙」と陶然としたかと思うと、大皿に盛った蜂の蛹《さなぎ》の空揚げから、カブトムシの内臓の焼き物まで、ペロリと平らげてしまう。まったく凄い胃袋というほかない。

さらにまた、著者の怪食家としての本領がいかんなく発揮されるのは、発酵食品、端的にいえば腐敗させた食物に対するときだ。西洋のチーズ、日本の納豆など、発酵食品にはそれぞれお国ぶりがあり、不慣れな者はふつうとてもその臭気に耐えられない。発酵食品の宝庫ともいうべき中国の場合は言わずもがな、想像しただけで臭さのほどがしのばれる。

ところが、著者は、広西省チョワン族自治区で、なんと三十九年もかかって発酵させた鯉の熟鮓《なれずし》を見て、感動おくあたわず（これは食べる機会はなかったらしいが）、豚肉をカビで発酵させ、鰹節もどきにカチンカチンに固めた「火腿《フォトエ》」なる発酵食品で出し汁をとったスープを一口飲むや、「いやはや舌が抜け、目玉が飛びだすぐらい美味」であったと絶賛するなど、独特の発酵食品の臭気にも一瞬にして適応してしまう。

こうして中国の異なる食品を愉快に咀嚼しつづける著者は、いわゆる有名料理店には見向きもしない。ひたすら町角の屋台や大衆食堂に足を運び、中国各地の生活者がふつうに食べているもののなかから、隠された美味を発見し、「怪食」の喜びに浸るのである。こうして、たくましい胃袋を駆使し、ふつうの中国人と同じ条件で「怪食紀行」を続行するなかで、著者は食物を通じて、中国人の生活哲学ひいては中国文化の特性を、きわめて具体的に探り当てることに成功している。

たとえば、著者は中国料理を支える基本的な考え方は、第一に「食材自在」つまり何でも食べること、第二に「粗料細作」すなわち安い材料を使い、手間暇かけて高級料理に仕上げること、第三に「就地取材」つまり材料をその土地で調達し、無駄を出さずに使いきること、第四に「用具過少」すなわち調理用の器具は最小限におさえること、第五に「医食同源」「薬食帰一」つまり薬と食物の源は同じであること、の五点に集約されるという。怪食の実践的経験を経て、集約されたこの見解には、きわめて合理的な現実感覚にもとづく中国人の生活哲学・生活美学が、みごとにあぶりだされているといえよう。

怪食探訪の途次、次から次に珍事件が勃発、そのたびに著者が悠然とこれをくぐり抜ける顛末《てんまつ》が、ユーモラスに記されているのも、なんとも楽しい。

ちなみに、本書には著者自身の手になる写真が満載されており、奇怪な食物を前に幸せそうに微笑む著者の顔も見える。怪食家小泉武夫氏の胃袋とエネルギーに脱帽するしかない一冊である。

(1997. 11. 7)

青木保 著『逆光のオリエンタリズム』（岩波書店、一九九八）

二十数年前、文革終了直後の上海へ行った。無骨《ぶこつ》な人民服が幅をきかせていたこの時期、西洋建築が立ち並ぶ上海の街を行く女性は、襟もとから柄物のスカーフをチラリとのぞかせ、きわだって粋《いき》でお洒落《しゃれ》だった。上海モダンは生きている。そのとき私は実感した。

本書は、文化人類学者の著者が一九九四年から九六年にかけて、アジアの大都市に残るヨーロッパ近代の痕跡《こんせき》を訪ねた旅の記録である。コロンボ、香港、シンガポール……。これらの都市にはコロニアル文化（植民地文化）を象徴する、ホテルやカフェがエア・ポケットのように残っている。旅人としてその快適さを満喫しながら、著者は各都市の現在の姿に目を向ける。

とりわけ出色なのは、中国返還直前の香港の記述だ。ヨーロッパ近代と中国文明の混合した「境界都市」香港は、「正装の映える街」だが、「東京は正装が滑稽《こっけい》に見える街」だといった、警抜なエピグラムがちりばめられ、思わずうなってしまう。香港を筆頭に、コロニアル文化との出会いが、アジアの近代の開幕だったことを直視する、著者の姿勢はまことに潔い。

都市探訪と並行し、著者はスリランカのヌワラ・エリヤなど高原リゾート都市を訪れ、それが近代ヨーロッパの休息の夢が育《はぐく》んだ「地上の楽園」だったことを明らかにする。この指摘は「都市の楽園」たるコロニアルなホテルやカフェにもむろん当てはまる。

だが、今やアジアの国々にとって休息の夢など薬にもしたくない。昨年、先述の都市を再訪した経緯を記す終章によれば、ホテルの多くは超高層化され、高原リゾートは見る影もない。「楽園」の終焉《しゅうえん》。コロニアルな近代を否定し、欧米の現代に追いつこうと焦るあまり、アジアの大都市は収拾不能の混沌《こんとん》に陥りはじめたのだ。著者はこの飽くことなきアジア的上昇志向を指して、「逆光のオリエンタリズム」と名付ける。

「オクシデンタリズム（西洋に対する幻想）」と「オリエンタリズム（東洋に対する幻想）」、東の夢と西の夢が、混然と調和し融合する道はないものか。本書は、みずからの感覚をもとに、陰影に富んだ筆致で、アジアの近代の痕跡を探りつつ、その現在と未来の課題を鋭くえぐる、稀有の「旅行記」にほかならない。

(1998. 4. 5)

宮城谷昌光 著『介子推』

（講談社文庫、一九九八）

権力悪を潔癖に否定し、あくまで純粋性の化身として凛烈に生きた介子推《かいしすい》は、宮城谷昌光氏の物語世界に登場する、数多くの魅力あふれる主人公のなかでも、きわだってユニークな存在である。

著者は本書に先立ち、大作『重耳《ちょうじ》』において、春秋時代、長期にわたる亡命の果てに君主の座につき、ついに覇者となった重耳、すなわち晋《しん》の文公《ぶんこう》（前六九七？—前六二八）の劇的な生涯を、壮大なスケールで描いた。

重耳は晋の献《けん》公と狄《てき》の大族狐《こ》氏の娘の間に生まれた公子であった。献公には大勢の息子があったが、やがて美貌の寵姫驪《り》姫《き》に溺れ、彼女の産んだ年少の息子奚斉《けいせい》を後継の座につけようとしたことから、晋は混乱の度を深める。すでに太子に立てられていた重耳の異母兄申生《しんせい》が、驪姫の陰謀によって自殺に追い込まれたあと、公子たちの間で傑出した存在だった重耳と異母弟の夷吾《いご》(重耳の母の妹の息子)は、それぞれ領地に逃げ込み、ひとまず危機を脱する。しかし、重耳は驪姫が差し向けた宦官あがりの凄腕のテロリスト閹《えん》楚《そ》に、すんでのところで殺されそうになり、ついに亡命を決意する。ときに四十三歳。

中年の身でありながら、母の故郷狄に身を寄せた落魄《らくはく》の公子重耳の唯一の支えは、趙衰《ちょうし》・狐偃《こえん》(咎犯《きゅうはん》)・先軫《せんしん》ら有能にして誠実無比の臣下グループが、地獄の果てまで行を共にしてくれることだった。重耳主従が狄で過ごした十二年の間に、晋では献公の死後、内乱が起こり、驪姫母子は殺害されて、狡猾な異母弟の夷吾が機敏に立ち回り、君主の座についた。この夷吾すなわち晋の恵《けい》公は、狄でそれなりに充足した日々を送っていた重耳の存在に神経をとがらせ、閹楚をリーダーとする暗殺団を差し向ける。これを機に、重耳主従は狄を離れ、筆舌に尽くしがたい辛酸を嘗めつつ流浪の旅を重ね、ようやく春秋五覇《ごは》の一人、斉《せい》の桓《かん》公のもとに身を寄せる。

桓公に厚遇され、その娘を妻にするなど、斉の生活は重耳にとってすこぶる快適であった。二年後、桓公が死去すると、重耳の臣下グループはなかば強制的に、環境に順応しやすい重耳の重い腰をあげさせ、諸国を経由して晋に向かわせた。この帰国の旅の途次、恵公が死去したため、重耳は西の大国秦《しん》のバックアップを受け、軍勢を率いて晋に入り、恵公の後継者の太子圉《ぎょ》(恵公の息子)を追い落として、ついに晋の支配権を手中におさめる。驪姫に追われて国外に脱出、狄から斉へと十九年におよぶ亡命生活を経て、ようやく晋の君主の座についたこのとき、重耳はすでに六十二歳になっていた。

宮城谷昌光著『重耳』は、このように最終局面における奇跡の大逆転に至るまで、徹底的に逃げつづけた重耳を取り巻き、多士済々の臣下がそれぞれ、あらんかぎりの力を尽くして、苦楽をともにする姿を、実にいきいきと描き分けた。まさに、中国の大長篇小説『三国志演義《さんごくしえんぎ》』や『水滸伝《すいこでん》』を彷彿とさせる手練の語り口である。ちなみに、『演義』の中心人物の劉備《りゅうび》も、『水滸伝』の中心人物の宋江《そうこう》も、重耳と同様、けっしてみずから積極的に行動せず、あくまで「虚なる中心」として存在しつづけることによって、部下の能力を存分に発揮させるタイプのリーダーであった。

本書の主人公介子推は、「虚なる中心」重耳をもりたて、命がけの活躍をする臣下の一人として、『重耳』の物語世界において、すでにそのユニークな貌《かお》を見せている。

介子推は重耳直属の臣下ではなく、重耳の重臣先軫の配下であり、いたって身分は低い。しかし、介子推はその実、恐るべき棒術の使い手であり、稀代のテロリスト闇楚とひそかに渡り合い、しばしば重耳の危機を救う。のみならず、彼は狄から斉に向かう、食うや食わずの惨憺たる道中で、重耳のために食糧を調達すべく死にもの狂いで走り回り、人知れず血のにじむ努力を重ねた。

介子推がこれほどまでに重耳に尽くしたのは、ひとえに重耳が凡百の支配者と異なり、聖性を帯びた理想的君主だと信じたからにほかならない。しかし、介子推が重耳にかけた夢は、けっきょく呆気なく無に帰す。晋の支配者となった重耳は、功臣の要求に応じて論功行賞をおこなうなど、たちまち権力と欲望の渦に巻き込まれてしまうのだ。そればかりか、その主が誰であれ、晋の支配者の命令を受け、テロリストとしての職能を発揮するのが、自分の役割と心得る闇楚が、新たな支配者重耳のもとに寝返って来たとき、あろうことか重耳は彼を受け入れ重任したのだった。

介子推の絶大な尽力は、すべて人知れず、行われたものだったから、むろん重耳は知る由もなく、論功行賞の対象にもならなかった。しかし、そんなことは、無私の精神で動いた介子推には問題ではない。彼は、重耳も欲望の論理で動く君主にすぎないと思い知らされたとき、決定的に失望したのである。かくして、介子推は母とともに、故郷の緜上《めんじょう》の山中深く分け入り、山の隠者となる道を選ぶ。

『重耳』に描かれた介子推のイメージは、ざっと以上のようなものである。それぞれ特性を帯びつつ、物語世界を活性化させる重耳の臣下たちのなかで、ひとり欲望を削ぎ落とし、潔癖感にあふれるこの介子推のイメージは、とび抜けて硬質の魅力を発散している。本書は、こうして『重耳』の物語世界において忘れ難い印象を与える、介子推像を原型としつつ、その鮮烈な生涯の軌跡を真っ向からとらえかえした力作である。

付言すれば、『史記』をはじめとする諸書では、介子推が重耳に失望して山の隠者となった顚末を簡潔に記し、その過剰なまでの潔癖さを称揚するだけで、詳しい事迹《じせき》はいっさい記さない。すでに、前作『重耳』において、大いなる想像力を駆使し、一見、おとなしい働き者の介子推に、隠れた棒術の才能を付与した著者は、本書『介子推』に至るや、さらに大胆に想像の羽をはばたかせ、介子推の事迹の空白を鮮やかに埋めてゆく。

本書で展開される介子推の物語世界には、いくつか注目されるポイントがある。まず第一のポイントは、介子推の神秘な棒術は、白衣の老人の姿をとって出現した山の霊から、授けられたとされていることである。つまるところ、介子推は当初から、欲望の論理で動くこの世とは次元を異にする、超越的な世界と交感する存在として設定されているわけだ。その彼が狄に亡命中の重耳に仕えたのは、先にも述べたように、重耳のなかに聖性を帯びた理想的君主を見たからにほかならない。

第二は、介子推に対立する存在として、二人の重要な人物が設定されていることである。一人は幼馴染みの石承《せきしょう》。功名心に駆られる石承は父の死後、継母を犯すという破廉恥な罪を犯して郷里を出奔、巧妙に立ち回って、夷吾(晋の恵公)に仕え、出世街道を驀進する。いま一人は、かの凄腕のテロリスト闇楚である。重耳という人間に惚れ込み、死力を尽くす介子推とは異なり、闇楚はひたすら支配機構の殺人機械として非情に剣をふるう。だから、支配機構のトップリーダーが交替すれば、夷吾から重耳へと平然と鞍替えし、まったく恥じるところもない。

出世欲の塊の石承、およそホットな感情の持ち合わせのない殺人機械闇楚。この二人の負性を帯びたライバルとの、息づまる対決を通じて、介子推の純粋性がますます磨きをかけられるという仕掛けである。ちなみに、この二人のライバル、とりわけ介子推のネガである闇楚の凄絶なイメージは、まことに鮮やかに描かれており、その闇にうごめく邪悪さと、介子推の陽光をあびた凛烈さは対照の妙をなしている。

第三のポイントは、介子推を影で支える聖女のように聡明な母、および石承の継母の連れ子で、介子推を慕う少女喜杏《きよう》などの女性像が、一点の曇りもない純粋な愛の化身として描かれていることである。深読みすれば、ここから、権力に翻弄される男性原理・父性原理に対する介子推の孤独な闘いは、女性原理・母性原理への全面的な信頼によって、あたたかく癒されるという物語構造を読みとることもできよう。

超越的な世界と交感しうる特殊能力をもつ介子推は、ライバルとの熾烈《しれつ》な戦いを経て、重耳を君主の座につけた瞬間、徹底的に失望し、母と喜杏、および忠実無比の従者の茲英《じえい》とともども山の中に消えて行く。

その後、介子推の功績を知った重耳は、大々的にその行方を捜索したが、介子推は二度と山を降りなかったという。

後世の介子推伝説では、落胆した重耳は何としてでも介子推を呼びもどすべく、山に火を放ったところ、介子推はなおも抵抗して母もろとも焼け死んだという話柄が支配的になる。元曲《げんきょく》(元代の戯曲)の「晋の文公、火もて介子推を焼く」(狄君厚作)は、その代表的な作品である。

しかし、本書は人口に膾炙《かいしゃ》するこの残酷な結末をあえてしりぞけ、母と恋人、および忠実な従者とともに山に消えた介子推のその後の姿を、次のように記す。

……やわらかな笑声とともに、四つの影は動いた。

その影が消えた山に、はるかのちにひとりの青年がのぼった。

かれは白衣の老人をみたという。

かつて若い介子推に神秘な棒術を伝授した山の霊は、白衣の老人の姿で出現した。山に消えた介子推は、いつしか山の霊と合体し、不思議な永劫回帰の余韻を残しつつ、著者はこの美しい物語の幕を、静かに下ろす。この慰藉にあふれた、やさしい幕切れは、著者の介子推に対する思い入れの深さを、おのずとものがたっている。

著者は深い共感とともに、このように純粋性の化身として、権力者となった重耳にあえて異議を申し立てる介子推の生の軌跡を、終始一貫、澄んだタッチで描ききった。こうして浮き彫りにされた介子推のイメージは、おのずと前作に描かれた偉大な君主重耳のイメージを、相対化する結果となっている。本書『介子推』にみられるこの緊迫した完成度の高さには、成功せる前作『重耳』とみずから張り合わんとする、著者の気迫がこもっている。著者の介子推に劣らぬ潔癖感が如実に読みとれる、まことにみごとな作品というべきであろう。

著者の資質が自然に流露したこの『介子推』こそ、数ある宮城谷文学のなかで、とりわけ私の好きな作品であることを、最後に付記しておきたい。

(1998.5)

夢枕獏 著
『平成講釈 安倍晴明伝』
(中央公論社、一九九八)

安倍晴明《あべのせいめい》は平安京の堀川一条に住んでいた。その邸跡に建つ「晴明神社」界隈は、今は整備されたが、昭和二十年代末には、極度の住宅密集地帯であった。小学生の私はここに住む同級生を訪ね、「晴明さん」の境内で遊ぶのが楽しみだった。だいたい神社は怨念《おんねん》の漂う気配がするものだが、「晴明さん」は魔法使いの神さんのくせに(と、子供の私は思っていた)、そんな怖い気配もなく、子供たちにとても人気があった。

本書は、偉大なる聖俗混淆の陰陽師《おんみょうじ》、わが「晴明さん」を主人公とする伝奇小説である。ちなみに著者には、すでに晴明を探偵に仕立てた連作『陰陽師』があるが、本書はこれとは別仕立ての物語であり、あくまで晴明その人に焦点を絞る。

「講釈」と銘打たれているとおり、著者は高座に上がった講釈師よろしく、立て板に水、快調の語り口で、神童安倍晴明が、悪魔派陰陽師の蘆屋《あしや》道満《どうまん》と秘術を尽くして渡り合い、人妖《じんよう》入り乱れての大乱戦のあげく、ついに勝利する顛末を描く。ストーリー展開は迫力満点、伝奇小説の楽しみを満喫させてくれる。

その楽しみを倍加させているのは、下敷きにしたテキスト（講釈の速記本）をことごとに引き合いに出すなど、いわば創作過程の楽屋裏を見せながら、物語を進行させるというポーズをとっていることだ。「かようなる物語制作上の秘話をも取り混ぜながら、作者自らが言い訳までしてしまうような小説がこれまであったでしょうか」と著者みずから鼻高々だが、このきわどい話芸によって、語りの臨場感がいっそう高められる仕掛けである。

さらにまた、奇想天外の物語展開のあいまに、著者自身の現状況を、アドリブ的に挿入する手法も大いに功を奏している。千年も前のシュールな物語世界と作家の現在を、意識的に交錯させ呼応させる、悪乗りすれすれの語り口にのせられ、読者は知らず知らずのうちに、怪異な物語世界に誘い込まれるわけだ。ノンシャランに見せかけながら、その実、練りに練った方法意識をもって、講釈師の語りの芸を現代に甦らせようとする、著者の試みや壮とすべし。本書で描かれた晴明は十三歳まで。「晴明さん」ファンの一人として、「またの小屋掛け」を、ひたすら鶴首《かくしゅ》して待つものである。

（1998.5.10）

名探偵を、探偵すれば

名探偵といえば、やはりコナン・ドイル描くところのシャーロック・ホームズと、アガサ・クリスティー描くところのエルキュール・ポワロに、指を屈するだろう。最近、この両探偵をテーマとする、すこぶるおもしろい二冊の本が出た。

一冊は、田中喜芳著『シャーロッキアンの優雅な週末――ホームズ学はやめられない』（中央公論社、一九九八）。ここではまず、医師コナン・ドイルが生みだした虚構の人物、名探偵ホームズの一挙手一投足にこだわりまくる、世界中のシャーロッキアンによって、「ホームズ学」が形成されてゆく過程が、微に入り細をうがって明らかにされる。

ついで、著者はホームズの足跡を追い、英国のダートムーアにまで足をのばす。折り紙付きのシャーロッキアンの面目躍如、著者のマニアックな情熱がほとばしる、このフィールド調査のドキュメントこそ、本書の白眉《はくび》といえよう。

かたや、アン・ハート著、深町眞理子訳『名探偵ポワロの華麗なる生涯』（晶文社、一九九八）の方法は、あくまでも原典第一主義である。「灰色の脳細胞」で知られる、ベルギー人の名探偵エルキュール・ポワロは、その「生涯」を通じて「犯罪捜査という芸を追求」しつづけた。本書はポワロ物の主要作品を通して、その「生涯」の軌跡をたどりつつ、ポワロの探偵術の特徴を、鮮やかに分析してみせる。ちなみに、私自身はクリスティーが生みだしたもう一人の名探偵、「能ある鷹《たか》は爪を隠す」風情のミス・マープルが好きで、気障《きざ》なポワロはこれまで敬遠気味だった。しかし、本書を読んで、ポワロの名人芸を大いに見直す気になった。

いま一冊、J・デュボア著、鈴木智之訳『探偵小説あるいはモデルニテ』（法政大学出版局、一九九八）は、まさに「探偵小説を探偵する」理論的大著である。奇《く》しくもポワロと同じベルギー人の著者は、近代に至り、「娯楽と気晴らし」のための大衆文学の世界で、代表的なジャンルにのしあがった探偵小説を取りあげ、主としてフランスの探偵小説を具体的な素材としながら、多様な角度からその特性をあぶりだす。この結果、探偵が犯罪の断片的痕跡を追及し推理を重ねて、ついに犯人にたどりつくという、探偵小説独特の語りの構造が、いかに現代の前衛文学に深甚な影響をおよぼしたか、みごとに論証されてゆく。

著者はたぶん年季の入った探偵小説マニアなのだろう。きめ細かな目配りと大胆な推理を縦横に駆使して、ここに展開される探偵小説論は、ホームズもポワロも顔負け、まことにスリリングである。やや難解ながら、本書を通読した後、ホームズ物やポワロ物をじっくり読めば、理論と実践が呼応し、探偵小説を読む楽しみが増すこと、請け合いだ。

(1998.5.24)

中村真一郎 著『全ての人は過ぎて行く』

(新潮社、一九九八)

中村真一郎氏は複雑多様な要素の大いなる統一体ともいうべき、稀有の文学者であった。あえて古めかしい言い方をすれば、和漢洋の万巻の書物を読破して得た、深い海のような教養を根底において、詩・小説・戯曲・評論・随筆等々、さまざまな文学ジャンルを楽々と横断し、次々に瞠目《どうもく》すべき作品を生みだした。

文学において多様性を志向したのみならず、中村真一郎氏は生涯にわたり、美意識における貴族的デカダンスと、人間の新しい関係性を志向する「戦後派作家」のシビアな覚悟を、並行して追求するなど、本来、両立しがたい矛盾した要素を、自覚的にみずからの内部において共存させつづけた。日本の文学者に稀《まれ》なこの振幅の大きさ、スケールの大きさは、残念ながら現在、正当に評価されているとは言いがたい。

本書はそんな不本意な状況を百も承知のうえで、来し方行く末をふりかえった、著者最後の随筆集である。堀辰雄や高見順など記念すべき人々を回想した「私の履歴書」、筆のむくまま随想を綴った「全ての人は過ぎて行く——浣花洞随筆」の二部を通して、ここには、なすべき仕事はすべてやりおえたという一種、晴れ晴れとした充足感があふれており、実に感動的だ。

「浣花洞随筆」において、著者は迫り来る死をはっきり予感しながら、文学の退潮著しく、無知・無教養が幅をきかせる現代日本の風俗を痛烈に批判し、「もはや私のような筆一本の老文学者は、その生産物が商品価値を失うことで、経済的には失業者のグループに加入させられている」と嘆く。だが、時代が変わろうがままよ、自分はあくまで「「戦後派」として生涯を全うし、死に至るつもりである」と、きっぱり断言する。激動の時代を戦後派作家の一人として、筆一本で生き抜いてきた著者の、無限の矜持がこめられたこの言葉には、圧倒的な迫力と重みがある。

「浣花洞随筆」は昨年十二月、著者の急逝により永遠に中断された。数年前、著者はすでにこんな辞世の句をよんでいる。「薔薇と百合匂へよみぢの夕影に」(『樹上豚句抄』)。中村真一郎氏のイメージでは、黄泉《よみじ》もまた華麗な薔薇《ばら》と清楚な百合《ゆり》が香りを競う世界なのだ。華やかな「戦後派」中村真一郎氏の冥福を、心から祈りたい。

(1998. 6. 14)

『生命の樹——あるカリブの家系の物語』

マリーズ・コンデ著、管啓次郎訳

(平凡社、一九九八)

カリブ海の国ジャマイカの生んだスーパースター、ボブ・マーリーに「アイ・ショット・ザ・シェリフ」というレゲエの名曲がある。エリック・クラプトンのカバーでも知られるこの曲には、「もう痛めつけられるのはたくさんだ」と叫ぶ声がこだましている。

作者の自伝的要素をたぶんに含む、本書『生命の樹』の物語は、レゲエの響くカリブ海の島、グアドループを舞台に、ある黒人家族の四代にわたる系譜を鮮烈なタッチで描く。今世紀初頭のグアドループでは、他のカリブの島々と同様、少数の白人が上層を占め、大多数の黒人は砂糖黍畑《さとうきび》で重労働に明け暮れた。

ルイ家の初代アルベールは、「もうたくさんだ」と砂糖黍畑を後にし、パナマ運河の建設労働者になる。これで資金を作り、次々に葬儀屋・洗濯屋などを経営、帰郷後は貿易商となり成功する。やがて、アフリカ回帰を説く黒人運動指導者マーカス・ガーヴィーに心酔し、政治的実践に乗りだすが、同じ黒人を搾取する資本家と非難され、すっかりやる気を失う。

商才に長《た》け事業を拡大した息子ジャコブの血にも、父アルベールの解放の夢は受け継がれた。ジャコブが辛うじて抑えた狂熱は、彼の愛娘《まなむすめ》テクラに至って暴発する。テクラは高い教養を身に付けながら、強迫観念につかれたように男性遍歴をくりかえし、各地を放浪したあげく、フランス人医師との結婚に逃げ込む。

この物語の語り手ココは、テクラの私生児である。彼女は「母さんみたいな負け犬にならずにすむように」と、ルイ家の家系すなわち「生命の樹」の生育過程をたどりかえす。こうして明るみに出されるのは、白人と黒人、フランス語とクレオール語(ここではフランス語とアフリカ系言語がミックスされた土地の言葉)が交錯し、登場人物がめまぐるしく欧米とカリブの島を移動する混沌の世界である。ちなみに、この多元的な物語世界では、死者も生者と共存しつづける。

「明日の子」ココは祖先の屍《しかばね》累々たる、この混沌の世界を凝視しつつ、「負け犬」にならずに生きることのできる、新たな可能性を追求しようとする。クレオール文学『生命の樹』に、力強い健康さが見られるのは、過去と未来をつなぐ歴史感覚のためであろう。

(1998.7.5)

中目威博 著『北京大学元総長 蔡元培――憂国の教育家の生涯』(里文出版、一九九八)

本書は、近代中国の教育や学術に大きな足跡を残した、蔡元培《さいげんばい》(一八六八―一九四〇)の本格的評伝である。二十三歳で科挙に合格し官界に入った蔡元培は、清《しん》王朝に見切りをつけて辞職、教育界に身を投じる一方、「光復会《こうふくかい》」を結成して清王朝打倒をめざす。エリート官僚から革命家に転身したこの時期、彼は権力関係を廃絶したユートピアを志向する、アナーキーな理想主義者であった。この基本姿勢は生涯を通じて変わらなかったとする、卓抜な観点に立って、著者は蔡元培の生の軌跡を丹念に掘り起こしてゆく。

一九〇六年、蔡元培は政治活動から離れてドイツに留学、哲学や美学などを学ぶ。これを皮切りにつごう五回、通算十二年の外国滞在を重ねる。この異文化体験により、中国文化を相対化する稀有の視点を獲得したのだった。一九一一年、辛亥《しんがい》革命により中華民国成立、帰国した蔡元培は初代教育総長(文部大臣)に任命され、教育制度の改革に着手するが、情勢の変化により半年で辞職、ドイツついでフランスへ赴く。

一九一六年帰国、北京大学総長に就任するや、「多元的・立体的文化価値観」にもとづいて、「学問におけるコスモポリタニズム」を実践し、ラディカルな革命派から辮髪《べんぱつ》を垂らした度しがたい保守派まで、すぐれた学者でさえあれば、ドンドン教授に採用した。みずからも北京大学に学んだ経験をもつ著者は、こうして蔡元培の手で自由な大学が形づくられてゆくさまを、敬愛をこめたタッチで、臨場感ゆたかに描きだす。

内部変革に力をそそぐ一方、蔡元培は当時の軍閥政権に抵抗し、五・四運動で逮捕された学生の救出に奔走するなど、余人をもって代えがたい総長ぶりを示す。一九二六年、十年在職した北京大学総長を辞任、国民党の元老として蔣介石《しょうかいせき》政権の要職につくが、独裁色を強める蔣介石に違和感をつのらせ、宋慶齢《そうけいれい》とともに「中国民権保障同盟」を設立、政治犯の救援に力を尽くす。

日中戦争のさなか香港で客死するまで、蔡元培は政治・社会・文化いずれの領域においても、強権的な一元化を否定し、自由な多様性を追求しつづけた。激動の近代中国を生きた強靱なリベラリスト蔡元培。本書はその不退転の生涯を、細部にわたり追跡する。

(1998.8.2)

楊絳 著、中島みどり 訳
『お茶をどうぞ——楊絳エッセイ集』
(平凡社、一九九八)

一九一一年生まれの楊絳《ようこう》は『ドン・キホーテ』の翻訳で知られる西洋文学研究者であり、作家としても名高い。「文化大革命」の煉獄《れんごく》をくぐり抜けた彼女は七〇年代後半から九〇年代初めにかけ、老齢をものともせず、長篇小説『風呂』、農村への下放《シャファン》体験の回想記『幹校六記』など、次々に瞠目《どうもく》すべき秀作を発表した。

『お茶をどうぞ』には、そんな楊絳が忘れ得ぬことどもを記した、十九編の「散文」が収められている。内容的には、文革期の悲喜劇を回想した文章と、妹や叔母、やはり文学研究者で作家の夫銭鍾書《せんしょうしょ》らを対象とするポルトレ(人物スケッチ)、の二種に大別されるが、いずれもみずみずしい感性と柔軟なユーモア感覚にあふれていることに、驚嘆させられる。

文革期、楊絳も「旧社会からやって来た老知識人」の一人として、勤務先の文学研究所の便所掃除をやらされる。しかし、彼女は落ち込むどころか、毎日せっせと汚れた便器を磨きたて、ついに新品のようにピカピカにしてしまう。そこまでやったのは、けっして「労働を熱愛する」ためではなく、単に「汚い の臭いの」がいやだったからだと、あっさり言ってのける。また、髪を半分剃られ「陰陽頭《いんようとう》」にされてしまったときも、娘が切った三つ編みをしまっておいたことを思い出し、即座にこれで手製の鬘《かつら》を作って、ちょこんと頭にのせ、翌日からまた元気に出勤する。

『お茶をどうぞ』の随所に、理不尽な圧迫に対するこうした強靱な反発力と、悲劇を喜劇にひっくりかえす辛辣な遊戯精神が見られる。ここには、じめじめした被害者意識とはおよそ無縁、激動の時代を覚悟して生き抜いた、「本物の知識人」の姿がある。

身近な人々のポルトレに寸描されるように、楊絳は「書香《しょこう》の家(伝統的な知識人家庭)」の出身であり、老齢に至っても、恵まれた環境でのびのび育った少女の明朗さを失わなかった。本書は恨みつらみなど薬にもしたくないと、潑剌《はつらつ》と危機を乗りきった楊絳ならではの、果断で爽快な「ある時代の記録」にほかならない。

(1998.9.13)

倉本四郎 著『鬼の宇宙誌』（平凡社ライブラリー、一九九八）

本書は「鬼学の泰斗」ともいうべき著者が、古い日本の絵巻に描かれたさまざまな鬼の像を素材としながら、鬼とは何かを徹底的に追求した、鬼のコスモロジー決定版である。精緻な検証と、意表をつく大胆な想像をもののみごとに融合し、歴史の闇の底にひそむ鬼たちの正体を次々につきとめてゆく、著者の手並みは鮮やかというほかない。

十六章から成る本書の各章において、著者はまず古い日本の絵巻に描かれた鬼の像を、「眼光紙背に徹する」鋭い眼差しでみつめ、細部にわたって検証する。この徹底的検証のプロセスを経たのち、著者はその途方もない博識をフルに活用し、ヨーロッパや中国の神話・伝説・物語へと連想の輪を広げてゆく。こうして日本の鬼たちを異国の神々や妖怪と交感させることにより、その秘められた属性を浮き彫りにしてゆく本書の展開には、文字どおり目からウロコが落ちるものがある。

第一章から第四章までは、主として『北野《きたの》天神縁起《てんじんえんぎ》絵巻《えまき》』に描かれた地獄絵を素材としながら、鬼とは何かという根本問題にスポットがあてられる。

冒頭の第一章では、ヨーロッパの狼男との対比を通じて、地獄で鉄棒をふるう鬼もまた、「なんらかの理由で共同体から放逐された人間がなったものであること」が、まず明らかにされる。平地の者は、こうして山へ逃れた人々を、「鬼」とみなしたというわけだ。

つづく第二章「地獄の業火は鍛冶場の火である」で、著者は地獄絵に描かれる凄まじい火焔と、古代の金属精錬法「タタラ」との関連をずばり指摘する。地獄の火は山中のタタラ場の火、鬼(獄卒)は金工師を意味するというのである。この「鬼＝金工師(鍛冶師)」説は、本書で一貫して主張されるものにほかならない。さらにまた、こうした金工師の守り神が、洋の東西を問わず女神であることも、すでにここで示唆される。

第三章「大工道具が地獄の責め具となる理由」では、やはりかの地獄絵において、鬼が大工道具を責め道具として用いていることに注目し、非定住者(わたり)の大工も金工師と同様、平地の者から異人、すなわち鬼とみなされる顛末が明らかにされる。

第四章「車輪は女神の女陰である」では、火焔や大工道具とともに、地獄の責め道具の一つである車輪が取りあげられる。この結果、著者は、回転しのぼったりくだったりする車輪と、死と再生を司る運命の女神の根源的な類似性を指摘するに至る。むくつけき鬼族の背後に、これを誘惑し支配するエロティックな運命の女神を想定する、このあたりの展開は、まさに著者の独擅場といえよう。

『北野天神縁起絵巻』を素材とする冒頭の四章で明らかにされる、この二つのキーコンセプト、すなわち金工師や大工が鬼のイメージの原型を形成していること、これらの鬼の背後に大地母神として女神が控えていること、を軸とし、第五章以下、さらに多角的に鬼の宇宙誌が展開される。

そのうち、第五章から第十章までの叙述で、著者は『大江山《おおえやま》絵詞《えことば》』や『土蜘蛛《つちぐも》草紙』などを素材としながら、鬼が「女性原理を象徴する」存在であることを、明快に立証してゆく。

第五章「酒天童子を殺したのも鬼である」では、鬼の親玉の酒天童子《しゅてんどうじ》が、源頼光主従に滅ぼされた伝説が検証される。ここで著者は、酒天童子を殺した道具が、同じ鬼族の鍛冶師（金工師）が鍛えた名刀であることに注目し、これぞ「異（鬼）をもって異（鬼）を制する」、権力の常套手段を示すものだと看破する。

第六章「鬼退治は男原理による女原理の制圧譚である」は、酒天童子を退治した源頼光のもう一つの武勇伝、土蜘蛛退治に焦点が当てられる。土蜘蛛は女怪であり、この退治譚には、単に権力がみずからに従わない、「異」なる者を征伐するというだけではかたづけられない、不気味なものがある。これはいったい何なのかと追求する過程で、著者は洋の東西を問わず、鬼退治や龍退治に、女の怪物を退治する形をとるものが多いことに着目する。この結果、バケモノ退治譚は、秩序を志向する男の、宇宙的混沌を内包する（かに見える）女に対する、根源的恐怖を象徴するという、はなはだ刺激的な見解が披瀝《ひれき》されるのである。

この見解はまことに当を得たものだと思われる。たとえば、中国で古くから手を変え品を変えながら、連綿と語り継がれてきた「白蛇伝説」も、この女の怪物退治のパターンに、そっくり当てはまるものだ。白蛇伝説は、白蛇の妖怪が人間の男に恋し、懸命に尽くせば尽くすほど、それが裏目に出て男を破滅の淵に追い込んでしまい、とうとう神通力をもつ法師に呪文をかけられて、石塔の下に封じ込められてしまうという筋立てをもつ。これぞまさしく、絵にかいたように露骨な、男原理による女原理の制圧譚というべきであろう。

さて、鬼退治が女原理の制圧譚であるとの認定をバネに、著者の語り口はますます冴えわたり、つづく第七章「鈴鹿の女鬼は錬金術師だった」で、坂上田村麻呂《さかのうえたむらまろ》が退治したとされる鈴鹿《すずか》山の女賊（女鬼）、立烏《たてえ》帽子《ぼし》は実は、錬金術師ではなかったかという、これまた興味深い見解が示される。ちなみに、鈴鹿山は錬金術に不可欠な水銀の産地であったという。立烏帽子は制圧されてしまったけれども、水銀の産地にはきまって丹生津姫《にふつ》という女神がまつられていたというから、金工師のケースと同様、錬金術の背後にも大いなる女神が控えていたことになる。鬼の原型をなす、金工師も大工も錬金術師も原料を加工し、現に地上にあらざるものを生みだす者たちだ。そんな彼らに知恵を与える源として存在するのが、宇宙の神秘を内包する大地母神だと、独特のエロティックな幻想をまじえつつ、ここでも著者は明快に主張するのである。

第八章「欠けたる者こそが打ち出の小槌を得る」では、カタアシジョウロウという、やはり水銀の産地に出没する一本足の女怪が取りあげられる。なぜ錬金術とかかわる者が、こうした「欠けたる者」として出現するかを考えるうち、著者は、中国は東晋《とうしん》の神仙思想家、葛洪《かっこう》の著した『抱朴子《ほうぼくし》』を連想するに至る。『抱朴子』「仙薬篇」のなかに、不老長生に霊験ある薬草を採集するには、「禹歩《うほ》」という歩行法をしなければならないと説くくだりがある。この「禹歩」を実践してみて、それがまさしく一本足的な歩行法であることに気づいた著者は、錬金術や仙薬など、めったに得難いものを手に入れようとする者は、代償を支払い、みずからを欠けたる者とする必要があったのではないかという、瞠目すべき結論に達する。これからさらに連想を広げ、男にとって「欠けたる者」になるとは、実は去勢(女になること)を象徴するのではないかと、論を進めるくだりは、これまた著者の独擅場、読者に息もつかせぬおもしろさがある。

第九章「婆さん怖い」は、「山姥《やまんば》」とは、その実、山中を渡り歩く遊女が年老いて「鬼化」したものではないかという推定から、器物も年月を経ると、鬼化して「器怪」となり、百年後には「付喪神《つくもがみ》」となることが、記される。

また第十章「つづらは鬼の母胎である」では、『百鬼夜行絵巻』(真珠庵蔵)などを素材に、その内部に百年の時間を封じ込めた器怪「付喪神」の連想から、内部に異界を封じ込めたつづらや箱が、もののけや鬼をこの世に放つ装置であることが、明らかにされる。この母胎幻想が女原理と緊密につながっていることはいうまでもない。

以上、第五章から第十章までで、鬼がいかに女原理と深くかかわるものであるかを、あるいは巨視的にあるいは微視的に語り尽くした著者は、以下第十一章から第十四章まで、さまざまな鬼族に目を転じる。すなわち、第十一章「烏天狗は鼻高天狗の手下ではない」では、空中飛行する鬼族を、第十二章「頼光四天王は鬼ウナギではないか」、第十三章「カッパも鬼族だから腕を抜かれる」、第十四章「能登のコイは鬼が釣る」で水棲の鬼族を取りあげるという具合である。

これらさまざまな領域に住み分ける鬼族も、たとえばカッパについて、名工左甚五郎《ひだりじんごろう》がワラ人形を作って大工仕事を手伝わせ、用事がすんだあと川へ捨てたところ、それがカッパになったという「工人人形起源説」を引くなど、つねに金工師・大工といった原型的鬼族とのかかわりのもとに論じられているのが、めだった特徴だといえよう。

ちなみに、第十四章「能登のコイは鬼が釣る」において、著者は能登半島の富来《とぎ》にある善照寺の地獄絵（江戸末期のものとおぼしい）を見たところ、そこには他の地獄絵に登場しない、体からタタラ場の火を思わせる、火焔を放つ巨大なコイが描かれていたと記している。このくだりを読んだとき、私は思わずうなってしまった。私は数年前、能登ならぬ金沢で、巨大なコイのオバケを実際に目撃したのである。当時、まだ大学があった金沢城跡の堀端を歩いていたとき、ふいにバシャリと凄まじい水音がした。思わずふりかえってみると、体長ゆうに二メートルを超す巨魚が、水面から高く飛びあがっているではないか。おりからの夕陽を浴び、全身から火焔を放っているように見える。私は堀の主のコイだと直感するや、畏怖に近い感情にとらわれ、そのまましばらく動けなかった。そう、腹部にどれほどの時間をつめ込んでいるかわからない、あんな巨大なコイを釣ることができるのは、この世ならぬ異界の住人たる鬼しかいないと、本書を読みながら、つくづく納得したのであった。閑話休題。

さて、本書はいよいよ大詰めに入り、第十五章「ハイテク半島とは鬼が島である」において、古代の能登が大陸渡来の最新技術を身に付けた技術者集団(鬼族)によって、塩と鉄を作りだしたハイテク半島(鬼半島)であり、そのイメージが善照寺の地獄絵に投影されていること、さらにこれら技術者たちの信仰をあつめた神社には、女神をまつるものが多いことが明らかにされる。種々の角度から「鬼＝金工師(技術者)」説を検証し、これら鬼と女原理の相関関係をたどるべく続行された、著者の地獄めぐりは、こうして明確に著者の説を図像化した、能登善照寺の地獄絵との出会いをもって、幕を下ろすのである。

というものの、見てのとおり、本書には実は「結び」にかえて、肥後《ひご》八代《やつしろ》城主だった松井家に伝わる『化物婚姻図』(江戸末期)を、同好の博物学者荒俣宏とともに見物したさいの対談が付されている。ここで、バケモノの娘とバケモノの若旦那の結婚の一部始終を描いたこの絵巻が、かつて畏怖された妖怪や鬼のイメージを徹底的にパロディー化したものであり、「妖怪の衰弱」状況をおのずと示すものであることが、指摘される。

こうして本書は、畏怖され排除されたその誕生から、滑稽な見世物となり、人間世界に組み込まれるその衰退に至るまで、図像を通して、鬼の歴史をみごとに描ききる。ノンシャランに連想を重ねるエッセイ形式をとりながら、その実、本書が全体として、いかに綿密な構成意識をもって組み立てられているかが、わかろうというものである。

鬼を女原理の象徴とみる著者の観点から、随所に、艶やかな――ときには凶々しい――エロス的幻想がちりばめられているのが、本書の大いなる特徴の一つといえよう。著者の駆使する過激なエロス的幻想に虚をつかれ、ときに仰天しながらも、あくまで鬼、すなわち女原理の側に身を寄せようとする著者の心意気が実に好ましく、ここに展開される絢爛《けんらん》たる鬼の宇宙誌を心から楽しんだことを、最後に付記しておきたい。

(1998.9)

杉森久英 著『汪兆銘伝 人われを漢奸と呼ぶ』（文藝春秋、一九九八）

汪兆銘《おうちょうめい》（一八八三―一九四四）あざな精衛《せいえい》は、日中戦争のさなか、日本に後押しされ、南京《ナンキン》に傀儡《かいらい》政権を成立させた度しがたい裏切り者として、中国で非常に評判のわるい人物である。本書は、汪兆銘の波瀾万丈の生涯を追跡し、彼が極め付きの「漢奸《かんかん》」と呼ばれるに至ったプロセスを、鮮明に浮かびあがらせる。

汪兆銘の父は広東《カントン》の商人だが、すこぶる学問好きであった。汪兆銘は幼いころ、この父の薫陶《くんとう》を受け、南宋《なんそう》の愛国詩人陸游《りくゆう》の詩文と、明《みん》代のラディカリスト王陽明《おうようめい》の哲学から深い影響を受けた。この文学的・思想的原体験は、さまざまな曲折を経つつも、その後の生涯を通じて、汪兆銘のなかで、見果てぬ夢、理想的イメージとして生きつづけたとおぼしい。

学業優秀で、科挙《かきょ》の府県レベルの予備試験に難なく合格、上級試験への受験資格を得たものの、汪兆銘は新時代の青年らしく、あっさりこの資格を放棄し、一九〇四年、法政大学の留学生試験に合格、日本へと渡った。

この選択は汪兆銘の運命を大きく転換させた。一九〇五年、孫文《そんぶん》が来日し、中国革命同盟会（後の中国国民党）を結成すると同時に、汪兆銘はこれに参加、機関紙「民報《ミンパオ》」に矢つぎばやに論文を寄せ、孫文の信頼をかち得たのだった。以来、孫文が死ぬまで、汪兆銘は孫文の愛《まな》弟子、側近中の側近として、誠心誠意尽くしつづけた。こうして偉大なる師に寄りそいつづけたことが、逆に一種のもろさ、主体性の欠如となり、「孫文が右といえば右、左といえば左と応ずるのが彼の習性」となったと、本書の著者は鋭く指摘する。

それはさておき、若き汪兆銘はいたって行動的だった。辛亥《しんがい》革命の前年の一九一〇年、清《しん》王朝打倒の起爆剤となるべく、清の王族の暗殺を計画、事が漏れて逮捕・投獄されたのは、その最たる例である。辛亥革命の直前、釈放された汪兆銘は、以後、急転する政治情勢の渦中で、孫文の懐刀として、袁世凱《えんせいがい》と交渉を重ねるなど、はなばなしく活躍した。

しかし、袁世凱が独裁体制を固めるなかで、一九一三年、孫文は第二革命に失敗してふたたび日本に亡命、汪兆銘もフランスに向かった。三年後、孫文が広東に政権を樹立すると、汪兆銘も帰国し、苦楽をともにする。一九二四年二月、志半ばにして、孫文は臨終の床につく。このとき、汪兆銘が代筆した遺言状を読みあげると、孫文は満足げにうなずき、「大賛成だ」と言ったという。汪兆銘がいかに深く信頼されていたか、わかろうというものだ。

孫文亡き後、汪兆銘は国民党の最高指導者の一人となる。当初、「容共」すなわち中国共産党との共闘を説いた孫文に忠実な汪兆銘は、国民党左派のリーダーであり、これと対立する右派のリーダーが蔣介石《しょうかいせき》であった。両者の対立はしだいに激化し、汪兆銘は蔣介石に追い落とされて国外に逃げだしたかと思えば、また中国に舞いもどるという、試行錯誤をくりかえすに至る。

こうして汪兆銘は、強大な軍事力と老獪《ろうかい》な政治力を合わせもつライバル、蔣介石との権力闘争に忙殺され、敗退を重ねながら、立つ瀬を失ってゆく。本書は、孫文の死後、蔣介石と対立したかと思えば手を組み、国民党内部で地歩を確保し勢いを盛り返した瞬間、またぞろ蔣介石に痛撃を食らううち、どこか深いところでボタンをかけちがってゆく汪兆銘の姿を、活写している。理念なき権力闘争が、これにかかわる者をいかにフィードバックのきかない形で腐蝕させてゆくか。孫文の愛弟子の若き革命家、汪兆銘の転落の軌跡を、著者はむしろ一種、悲痛な筆致で浮き彫りにする。

一九三六年、西安事変。蔣介石が張学良《ちょうがくりょう》に拘禁された結果、抗日統一戦線をめざす「国共合作」が成立する。翌三七年七月、盧溝橋《ろこうきょう》事件勃発、日中戦争がはじまる。同年暮れ、南京陥落。国民党政府は武漢《ぶかん》、さらには重慶《じゅうけい》へと撤退する。この風雲急を告げる情勢のただなかで、かねて日本との妥協の道を探るべきだと主張していた汪兆銘は、日本側と連絡をとったうえで重慶を脱出、ハノイに逃亡した。

これ以後、汪兆銘が描いた軌跡は、本人の思い込みがどうであれ、とどのつまり彼を利用しようとした日本政府の傀儡として動き、「売国奴」として、大かたの中国人の憤激を買ったとしか言いようのないものである。本書の著者の汪兆銘に対する見方も、「ええかっこはしているが、それだけの男だった」と究極的には、まことに手厳しい。

さらにまた、当初、汪兆銘を担ぎだした日本側にも、確かに心から和平の道を探ろうとした人々がいた。しかし、その「誠意」もけっきょくは日本の「国策」に利用され、使い捨てにされただけだった。

辛亥革命、日中戦争、内戦と、激動の中国の大きな物語の陰には、無数の小さな物語があった。本書は汪兆銘を中心に据えながら、時代の激流に押し流されていった人々の姿を、中国と日本の両面から丹念に拾いあげ、歴史の裏面の人間模様をまざまざと現前させる。

(1998. 9. 25)

種村季弘 著『種村季弘のネオ・ラビリントス3 魔法』

(河出書房新社、一九九八)

種村季弘氏は、おびただしい文献を渉猟しながら、歴史の闇の奥底に埋もれた、薔薇十字の秘密を次々に掘り起こしてゆく。その魔術師にも似た手さばきのもと、カトリックにせよプロテスタントにせよ、冷たく一元化されたキリスト教理念に覆われた、ヨーロッパ世界の表層的イメージが、みるみる剝がれ落ち、妖かしの薔薇が咲き乱れる「もう一つのヨーロッパ」が、立ちあらわれてくるさまには、文字どおり目からウロコが落ちるものがある。

本書第一部「薔薇十字の魔法」において、著者は、まず薔薇十字運動の展開の様相をたどり、ついで薔薇十字団員が体得していたとされる秘法の数々にスポットを当てる。

長い前史をもつ秘密結社たる薔薇十字団が、はじめてヴェールをぬぎ、公然と人々の前に姿をあらわしたのは、一六一四年のことだったという。この年、『世界の普遍的改革』というパンフレットが出版され、これに付された『薔薇十字の伝説(ファーマ)』なる文書に、薔薇十字の始祖、その名もローゼンクロイツの伝記が、詳細に記されていたのである。

これによれば、一三七八年、ドイツに生まれたローゼンクロイツは、修道院で幼少期を過ごしたのち、東方へ旅し、アラビアやモロッコで錬金術や魔法をマスターした。帰国後、自家薬籠中のものとした東方の秘法(薔薇)とヨーロッパ的キリスト教(十字)を結合させた普遍的原理によって、世界の普遍的改革をめざすが、機いまだ熟せず、一四八四年、「余は百二十年後に蘇るであろう」と予言しつつ、世を去る。この予言どおり、百二十年後の一六〇四年、隠された墓を発見した薔薇十字団員は、ローゼンクロイツの生けるがごとき亡骸が、永遠に消えないランプに照らされる情景を目の当たりにしたという。

このように始祖ローゼンクロイツの神秘的な墓発見の情景まで記した、薔薇十字文書『ファーマ』の刊行は、宗教的にも政治的にも混乱の渦中にあった、当時のヨーロッパの知識人に大きな衝撃を与えた。この四分五裂の世界を根源的に変革し救済しうる秘法を、受け継ぐ謎の秘密結社、薔薇十字団に対する期待が高まるなか、一六一五年、『薔薇十字団の信条告白(コンフェッシオ)』が刊行され、これによって薔薇十字団の実在は、ますます疑う余地のないものとなった。

その実、本書の著者が快刀乱麻を断つごとく、論証しているように、この匿名で書かれた三部の薔薇十字基本文書(『世界の普遍的改革』『ファーマ』『コンフェッシオ』)は、本人はあくまで否定してはいるものの、いずれもルター派の高名な牧師ヴァレンティン・アンドレーエ(および彼の友人グループ)の手になるものであった。ちなみに、アンドレーエは、一六一六年に実名で、ローゼンクロイツを主人公とする、複雑怪奇な錬金術的幻想小説『化学の結婚』を刊行しており、これによって、アンドレーエが先の三部作の作者であることも、ほぼ確実視されている。

つまるところ、薔薇十字団もその始祖ローゼンクロイツも、アンドレーエ(およびその周辺グループ)によって、作りだされた大掛かりな「虚構の神話」だったのだ。種村氏は、それが途方もない虚構であることを冷静に見据えながら、その虚実のあわいに楔《くさび》を打ち込み、アンドレーエがローゼンクロイツの仮面をかぶって演じる、薔薇十字思想の壮大なドラマを「今、ここ」に現前させる。

アンドレーエが描いた薔薇十字の夢は、キリスト教がヨーロッパを一元的に制覇するにあたり、あるいは追放しあるいは封じ込めた、異教的な要素や古代的な要素を甦らせ、すでに硬直しひび割れたキリスト教世界に、豊饒な生命力を回復させるところにあったと思われる。

そのためには、まず、東方の秘法をマスターした魔術師にならい、「一人の小さな人間のなかに大宇宙の全体がそっくり存在していて、人間の宗教、政治、健康、手足、自然、言語、ことば、活動、すべてが、神と天地と共鳴して同じメロディーを奏でているあの美しい万物合一」（『ファーマ』。種村季弘訳『化学の結婚』所収。紀伊國屋書店、一九九三）の状態を、自家薬籠中のものとしなければならない。アンドレーエの示唆する薔薇十字団員の魔法的超能力、すなわち病を癒す万能特効薬（賢者の石）を作りだす錬金術や「超空気」呼吸法、はたまたさまざまの神秘的な器械は、すべて人体という小宇宙を永遠の生命をもつ大宇宙と、正確に対応させるための秘術であった。薔薇十字が操るこうした魔法のからくり仕掛けの秘儀を、多様な角度から浮き彫りにしてゆく、種村氏の底知れぬ博覧強記ぶりには、ただ驚嘆するしかない。

このように魔法的超能力を秘めた薔薇十字団員が触媒となって、分裂と混乱のただなかにあるヨーロッパ世界を強引に一元化するのではなく、宗教的にも政治的にも多様なまま、錬金術的に改革し、再統合することが、薔薇十字思想の、否、アンドレーエの夢であった。

現実には、超能力者集団たる薔薇十字団はどこにも実在せず、すべて大いなる虚構、思想の戯れにほかならなかった。それが、戯れであり、気晴らしの「薔薇十字ごっこ」であることを、アンドレーエは誰よりもよく承知していたとおぼしい。三部の薔薇十字基本文書および『化学の結婚』に共通する、すこぶる諧謔的な語り口が、そのあたりの事情をおのずと物語っている(邦訳はすべて前掲の種村季弘訳『化学の結婚』に収録されている)。

しかし、逆の視点からみれば、「一場の冗談」だと認識しながら、あくまで「薔薇十字ごっこ」をつづける、その強靱な知性のゆえに、薔薇十字の神話は狂信者の妄想と截然と区別され、思想としての尖鋭なアクチュアリティーを獲得することができたともいえる。

種村氏は、アンドレーエの大掛かりな薔薇十字的冗談と、そうであるがゆえにもち得た思想的アクチュアリティーの屈折した因果関係を、明晰このうえなく透視しつつ、まるごと薔薇十字思想をとらえかえそうとする。そのアンドレーエに勝るとも劣らぬ、ユーモア感覚たっぷり、すべての事象を相対化する強靱で成熟した眼差しが、本書第一部「薔薇十字の魔法」の無類のおもしろさ、魅力のもとになっている。

本書に収められた「ヴァレンティン・アンドレーエと薔薇十字団」において、著者は「諷刺、冗談、お遊び、茶番はアンドレーエにとって、もろもろの悪しき状態を暴き、改革を刺激するための手段」にほかならなかったとする、ファン・デュルメンの言葉を受け、「アンドレーエが書き上げた薔薇十字文書が懐妊した『薔薇十字団』もまた、したがって一場の冗談として、もののみごとに生れた瞬間に笑い笑われて消滅した」と記す。

アンドレーエの薔薇十字団は実在しなかったけれども、彼がふりまいた薔薇十字の噂は独り歩きし、文字どおりヒョウタンから駒、その後、イギリスのフリーメーソンをはじめ、続々と薔薇十字的秘密結社を生むに至る。これらの結社のメンバーのなかには、いたって真面目な急進主義者もいれば、カリオストロのような山師もいるなど、まさしく玉石混淆、薔薇十字の子孫ならではの多様性が見られる。さらにまた、ゲーテからアンドレ・ブルトンに至るまで、その精神的遺伝子を薔薇十字思想に染めあげられた文学者に至っては、枚挙に暇がない。

本書「秘密結社」の章に登場する、アンドレーエもびっくりの、これら多士済々の子孫たちを見るとき、薔薇十字的夢想の象徴体系が、いかに広く深くヨーロッパ世界に浸透したか、おのずと明らかになる。本書において、著者は、かくのごとく蠱惑《こわく》する薔薇の威力が、禁欲の十字架に封印されたヨーロッパ世界を変容させるさまを、まざまざと現前させる。綿密な考証に裏付けされた、そのスリリングな語りの展開は、圧巻というほかない。

それにつけても、はるか東のかなた中国大陸で、史上、薔薇十字に類する思想運動が存在したかどうか。キリスト教のように唯一絶対の神が存在しない中国では、古来、現実重視の礼教たる儒家《じゅか》思想と、無為自然をモットーとする道家《どうか》思想が、車の両輪のように共存しつづけてきた。漢《かん》代以来、儒家思想が公認の国家イデオロギー儒教と化すや、これに対抗するかのように、道家思想やら神仙術やら、その他もろもろの神秘思想やらが混然と合体し、摩訶不思議な宗教、道教ができあがった。

この道教を奉ずる宗教結社が彭湃《ほうはい》と起こり、大規模な活動を開始するのは、二世紀末、後漢末の乱世である。張角《ちょうかく》を教祖とし、後漢王朝の屋台骨を揺るがす、民衆蜂起「黄巾《こうきん》の乱」を組織した「太平道《たいへいどう》」、張《ちょう》陵《りょう》を教祖とし、漢中《かんちゅう》(四川省)において数十年間、独立王国を打ち立てた「五斗米道《ごとべいどう》」は、そうした後漢末道教結社の代表的存在にほかならない。

後漢末の乱世が、やがて曹操《そうそう》の魏《ぎ》、劉備《りゅうび》の蜀《しょく》、孫権《そんけん》の呉《ご》の三極に収斂し、相対的安定期に入ると、さしもの猛威をふるった「太平道」は自滅の一途をたどり、比較的穏和な「五斗米道」は、上層貴族社会に移植され、「天師道《てんしどう》」へと衣がえする。

この天師道は、三国につづく西晋《せいしん》(二六五―三一六)から、異民族の侵入によって北方を追われ、江南に成立した亡命政権東晋《とうしん》(三一七―四二〇)の時代まで、超名門貴族「琅邪《ろうや》の王氏」を筆頭に、貴族たちの間で大流行するに至る。ちなみに、かの「書聖」王羲之《おうぎし》もまた琅邪の王氏一族であり、熱心な天師道信者として知られる。天師道で最重視されたのは、巫術的な病気治療であった。すなわち、病は当事者の悪行の報いであるとされ、天・地・水の神々に懺悔文を捧げ、悔い改めることを誓ってはじめて、治癒すると信じられたのである。このほか、深山に分け入り、薬草を採取・服用して、肉体を浄化する試みも盛んに行われた。このため王羲之もまた早々と政界を引退して隠遁生活に入り、薬草採取に没頭する日々を送ったのだった。

ちなみに、後漢末の五斗米道は、根こそぎ貴族階層向けの天師道に変じたわけではなく、その一部は依然として民衆社会に残存しつづけた。東晋末の政治的混乱に乗じ、江南を席捲した「孫恩《そんおん》の乱」は、そうした五斗米道の命脈を受け継ぐ孫恩をリーダーとする、民衆蜂起である。その起源を一にしながら、貴族階層の天師道信者と民衆レベルの五斗米道信者は、連合するどころか、きびしい対立関係にあった。熱烈な天師道信者だった王羲之の息子王凝之《おうぎょうし》が、孫恩軍によって惨殺されたことからも、その間の事情は容易に読みとれる。貴族階層の信奉した天師道は、すでに民衆社会と切れた個人救済の教義と化しており、また貴族信者の多くは高級官僚でもあった。これらの要素が複雑に絡み合い、貧窮のどん底で五斗米道にすがった人々は、貴族的な天師道への憎悪をつのらせたものとみえる。

それはさておき、貴族社会における天師道の流行と踵を接し、やはり西晋末から東晋初めにかけて、道教的神仙思想が擡頭する。東晋の葛洪《かっこう》(二八三―三四三)の手になる『抱朴子《ほうぼくし》』は、こうした神仙思想を体系化し、不老不死の仙人になるための実践論を展開したものである。

辟穀《へきこく》(穀物を摂取しない)、植物性仙薬の服用、服気(呼吸術)、導引《どういん》(柔軟体操)などを行って、肉体を純化する一連の方法は、不老長生を求める神仙術として、中国では古くから用いられてきた。葛洪は、こうした伝統的神仙術もむろんマスターする必要はあるが、これだけでは長生はできても、不死の境地に達することはできないとする。不死の仙人となるためには、何種類もの鉱物を複雑な工程を経て練り合わせ、「金《きん》丹《たん》(錬丹《れんたん》)」を製造し、これを服用しなければならない。金丹製造法を会得するには、師匠の指導のもと、苦しい修業を積むのが必須の条件となる。

葛洪の説く、こうした不老不死の特効薬「金丹」の神話には、歴史的時間の隔たりを度外視すれば、確かに薔薇十字の錬金術神話ときわめて類似したものがある。ただし、「金丹」の製造とその服用は、あくまで個々の肉体を、黄金のように永遠に腐蝕させないことを目的とするものであり、その意味では、先にあげた天師道よりさらに徹底した個人救済の思想である。したがって、必ずしも貴族階層に限定されず、より広範な階層の出身者からなる神仙思想家や仙人志願者は、個人レベルを越えた社会や世界の変革をめざし、秘密結社を作ることもなく、ひたすら黙々と修業に励むのみだった。「世界の普遍的改革」を標榜する薔薇十字。あくまで肉体改革による個人救済を追求する神仙思想。これが両者の決定的な差異だといえよう。

神仙思想は時間の経過とともに安易に流れ、唐代末には、インチキ金丹を乱用、水銀中毒にかかって早死にする皇帝が続出するなど退廃の極に達したため、士大夫《したいふ》(知識人)からすっかりソッポを向かれてしまう。

十世紀、北宋《ほくそう》王朝成立以降、科挙の制度が整備され、貴族階層に代わり、かなり広範な階層の出身者が実力本位で高級官僚になる道が開けると、士大夫から神秘への志向が急速に失われてゆく(六朝神秘思想の痕跡としての怪異譚好みだけは、脈々と受け継がれたけれども)。彼らはたとえ官僚社会からドロップアウトしたとしても、体制維持イデオロギーたる儒教的禁欲主義に刃向かい、庭園、芝居、美食等々の快楽に耽溺してみせるのが常だった。これまた、今度は欲望肯定による個人救済の発想であったといえよう。

こうした知識人階層の動向とは対照的に、南宋以降、民衆社会では、仏教的な浄土信仰に道教的要素や土俗的シャーマニズムを加味した宗教的秘密結社、白蓮《びゃくれん》教が隠然たる勢力をふるうようになった。度重なる弾圧をくぐり抜けて生き延びた白蓮教は、清《しん》末に至るまで、社会の混乱期に遭遇するたびに、暴力派アウトローと手を結び、大規模な蜂起をくりかえす。白蓮教はあくまで民衆社会の秘密結社であり、その面妖な教義を精錬する能力をもつ知識人の参加はほとんど見られず、変革の思想として成熟するには至らなかった。

その意味で、清末の中国を揺るがした、「太平天国」運動は、キリスト教的宗教結社「上帝会《じょうていかい》」を核に、明確な変革の綱領にもとづいて展開された稀有の例であった。これとて後漢末の太平道以来の宗教結社反乱のパターンを踏襲し、最終的に内部崩壊し自滅の一途をたどる結果になったのだけれども。

こうして見ると、総じて伝統中国の思想運動は、ともすれば個人救済に傾く知識人階層と、変革の理念が構築されないまま、瞬間的に燃えあがる民衆との間に、つねに埋めがたい亀裂があったというべきであろう。冗談であれ、遊戯であれ、共通項としての十字のないところに、薔薇は咲かなかったということであろうか。

これまた薔薇十字の超書物タロットの末裔たる、トランプを繰って一人占いをしながら、私はついこうして東と西の思想の運命に、柄にもなくはるか思いを馳せる。ことほどさように、本書で展開される薔薇十字の世界の様相は、知的刺激に満ちあふれているのである。

(1998.10)

『レトリック感覚——ことばは新しい視点をひらく』

佐藤信夫 著

（講談社、一九七八）

一九七八年に刊行された佐藤信夫著『レトリック感覚』は、私にとって忘れられない本である。七〇年代末から八〇年代初めにかけて、私は五世紀中頃に編纂された、『世説新語《せせつしんご》』という中国のエピソード集をひねくりまわし、悪戦苦闘していた。ここに収められた千百三十条にのぼるエピソードには、機智縦横、ちょっとした会話にも、競ってレトリカルなひねりをきかす人々（主として魏晋《ぎしん》の貴族）の姿が活写されており、まことにおもしろい。しかし、なにぶん断片の羅列であり、個々の話のおもしろさをつなぐ糸がみつからない。困りはてていたとき、出会ったのが『レトリック感覚』である。

著者はギリシャ以来の修辞学を検証しつつ、近・現代の日本の文学作品を例に取って、レトリックが言語表現の飾りではなく、名状しがたいものを名状しようとする「認識と言語にとっての必需品」であることを、鮮やかに立証する。比喩法、誇張法、列叙法等々、ふつうなら聞いただけで頭が痛くなる種々のレトリックの分析を明快にやってのけ、それが本来もっている衝撃的な生命力を、まざまざと現前させるのだ。

何度もこの本を読むうち、手垢のついた表現を忌避し、レトリックを駆使した奇抜な表現を偏愛する『世説新語』の人々の言語感覚と、お仕着せの人生を嫌い、自前の生を求める彼らの生きかたが、深いところで一致していることに気がついた。断片をつなぐ糸がみつかったのだ。それからしばらくして、私は『世説新語』に関する小さな本を書いた。『レトリック感覚』のおかげというほかない。

あれから十数年。古びた修辞学に新たな生命を吹き込んだこの本は、ほこりにまみれた漢籍をひっくりかえす私を、今も鼓舞しつづけてやまない。

(1998.10.4)

『狂気の王国』

フリードリヒ・グラウザー著、種村季弘訳

(作品社、一九九八)

本書はフリードリヒ・グラウザー(一八九六―一九三八)の連作探偵小説、「シュトゥーダー刑事」物の本邦初訳である。犯罪学に精通したシュトゥーダーは元警部だが、ある事件で上役に睨《にら》まれてクビになり、今はスイスのベルン州警察の平刑事になっている。

彼は精神病院の医師ラードゥナーから、老院長が失踪し、患者の一人が脱走した事件の捜査を依頼される。そこで、病院に泊まり込み、聞き込み捜査を開始する。頭にタンコブのできた夜間監視人、おどおどした看護士、異様に活動的なラードゥナー医師等々、病院関係者はみな秘密ありげだし、患者のなかには、ラードゥナー医師から当時、出来たての精神分析を受けている者もいる。その一人はなんとシュトゥーダー刑事をクビにした上司の息子だった。

シュトゥーダー刑事は、人間関係の錯綜《さくそう》したこの「暗い王国」をくまなく捜査し、好色な老院長と脱走した患者ピーターレンが、美貌の看護婦イルマを挟んで三角関係にあったことをつきとめる。その矢先、院長が死体で発見される。院長を殺したのは誰か。もっとも怪しいのはピーターレンだが、そこはいわくありげな人々が群れ集う「狂気の王国」のこと、真犯人を割りだすのは容易なことではない。紆余曲折を経て、シュトゥーダー刑事の実証的捜査方法と、ラードゥナー医師の精神分析的方法がぶつかり、ねじり合わされて、事件の謎はついに解明される。

本書は、謎解き探偵小説としての展開が、とびきりスリリングであるのみならず、舞台となる一九二〇—三〇年代のスイスの精神病院の描写が微に入り細をうがって、臨場感にあふれ、まことに迫力がある。ちなみに著者のグラウザー自身、父と対立し何度も精神病院に入れられ、精神分析を受けた経験もあるという。

みずから「狂気の王国」に生きた経験をもつグラウザーが生んだ、名探偵シュトゥーダー刑事には、ホームズやポワロとは異なる、一種暗い魅力がある。願わくはこの隠れた名探偵シリーズが続刊されんことを。

(1998. 11. 1)

『読書の首都パリ』

宮下志朗 著

（みすず書房、一九九八）

十九世紀のフランスでは、活字メディアがめざましい発展を遂げ、読書人口はいっきょに増加した。作家が不特定多数の読者をパトロンとして、創作活動を展開し、その見返りとして報酬を得る時代が到来したのだ。しかし当初、小説は定価が高いうえに発行部数も少なく、大半がフランス版貸本屋の「読書クラブ」に流れ込むという具合であった。これでは、いくら大勢の読者を獲得しても、作家はまったく潤わない。

本書は、三人の大作家、すなわちバルザック、フロベール、ゾラに焦点を当て、出版・流通システムの矛盾に直面した彼らが、三者三様、いかに奇抜な戦略をもって奮闘したか、いきいきと描きだす。

作家と読者をダイレクトに結ぶ直売システム、「ブッククラブ」を構想したバルザック。この構想じたいは挫折したけれども、やがてこれをヒントに、「新聞連載小説」というジャンルが生まれたという。一見、純文学一筋のフロベールもなかなかどうして、「どうせ出版するなら大きく一発かますのが筋道」と、出版社相手に「辻芸人」を思わせるしたたかな駆け引きのあげく、法外な値段で原稿を買い取らせたりする。

かたやゾラは、書物が贅沢品ではなく「日常的な消費財」となった時代において、作家は成功（売れゆき）の度合いに応じ、利益（印税）を受け取るべきだと考えた。読者に媚びる「低俗文学」と一線を画しつつ、

「いい小説は売れる」とキャンペーンを張って、文学的な「質」の高さが、印税としての「量」に結び付くと主張、作家の存在形態を変えようとした戦略家ゾラの姿を描くくだりこそ、本書の白眉だといえよう。

さらに、かつて貸本屋少年であった著者は、フロベールの造型したマダム・ボヴァリーが貸本に耽溺する女性として描かれることに着目し、ユニークな作品論を展開するなど、小説内部の世界にも周到な目配りを忘れない。作家自身のスタンスと作品内部の世界の両面から、メディアの世紀、十九世紀のフランス文学を照射する、その手法は臨場感にあふれ、みごとというほかはない。

(1998.11.22)

辻原登著『翔べ麒麟』

(読売新聞社、一九九八)

唐《とう》王朝第六代目皇帝の玄宗《げんそう》(六八五—七六二。七一二—七五六在位)は、非常に英明な君主であり、「開元《かいげん》の治」と呼ばれる繁栄の季節をもたらした。開元とは、玄宗が二十八歳で即位した翌年(七一三)を起点に、玄宗五十七歳(開元二十九年＝七四一)まで、二十九年つづいた年号を指す。

しかし、開元年間末期から、さしもの玄宗にも老いの兆候があらわれ、七四二年、天宝《てんぽう》へと年号が変わるや、これと軌を一にするかのように、当初の英明ぶりはどこへやら、快楽に溺れる放蕩天子となりはてる。

名君から暗君へ、玄宗の変貌をうながす大きなきっかけになったのは、絶世の美女楊貴妃《ようきひ》(七一九—七五六)の出現だった。楊貴妃を熱愛する玄宗は彼女の一族にも破格の厚遇を与えた。なかでも、楊貴妃の従兄（「また従兄」ともいう）で無頼漢あがりの楊国忠《ようこくちゅう》は、抜け目なく立ち回って玄宗に気に入られ、たちまち宰相の座を射止めるなど、みるみる権勢を強める。

楊国忠の最大のライバルは、やはり玄宗のお気に入りの安禄山《あんろくざん》だった。首都長安の政権中枢部を支配する楊国忠。辺境守備軍を指揮する節度使《せつどし》のポストを三つも兼任し、絶大な軍事力を有する安禄山。時の経過とともに両者の対立は激化の一途をたどる。

藤原清河《ふじわらのきよかわ》を大使に、大伴古麻呂《おおとものこまろ》および吉備真備《きびのまきび》を副使とする遣唐使一行が唐を訪れたのは、そんな不穏な天宝十一年（七五二）だった。本書『翔べ麒麟』は、この時期の長安を舞台に、唐王朝の転変と遣唐使一行の動きを想像力を駆使してダイナミックに絡みあわせた、大歴史ロマンである。

本書の成功の鍵は、二人の魅力あふれる主人公を設定したところにあると思われる。一人は阿倍仲麻呂《あべのなかまろ》こと朝衡《ちょうこう》であり、いま一人は若き藤原真幸《まさき》である。

前者はいうまでもなく実在の人物だが、本書では歴史的実像を思いきり増幅し、唐王朝の命運を左右する老練な大政治家のイメージが付与される。阿倍仲麻呂という日本人でありながら、唐王朝の重臣朝衡となった彼は、本書において、唐王朝と遣唐使をつなぐ触媒の役割を果たすとともに、楊国忠の専横によって破滅の坂を転がり落ちる唐王朝を支えるべく八面六臂の大活躍を演じる。

本書の朝衡は超一流の政治家・軍事家であるのみならず、魅力あふれる皇女を積年の恋人とするなど、文字どおりスーパーマンだ。スーパーマン朝衡を軸に、玄宗・楊貴妃・楊国忠・安禄山など、唐王朝上層部の複雑な人間関係をあぶりだしつつ、安禄山の乱から唐王朝の破局へと向かう大状況を描いてゆく、著者の物語手法は巧みというほかない。

このように朝衡をスーパーマン化することにより、本書は大歴史ロマンであると同時に、興趣あふれる冒険小説の趣をも兼ね備えることになった。たとえば、いったん楊国忠に政治的敗北を喫し帰国の途についた朝衡は、船が難破したために安南に漂着、土着部族のリーダーとなる。やがて黒い精鋭部族軍を率いてひそかに長安にもどり、安禄山の攻撃にさらされた玄宗を長安から脱出させる。このくだりなどは、冒険小説としてはまさにスリル満点、手に汗にぎる迫力がある。

もう一人の若きヒーロー藤原真幸は虚構の存在だが、この人物がまた実にういういしくも魅力的だ。非業の死を遂げた藤原広嗣《ひろつぐ》の庶子、藤原真幸は武勇にすぐれ、遣唐使の護衛役として唐の地を踏む。朝衡は彼の闊達明朗なパーソナリティーと並はずれた軍事的才能を高く評価し、唐の正規軍の将校に任命、安禄山のもとに使者として派遣したのをはじめ、次々に重要な任務を担わせる。

真幸はしばしば絶体絶命の危機に陥るけれども、そのたびに不死鳥のように甦り、朝衡の期待にたがわぬ大活躍をする。その功績により、ついに唐の将軍にまでなるが、最後まで中国に留まった朝衡とは異なり、けっきょくは日本に帰国したとされる。

この颯爽たる好青年藤原真幸は武勇にすぐれるのみならず、いたって多情多感、必殺の剣をふるう女テロリスト、エキゾティックな舞姫、男装の麗人等々、次々にユニークな美女と恋に落ちる。傑出した軍事的才能をもち、多くの美女に心から愛される、この真幸もまたスーパーマンであることに、変わりはない。

年輪を重ねた重厚なスーパーマン朝衡と若くて軽快なスーパーマン藤原真幸。中国史家が聞けば目をむくかも知れないけれども、飛翔する想像力と冴えた筆力をもって、著者は唐王朝混乱の渦中に、この二人の日本人スーパーマンを配して大活躍させ、血湧き肉躍る物語世界を現出させる。

しかし、想像力を駆使して物語世界を構築するに先立ち、著者がいかに唐代の歴史や文学を調べ、周到に準備を重ねたか。本書の随所に、その痕跡が見てとれる。たとえば、藤原真幸と恋に落ちる女テロリストには、俠女を描いた唐代伝奇小説「聶隠娘《じょういんじょう》」のヒロインの面影があるし、男装に身をやつし科挙に合格した、もう一人の恋人には、唐代の女流詩人魚玄機《ぎょげんき》のイメージが漂う。ちなみに、魚玄機は科挙受験もかなわぬ女の身が悔しいと嘆きつつ、悲劇的生涯を送った女性である。

ことほどさように、本書に登場する人物、描かれる事柄の多くには、いわば「メタ・テキスト」がある。これを想像力を駆使し、物語文法に合わせて大胆に変形し、巧みに物語世界に組み込んでゆく著者の手練の語り口は、鮮やかというほかない。

逆にいえば、自由奔放かつ華麗に展開されているかに見える、本書『翔べ麒麟』の物語世界は、実は、唐代の歴史資料や文学資料など、幾多のメタ・テキスト群を土台として、組み立てられているのだ。本書が、稀にみる上質な歴史ロマンとして、読者を夢中にさせるのは、このように政治的・文学的な歴史事実と複雑微妙に噛み合った地点で、物語世界が構築されているためだといえよう。

（1998. 12）

礪波護 著『隋唐の仏教と国家』（中公文庫、一九九九）

本書は唐《とう》代の国家と仏教の関係を、緻密かつダイナミックに論じ尽くした名著である。

第一部「隋唐時代の中国と日本の文化」では、まず日本文化とのかかわりにおいて、隋《ずい》唐時代の全体的な見取り図が提示される。これを序曲に、第二部以降、著者はおびただしい文献を駆使しながら、あくまで国家とかかわらせた形で、多様な視点から、唐代仏教の変容のプロセスを浮き彫りにしてゆく。

「唐初の仏教・道教と国家――法琳の事跡にみる」「唐中期の仏教と国家」の二編からなる第二部では、唐初および唐中期の国家と仏教の関係が明らかにされる。

このうち前者は、「護法菩薩」と称された高僧法琳《ほうりん》の事跡に焦点を合わせつつ、唐初、高祖《こうそ》・太宗《たいそう》時代の国家が、仏教勢力に対してどのように対応したかを考察した論考である。

唐初、国家と法琳を筆頭とする仏教教団の対決が激化する契機になったのは、道士傅奕《ふえき》を筆頭とする道教勢力の攻勢であった。早くから高祖の知遇を得た傅奕は、武徳《ぶとく》元年(六一八)、唐王朝が成立すると、太《たい》史丞《しじょう》となり、まもなく太史令に昇進する。政権内部に座を占めた傅奕は、武徳四年(六二一)、廃仏論を上奏、仏教教団の一掃を図る。これを皮切りに、以後、高祖・太宗の二代を通じて、仏・道両教団は激しい攻防をくりかえすことになる。

高祖の信任をバックとする傅奕の廃仏論に対し、「破邪論」を執筆、上呈して仏教擁護の論陣を張ったのが、法琳である。法琳には修行時代に儒教や道教の文献を渉猟した経験があった。彼はこの経験を生かして、儒教や道教の文献に見える仏を尊ぶ文章を自在に運用し、これを論拠に用いて、「破邪論」を書きあげ、傅奕に痛烈な反撃を加えたのだった。

傅奕が廃仏論の写しを皇帝一族および朝廷の高官に盛大にバラまけば、かたや法琳も負けじと「破邪論」の写しを大量に配布するという、宣伝合戦のあげく、ついに法琳に軍配が上がり、傅奕の上疏は却下される。

国家の内側に入り込み、仏教に戦いを仕掛けた道士傅奕。傅奕に押される形で、圧迫を強めてくる国家に抗し、毅然として仏教を擁護した法琳。この宿命のライバル、傅奕と法琳の対立と葛藤を軸に、唐初の仏教・道教と国家の錯綜した力関係をあぶりだす、著者の論述方法はみごとというほかない。

廃仏論の上奏からはじまった仏・道戦争は一件落着したけれども、以後も傅奕を筆頭とする道教教団と、法琳を筆頭とする仏教教団のせめぎあいは、いっこうにおさまる気配はなかった。しかし、高祖の在位中も、武徳九年(六二六)、「玄武門の変」により、高祖の二男李世民《りせいみん》(太宗)が即位したあとも、実現には至らなかったものの、寺院や僧侶の数を減らし、仏教教団を弱体化させようとする国家の宗教対策は、けっきょくは道教教団に対しても拡大適用される趨勢にあったと、当てがはずれた傅奕の姿を寸描しつつ、炯眼の著者は明確に指摘する。

「唐初の仏教・道教と国家――法琳の事跡にみる」において、著者は以上のように「人」中心、すなわち「護法菩薩」法琳の事跡を、対立者の道士傅奕の動きと絡ませて具体的に追跡しながら、仏・道両教団を体制のなかに組み込もうとする唐初の政治力学のありようを、まことにヴィヴィッドに浮かびあがらせている。

これに対し、「唐中期の仏教と国家」では一転して「物(文物)」、すなわち当時の第一次史料である写経の跋文《ばつぶん》と造像銘文を素材として、高宗《こうそう》・則天武后《そくてんぶこう》時代の仏教受容の様相を探り、ついで、詔勅《しょうちょく》文を素材として玄宗《げんそう》時代の仏教政策を追跡するという、論述方法がとられる。

ここで何より特徴的なのは、先行する主要論文を詳細に検討し、その不備な点に着目、ここに楔《くさび》を打ち込んで、新たな展望を切り開いてゆくという研究方法が、もののみごとに功を奏していることである。まさしく一点突破、全面展開。先行研究を叩き台として、これをみずからのものとしてとらえかえす、著者手練の方法意識の鋭さ、その切れ味のよさには、まさに特筆に値するものがある。

たとえば、第一節の「写経跋にみえる浄土信仰と国家」では、まずある敦煌本《とんこうぼん》(スタイン本)「観無量寿経《かんむりょうじゅきょう》」の跋に、「大唐上元《じょうげん》二年」と記されている点に、著者は注目する。先行研究では、これを唐第七代目皇帝粛宗《しゅくそう》の年号と解釈し、上元二年すなわち七六一年と認定している。しかし、著者は「上元という年号が唐に二つあることにかんがみ」、跋文のなかに「天皇・天后」という尊号が記されている点と考え合わせて、この上元二年は唐中期、高宗・則天武后時代の六七五年だと判定する。この前年、高宗を天皇と呼び、則天武后を天后と呼ぶこととし、これを機に上元と改元されたのだから、論議の余地なく著者の判定は正鵠《せいこく》を射たものである。

さらに、著者はこの六七五年作の敦煌本「観無量寿経」の跋に、「観無量寿経」と「観音経」を一部ずつ写経し、その功徳によって、七代の父母ならびに生きとし生けるものすべてが、煩悩の門を越え、倶に浄妙の国土に登らんことを祈願すると記されている点に着目する。

これを出発点に、さまざまな傍証を重ねながら、七世紀後半の高宗・則天武后時代に、「観無量寿経」と「観音経」の間に密接なつながりが生じ、「観無量寿経」の説く西方阿弥陀浄土思想《さいほうあみだじょうど》、西方浄土信仰が一世を風靡してゆくさまを、着実に跡づけてゆく論旨の展開は迫力満点、まことに説得力に富む。

ついで第二節の「造像銘に現れた唐仏教」では、高宗・則天武后時代に、洛陽付近の龍門《りゅうもん》石窟に、西方浄土信仰と結び付いた観音像が盛んに造られたことが指摘される。この指摘が、先に敦煌本の写経跋の検討の結果、明らかにされた「観無量寿経」「観音経」の親近性と、鮮やかな論理的整合性をもつことはいうまでもない。

以上のように、写経跋や造像銘の地道な検討を経て、「観無量寿経」を中核とする浄土教が大流行し、それと一体化した形で観音信仰が広く行われた、高宗・則天武后時代の一種、熱に浮かされたような、華やいだエートスが、この緻密な学術論文から一気にせりあがってくるさまは、圧巻というほかない。

皇后から皇帝へと則天武后が権力の頂上にのぼりつめた時期、新興官僚層が勢いを強める一方、巨大寺院が次々に建造され、僧侶の数が爆発的に増加するなど、仏教も隆盛を極めた。反面、この豪華で活力にあふれた時代の裏側で、国家財政は破綻に瀕し、賦役の重圧に耐えかねて逃亡する農民が続出するという具合に、社会矛盾も深刻化した。

「唐中期の仏教と国家」の第三節「玄宗朝の仏教政策」は、七一二年、危機的状況のなかで即位した則天武后の孫、玄宗が開元《かいげん》年間(七一三―七四一)、膨張した仏教教団をいかにして整理・規制し、綱紀粛正をはかったかを検証した論考である。玄宗のシビアな仏教政策によって、唐初には法琳の事迹《じせき》から顕著にうかがえるように、あくまで国家の圧迫に抗し、ついで高宗・則天武后時代に極盛期を迎えた仏教勢力も、ついに王法すなわち国家権力に屈し、鎮護国家仏教へと変貌した。著者はここで、そうした仏教変貌のプロセスを、詔勅文を素材に通説をくつがえしながら、余すところなく論じ尽くしている。

本書の第三部「唐代における僧尼拝君親の断行と撤回」は、「僧尼拝君親」問題、つまり僧侶や尼僧が君主や両親に拝礼を行うべきか否かという問題に、唐代を中心としながら、長いスパンで制度史的考察を加えたものである。ここでも、先行研究の不備を衝き、一点突破、全面展開を図る著者手練の方法は絶大な威力を発揮し、大いなる成果をもたらしている。

四世紀の東晋《とうしん》以来、仏法を王法に従属させようとする国家側は仏教側に対し、しばしば「僧尼拝君」を提起したが、いずれも不発に終わった。唐代になると、国家側は君主に対する拝礼(拝君)のみならず、両親に対する拝礼(拝親)も求めるようになるが、隆盛を誇る仏教教団はこれと張り合って、不拝君親運動を展開し、高祖・則天武后時代においてピークに達する。しかし、綱紀粛正をめざす玄宗の即位後、シビアな仏教政策によって、まず開元二年(七一四)、僧尼に「拝親」を命ずる詔勅が、ついで開元二十一年(七三三)に「拝君」を命ずる詔勅が出され、仏教側もこれに従わざるをえなかった。この時点で、いったん王法は仏法に完全に勝利したわけだ。

だが、安史《あんし》の乱の勃発により玄宗が退位し、その息子の粛宗が即位した五年後の上元二年(七六一)、「拝君」が正式に撤回され、仏教側は「僧尼不拝君」の権利を奪還する。玄宗が剛腕をもって果たした王法の勝利は、わずか三十年たらずで潰えたというわけだ。以後、宋《そう》・金《きん》の時代まで、仏教側はこの「不拝君」の権利を保持しつづけてゆく。

本書の著者は、以上の紆余曲折に満ちた「僧尼拝君親」問題の歴史的推移を、『冊府元亀《さっぷげんき》』に掲載された、唐代の詔勅文を綿密に検討することによって明らかにし、重大な誤写を含む『全唐文』掲載の詔勅文によった先行研究の誤りを正した。これまた一点突破、全面展開の論法である。

総じて、本書の第二部から第三部は、緻密に構築された専門的な学術論文でありながら、おりにつけ指摘したように、そこには先行研究の弱点を衝き、通説を逆転させようとする、鋭敏な発想と論証が、スリリングに展開されており、読む者に快い知的興奮を与えずにはおかない。精緻な学術論文の積み重ねからなる、本書『隋唐の仏教と国家』を読みおえたとき、文字どおり目からウロコが落ち、唐という時代のイメージが、新たな貌をもって立ちあがってくること、請け合いである。

（1999.1）

『江戸化物草紙』アダム・カバット校注・編（小学館、一九九九）

江戸時代に流行した絵入り小説「草双紙《くさぞうし》」には、すこぶる愉快な化物の姿を描く一連の作品がある。本書はこの化物系草双紙のなかから、五編を選んだアンソロジー。そのうち、『妖怪一年草《ばけものひととせぐさ》』『化物《ばけもの》の娵入《よめいり》』『信有奇怪会《たのみありばけもののまじわり》』『化皮太鼓伝《ばけのかわたいこでん》』の四編は、『東海道中膝栗毛』で知られる十返舎一九《じっぺんしゃいっく》（一七六五―一八三一）の作だが、いずれも一九の軽妙洒脱《しゃだつ》な語り口と、勝川春英・歌川国芳のおどろおどろしくもユーモラスな化物絵が、絶妙のコンビネーションを見せている。

たとえば『妖怪一年草』では、「化けまして春でございます」と正月から順を追って、化物世界の年中行事を紹介する趣向である。十二月は人間には「煤掃《すすは》き」の月だが、不潔好きの化物には「煤掃かず」の月になるというふうに、人間世界を逆転しつつ、化物の年中行事が描かれているところが、なんともおかしい。

逆転の論理は、『化物の娵入』でも顕著に見てとれる。マイナスがプラスに転化する化物世界で珍重されるのは、「みっともなさ」だ。だから、醜い化物息子と化物娘の縁談はトントン拍子にまとまり、今にも崩れそうな新居（化物世界ではボロ家ほど値が高い）に入って、末永くめでたしめでたしとなる。ここに登場するのはヘンテコリンな化物ばかり。赤ん坊誕生の祝宴のさいには、恨みっぽい産女《うぶめ》（出産のさいに死亡した女の幽霊）さえ浮かれて、「産女百まで踊り忘れず」と踊りだす始末。こうして、文字どおり抱腹絶倒の化物のドンチャン騒ぎが次々に展開される。

地口《じぐち》（駄洒落《だじゃれ》や語呂《ごろ》合わせ）を連発し、遊戯感覚たっぷりに化物群像を描くこれらの作品をみるとき、江戸時代の日本には、なんと洒落た大人の文化があったことかと、つくづく感嘆する。

米国出身の編者は、こうした江戸のスピリットを自家薬籠中のものと化し、自在に化物世界を開示してみせる。妖怪学に通じた多彩なゲスト執筆者の、それぞれ蘊蓄《うんちく》を傾けたコメントも興趣にあふれ、これまた百鬼夜行。いろいろな意味で、近来、稀にみる楽しい本である。

（1999. 1. 24）

ジェイムズ・ミラー著、田村俶・雲和子ほか訳

『ミシェル・フーコー／情熱と受苦』

（筑摩書房、一九九八）

着物姿で頭を剃りあげたフーコー（一九二六―八四）がすっくと立ちつくし、眼鏡の奥からこちら側を凝視している。本書のカバーに用いられた、この不気味な霊気《オーラ》の漂う写真は、晩年のフーコーと親しかったエルヴェ・ギベールが撮ったものだ。ちなみに、ギベールもフーコーの死の七年後、エイズで死去している。

今世紀の「知の巨人」フーコーは、『狂気の歴史』『言葉と物』『監獄の誕生』をはじめとする著述を通じて、西欧文明の既成観念に、徹底的な異議申し立てをおこなった。彼は書斎に閉じこもり、瞑想する哲学者ではなかった。常に行動を起こし、流動する現実、ひいては自分自身と格闘しつづけたのだった。

米国の政治学者・哲学者ジェイムズ・ミラーは、かくのごとく著述と行動が複雑に入り組んだ、フーコーの「哲学的生」の軌跡を、まことにダイナミックにたどっている。この出色のフーコー伝で、とりわけ精彩を放つのは、六八年の「五月革命」前後を描いたくだりと、最晩年のカリフォルニアにおける「ゲイ・カルチュア」体験を詳述したくだりである。

六八年から六九年にかけ、フーコーは政治の季節の渦中で、嬉々として学生とともに肉体を賭けて闘った。やがて多くの学生指導者が投獄されると、受刑者の待遇改善運動に積極的に参加、監禁のシステムに対する関心を深めてゆく。これが、近代管理社会の縮図としての監獄の構造を暴きだした、最高傑作『監獄の誕生』へとつながるのである。ミラーは、こうして行動から著述へと、権力的なるものに敢然と挑戦しつづけた、「不穏な」情熱の人フーコーをみごとに活写している。

また、フーコーのゲイ・カルチュア体験について、ミラーは他の伝記作者が避けて通る地点にまで、あえて踏み込み、赤裸々に事実を「暴露」している。ミラー描くところの、「統治されまいとする決然たる意志」のもとに、死を賭してホモ・セクシュアルな限界体験に身をさらすフーコーの姿は、最後の闘いに臨む不屈の老戦士にも似て、読者に深い衝撃を与えずにはおかない。

（1999. 2. 21）

上村幸治 著『中国路地裏物語——市場経済の光と影』（岩波新書、一九九九）

著者は、中国が急激な市場経済化の波にさらされた一九九四年から九八年まで、新聞社の特派員として北京に駐在した。この経験をもとに、本書は「生身の人間の言葉、あるいは彼らの生き方」を通して、中国社会の凄まじい変動ぶりをありありと映しだす。

資金を工面して火鍋店《フオクオ》(しゃぶしゃぶ屋)を開き、創意と工夫を重ねて、多くのチェーン店を持つに至った私営企業主。彼の糟糠《そうこう》の妻は「私は中国のおしんと呼ばれています」と言ってのけ、著者を絶句させる。また、豪邸が立ち並ぶある豊かな村の指導者は「社会主義とは富裕であり、健康であり、気持ちがいいということです」と言い放ち、著者は「なんとも大胆な、社会主義の解説だ」と思わずうなってしまう。

こうしたユニークな成功者群像を通じて、市場経済の光の部分を描く一方、著者は都市への出稼ぎがふえた結果、行政組織が壊滅し無法地帯と化す農村が続出していること、また経営難に陥った国営企業が、従業員を次々に「下崗《シアカン》(一時帰休)」させるため、半失業労働者が急増していることなど、市場経済のもたらした深刻な影の部分をも冷静に直視する。

こうして市場経済の光の部分と影の部分の両面に目をそそぐことにより、本書は、天国と地獄が騒然と共存する中国社会と、そこに生きる人々の現実を、まさしく「現在形」で描くことに成功したといえよう。

さらに、本書は光とも影とも無縁な人々の姿をもさりげなく寸描する。首都北京は今や車社会と化し、馬車《マーチョー》も乗り入れ禁止になった。にもかかわらず、近郊から「立ち入り禁止」の標識を無視して、荷を積んだ馬車がポクポクと市内に入って来る。不審を感じた著者の問いに対し、御者の老人はこう答える。「わしもラバも、標識の字が読めんからのお、ホッホッホッ」。市場経済どこ吹く風、悠久の中国ここにあり。

まさに「なんでもあり」の中国の路地裏の現実。著者は鋭い問題意識と柔軟な感性をもって、この多様な現実に肉迫し、あるがままの中国の姿を開示してみせる。

(1999. 4. 11)

杉本秀太郎 著『まだら文』

（新潮社、一九九九）

明治の文人画家富岡鉄斎は、玄関に「曼陀羅窟」と記した扁額《へんがく》をかかげ、これを「まだらくつ」と読ませ、「人間は一色《ひといろ》ではおもしろうない。まだらに限る」と称したという。本書のタイトルはこれから取ったと、著者は述べているが、なるほど絵画、音楽、文学など、ジャンルを越えて多様な対象を取りあげ、おりおりの対象と深く交感しながら書き綴られた、この流麗なエッセイ集に、これほどぴったりのタイトルはない。

富岡鉄斎、幻の名ピアニストのソロモン、アナトール・フランスの小説『赤い百合』等々。自在な語り口にのせて展開される、多種多様のエッセイには、あらわれかたこそさまざまながら、著者手練の気負わない、しかし断じて妥協しない、鍛え抜かれた美意識がすみずみまで張りめぐらされており、まさしく杉本秀太郎ならではの世界が、鮮明に浮き彫りにされている。

さらに、本書『まだら文』にはこれまでの著者の作品に見られなかった、新たな要素もふんだんに盛り込まれており、これがすこぶる新鮮でおもしろい。たとえば、「文化十四年」と題する編には、著者の五代先の先祖が著したという、はなはだ下世話に長《た》けた、ギョッとするほどエロティックな戯作《げさく》が収められている。こうした作品を悪戯《いたずら》っぽく、高度な音楽論や文学論と並べてみせるユーモア感覚は、著者がますます円熟自在の境地に入ったことを示すものといえよう。

今一つ本書で注目されるのは、歩行感覚あるいは歩行のリズムの脈打つエッセイが、多いことである。とりわけ、『赤い百合』の舞台となった場所を求め、フィレンツェやパリの街並みをさまよった次第を描く、「死者たちの土地」では、この歩行感覚が絶妙の効果を発揮する。歩行しながら、著者は『赤い百合』の小説世界に分け入り、これを動的にとらえかえすのだ。

精緻な芸術論とエロティックな戯作を共存させる、強靱なユーモア感覚。静止を厭《いと》う柔軟な歩行感覚。著者のさらなる華やぎを随所に見せる本書を読むとき、なるほど「人間はまだらに限る」とは言い得て妙だと、実感される。

(1999.5.9)

『文福茶釜』

黒川博行 著

(文藝春秋、一九九九)

幸田露伴は「骨董」と題する随筆において、諧謔味たっぷりに「骨董を買ふ以上は贋物《にせもの》を買ふまいといふ其様《そん》なケチな事で何様《どう》なるものか」と記している。ことほどさように、書画骨董と贋物は切っても切れない関係にある。

もともと彫刻家であり、長年、高校で美術を教えた経験をもつ著者の手になる、本書の連作小説「山居静観」「宗林寂秋《そうりんじゃくしゅう》」「永遠縹渺《ひょうびょう》」「文福茶釜《ちゃがま》」「色絵祥瑞《しょんずい》」には、各種各様の贋物をめぐって、書画骨董のプロが騙《だま》し騙される姿が周到かつスリリングに描かれており、実におもしろい。

さらに本書のおもしろさを増幅させているのは、ポイントとなる贋物に、各編各様の趣向が凝らされていることである。たとえば、「山居静観」では、紙に描かれた水墨画を薄く剝いで二枚にする、「相剝本《あいはぎ》」なる贋物が登場し、「宗林寂秋」では、書画骨董のコレクションが売られたときの「入札目録」を細工して、コレクション中の逸品に見せかける贋物が登場する。また、「永遠縹渺」ではブロンズの原型像の贋物、表題作「文福茶釜」ではなんと漫画の原画の贋物、「色絵祥瑞」では中国明《みん》末の陶磁器の贋物が扱われるという具合なのだ。まったく贋物作りも多種多様、奥が深いと感心させられてしまう。

こうして技術の粋を凝らして精巧に作りあげられた贋物を前に、書画骨董のプロ同士が食うか食われるか、虚々実々の駆け引きを演じたあげく、欲に眼が眩《くら》んだ方が目利きを誤って、贋物をつかまされ、大枚はたいて大損する羽目になるのだ。本書の連作は、このプロ同士の緊迫した鍔《つば》ぜり合いのさまを、臨場感ゆたかに描きだし、小説を読む楽しみを満喫させてくれる。

心やさしき著者は、「善良な素人」が泣きを見るようなあざとい物語展開を避け、上記のように、あくまで騙されれば恥をかくだけの「海千山千の玄人」、すなわち書画骨董のプロに焦点を絞る展開をとっている。このため、贋物をめぐるペテン師たちの狂想曲を存分に楽しむことができ、読後感もいたって爽やかだ。

〈1999. 6. 13〉

『前日島』

ウンベルト・エーコ著、藤村昌昭訳

〈文藝春秋、一九九九〉

十七世紀中頃、東経百八十度の子午線（日付変更線）はまだ確定されていなかった。各国がその確定をめぐってしのぎをけずるなか、この物語の主人公ロベルトはフランス政府の密命を受け、その確定方法を発見したとおぼしい英国人医師の乗る船に潜入する。しかし、船は難破、彼は子午線の西に停泊中の無人船ダフネに漂着する。目前の孤島(前日島)は子午線の東に位置しており、そこでは時間は過去に一日ずれている。

大奇想小説『前日島』は、ロベルトがダフネの船上で書き綴った手記の体裁をとって展開される。この手記たるや、豪華絢爛、摩訶不思議。植物園や動物園まで備えた奇怪な無人船ダフネで、ロベルトの過ごした日々が現在進行形で記されると同時に、少年時代の従軍体験、パリの社交界での見聞、謎の美女リリアへの恋等々、過去の記憶が次々に紡ぎだされ、重ね書きされてゆく。さらにまた、ロベルトの妄想の分身フェッランテが随所に顔をのぞかせ、ロベルトはついに手記のなかで、彼を主人公とする物語を創作するに至る。

現実と過去、事実と妄想、ロベルトを主人公とする物語とその彼が書いた物語のなかの物語。いくつものコンセプトが錯綜する『前日島』の世界は、物語的時間として設定されるバロック文化の時代、十七世紀の奇想天外な宇宙論・医学論・情念論等々がふんだんに投入されることにより、いっそう複雑の度合いを増す。本書の著者ウンベルト・エーコは当時のおびただしい文献を縦横無尽に変形しながら引用し、『前日島』の物語世界の細部をびっしり埋め尽くすのだ。

こうして衒学《げんがく》趣味の極ともいうべき手法を過剰に運用しつつ、その実、エーコは巨大なおもちゃ箱のような、無人船ダフネの秘密を少しずつ明らかにするなど、いかにも楽しげに多様な物語幻想を駆使してみせる。エーコが精緻に仕掛けた迷路をたどり抜き、前日島に行きたいという見果てぬ夢にとりつかれた、ロベルトの冒険に最後までつきあうとき、さまざまな色合いを帯びた物語幻想と戯れる快感を堪能できること請け合いである。

(1999. 7. 18)

リサ・シー著、住友進訳
『ゴールド・マウンテン――ある中国系移民家族の百年』
(紀伊國屋書店、一九九九)

一八七一年、著者の曽祖父は広東省仏山からゴールド・マウンテン(アメリカ)に渡った。副題に「ある中国系移民家族の百年」とあるとおり、本書はこの曽祖父に焦点を据えつつ、長いスパンで著者の家系の歴史を探ったドキュメンタリー。曽祖父は生粋の中国人だが、曽祖母・祖母・母は白人であり、写真の著者もどう見ても白人女性だ。しかし、彼女は体内を流れる中国人の血を誇りをもって自覚しつつ、みずからのルーツを徹底的に追跡しており、その姿勢が潔くも快い。

本書の主人公である曽祖父フォン・シーは商才に長けた人物で、アメリカに来てまもなく娼婦相手の下着製造・販売をはじめる。やがてプア・ホワイト(貧しい白人)の家出少女ティシーと結婚、彼女のアイデアを入れて、中国の美術品や道具を扱う骨董屋に転身する。これが順風満帆、彼はロサンゼルスのチャイナタウンきっての成功者にのしあがる。しかし、著者の祖父を含め三男一女をもうけながら、しだいに自己主張の強いティシーと折り合いがわるくなり、ついに離婚のやむなきに至る。離婚後、彼らは別々に骨董屋を経営し、ティシーのもとに残った子供たちもそれぞれ生きかたをみつけて、成功の階段を上ってゆく。

かたや、フォン・シーは六十四歳のとき、十六歳の中国人少女と再婚、なんと四男三女をもうける。彼は最初の結婚の失敗を踏まえて、断固として若い妻を支配しつつ、一九五七年まで生きた。享年は百歳に近かった。公私ともどもたくましくもしたたかな、典型的な中国人フォン・シー。本書はその曲折に満ちた生の軌跡を、温かな筆致でみごとに描きだしている。

中国系移民のフォン・シーとその子孫がアメリカンドリームを達成する過程で、彼らとかかわるプア・ホワイトの女性たちもまた、みずからアメリカンドリームを実現してゆく。貧しい中国系移民とプア・ホワイトが手に手をとって、底辺からはい上がってゆくのだ。本書『ゴールド・マウンテン』のストーリーは、おとぎ話のような願望充足の夢にあふれ、読みながら心が弾む。

(1999. 8. 29)

古代中国と古代日本の常世観・異界観——折口信夫について

折口信夫の「死者の書」をはじめて読んだのは大学に入ったばかりのころだ。受験勉強から解放されたためか、濫読癖がつのり、何冊もの本を同時に読む日々がつづいた。そんななかで、たまたま「死者の書」とリルケ訳「ポルトガル文」をほぼ並行して読んだ。

「死者の書」のヒロイン藤原南家《なんけ》郎女《いらつめ》は、地下の世界からさまよい出た大津皇子の死霊に魅入られ、皇子の墓のある二上山の麓まで吸い寄せられる。そこで、彼女は「此機を織りあげて、はやうあの素肌のお身を、掩うてあげたい」と一心不乱に蓮糸の布を織りつづける。織りあがったあと、絵筆をとり、みずから幻視した皇子の神々しい姿を布の上に描き付けると、人々の前から忽然と姿を消す。

かたや、「ポルトガル文」のヒロインである尼僧は、不実な恋人の手ひどい裏切りに苦しみ、何通もの手紙を書き綴ったあげく、ようやく得た静謐のなかで、「あなたへの感情が死に絶えてしまうさまを、くわしくお知らせする義務が、そのときのわたくしにまだ残っているでしょうか」と訣別の言葉を記して、みずからの恋に決着をつける。

この二人のヒロイン像は一見、対照的だが、その実、郎女の恋の対象の大津皇子は霊的な存在、ポルトガル尼僧の恋の対象の遊蕩児は、すでに彼女の前から立ち去った存在というふうに、その対象はいずれも不在の存在である。

このように、「死者の書」と「ポルトガル文」に描かれた、両者両様の不在の恋の様相は、当時の私にとってまことに衝撃的だった。とりわけ、大津皇子に対する思いの強さによって、あの世とこの世の閾《しきい》を越え、皇子から死の穢《けが》れを拭い去って、ついにもろともに光り輝く超越的世界へ旅立ってゆく郎女のイメージには、圧倒的に強烈なものがあった。

このように「死者の書」から放散される異様な霊力に打たれながら、なにぶんこれを「ポルトガル文」と同時に読むという「暴挙」からはじめたせいか、その後、なかなか折口信夫の著作をまとめて読む機会がなかった。折口信夫の著作をおりにつけ読むようになったのは、それから三十年余りも経過した、ここ数年のことだ。中国文学に描かれた「異界」のイメージに興味をもち、あれこれ調べたり考えたりするうち、ふと思いついて、折口信夫の異郷論・異界論を読みだしたのが、きっかけになった。

「異郷意識の進展」「妣が国へ・常世へ——異郷意識の起伏」「古代生活の研究——常世の国」「民族史観における他界観念」など、異郷意識をテーマとした論文のなかで、もっともおもしろく読んだのは、「古代生活の研究」である。

この論文の冒頭でまず、現在は正月二日の夜みる初夢を守るためのお守りとされる、めでたい図柄の「宝船」が、もともとは正反対の役割を担うものだったことが、明らかにされる。すなわち、宝船は本来、「神聖なる霊の居処と見られた臥し処に堆積した有形無形数々の畏るべき物・忌むべき物・穢はしい物を、物に托して捐てゝ、心すがしい霊のおちつき場所をつくる為」のものであった、と。

こうして折口信夫は現在、プラスイメージでとらえられている宝船が、その発生の根源においては、死や穢れといったマイナスイメージを帯びたものであったとし、そのイメージの変容・転換の過程を明らかにする。そのうえで、では、もろもろの穢れを載せた原宝船の行く先はどこだったのか。これこそ、琉球でいう海上の異郷「にらいかない」であり、この死の島「にらいかない」こそ、かの「常世の国」にほかならないと、論旨を展開させてゆくのである。ちなみに、「古代生活の研究」第十一節「死の島」に、次のような叙述がある。

宝船の話から導いた琉球宗教の浄土にらいかないが元、死の島であつたことを説いた。私どもの国土に移り住んだ祖先のにらいかないは、実はとこよのくにと言ふ語で表されてゐたのであつた。村々の死人は元より、あらゆる穢れの流し放たれる海上の島の名であつたのである。其恐ろしい島が、富みと齢乃至は恋の浄土としての常世とはなつた過程は、にらいかないの思想の展開が説明してくれて居る。海岸に村づくりした祖先の、亡き数に入つた人々の霊は、皆生きて遙かな海中の島に、唯稀にのみあるものとせられてゐたのである。さうして、児孫の村をおとづれて、幸福の予言を与えて去る。

（中略）

まれびとの来る島として、老いず死なぬ霊の国として、とこよは常夜ではなくなつて来た。(以下略)

もともとは死や穢れの受け入れ先であった死の島、漆黒の闇におおわれた常闇《とこやみ》の国としての「とこよのくに」が、幸福の予言をもたらす「まれびと」を媒介として、富・長寿・恋など考えられるかぎりの幸いにあふれる理想郷、「常世の国」へと変容してゆくさまが、ここにまざまざと浮き彫りにされている。

中国人の異界観についてあれこれ考えをめぐらしていた私は、この「とこよ」論に大いに啓発された。「常世の国」が本来、死の島・常闇の国と聖なる理想郷の両義性をもつものであることに思い至り、文字どおり目からウロコが落ちる思いがしたのである。

こちらは海ならぬ山の話だが、中国きっての聖なる山といえば、まず山東省の泰山《たいざん》に指を屈する。秦《しん》の始《し》皇帝(前二五九—前二一〇)、漢《かん》の武《ぶ》帝(前一五六—前八七)など、絶大な権力を誇った古代の皇帝は即位にさいし、泰山の頂上に登って天を祭り、天帝《てんてい》と交感する「封禅《ほうぜん》」の儀式をとり行った。しかし、時代が下り、後漢(二五—二二〇)になると、この聖なる泰山の様相が変わってくる。泰山には「泰山府君」と呼ばれる、恐るべき鬼神をリーダーとする組織化された冥界があり、死者の魂魄《こんぱく》はすべてこの冥界、つまり「泰山地獄」に収斂されると信じられるようになるのだ。

泰山が、皇帝が天帝と交感する聖なるトポスから冥界へと変容したプロセスは、一見、「古代生活の研究」に述べられた「常世」のそれと、ちょうどベクトルが逆になっているようにみえる。しかし、泰山のイメージはその後も変容しつづけるのである。

さらに時代が下り、唐代になると、第三代皇帝の高宗《こうそう》(六二八—六八三)が妻の則天武后《そくてんぶこう》とともに、ふたたび泰山で「封禅」の儀式をとり行う。さらにまた、「泰山地獄」のイメージも様変わりして、泰山の神も人の命を司る恐るべき「泰山府君」から、現世的な富や名誉を付与する「東岳大帝《とうがく》」へと代替わりし、以後、長く泰山は現世利益を祈願する、道教的な「東岳信仰」のメッカとなってゆく。

つまるところ、聖なる山たる泰山のイメージは、いったんプラスからマイナスに転換したあと、またプラスへと再転換するのである。聖なる異界、泰山こそ常闇の夜の国と幸いをもたらす理想郷の両義性を帯びた、規模壮大な中国的「常世の国」にほかならない。「古代生活の研究」の常世論を読みながら、私はそう確信した。

付言すれば、折口信夫は、「常世の国」から人間世界を訪れる「まれびと」を「常世人」と呼び、「此間に、常世人自身も、海の彼方から来ると信じられたものが、天から降ると考へられる様になり、山に住む巨人とせられる様にもなつて行きました」(「翁の発生」第二節)と述べている。これによれば、「常世の国」のトポスは、時代が下るにつれ、海のかなたの島から天上世界へ、さらに山のかなたへと移行したことになる。

古代中国においても常世のトポスの移行パターンは、これと重なる部分が多いように思われる。たとえば、秦の始皇帝は泰山において封禅の儀式を行う一方で、方士の徐福《じょふく》を派遣し、不老不死の仙人が住む「東海の三神山」を探求させた。これは明らかに、海のかなたに「常世の国」を想定する行為である。しかし、その後、こうした想定は影をひそめ、中国的常世人たる仙人の住処は、山中もしくは天上世界に限定されるようになる。

こうしてみると、古代中国と古代日本の常世観・異界観は、その変容のプロセスにおいても、濃厚な共通性をもつことがわかる。古代日本が中国から大いなる影響を受けたことはいうまでもないが、折口信夫はその影響関係が露わになる以前の日本、すなわち原日本の姿を探りだすことに力をそそいだ。にもかかわらず、そうして探りだされた原日本的なるものの姿が、やはり深いところで古代中国の姿に類似していることに、私はむしろ感動をおぼえる。海を隔てたこの二つの「くに」が、影響をうんぬんする以前に、はるか古代のエートスを共有していたのだ、と。

それはさておき、すでに縷々述べたように、折口信夫の常世観の特徴は、「常世の国」を穢れから浄化の変容の相においてとらえたことにある。この穢れを通じて浄化に至るプロセスは、「死者の書」に描かれた大津皇子、「餓鬼阿弥蘇生譚」や「小栗外伝」にあらわされた小栗《おぐり》判官などの人物像にも、顕著に見てとれる。先述したように、大津皇子の異様に強烈な死霊は、郎女の一念かけた愛によって浄化され、病み爛《ただ》れ餓鬼身と化した小栗判官は、照手《てるて》姫の愛の力で蘇生するのである。

ことごとに中国を引き合いに出すのは、いささか気が引けるけれども、穢れを浄化へのイニシエーションととらえる説話や小説は、中国においても数多く見受けられる。たとえば、東晋《とうしん》の神仙思想家、葛洪《かっこう》(二八三—三四三)が著した『神仙伝』に見える「李八百」という仙人の話が、まさしくこれに当たる。

李八百は仙人志願者の唐公昉《とうこうぼう》という人物を試すために、下男に身をやつしてその屋敷に住み込み、悪性の皮膚病にかかってみせる。そのあげく、みずからの腐り爛れた皮膚をなめろとか、また高価な酒で腐った皮膚を洗えとか、無理難題をふっかける。唐公昉夫妻が嫌な顔もせず、この下男の無理難題をすべて受け入れた瞬間、李八百の爛れた皮膚は蘇生する。かくしてめでたく試練をくぐり抜けた夫妻は、李八百から仙人になる秘訣を授けられるのである。

また、白行簡《はくこうかん》(七七六—八二六)の手になる、唐代伝奇の傑作「李娃伝《りあでん》」には、高名な妓女李娃への恋に溺れた貴公子が、すべてを失い、病み爛れてもの乞いにまで身を落とした果てに、李娃の愛に救われ再生する顚末が描かれている。

これら中国の物語は、「死者の書」や小栗伝説に比べれば、はるかに合理的な物語構造をもつとはいえ、穢れを通過して浄化に至る過程を描く点では、変わりはない。

以上のように、私は折口信夫の作品を読むたび、嘆かわしくも習い性と化し、なんらかの点で中国と通底する要素を見いださずにはいられないのだが、ここに一つ、これは中国には類似したものがないという、極め付きの作品がある。小説「身毒丸」である。

生まれつき身体に穢れた病毒を抱えながら、身毒丸《しんとくまる》は、女の愛に救われ浄化されるという「神話」とも無縁に、ひたすら孤独な曲芸師としてさすらいつづける。著者みずから「最原始的な物語」と呼ぶこの作品こそ、「常世の国」の深層に埋もれた「死の島」を透視する折口信夫の原形質を、もっともあらわな形で示した作品のように、私には思われてならないのである。

(1999.9)

ミルチャ・エリアーデ 著、住谷春也 訳

『マイトレイ』

(作品社、一九九九)

今世紀最大の宗教学者と目されるミルチャ・エリアーデ(一九〇七—八六)は、傑出した小説家でもあった。物語幻想を駆使した彼の小説は、読者を魂の迷宮に誘う独特の魅力をもつ。本書『マイトレイ』は、彼が二十六歳で著した半自伝的な小説であり、後年の幻想的な作品とは語り口を異にする。しかし、ここにはみずからの恋愛事件の顚末をたどり、それが自分にとって何だったかを追求しようとする、若いひたむきさがあふれている。

インドの運河会社の白人技師アラン(二十四歳。エリアーデを指す)は、マラリアにかかったのを機に、インド人上司のセン技師の厚意で、カルカッタの彼の屋敷に寄宿することになる。セン技師と妻、さらに娘のマイトレイ(十六歳)と幼い妹チャブーは、アランを身内のように扱ってくれた。

アランはやがて「聖女のように純潔でありながら、思いも及ばぬほどに官能的」なマイトレイを、深く愛するようになる。アランにとって、彼女はインドという異文化の魅惑そのものだったのだ。マイトレイのほうもいつしか彼に魅きつけられ、二人は激しい恋に落ちる。

だが、インドという異文化の壁は厚く、セン夫妻は彼を身内のように見なしながらも、断固としてマイトレイとの恋や結婚を許さない。破局は意外なところからやって来た。アランとマイトレイの関係が深まるにつれ、錯乱状態に陥った妹のチャブーが、無意識のうちに彼らの関係を暴露し、アランは激怒したセン氏に追いだされてしまうのだ。こうして切断された二人の恋は、双方の地獄のあがきを経て、ついに終息する。

インドに留学したさいの実体験を赤裸々に綴ったこの恋物語には、インドという異文化に深く分け入りながら、最終的に他者として拒絶された、エリアーデの姿が鮮烈に浮き彫りにされている。宗教学者エリアーデの原点、あるいはトラウマを明るみにさらした、まことに衝撃的な作品だといえよう。

(1999. 10. 5)

『文明のなかの博物学――西欧と日本』（上下、紀伊國屋書店、一九九九）

西村三郎 著

十八世紀半ばから十九世紀半ばにかけ、期せずして西欧と日本で博物学・博物趣味が一世を風靡した。本書はまず、こうして鮮やかなパラレリズム（並行現象）を示す、東西博物学の歴史と特徴を丹念に追跡する。西欧において、博物学・博物趣味ブームの先鞭をつけたのは、リンネとビュフォンだった。リンネがすべての自然物の分類・体系化を図ったのに対し、ビュフォンは独特の「理論」にもとづき、「地球と自然物をめぐる壮大な物語」を描きあげようとした。この二つの博物学は人々の熱狂的な歓迎を受け、やがて博物趣味・博物収集熱が異様な高まりを見せる。

一方、江戸時代の日本でも博物趣味ブームが沸き起こっていた。これとあいまって、中国本草学《ほんぞう》（薬効のある自然物についての研究）の集大成『本草綱目《ほんぞうこうもく》』（李時珍《りじちん》著）の影響を受け、江戸本草学ひいては博物学もめざましい発展を遂げる。その最大の成果は、十八世紀初め、貝原益軒が『本草綱目』に拠りつつも、独自の視点に立って書きあげた『大和本草』だった。

こうして東西博物学を詳細に比較検討した結果、現象としてはいかに共通していても、両者には根底的な差異があると、著者はずばり指摘する。西欧の博物学が理論や体系をめざすのに対し、東洋とりわけ江戸の博物学は個物を重視する立場に立つ。これがために、西の博物学はやがて近代生物学へと移行したのに対し、東の博物学はそうはならなかったというのである。

博物学から近代生物学へ、科学の歴史を理路整然とたどりながら、著者は最後にこう示唆する。しかし、近代科学は万能ではない。それが無視してきた、個と多様性に対する好奇心に満ちた、博物学的感受性をとらえかえすことこそ、今後の課題なのだ、と。

著者の博物学にかけるこうした愛の深さが、この精密に組み立てられた大著の隅々にまで浸透し、私のようなズブの素人も東西博物学史のアウトラインを、実に明確におもしろく理解することができる。また、珍奇な動植物などの図版も数多く、博物学は楽しいと実感させられる。

（1999.10.31）

杉浦康平 著『宇宙を呑む――アジアの宇宙大巨神の系譜』

（講談社、一九九九）

中国には三、四世紀の六朝《りくちょう》時代から、小さな壺のなかに仙界を見る「壺中天《こちゅう》」の話や、枕のなかの世界へ迷い込んだ夢を描く「邯鄲《かんたん》の夢」の話など、微小な物体のなかに無限の宇宙を想定する物語がある。また、ぐっと時代が下った清《しん》代になると、人体のなかに山・川・湖といった自然の情景を描き込んだ、道教的な絵図「内経図」も出現する。この摩訶不思議な絵図が表現するのは、まさしく人体宇宙にほかならない。私は以前からこうした中国の物語や絵につよく魅かれ、このモチーフには、インド的宇宙観と深くつながるものがあるのではないかと、思いつづけてきた。インドを中心に、アジアの宇宙大巨神の系譜を探った本書は、そんな私の長年の渇を癒してくれた快著である。

本書『宇宙を呑む』はまず、全宇宙を体内に納めたインドの巨大宇宙神、クリシュナ神を描く数点の図像を取りあげる。地下世界から天上世界まで宇宙のすべてを、すっぽり体内に呑み込む青黒く巨大なクリシュナ神。体の全部分が象・亀・蛇など無数の動物から成り、生物のすべてを包含する巨大なクリシュナ神等々。著者はこれら近世に描かれたクリシュナ神の図像に精密な絵解きをほどこしながら、それが古代インドの物語や叙事詩に登場する巨大神のイメージを、絵筆で具現したものであることを、明らかにする。

こうした巨大神のイメージはどこから来たのか。それは、小宇宙と大宇宙を対応させ、一粒のケシの種子にも全世界が潜むと考える、古代インド哲学の思考方式に由来すると、著者は指摘する。かくして、体内に宇宙を招き入れたヨーガ行者の図像や、先述した中国の道士の体内山水図「内経図」など、小宇宙と大宇宙が合体したさまを描く図像を通じて、神々ならぬ人間にも宇宙を呑む可能性があることが語られてゆく。

神から人へ。著者はアジア巨大神の系譜を、絵解きを根底に据えつつ、まことに鮮明かつ説得的に描ききった。本書を読むとき、「世界と身体が結びつく」快い感覚に浸され、人は宇宙そのものなのだと、思わず気分が昂揚する。

(1999. 12. 5)

マキノ雅広 著
『映画渡世――マキノ雅広自伝』(全二巻、ちくま文庫、一九九五)
佐藤忠男 著
『日本映画史』など

子供のころ、よく日本映画を見た。昭和二十七年(一九五二)から三十一年(一九五六)まで、小学校二年から六年までの四年間だ。当時、私の家は京都の西陣にあり、すぐ近くに日本映画館が立ち並ぶ千本の繁華街があった。私は家族とともにほとんど毎晩、映画を見に行った。少なめに見ても、四年間でざっと二千本。チャンバラ映画からゲイジュツ映画まで、全盛期の日本映画をこんなに多く、リアルタイムで見ることができたのは、私の自慢の種だ。

かつて京都と映画は切っても切れない関係にあった。その一種、いかがわしくも華やいだ空気を吸って育った私にとって、マキノ雅広の自伝『映画渡世』は忘れ難い本である。

マキノ雅広は明治四十一年(一九〇八)、日本映画の祖マキノ省三を父に、京都の西陣で生まれた。子役から監督になり、二十歳にして名作『浪人街』でいちやく注目を浴びる。父の死後、マキノ映画を引き継ぐが、経営破綻により天文学的数字の借金を背負う。以後、必死で借金を返しながら、戦前・戦中・戦後を通じ、映画各社で時代劇を中心に、おびただしい本数の映画を撮りまくる。だが、どんなに早撮りしても、映画の文法を知り尽くした彼の作品は、水準をみごとにクリアしていた。俳優の素質を見抜くことにかけても異様に勘が鋭く、岸恵子、高倉健、藤純子らを世に出す。

マキノ雅広には「客の入らない映画は、どんなによく出来た映画でも駄目だ」という信念があった。本書は、この信念のもとに映画を撮りつづけた、京都の映画屋マキノ雅広の疾風怒濤の生涯の記録であると同時に、現場感覚あふれる貴重な日本映画史でもある。これを読むと、私は映画とともにあったころの京都の町と、自分の子供時代を思い出し、つい泣きたいような気分になってしまうのである。

＊

佐藤忠男著『日本映画史』(全四巻、岩波書店、一九九五)は、一八九六年から一九九五年まで、九十九年におよぶ日本映画の軌跡を徹底的に追跡した大労作。各時代の注目作を取りあげ、その内容や撮影技法を詳細に検討しつつ、監督・プロデューサー・俳優など、製作にかかわった人々の姿をいきいきと描出する。必読の生きた日本映画通史である。

京都映画祭実行委員会編『時代劇映画とはなにか』(人文書院、一九九七)は、時代劇の歴史、京都の時代劇撮影所、股旅映画のヒーロー、殺陣《たて》の変遷等々、多様な観点から時代劇を論じたアンソロジー。まずパトスありき。理屈抜きで時代劇が好きという執筆者の熱意が感じとれる文章が多く、お堅い映画研究の枠を超えたおもしろさに富む、ユニークな時代劇映画論集である。

川本三郎著『今ひとたびの戦後日本映画』(岩波書店、一九九四)は、昭和十九年生まれ(私も同じ)の著者が、戦後日本映画(現代劇)の傑作を共感をこめて、鮮明にとらえかえした秀逸な映画評論集。ここに描かれる女優たちのイメージは輝きにあふれ、本書を「日本の美しい女優たちへのオマージュ」とする著者の意図を、余すところなく伝えている。

(2000.1.9)

マリオ・プラーツ著、高山宏訳
『ムネモシュネ——文学と視覚芸術との間の平行現象』
(ありな書房、一九九九)

マリオ・プラーツは、十八、九世紀のロマン派文学を論じた伝説的名著『肉体と死と悪魔』(一九三〇年刊)において、すでに文学と絵画を平行的に取りあげる手法を駆使し、絶大な効果をあげている。「怖いほどの美しさ」に魅了される、ロマン派特有の感性の源泉を探るにあたり、まずフランドルの画家描くところの、髪がすべて蛇から成る不気味な「メドゥーサ」の絵と、これを歌ったイギリスの詩人シェリーの詩篇を照応させながら、論旨を展開するというふうに。

本書『ムネモシュネ』(原書は一九七〇年刊。ムネモシュネは「記憶の女神」)は、そんなプラーツがいわば正面きって、ギリシャ古代から現代に至るまで、各時代に顕著に見られる文学と絵画(視覚芸術)のパラレリズム(平行現象)を追求し、説き明かした著作である。注目すべきは、プラーツが「主題」の類似性ではなく、それぞれの時代に固有な「書跡(筆跡)」をあらわす、各作品の「構造」の類似性を探ることを通じて、文学と絵画のパラレリズムを明らかにしていることだ。

たとえば、十六世紀マニエリスム芸術に特徴的な「蛇状曲線」は、絵画では「ねじれた身体」の描写をはじめとする蛇状の構図として表現され、文学では「しかし」「しかし」が連続する、「文体の屈曲」によって表現される。また、二十世紀の芸術においても、ピカソのキュービスム(立体派)の絵には、「同じ視点からひとつの形姿に正面向きと横向きの表象」が与えられ、「立体鏡的な語り」を目指すローレンス・ダレルの小説『アレキサンドリア四重奏』は、一つの事象を四人の視点から描く構造をもつ等々。

このように文学と絵画の平行現象を具体的に跡づける、プラーツの語り口はまことにスリリングであり、読者に新鮮な発見の喜びを与えてくれる。プラーツの芸術観を明快に示す本書こそ、絵画と文学が混然一体となった複雑絢爛たるプラーツの世界への、絶好の水先案内でもある。さまざまな文体を使い分け、原書の味わいを再現した翻訳もみごとだ。

(2000.1.30)

『リヴァイアサン』

ポール・オースター著、柴田元幸訳

（新潮社、一九九九）

一九九〇年初夏、一人の男がウィスコンシン州北部の道端で爆死した。作家エアロンは、彼こそ「自由の怪人」と称し、米国各地の自由の女神のレプリカを爆破して回った、失踪中の友人サックスだと直感する。かくてエアロンは、サックスが自由の怪人に変身するまでのプロセスをたどった手記、つまり本書『リヴァイアサン』を書きはじめるという趣向だ。

七五年、エアロンと知り合ったころのサックスは、気鋭の作家だった。ところが、サックスの妻ファニーは、エアロンが昔、恋した女性だったことから、話がややこしくなる。エアロンは彼女を忘れるため、風変わりな芸術家マリアと親密な関係になるが、このマリアにサックスも欲望を感じ、屋上から転落する事故が起こる。というふうに、ここに登場する男女の関係性は複雑にもつれているのだが、なまなましいどころか、むしろ「途方にくれた大きな子供たち」の真剣な、しかし滑稽な戯れのように描かれているところが、なんともうさん臭くもおもしろい。

サックスは転落事故を機に人生をやりなおそうとする矢先、殺人事件に巻き込まれる。殺してしまった相手の妻リリアンに詫びるべく、その家を訪れたサックスは、なりゆきで彼女とも親密になってしまう。こうして偶然の連鎖により、「自分という人間の一方の端からもう一方の端まで旅」する羽目になったサックスは、ついにすべての欺瞞や腐敗を吹っ飛ばす自由の怪人に変身する。

ちなみに自由の怪人は大衆ヒーローとなり、怪人Tシャツや怪人バッジまで売りだされる騒ぎ。サックスの自己回復のための最後の賭けも、アメリカ現代社会では「怪人ショー」と化したわけだ。この小説の本当の作者オースターはこの現実を見据え、サックスら大きな子供たちの錯綜したドラマを描きながら、彼らの行為を冷静に相対化している。本当の作者、語り手、登場人物のそれぞれの視点や見方が微妙なずれを見せながら、巧みな語りを展開した、まことに読みごたえのある小説である。快調そのものの翻訳にも脱帽。

（2000. 2. 20）

南雲智 著『中国「戯れ歌」ウォッチング』（論創社、二〇〇〇）

鄧小平《とうしょうへい》の改革開放路線は中国社会を大きく変えた。中国の庶民はこの変化をどうとらえているのか。本書は民間に流布する鬱憤《うっぷん》晴らしの戯《ざ》れ歌を通して、現代中国の庶民感情をまさしく現在形で浮き彫りにする。

毛沢東時代は「向前走《シャンチエンゾウ》（前へむかって進め）」、鄧小平時代は「向銭走《シャンチエンゾウ》（銭に向かって進め）」といわれるように、中国はここ二十年余り、打って一丸となって、「金儲け」めざして突っ走ってきた。「十億国民／九億商い／ただ今　一億準備中」は、そんな状況を痛烈に皮肉った戯れ歌である。こうなると当然、「停年退職者は困ってしまい／教師は貧乏になってしまい／個人営業者は喜んでしまい／役人は金持ちになってしまった」と、貧富の差はみるみる拡大してゆく。

「役人は金持ちになってしまった」という表現からうかがえるように、本書収録の戯れ歌はしばしば中国共産党や党幹部高級官僚をやり玉にあげる。尾籠《びろう》な喩えだが、「国民党は屁をこいただけで税金をとり／共産党は屁ほどのことでも会議を開く」とされるとおり、共産党政治はやたらに会議が多い。しかも上意下達のシャンシャン会議ばかりだから、「会議の前には握手をし／会議中には挙手をして／会議のあとには拍手をする」だけだと、辛辣に諷刺する戯れ歌もある。

党に寄生し甘い汁を吸う高級官僚への批判はさらに激烈だ。たとえば、地位を利用して金儲けする輩《やから》は「官僚　役人したまま商売し／ろくでもない奴　社長さま」と罵倒され、親の七光の太子党(高級官僚の息子)は「数学　物理　化学なんかを勉強するより／立派な親父がいればいい」と揶揄《やゆ》されるのだ。

本書はこうして現代中国社会のひずみや矛盾をユーモラスに諷刺する、百三十篇の戯れ歌を紹介しながら、「旗は共産主義／看板は社会主義／道は資本主義／根っこは封建主義」と、根本問題を過《あやま》たず看破する、したたかにして健やかな中国の庶民の姿を鮮やかに描きだす。以て他山の石とすべし。まぎれもなく「ここでみてきた戯れ歌はどれもこれも日本のことでもある」のだから。

(2000.4.9)

川本三郎 著『今ひとたびの戦後日本映画』

(中公文庫、二〇〇〇／岩波現代文庫、二〇〇七)

川本三郎さんが戦後日本映画の秀作に注目し、本格的に語りはじめたのは、いつごろからだろうか。のっけから私事になるが、私は川本さんの著書のごくごく初期からの読者である。一九七七年、川本さ

ん の『同時代を生きる「気分」』が刊行されたとき、私は金沢にいた。京都の大学で中国文学を専攻し、あの六〇年代末の疾風怒濤の時代を過ごした後、七六年から金沢大学に勤めていたのだ。刊行されたばかりの『同時代を生きる「気分」』をみつけたのは、その翌年、穏やかに流れる地方都市の時間にようやく慣れはじめたころだった。

タイトルが目に入った瞬間、そうだ、まさしく「気分」なのだと、ピンとくるものがあり、さっそく購入した。予想どおり、すばらしい文学評論だった。私がおぼろに感じていることを、明快な言葉で表現するこの著者が、私と同じ昭和十九年(一九四四)生まれだということも感動的であった。

以来、川本さんの本が出るのを心待ちにして、せっせと読みつづけた。映画の本で最初に読んだのは、むろん『朝日のようにさわやかに』だ。『同時代を生きる「気分」』とほぼ同時期に刊行されたこの本は、主としてアメリカ映画をテーマにしたものだが、これまた実におもしろく、何度もくりかえして読んだ。

根源的にやさしく、しかも毅然として生きるポンコツ・ヒロイン、みずからの非力を顧みず、巨大な存在に戦いを挑み滅んでゆくチンピラ・ヒーロー等々。アメリカ映画に登場する魅力的なキャラクターについて、伝法な語り口で縦横に論じる、『朝日のようにさわやかに』を読むたびに、強い「気付け薬」でも飲んだように、いつも気分が高揚した。

私自身はアメリカ映画といえば、「明日に向って撃て!」や「イージー・ライダー」など、せいぜいアメリカン・ニューシネマどまりなのだが、続々と刊行される川本さんの臨場感あふれるアメリカ映画評論を読んでいると、映画館の暗い座席で、スクリーンをみつめているような気分になった。まさに疑似体験だ。

実は、私はまだほんの子供だったころ、昭和二十七年(一九五二)から三十一年(一九五六)まで(小学校二年から六年まで)の四年間、実際に映画館の暗い座席に座りつづけた経験がある。当時、私の家は京都西陣、日本映画の封切り館が林立する千本の繁華街の近くにあり、ほとんど毎晩、家族とともに映画を見に行った。この期間におびただしい本数の日本映画を見たが、なにぶん子供だったので、名作も駄作もゴッチャになり、今やほとんど記憶も定かでない。しかし、全盛期の日本映画をこうしてそれこそ山ほど、リアルタイムで見ることができたのは、ほんとうに幸運だったと思う。

その後、大学に入ってからアートシアター(懐かしや!)にも通ったが、私にとって映画の原体験はやはり子供時代に見狂った日本映画であり、映画といえば、まずあのころの日本映画が記憶の底から浮かびあがってくる。そんなこともあって、川本さんならあのころの日本映画をどう見られるだろうかと、ずっと期待していたところ、近年とみに川本さんの映画評論に、かつての日本映画をテーマとするものが増えてきた。これなら私も疑似体験ではなく、記憶を呼び覚まし追体験できると、次々に刊行される川本さんの日本映画の本を、ますます気を入れて読むようになった。

川本さんの日本映画論はどれも掛け値なしにおもしろいが、とりわけ、本書『今ひとたびの戦後日本映画』は、時の流れのなかで風化しようとしている戦後まもない日本のイメージを、戦後日本映画の秀作を通じて、鮮烈に浮き彫りにした名著である。私はここで取りあげられた映画の多くをリアルタイムで見ているのだが、この本をはじめて読んだとき、あの時代そのものが、まざまざと目前にせりあがってくるような迫力にうたれ、圧倒された。

川本さんは本書でまず今やほとんど死語と化した、「戦争未亡人」「復員兵」といった言葉をあえて用い、これをキーワードにして戦後日本映画について語りはじめる。すなわち、「戦争未亡人と死者」の章では、小津安二郎監督「東京物語」で戦争未亡人を演じた原節子、「田中絹代と戦争未亡人」の章では、五所平之助監督「煙突の見える場所」などの作品で戦争未亡人を演じた田中絹代を中心に、戦後日本映画に戦争未亡人を描いた作品が実に多いことが指摘される。

なぜそうなのか。「戦後日本映画は、おそらく――、戦争未亡人を描くことで、ついこのあいだの戦争で死んだ多くの死者たちを追悼、鎮魂しようとしたのだ。「死者を忘れるな」と生き残った自分たちにい い聞かせようとしたのだ」と、川本さんは言う。これはまことに卓見であり、川本さんがこう言いきった瞬間、忘却の彼方に押しやられていた、「戦争未亡人」のイメージがいきいきと甦り、「今、ここ」に、鮮やかに立ちあがってくるさまは、圧巻というほかない。さらにまた、川本さんは戦後映画に描かれる戦争未亡人には、死者の鎮魂とともに、今一つ重要な役割が付与されていることに注目する。それは、彼女たちが戦前と戦後をつなぐ、「歴史の連続性」を体現する存在だということだ。

川本さんはこれを皮切りに、戦後日本映画が、「歴史の連続性」を担う存在としての女性の姿を、さまざまなバリエーションによって描きつづけてきたことを、明らかにする。たとえば、「母の力」の章では、成瀬巳喜男監督「おかあさん」で田中絹代の演ずる理想化された母親像に着目し、「戦後の日本映画は、彼女のような理想的な母親像を中心に置くことで、混乱からゆっくりと立ち直っていったのではないかと思えてくる」と述べ、戦後日本映画において、母性の一貫性を有する母親像が、断絶なく戦前から戦後へ移行する鍵とされるケースが多いことが指摘される。

また、「白いブラウスの似合う女の先生」の章では、木下恵介監督「二十四の瞳」の大石先生をはじめ、戦後日本映画にしばしば登場する白いブラウスの似合う清潔な女の先生のイメージが、戦争の傷痕を癒し廃墟から立ちあがるための「慰藉と再生の儀式の担い手」として描かれ、「国破れて山河あり」の連続性を体現しているとされる。

戦争未亡人、理想化された母親像、白いブラウスの似合う女の先生。母性原理や女性原理の象徴である彼女たちが、戦後日本映画において、歴史の連続性を受け継ぐ存在でありうるのは、戦争でみずから手を汚してしまった男たちとは異なり、基本的にピュアであるからだと、川本さんは言う。

だとすれば、戦後日本映画は汚れ傷ついた男たちの姿を、いかに描いたのか。かくして「三船敏郎と復員兵」「帰ってきた男たち」などの章において、「客観的には戦後を生きていながら、主観的には戦中を生きる」という二重構造を生きる者、戦後社会の「異物としての復員兵」の姿をなまなましく描いた、戦後日本映画が取りあげられる。

このように本書は歴史の連続性を体現する女性像を中心としつつ、歴史の亀裂・断絶のなかでもがく男性像にも鋭く目配りすることによって、戦争の影に浸された戦後日本映画を、みごと複合的にとらえきったといえよう。

戦争の影といえば、怪獣ゴジラに戦禍のイメージを重ね合わせた「ゴジラはなぜ「暗い」のか」の章は迫力満点、まことに感動的である。

川本さんはゴジラを「ひたすら暴れまわる怪獣」だとかたづける輩に、憤然と異議をとなえ、本多猪四《いし》郎《ろう》監督「ゴジラ」は、第二次大戦の死者、とりわけ海で死んでいった兵士たちへの「鎮魂歌」であり、怪獣ゴジラは戦没兵士の象徴ではないかと述べる。この見方にはまさに目からウロコが落ちるものがある。

私はリアルタイム(昭和二十九年)で「ゴジラ」を見たのだが、子供心になんて暗い映画だろう、ゴジラはなんて悲しい怪獣だろうと思い、辛い気分になった。その印象のよってくるところが何であるか、この文章を読んで、ようやく腑に落ちたのだった。

本書に描かれるのは、むろん戦争未亡人、復員兵、理想化された母親や女の先生、はたまた悲しき怪獣ゴジラ等々、もろに戦争の暗い影に深く浸されたイメージばかりではない。「貧乏の好きな成瀬巳喜男」の章では、「貧乏こそ自由」とたくましく生きる女性の姿が、「口笛吹いておいらは元気」溌剌、自立精神に富んだ戦災孤児の姿が、「「働く子ども」のけなげさ」「恋する妹、美空ひばり」の章での章では、こましゃくれた働き者の子供から、けなげでピュアな少女へと変貌する美空ひばりの姿が、「肉体が輝くとき」の章では、まぶしくも奔放な京マチ子の姿が、終章「愉しい民主主義」では、のびのびと生き恋する「青い山脈」の若者の姿が、それぞれ戦後日本映画の秀作を通じて浮き彫りにされる。総じて、先にあげた前半の章が荘重な鎮魂曲であるとすれば、これら後半の章は軽快な嬉遊曲の趣がある。

鎮魂曲から嬉遊曲へ。本書には戦後日本映画の軌跡が、個々の映画に登場する人物のイメージ、さらにはそれを演じた女優や男優のイメージを通して、実にいきいきと具体的に描きあげられている。まさに川本三郎にしか書けない「生きた戦後日本映画史」である。

本書『今ひとたびの戦後日本映画』において、川本さんは戦後日本映画のなかで美しく輝くヒロイン群像が、「歴史の連続性」を体現する存在であることを、種々の角度から明らかにされた。川本さんがオマージュを捧げる、これら戦後日本映画のけなげなヒロイン群像は、かつて『朝日のようにさわやかに』で描かれた、底辺でやさしく毅然と生きるアメリカ映画のポンコツ・ヒロイン群像と、一見、似ても似つかぬようでありながら、その実、明らかに深いところでつながっている。古い読者である私は、そこに川本三郎の確かな「連続性」を見て、つい無性にうれしくなってしまうのである。

（2000.5）

『西遊記――トリック・ワールド探訪』

中野美代子 著

（岩波新書、二〇〇〇）

三蔵《さんぞう》法師の「西天取経《さいてんしゅきょう》（天竺《てんじく》つまりインドから経文を持ち帰ること）のプロセスを描く、中国の大奇想小説『西遊記《さいゆうき》』。本書の著者は、十六世紀末の明《みん》代に刊行された、現存する最古・最長のテキスト、「世徳堂本《せいとくどう》」を底本とする『西遊記』の翻訳に挑戦、十二年の歳月をかけ、一昨年（一九九八）これを完成させた。

世徳堂本『西遊記』の本邦初訳という、困難な大仕事に取り組むうち、著者は一見、荒唐無稽なエピソードが並列されているかに見える、その物語世界が実は、極度に論理的な構造をもつことを発見する。本書はこの発見から出発し、精巧なトリック・ワールドを構成する、世徳堂本『西遊記』に張りめぐらされた秘密の仕掛けを、鮮やかに解明したものである。

三蔵法師が道中、しばしば妖怪や女怪に狙われるという物語展開に、房中術などの道教的概念が投影されていること。そのシンメトリカルな物語構造は、徹底的な数字（道教的な聖数）へのこだわりによるものであること。三蔵法師、孫悟空《そんごくう》、猪八戒《ちょはっかい》、沙《さ》悟浄《ごじょう》などの登場人物には、表向きの性格や役割とは別に、五《ご》行《ぎょう》思想や道教的煉丹術《れんたんじゅつ》（不老不死の仙薬「金丹《きんたん》」を作りだす術）にもとづく意味が隠されていること等々。表面的には濃厚な仏教的色彩に塗り込められた『西遊記』の物語世界が、一皮むけば一から十まで、いかに道教的概念を骨子として組み立てられているか、著者は快刀乱麻を断つごとく明快に論証してゆく。

こうした論証を踏まえたうえで、先行する資料を集大成し、世徳堂本『西遊記』を著したのは、おそらく道教の「煉丹術師グループ」であり、三蔵法師の「西天取経」の旅は、「煉丹」のプロセスの比喩であろうと大胆に推定を下す、スリリングな論旨の展開は、まさに著者の独擅場というほかない。世徳堂本『西遊記』がトリック・ワールドなら、その謎を解明する本書もまたトリック・ワールド。『西遊記』世界を知り尽くした著者ならではの、魅力あふれる一冊であり、これを読めば、『西遊記』に対する見方が変わること、請け合いだ。


(2000.5.14)

『江戸百夢——近世図像学の楽しみ』（朝日新聞社、二〇〇〇）

田中優子 著

ほぼ百の絵図を取りあげ、自在に語り継いだ本書『江戸百夢』は、異種混淆、まさに何でもありの、十七、八世紀、近世江戸に多様な角度からスポットをあて、絵図を通じて、そのめくるめく魅力を「今、ここ」に、まざまざと現出させた快著である。

ここでは、近世江戸の絵師の手になる絵図はむろんのこと、近世中国の都市図、オランダの画家フェルメール描くところの人物画等々、洋の東西を問わず、近世江戸とそのエートスを共有する作品が次々に取りあげられる。たとえば、清《しん》代中国の蘇州の繁栄を描いた「姑蘇《こそ》繁華《はんか》図《ず》」が取りあげられたかと思うと、つづいて近世江戸の賑《にぎ》わいを描く「江戸名所図屏風」が取りあげられる。こうして「見知らぬ人がぎっしりと行き交い、集まり、生きている」、近世の大都市蘇州と江戸の共通性がおのずと浮き彫りにされる仕掛けである。

江戸にせよ蘇州にせよ近世の大都市には、人が「ぎっしり」集っているが、個々の生はまったく異なる。近世の集合性と差異性を端的にあらわすのが、江戸で盛んに描かれた「尽くしもの」、すなわちさまざまな表情とポーズをした百人のお多福を描く「百福図」など、「百〜」と題される絵図だと、著者はいう。もろもろの尽くしものの絵解きをしながら、江戸の豊饒な生活文化を語るこのくだりは、本書の白眉である。

さらにまた、粋な江戸デザインの極と見なされる縞絣《しまがすり》・更紗《さらさ》などの文様が、実はインドや東南アジアから伝わったものであることが、浮世絵や着物の図柄を通じて、実に明快に指摘されもする。総じて本書じたい、『江戸百夢』という題名どおり、西欧も中国もアジアもすっぽり呑み込んだ、江戸文化の多様性を多様性のまま描いた、みごとな尽くしものだといえよう。

江戸を語りつつ、「男には「粋」というものがあり、「俠」というものがあり、「義に篤い」ということがある。これが最高だ。エレガンスの極み」といった、思わずナルホドとうなる名言が、随所にちりばめられているのも、本書の魅力。図版も鮮明で、眺めていると楽しい。

(2000.6.4)

秋田実 著『大阪笑話史』

(編集工房ノア、二〇〇〇)

子供のころ、よくラジオで上方漫才や花菱アチャコ主演の喜劇ドラマを聞いた。それらの多くは秋田実る。

作・構成と銘打たれていた。以来、秋田実の名は上方演芸の大立者として、私の脳裏に焼きついている。

本書は、その秋田実が昭和三十八年(一九六三)、「大阪新聞」に連載し、出版したものの復刊。四十年近く前に書かれたものだが、ここには、漫才という演芸ジャンルが誕生し隆盛に至るプロセスが、その現場に立ち会い、裏の裏まで知り尽くした著者ならではの、今も色あせない臨場感をもって描きあげられている。

明治の末、大阪に「三河万歳」からヒントを得て、二人の人間が掛け合いで演ずる漫才という演芸ジャンルが誕生した。当初は、舞台と客席に区別はなく、漫才師とお客がともに世間話を楽しむという雰囲気だった。舞台と客席が一体となり、徐々に押しあげて行った新しい演芸ジャンル、漫才を一気に隆盛に導く契機になったのは、昭和初期、「早慶戦」で一世を風靡したエンタツ・アチャコの「しゃべくり漫才」である。

こうして演芸ジャンルとして確立された漫才は以後、戦中から戦後へ、怒濤の時代をくぐり抜け、ワカナ・一郎など新しいスターを続々と生みだしつつ、隆盛の一途をたどる。本書は、突然変異的に誕生した漫才という新しい演芸ジャンルが、時の経過とともに変身をくりかえしながら、しだいに成長してゆくプロセスを、まことに鮮やかに浮き彫りにする。

さらに本書の随所で、しゃべくり漫才が戦時下の言論統制を逆手にとり、ナンセンスな笑いの芸を開拓したように、漫才が種々のマイナス要因をたくましく取り込みながら、芸の質を高めてきたことが明らかにされる。秋田実は戦前、東大在学中に雑誌『大学左派』に依った経験をもつ。踏まれても蹴られてもしたたかに活路を見いだす、雑草のような演芸ジャンル、漫才。こうした本書のコンセプトから、秋田実がなぜ生のエネルギーをかけて漫才を愛しつづけたか、その意味もおのずと読みとることができ、まことに興趣尽きないものがある。

(2000.7.9)

『大正美人伝——林きむ子の生涯』

森まゆみ 著

(文藝春秋、二〇〇〇)

「大正三美人」には諸説あるが、九条武子、柳原白蓮《やなぎわらびゃくれん》、林きむ子を指す場合が多いようだ。三人のうち、林きむ子だけはこれまでまとまった伝記がなく、その存在は時の彼方に押しやられたままだった。本書は、当時の雑誌をはじめ膨大な資料の調査や関係者のインタビューをもとに、この忘れられた「大正美人」林きむ子の生の軌跡を、丹念に掘り起こしたものである。

林きむ子は明治十七年(一八八四)、東京柳橋に生まれた。父母はともに義太夫語り。九歳で芝の料亭浜の家の養女となる。養母は新橋の勤王芸者であり、浜の家にも頭山満や杉山茂丸など政界の黒幕が長期滞在していた。彼らはきむ子を娘のように愛し、移民事業で財をなしたアメリカ帰りの実業家(のち代議士)、日向輝武《ひなたてるたけ》に求婚されたときも、力になってくれた。

明治三十四年(一九〇一)、十七歳のきむ子は十四歳上の日向と結婚、豪奢な洋風生活を送り、つづけて六人の子供を産む。そのかたわら、フランス語・神学・油絵を学び、また小説や歌集を刊行するなど、八面六臂の大活躍でジャーナリズムの花形となる。しかし、大正四年(一九一五)、日向輝武は収賄事件で逮捕され、ショックで発狂、三年後に死去した。この間、猛然と奮起したきむ子は美容液「オロラ」を考案・販売して生活を支え、六人の子供を育てた。とても並の楚々たる美人にできる芸当ではない。のみならず、彼女は夫の死後一年足らずで、九歳下の薬剤師、林照寿と恋に落ちて再婚、またまたジャーナリズムを賑わせる。

好奇の目も何のその、堂々と再婚したきむ子はさらに子供を二人産み（計八人）、以後、日本舞踊家として「子どもが踊るにふさわしい」踊りの普及に努める。再婚は最終的に破綻したが、昭和四十二年（一九六七）、八十二歳でこの世を去るまで、彼女は外圧をはねのけ、飽くことなく自前の生き方を追求しつづけた。

端麗な外見とはうらはらに、強烈なバイタリティーをもって明治・大正・昭和を生き抜いた、大正美人林きむ子。本書は、そんな彼女の姿を鮮やかに描きあげた快著である。

（2000. 8. 20）

『翻訳夜話』

村上春樹・柴田元幸 著

（文春新書、二〇〇〇）

本書『翻訳夜話』を読みながら、私は昔、中国文学を専攻したてのころ、原典講読の授業でいつも主任教授から、「原文にある言葉はすべて訳せ。書いてない言葉は絶対に付け加えるな」「原文のリズムに乗れ。息の切れ目が意味の切れ目だ」と言われたことを思い出した。ことほどさように、アメリカ現代小説翻訳で知られる、柴田元幸・村上春樹両氏が展開する翻訳論は、わが厳格なる恩師を彷彿とさせるまっとうなものであり、それが逆に読者の新鮮な驚きを呼ぶ。

本書は四つの部分から成る。このうち、第一部は東大駒場柴田教室の学生、第二部は翻訳学校の学生、第四部は若手翻訳者を聞き手に、柴田・村上両氏が大いに語ったフォーラムの記録を編集したものである。聞き手の翻訳レベルが初級・中級・上級とあがるにつれ、質疑応答の内容も、翻訳とは何ぞやといった基本的翻訳論から、主語をどう訳すかといった、翻訳の現場に即した実践論へとおのずと移行する、心憎い構成である。ちなみに、第三部は柴田・村上両氏がカーヴァーおよびオースターの同じ短篇小説をそれぞれ翻訳、これを並べて収録し、第四部における翻訳実践論のための具体例とする。何とも絶妙の仕掛けというほかない。

小説家の村上春樹とアメリカ文学者の柴田元幸との間には、確かに翻訳に対する姿勢に微妙な差がある。しかし、原文を「美しい日本語」に置き換えるより、かたや「原作者の心の動きを息をひそめてただじっと追うしかない」(村上)と述べ、かたや「あくまで一読者として、自分がほとんど召使というか、奴隷というか、そういうものになって、主人の声をとにかく聞いて、それを別の言語に変換するというふうに考える」(柴田)と述べるなど、その姿勢はいずれも対象(原文テキスト)を最重視する、深い愛につらぬかれている。くりかえしになるが、このまっとうさが実に快い。

対象との深いコミットを旨とする、彼らの展開する翻訳論は、おのずと人は他者とどうかかわればよいかという問題にまで射程が伸び、その意味でも実に刺激的な一冊である。

(2000. 11. 5)

西垣通 著『刺客《テロリスト》の青い花』（河出書房新社、二〇〇〇）

ときは二十一世紀。ところは太平洋の孤島に出現した海上都市「海の植民地《シーコロニー》」。ここは当初、世界各国がスポンサーとなって作りだす「理想郷《ユートピア》」のはずだった。しかし、時の経過とともに、コンピューターで整然と管理された華やかな表面とはうらはらに、遺伝子操作の失敗で誕生した異形の者の国際的捨て場になるやら、世界を股にかけた臓器売買の根拠地となるやら、その内部は止めようもない勢いで腐蝕しはじめる。

今やディストピア（反理想郷）と化した海の植民地に、二人の刺客《テロリスト》、夢児と幻児が登場するところから物語は動きはじめる。夢児は「神話的な殺し屋」だったが、鳥族なる少数民族が絶滅した事件との絡みで、長らく矯正施設に幽閉され、心身ともに崩壊寸前の状態。一方、夢児のクローンである幻児は、鍛え抜かれた「戦闘生体機械」として数々の事件にかかわる。

二人はそれぞれ、臓器売買のボスでもある海の植民地の陰の支配者、および国際的警察組織に追われて、海の植民地の裏世界に身を潜める。この裏世界たるや、廃墟にうごめく異形の者の群れ、廃棄物のなかで繁殖する奇怪な動植物等々、今様《いまよう》地獄絵図そのものだ。情報学の旗手でもある著者が、かくも生々しくコンピューター社会の病理をイメージ化するとは――。その迫真的描写は、まさに読者を慄然とさせる。

この恐るべきディストピアにも救いの天使があらわれる。鳥族の生き残りのミンである。肉体の重みを感じさせない、純粋少女として造型されたミンのイメージは稀有の魅力に富み、グロテスクな物語世界をみごとに浄化している。この純粋少女ミンとの出会いは、戦闘生体機械たる幻児の心にも熱い血を通わせる。海の植民地をおおう暗い影を払拭し、彼らは新たな生活をはじめることができるだろうか。それは読んでのお楽しみというところである。

総じて、本書は奇想天外な物語展開を通じて、コンピューター社会の病理と、病理を超えて生きる人間の姿を浮き彫りにした、まことに興趣尽きない出色の作品だといえよう。

(2000.12.17)

『ロードショーが150円だった頃——思い出のアメリカ映画』

川本三郎 著

(晶文社、二〇〇〇)

映画がもっとも輝いていた昭和三十年代(一九五〇年代から六〇年代初め)、十代の映画少年だった著者は、ハリウッド映画に夢中になった。センダンは双葉より芳し。中学生のころから、著者は映画を見るたびに、劇場プログラムを買い求め、今に至るまで大切に保存しているという。本書は、これら著者の宝物であるプログラムをふんだんに用いながら、十代のころ見て、心揺さぶられたハリウッド映画の数々について、初発の感動をいきいきと甦らせながら説き尽くした、無類のおもしろさあふれる映画エッセイである。

ここで取りあげられるハリウッド映画は、西部劇、空想科学映画、戦争映画、社会派ドラマ、恋愛映画等々、およそ考えられるかぎりのジャンルの作品が網羅されている。また、各作品に登場する俳優についても、堂々たる主役からめだたない脇役に至るまで、実に細やかに言及されており、「神は細部に宿りたもう」と、著者の観察眼の鋭さに思わず脱帽させられる。

こうして多角的にとらえられているとはいえ、圧巻はやはり西部劇についての叙述である。ゲーリー・クーパー主演の「真昼の決闘」、グレン・フォード主演の「必殺の銃弾」等々、著者が愛する西部劇の主人公は荒々しくマッチョな男ではなく、いずれも心に傷をもつ者の暗さと、人間としての根源的なやさしさを合わせもつ。こうした西部劇の作り手(脚本家や監督)の多くは、五〇年代のハリウッド映画界を揺るがせた「赤狩り」の標的となった人々である。彼らのひそやかな抵抗の意志が、あまたの陰影に富む西部劇の秀作を生み、ハリウッド映画の質を高めてゆくさまが、本書全体を通じて、さりげなく、しかしくっきりと浮き彫りにされており、まことに読みごたえがある。

このほか、本書の随所に、豊満な美女エリザベス・テーラーをはじめ、少年時代の著者の女神だった、さまざまなタイプの麗しきスターへのオマージュがちりばめられており、その意味でも、著者とともに憧れの映画の世界に浸る楽しさを味わえること、請け合いである。

(2001.2.4)

『唐シルクロード十話』

スーザン・ウィットフィールド著、山口静一訳

(白水社、二〇〇一)

二十世紀初頭に発見されるまで、シルクロードの町、敦煌の洞窟寺には、八百年以上もの間、数万点にのぼる写本が秘蔵されていた。本書の著者はこの敦煌文書のすぐれた研究者であり、国際敦煌プロジェクト等にも重要な役割を担う人物。

この極め付きの敦煌学者は、本書において、あくまで敦煌文書に基づきながら、シルクロードに生きた人々の生の軌跡を、ドキュメンタリー・タッチで、いきいきと再現するという離れ業をやってのけた。

ここで扱われる時間帯は、八世紀中頃から十世紀中頃、すなわち、唐《とう》代後期から五代の乱世を経て、北《ほく》宋《そう》によって中国が再統一されるまで、ほぼ二百年にわたる。この間、シルクロード周辺の国や都市は、激しい興亡をくりかえした。本書は、中国史の動きと巧みに嚙み合わせながら、この間の「シルクロード史」の変遷を、十人の人物に順次スポットを当て、きわめて具体的に浮き彫りにしてゆく。

サマルカンド出身の商人、チベットの兵士、ウイグル支配者のもとに嫁ぐ唐の公主、命がけの旅をして長安へ向かうカシュミールの僧侶、長安で動乱に遭遇するクチャの遊女等々。封印された洞窟の古文書のなかから、十人の人物を甦らせ、しっかり歴史的文脈を踏まえながら、個々の生の哀歓を臨場感ゆたかに伝える、まことに読みごたえのある一冊。

（2001.3.4）

『加田伶太郎全集』

福永武彦 著

（扶桑社文庫、二〇〇一）

『草の花』『忘却の河』『海市』など、多くの名作を残した作家福永武彦は、推理小説の愛読者だった。のみならず、昭和三十一年（一九五六）から三十七年（一九六二）にかけ、年季の入った蘊蓄《うんちく》を傾けて、加田伶太郎の筆名のもとにみずから本格派推理小説を著した。本書『加田伶太郎全集』は、その全作品にあたる十編の短篇推理小説、および一編のSF小説を収めたもの。ちなみに、筆名の「加田伶太郎（カダレイタロウ)」は「誰だろうか(タレダロウカ)」の、また、ほとんどの作品に登場する探偵役のさる私立大学古典文学科助教授「伊丹英典(イタミエイテン)」は「名探偵(メイタンテイ)」の、アナグラムだというから、なんとも堂に入った遊戯感覚というほかない。

かつて江戸川乱歩は福永武彦すなわち加田伶太郎の作品を評して、「謎と論理の本格探偵小説」「論理遊戯の文学」と述べた。ことほどさように、上質な遊び心にもとづき、すみずみまで緻密な趣向を凝らしたその作品は、読者に「謎解き」の知的快感を堪能させてくれる。十編の短篇推理小説はいずれも秀逸だが、とりわけ密室殺人をテーマにした「完全犯罪」、若くして死んだ姉の幽霊が出現し、被害者を心理的に追いつめる顚末をスリリングに描いた「赤い靴」の二編は、トリック組み立ての精密さといい、結末の意外性といい、推理作家加田伶太郎の最高傑作といえよう。

加田伶太郎の推理小説もほとんど殺人事件をテーマとするが、その作品世界にはまったくおどろおどろしさや、血なまぐささは見られない。それは、高度の教養人であった英国の推理小説作家と同様、推理小説をあくまで謎解きゲーム、気晴らしの知的遊戯とみなす、余裕に満ちた姿勢によるものであろう。

こうした姿勢によって紡ぎだされた、本書の世界に浸りながら、私は昨今稀なる読書の芳醇な楽しみを味わうことができた。巻末に、著者の推理小説論、および先述の江戸川乱歩をはじめ、平野謙、都筑道夫、丸谷才一等々、諸家の加田伶太郎論が併録されているのも楽しい。

(2001. 3. 25)

中島敦の中国小説

私が、中島敦の作品で最初に読んだのは、「山月記」である。もう何十年も前、高校一年のときだと思う。人間が虎に変身する超現実的な話が、異様にリアルな語り口で展開されていることに驚き、強烈な印象を受けた。

これが契機となって変身譚が好きになり、現在に至るまで、人間が異類に変身したり、逆に異類が人間に変身したりするテーマの物語をいろいろ読んできたが、「山月記」に匹敵するほど衝撃的な作品は数えるほどしかない。妻が狐に変身した顚末を描く、英国の作家ガーネットの『狐になった夫人』、ある朝、突然カブト虫に変身した男の姿を描く、カフカの『変身』は、そうした数少ない衝撃的変身譚の例だ。中島敦自身もこの二作の傑作変身譚は読んでいたようだから、おそらく陰に陽に影響を受けたのであろう。

それはさておき、「山月記」の下敷きになったのは、唐代伝奇小説の「李徴《りちょう》」(張読《ちょうどく》作)である。しかし、「李徴」と「山月記」を読み比べてみると、実は大きな差異がある。「李徴」では、主人公の李徴は傲岸不遜で偏屈な人物であり、その性癖が昂じて人間嫌いになり、ついに失踪して虎になってしまう。これに対し、「山月記」では、李徴は卑屈な思いをして立身出世するよりは、「詩家としての名を死後百年に遺そう」と、詩作に没頭するが、思うように文名はあがらず、焦燥のあげく失踪して虎になってしまうという具合に、物語設定がなされている。

つまるところ、唐代伝奇「李徴」の主人公は、単に社会的適応力に欠けるために、虎になったのに対し、中島敦の「山月記」の主人公は、いわば「文学の魔」に憑かれて、人間社会から脱落し虎に変身するのだ。こうして中島敦は、下敷きにした中国の古い物語をもののみごとに作り替え、そこにみずからの物語世界を鮮やかに現出させるのである。

中島敦の中国小説の傑作といえば、今あげた「山月記」「弟子」「わが西遊記(「悟浄出世」「悟浄歎異」)」「李陵」「名人伝」の五編にまず指を屈するだろう。これら五編の中国小説は、その死の前年、昭和十六年(一九四一)に完成したとおぼしい「山月記」を筆頭に、いずれもその短い生涯の最晩年の一、二年に書かれている。それまで「意識の魔」「文学の魔」に取り憑かれ、試行錯誤をくりかえした中島敦は、幼時から慣れ親しんだ中国古典を媒介項とすることによってはじめて、くっきりした輪郭と構造をもつ作品を生みだすことに、成功したといえよう。

「山月記」につづいて書かれた、「弟子」「わが西遊記」「李陵」の三編に共通するのは、複数の登場人物を対比・対照させる語り口、物語手法である。

孔子の言行録である『論語』には、偉大な教師孔子とヤンチャな弟子の子路《しろ》や優等生の顔回《がんかい》をはじめ、ユニークな弟子たちとの会話が随所に収録されており、後世の硬直した儒教のイメージとは似ても似つかぬ、いきいきと自由な原始儒家教団の雰囲気を今に伝える。

中島敦の「弟子」は、この原始儒家教団の雰囲気を、不羈《ふき》奔放の子路に焦点を当てながら、躍動的な筆致で活写した傑作である。容易に馴らしがたい暴れん坊の弟子子路が、「知情意の各々から肉体的の諸能力に至る迄、実に平凡に、しかし実に伸び伸びと発達した見事さ」をもつ孔子に心酔し、孔子もまたおりにつけ子路を叱ったりからかったりしながら、その「純粋な没利害性」をこよなく愛する。中島敦の「弟子」は、こうして孔子と子路を対比させながら、師弟の間に育まれた稀有の信頼関係を浮き彫りにしてゆく。孔子あるいは原始儒家教団のありようを、これほど臨場感ゆたかに描きあげた作品は、他に類を見ない。

「わが西遊記」と「李陵」は、複数の登場人物を対比・対照させ、相互の差異やずれを明らかにしながら、前者は『西遊記』の物語世界を探求し、後者はみずから物語世界を構築した作品である。

沙悟浄のモノローグの形を取って展開される「わが西遊記」は、これ自体で一つの傑出した『西遊記』論でもある。とりわけ、三蔵法師の三人の従者、孫悟空・猪八戒・沙悟浄の描き分けは絶妙というほかない。たとえば、日暮れになり、やむをえず妖怪の出そうな廃寺に泊まることに衆議一決しても、その動機は三者三様。孫悟空はこの廃寺が妖怪のすみかだとしても望むところ、退治するまでだと、戦闘的。猪八戒は今更よそを捜すのも億劫だし、どこでもいいから早く入って眠りたいと、享楽的。沙悟浄は災難はどこにでも転がっているんだから、ここを災難の場所として選んでもまあいいかと、いたってニヒル、だというのだ。これは『西遊記』の物語世界に弾みをつける、三者の個性の差異を端的に示す、まことに鮮やかな指摘だといえよう。

「李陵」の物語世界では、司馬遷の『史記』を踏まえながら、匈奴《きょうど》との戦いに敗れて捕虜となり降伏した李陵、匈奴の捕虜になりながら不服従をつらぬいた蘇武、李陵を弁護したために宮刑に処せられた司馬遷、の三者三様の生の軌跡がヴィヴィッドにたどられている。ここで、中島敦は司馬遷の歴史記述の方法に対し、「事実、彼は述べただけであった。しかし、なんと生気溌剌たる述べ方であったか？　異常な想像的視覚を有《も》ったものでなければ到底不能な記述であった」と称賛している。この賛辞は、そのまま中島敦の「李陵」をはじめとする中国小説の、異様なまでの迫力に富む叙述法にあてはめることができる。しかり、中島敦もまた司馬遷と同様、透徹した幻視者だったのである。

中島敦はこうして中国古典を下敷きにしながら、多様な登場人物が織り成す物語世界を多角的に開示して見せた。彼にもう少し時間があれば、この手法を活用して秀逸な長篇小説を著すことができたかも知れない。しかし、残念ながら彼はやはり中国古典から題材を取った「名人伝」を最後に、この世を去った。

「名人伝」は弓の名人飛衛《ひえい》に弟子入りし、苦しい修業の果てに弓の極意を会得した紀昌《きしょう》を主人公とする物語だが、これは『列子』(道家思想の祖の一人列子の著とされる)の湯問《とうもん》篇に見える話を下敷きにする。ただ、これもまた元の話をかなり大幅に作り替えている。『列子』では、天下第一の名人になろうと野望を膨らませた紀昌は、師匠の飛衛に戦いを挑むが、勝負がつかず引き分けたというところで話がおわる。一方、「名人伝」では、飛衛と勝負して引き分けに終わったあと、紀昌はさらに師匠を求めて遍歴をつづけ、弓を手にしない名人となり、ついには弓そのものを忘れ果てたという後日談が付加されている。

最晩年、文学の魔に憑かれ虎に変身した李徴の姿を描くことからはじまった、中島敦の中国小説創作は、執着という執着を忘れ果てた、弓の名人紀昌を描くことによって終わった。こうして中島敦も紀昌と同様、「静かに、誠に煙の如く静かに世を去った」のであろうか。

(2001.10)

『桃源郷』

陳舜臣 著

（上・西遷編、下・東帰編、集英社、二〇〇一）

十二世紀初め、中国では女真《じょしん》族の金《きん》が勢力を増した。金は北宋《ほくそう》と手を組み、長らく中国北方を支配してきた契丹《キッタン》族の遼《りょう》に攻撃を加え、滅亡に追い込んだ。

本書『桃源郷』の物語世界は、亡国を目前にし、西遷を意図する遼王朝の一族、耶律大石《やりつだいせき》が、配下の優秀な青年陶羽《とうう》を西方に派遣するところから動きはじめる。

陶羽は遠い昔、「桃源郷」からひそかに下界に派遣された「探界使」の家系の出身であり、陶羽と同行することになった白中岳《はくちゅうがく》もやはり「探界使」であった。白中岳に案内され、陶羽は泉州(福建省)から船に乗ってインド洋を渡り、ペルシャのホルムズで下船する。船旅の途中、陶羽はこれまた「探界使」とおぼしい日本の僧侶弘海《こうかい》をはじめ、一癖も二癖もある人々に出会う。

ホルムズから内陸のイスファハーンに移ったとき、陶羽は不思議な体験をする。イスラム教シーア派に属する長老ハサンの根拠地アラムートに迎えられたのである。ハサンはその実、弾圧を受けて地下に潜伏したマニ教の中心人物であり、陶羽は「探界使」もまたマニ教信者の別名であることを悟る。ちなみに、ハサンの親友で『ルバイヤート』の作者、ウマル・ハイヤームもまたマニ教信者であった。

陶羽がハサンの薫陶を受けていたころ、遼は滅亡、耶律大石は『水滸伝』の主人公宋江《そうこう》らとともに西遷し、「西遼(カラ・キタイ)」を立てるが、実は、大石や宋江もマニ教信者だった。

こうして「マニ」を核として、大勢の登場人物を結び付けてゆく物語展開は、スリリングというほかない。

マニ教を鍵として展開されるこの壮大なロマンは、意表をついた終幕を迎える。陶羽らはバグダードからイベリヤ半島まで西への遍歴を重ね、中国に回帰するが、その後、国家の枠からも、マニという宗教的秘密結社の枠からも脱皮し、自由に生きようとするのだ。

深い学識に裏打ちされた水際立った語り口、波瀾万丈の物語展開、結末の意外さ。読者を堪能させる、まことにみごとな作品だといえよう。

(2001.11.11)

『昭和文学史』

川西政明 著

(上中下、講談社、二〇〇一)

川西政明著『昭和文学史』は全三巻、上下二段組み二千頁になんなんとする大著である。著者は、第三巻に付された「あとがき」で「この本は昭和を生きたすべての文士に捧げられる」と述べている。まさしくこの大著においては、昭和という時代を生きた、おびただしい数の「文士」が取りあげられ、主要な「文士」については、その作品と生が徹底的に追跡されている。「昭和文学」のありようと、これにかかわった人々の生の軌跡を、あるがままに復元・再現しようとする著者の意欲と情熱は、このずしりと重い三冊の本にみごとに結実しており、感嘆するほかない。

昭和を生きた文士たちの作品と生を復元・再現すべく、著者がとったのは「列伝」のスタイルである。

「列伝体（紀伝体ともいう）」はいうまでもなく、『史記』の著者司馬遷にはじまる、中国の「正史」の記述方法にほかならない。その特徴は主として、「列伝」に登場する個人の生の軌跡を、無数に重ねてゆくことによって、歴史的時間の推移を具体的に浮かびあがらせようとするところにある。

「列伝体」を創出した司馬遷は、この記述方法によって、あたうかぎり冷静かつ客観的に、無数の人物群像を描き分けながら、太古から彼にとっての現代である前漢《ぜんかん》までの歴史を描ききった。こうした歴史家司馬遷の基本姿勢について、武田泰淳はこう述べている。

「道家は無為である。又為さざること無し、とも言える」。行為せぬものが、又あらゆる行為をする。これは、矛盾した言葉のようにも見える。しかし、この言葉の暗示するところは、案外深いのではないか。「歴史家は無為である。又為さざること無し、とも言える」と書き改めて見よう。歴史家はただ、記録するのみである。ただ記録すること、それのみによって、他のことは為さぬ。しかし彼は、記録によって、あらゆる事を為すのである。

（『司馬遷』）

あえて「列伝」のスタイルをとりつつ、膨大な『昭和文学史』を描ききった、著者川西政明のそれは、この歴史家司馬遷の基本姿勢とも共通するものである。彼もまた記録者に徹し、私情や思い入れを排して、一人一人の文士の作品と生の軌跡を丹念に掘り起こし、彼らの世界をあるがままに復元しようとする。彼は作品について語るさいにも、「作品をしてみずから語らしめよ」とばかりに、その特徴をもっとも顕著に示す箇所を、「引用」するという姿勢をとりつづける。こうした引用の美学ともあいまって、本書は『昭和文学史』をまさしく全体として、きわめて具体的に復元・再現することに成功したといえよう。

復元・再現するとはいえ、著者はむろんただ昭和文士群像をべったり羅列するわけではなく、昭和文学史を構造的・立体的にとらえるために、いくつかのポイントを設けている。

まず第一に、文学史をたどると同時に、多くの資料を引きつつ、時代状況の変遷を克明に記述し、個々の文士が「時代の子」としていかに生きたかを浮き彫りにすること。

第二に、昭和文学史とは言い条、著者みずから「明治、大正、昭和、平成の四代をつらぬく二十世紀の文学史を書くことが本書の目的であった」（あとがき）と述べているとおり、明治以来の長いスパンで昭和文学史をとらえようとしていること。

第三に、「女性」「戦争」「アジアとの関わり」「大衆文学」など、昭和文学史を特徴づける要素に、周到な目配りをしながら、記述を進めていること。

第四に、詩や短歌等のジャンルの作者についても、おりにふれ言及し、より広い視野から昭和文学史をとらえかえそうとしていること。

このうち、とりわけ第三のポイントに関する記述は、独特の光彩を放ち、鮮やかな効果をあげている。たとえば、「女性の世紀」では、時代の変化と対応させながら、四章にわたって、集中的に女性作家が取りあげられる。

四章のうちわけは、樋口一葉にはじまる「先駆者列伝」、野上弥生子・佐多稲子らを対象とする「自由と自立への道」、さらに、幸田文・瀬戸内春美等々、多種多様の女性作家を対象とする「百花繚乱」、大庭みな子から干刈あがた・津島佑子等々までを対象とする「自立と喪失」となっている。

この「女性の世紀」四章をもって、著者は二十世紀日本文学史のなかでうなりをあげて回転する、女性作家の作品と生を一人一人鮮明に、しかも網羅的・全体的に描き尽くそうとする。著者の丹念なあとづけにより、多様な女性作家群像が「今、ここ」に、まざまざと甦るさまは、まさに圧巻である。
三章にわたって記述される「大衆文学の歴史」においても、「女性の世紀」と同様、「大衆文学」ジャンルの作家が、全面的・網羅的に取りあげられる。本書全体を通じて、著者はいわゆる「純文学」作家も「大衆文学」作家も、「昭和の文士」として同列に扱う態度をつらぬいている。この潔い態度によって、本書『昭和文学史』は、昭和文学ひいては二十世紀日本文学の多様さ、豊饒さを、いきいきと復元することができたといえよう。

潔いといえば、著者は「遠からず「昭和」とか「昭和文学」とかの枠から自由に発想する世代がくる」（下巻）ことを、明確に認識しながら、あえて『昭和文学史』と銘打ったこの大著を描ききった。文学史家としてこれほど潔い態度はないといってよい。

それかあらぬか、「女性作家」についても、本書終章において、吉本ばななは「女性作家」としてではなく、村上龍や村上春樹と同列にさりげなく論じられている。著者はおそらく「女性作家」という既成の枠も遠からず消滅することを、明晰に予知しているのだろう。

こうして来たるべき時代の胎動をはっきり聞き取りながら、終わりし道の標《しるべ》に、かくも豊饒な『昭和文学史』を描きあげた著者のパトスと膂力《りょりょく》に、ただ敬意を払うばかりである。

（2002.5）

井上進 著

『中国出版文化史――書物世界と知の風景』

（名古屋大学出版会、二〇〇二）

本書は、春秋《しゅんじゅう》・戦国《せんごく》時代から明《みん》代末期に至るまで、二千数百年にわたる中国の書籍・出版の文化史を、徹底的にたどった好著である。

ちなみに、本書は印刷された書物(印本)が出現する以前、すなわち古代・中世における書籍文化史を対象とする前編と、印本が出現した近世、宋《そう》代以降の書籍・出版文化史を対象とする本編の二部構成をとる。

六章からなる前編では、まず第一章「書籍の成立」において、「封建」制度を旨とする周《しゅう》王朝の古い体制の崩壊が決定的となった、春秋・戦国時代の書籍事情が明らかにされる。春秋時代中期以降、孔子をはじめとする思想家群が輩出し、彼らの学問や思想を記述する著作物としての書籍のスタイルが確立する。これと並行して、こうした書籍を受容する読書の学が発展し、個人の蔵書もふえてくる。政治的には分裂と混乱の時期である春秋・戦国時代こそ、絢爛たる書籍文化の開幕の時期であったことを、書籍の作り手と受け手の両面から明らかにする、著者の論理は明快そのものであり、まことに刺激的である。

つづく第二章「帝国の秩序と書籍」では、焚書坑儒《ふんしょこうじゅ》によって民間の書籍を焼き捨てた秦《しん》王朝、国家権力によって民間に残存する書籍を根こそぎ蒐集し、一極集中させた漢《かん》王朝の、二大古代帝国の書籍文化のありようが述べられる。ここでは、戦国時代末、まさしく百花繚乱、多様な展開を遂げた書籍文化が、秦漢帝国によって強引にねじふせられてゆく過程が、シビアに浮き彫りにされる。

古代帝国も永遠ではない。第三章「帝国の黄昏」では、前漢の滅亡後、その命脈を受け継いで成立した後漢王朝の時代になると、書籍の国家一極集中もしだいに緩みを見せはじめる。政府関係者に限定されはするものの、膨大な蔵書を有する者も出現する一方、民間で書籍の交換や売買も行われるようになる。多様な書籍の受容の可能性が広がるとともに、読者人口が増大し、学問の自由化も進む。こうして古代帝国の斜陽、黄昏が歴然とした後漢末こそ、書籍文化にとっては、新たな飛躍を予感させる時期であったことが明らかにされる。蔡倫《さいりん》によって「紙」が作られ、書籍の素材を根本的に変換させる契機となったのも、古代から中世への架橋としての後漢時代を象徴する事件だった。

こうして古代から中世へ、書籍文化の変遷の兆しを明確に指摘したあと、本書は第四章「自己主張する「文章」」および第五章「貴族の蔵書とその周辺」において、中世、魏晋《ぎしん》南北朝(六朝《りくちょう》)時代の書籍文化を、多様な角度から考察する。政治的にみれば、この時期、中国は南北に分裂し、短い周期で王朝が交替をくりかえす乱世であった。しかし、これとはうらはらに、門閥貴族が社会の中枢に位置し、華やかな貴族文化が花開く。

国家よりも家や個人を重視する貴族たちは、学術や思想においても画一化を嫌い、文学や歴史など、より多角的なジャンルの著作に大挙して手を染める一方、そうした書籍の蒐集と読書に努めた。こうした貴族階層のなかから、国家図書館と匹敵するほどの個人蔵書を有する者まで出現したのだった。

著者は貴族的書籍文化の変遷のさまを、以上のように創作・読書・蔵書・流通(書籍の書写、販売)・書籍の素材(紙の普及)等々、多角的な視点から描き尽くす。この魏晋南北朝の貴族的書籍文化についての論及は発見に満ちた、実に鮮やかなものであり、本書前編のヤマといえよう。

前編の末尾、第六章「新旧の相克」は、魏晋南北朝の乱世を終息させた二つの中世統一王朝、隋《ずい》・唐《とう》時代の書籍文化の様相を探ったもの。貴族という少数の限定された階層が担い手であった書籍文化は、この時代に至り、試験によって人材を選抜する「科挙《かきょ》」の実施とともに、より広い階層に開放される。また、古代から中世への境目には、紙が発明され、書籍文化の質を転換させる契機になったが、中世から近世への境目に当たる唐代中期には、大量複製技術たる印刷術が出現し、科挙受験用の字書や韻書《いんしょ》が刊行された。こうして紙と印刷術がそろったところで、いよいよ近世印本の時代が開幕するのである。見てのとおり、本書は書籍文化の変遷を探ることが、そのまま有機的に、人々の意識や社会構造の変遷を探ることにつながるという、絶妙の語り口によって展開されている。この語り口は、近世以降の印本時代を対象とする本編において、ますます説得力を増す。

本編の冒頭に配された、第七章「印本時代の幕開け」、第八章「士大夫と出版」、第九章「民間の「業者」たち」、第十章「特権としての書籍」のつごう四章は、宋代(北宋・南宋)の出版文化の様相を多様な角度から探究したものである。

宋代に至るや、唐代まで残存した世襲貴族は完全に壊滅し、これにかわって家柄や門閥にかかわりなく、科挙に合格し高級官僚となることをめざす、士大夫《したいふ》知識人階層が政治・社会の中枢を占めるようになる。こうした社会構造の変化が、印本の急速な普及と基本的にパラレルな関係にあることを、著者は本書第七章から第十章において、印本の出版事情、出版業者、書物売買のスタイル、蔵書状況等々を洗いだすことによって立証する。

このくだりの論証の鮮やかさは、著者が、およそ考えられる限りの文献を渉猟して、著者自身の言葉によれば「零砕《れいさい》」な記述を丹念に拾いだし、これらを緻密に積み重ねる一方、宋という時代を覆うエートスを、鋭敏かつ的確に把握しえていることから来ると思われる。緻密な実証と抜群の歴史意識・歴史感覚。この両者が車の両輪のように作用して、宋代出版文化の全体像が開示されるさまには、知的興奮をおぼえさせるものがある。

北宋・南宋を通じて多彩な展開を遂げた書籍文化・出版文化は、モンゴル族の元《げん》王朝の時代、一転して不振、低調を極め、漢民族王朝、明の初期まで低迷状態を脱することができなかった。本書の第十一章「朱子学の時代」と第十二章「出版の冬」の二章は、この出版低迷期を対象とする。かくも深刻な出版不振については、元代に入り学界を支配するドグマとなった朱子学が、多様な読書を「玩物喪志《がんぶつそうし》」として否定したこと、出版が官刻《かんこく》(政府出版)にかたより、坊刻《ぼうこく》(民間出版)が激減したこと等々、複合的原因があったとされる。

この出版不振の時代をクールにあとづけたのち、本書第十三章「冬の終わり」、第十四章「書籍業界の新紀元」、第十五章「書価の周辺」、第十六章「知のゆくえ」、第十七章「異端、異論と出版」、第十八章「出版の利用をめぐって」のつごう六章は、時の経過とともに量・質ともに隆盛の一途をたどり、前代未聞の変化に富む書籍世界・出版世界を招来した、明代中期から末期の出版事情が考察の対象となる。

この時代は著者の専門とするところであり、自家薬籠中のものと化した、おびただしい文献史料を駆使しながら、縦横無尽に展開される叙述には、余人の追随を許さないものがある。先に宋代出版文化の箇所で述べたように、ここでも緻密な論証と抜群の歴史意識・歴史感覚の絶妙のコンビネーションが光るのはもとより、さらに特筆すべきは、ここには「モノ」としての書籍とじかに向き合っている臨場感が、ふつふつと立ちのぼっていることだ。これはいかにも「旧本《ふるほん》」好きの著者ならではの貴重な具体性だといえよう。

各章のうちわけを見れば、まず第十四章「書籍業界の新紀元」では、書籍の売買システム、営利出版事情、蔵書事情など、書籍をめぐる現実世界の諸状況が詳細に述べられる。第十五章「書価の周辺」では、正統的な書籍から通俗文学書、絵入り本等々、さまざまなスタイルの書籍の価格について、微に入り細をうがった詳細な検討が施される。

つづく第十六章「知のゆくえ」と第十七章「異端、異論と出版」の二章では、明代中期以降、王陽明《おうようめい》や李卓吾《りたくご》の影響を受けた士大夫（知識人）の間に、「読書も個人の私的ないとなみであり、ゆえにそこに耽溺して淫を成し癖《へき》を成すことは「我」を遺憾なく発揮したもの」（二九三頁）とする考え方が浸透し、快楽のための読書を求める風潮が一気につよまったことが、種々の局面から立証される。

これを受けて終章「出版の利用をめぐって」において、民間の営利出版が劇的発展を遂げるなか、従来、俗文学として無視あるいは軽視されてきた、戯曲や白話小説を新たな芸術ジャンルとして認知しようとする動きが出はじめ、士大夫のうちから明らかに著述業者・編集業者といえる人々が出現するようになったことが、指摘される。

かくして、著者は「書物世界に現れた明末の文化情況は、真に際《きわ》どいところ、もはや旧来の枠組みで捉えきれないような、伝統文化の臨界点に達していた。臨界点の次に来るのは質的な変化、すなわち伝統文化体系の崩壊、順当に行けばそうなるはずであろう。だが事実はそのような展開を見せなかった。誰もが常識として知るように、中国の伝統文化体系は、明の滅亡後もなお二百余年にわたって生き続けたのである」と述べ、この春秋・戦国時代から明末に至るまで二千数百年にわたる、壮大な中国書籍・出版文化史の幕を下ろすのである。この結論はまことに当を得たものだといえよう。

総じて、前出版文化史ともいうべき本書の前編では、思想家たちを担い手とする戦国末と貴族階層を担い手とする魏晋南北朝をピークとして、フィードバックの時期をさしはさみながら、じりじりと書籍世界の様相が変化するさまが、簡にして要を得た筆致でみごとに描きあげられている。また、本編では近世的士大夫が出現した宋代を皮切りに、これまた停滞期をさしはさみながら、明末に出版文化が爆発的発展を遂げ、「伝統文化の臨界点」まで達するもようが、まことにスリリングにたどられる。こうして出版と文化の相関関係が浮き彫りにされるさまは、まことにダイナミックであり、脱帽するほかない。

最後に、「伝統文化体系」を凍結保存したとおぼしい、清《しん》代の出版文化事情についても、いつの日か、著者ならではの発見に満ちた論考を読ませてもらいたいものだと、「望蜀」の念を抱いたことを付記しておきたい。

(2002.7)

莫言 著、吉田富夫 訳『白檀の刑』(上下、中央公論新社、二〇〇三)

時は清《しん》末の一九〇〇年。ところは山東省高密県。当時、山東省の膠州《こうしゅう》湾一帯を占領したドイツは鉄道敷設に着手し、その線路によって分断される高密県は騒然となる。おりしも、高密県に伝わる地方劇「猫《マオ》腔《チアン》」の座長、孫丙《そんへい》の妻子と近隣の住民がドイツ軍に殺害される事件が起こる。怒り心頭に発した孫丙は、外国勢力との対決姿勢を打ちだし急速に力を強めた秘密結社「義和団《ぎわだん》」のメンバーとなって、高密県の農民を組織し、呪術的な手法を駆使してドイツ軍に抵抗する。

しかし、孫丙は野心家の軍閥袁世凱《えんせいがい》の命令を受けた県知事銭丁《せんてい》の手で逮捕され、これまた袁世凱の差し金で、西太后《せいたいこう》に重用された死刑執行の名人であり、今は引退して高密県に住む趙甲《ちょうこう》によって、白檀《びゃくだん》の木を道具とする残酷な「白檀の刑」に処せられてしまう。

中国現代文学の旗手莫言《ばくげん》の超大作『白檀の刑』は、以上のように中国近代史の具体的時間を縦軸として展開される。もっとも、莫言は魔術的リアリズムを身上とする作家であり、この作品にもグロテスクにして絢爛たる仕掛けが施されている。

物語展開の核として設定されるのは、孫丙の先妻の娘眉娘《びじょう》である。実は、彼女は死刑執行人趙甲の息子の嫁なのだが、県知事銭丁と深い関係にある。銭丁は良心派役人ながら、出世欲も捨てきれず、孫丙の逮捕・処刑にもつい一役買ってしまう。

莫言はこの作品において、もともとは葬儀の歌だったという「猫腔」のかきくどくような歌詞を巧みに織り込みながら、眉娘をめぐるもつれた人間関係や不可思議な事件の連鎖を、語り物風に説きすすめてゆく。この手法によって中国近代史の底に埋もれた暗黒部分が、奇妙に鮮烈な悪夢のようにあぶりだされてゆくさまは、圧巻というほかない。莫言の人と作品を知り尽くした訳者の翻訳には、「猫腔」の陰々たるリズムを彷彿とさせるものがあり、読者を物語世界に誘い込む迫力に富む。


(2003.9.7)

「中国ミステリ」の愉しみ

私はミステリが好きで、名作・駄作を問わず、文庫本を一冊よまないと眠れない時期が長らくつづいた。私のミステリ好き、エンターテインメント嗜好は、自分でいうのも気がひけるが、いささか年季が入っている。小学生のころから、江戸川乱歩を手初めに、洋の東西を問わず手あたりしだいにミステリ(探偵小説）や冒険小説を乱読した。もっとも、このころ読んだのは、たいてい子供向けにリライトされたダイジェスト版だったけれども。なぜ、こんなに現実離れのした「物語」が好きだったのだろうか。たぶん、幼にして私には、「この世の外ならどこへでも」という現実逃避願望があったのかもしれない。

それはさておき、私の専攻している中国文学も一見、お堅いリアリズムの塊のようだが、なかなかどうして、古来、奇想天外な物語幻想を駆使した作品が数多く存在し、虚構の愉しみを満喫させてくれる。ミステリ仕立ての作品もめんめんと作られつづけており、おもしろがって次々に読みふけっているうち、病が昂じてつい最近、三世紀中頃から二十世紀中頃までの作品を紹介する、『中国ミステリー探訪』という本まで書いてしまった。

中国文学のなかで犯罪を核とした作品、すなわち「中国ミステリ」の流れは大きく二つに分けることができる。一つは、知識人の文体である「文言《ぶんげん》（書き言葉）」で著された作品である。六朝《りくちょう》時代（三世紀初め—六世紀末）に流行した怪奇短篇小説群「志怪《しかい》」にはじまり、八世紀中頃の中唐以降に誕生した短篇小説群「唐代伝奇《でんき》」を経て、宋《そう》代（北宋九六〇—一一二六、南宋一一二七—一二七九）以降、十九世紀末の清《しん》末まで、無数の文人（知識人）の手で書き継がれた「筆記」のジャンルに入る作品等々が、これにあたる。ちなみに、「筆記」は記録・随筆・短篇小説を含む、いたって雑食性のつよいジャンルである。

十七世紀中頃の清代（一六四四—一九一一）以降、この筆記短篇小説の分野から、蒲松齢《ほしょうれい》（一六四〇—一七一五）の『聊斎志異《りょうさいしい》』、袁枚《えんばい》（一七一六—一七九七）の『子不語《しふご》』、紀昀《きいん》（一七二四—一八〇五）の『閲微草堂筆記《えつびそうどうひっき》』などを代表として、犯罪を扱うすぐれた作品が続々と出現するに至る。

三人の代表的筆記作者のうち、蒲松齢は科挙に落第しつづけた不遇の知識人、袁枚は科挙には首尾よく合格したものの、すぐ嫌気がさして引退した官僚社会からの脱落者だが、紀昀は「四庫全書《しこぜんしょ》」編纂の総括責任者となった大文化官僚であった。つまるところ、「四書五経」や歴代の正史はもとより、それこそ万巻の書を読破した博覧強記の大知識人が、失敗者・成功者を問わず、そろいもそろって筆記のジャンルに筆を染め、妖怪変化《へんげ》が暗躍する怪異短篇小説や摩訶不思議な殺人事件の謎を解くミステリ仕立ての短篇小説を、せっせと書き綴っているのである。これは、なんとも奇妙な現象というべきではなかろうか。そういえば、清末の大考証家である兪樾《ゆえつ》（一八二一—一九〇六）は、正史の集大成「二十四史」の刊行にも尽力したことで知られるが、これまた無類のミステリ好きであり、『耳郵《じゆう》』と題する筆記小説集を著し、ミステリ仕立ての短篇小説も数多く書いている。

察するところ、伝統中国の知識人たちは、ものがたい詩文・歴史・思想の書物を読み、また、みずからこれらのジャンルの作品を著す一方、筆記のジャンルの作品を読み、また著して思いきり虚構の愉しみにふけり、精神の快楽を尽くすすべを心得ていたものとおぼしい。なんとも恐れ入った幅の広さというほかない。

中国では司馬遷の『史記』以来、歴史叙述が高いレベルを保ち、これがあまりにおもしろすぎたために、小説の発達が遅れたという説がある。事実は小説より奇なりというわけだ。実際、中国の歴史書には、そんじょそこらのミステリ顔負けの複雑怪奇、謎につぐ謎にみちた記述も珍しくない。たとえば、『史記』の「始皇本紀《しん》」や「呂不韋《りょふい》列伝」などの記述の筋道を注意深くたどってゆくと、そうは明記されていないが、秦《しん》の始皇帝はどうみても、秦の公子である子楚《しそ》の実子ではなく、そのパトロンだった大商人呂不韋の子である可能性が高いことが、おのずと察知される。さらにまた、『隋書《ずいしょ》』を注意深く読めば、これまた明記されてはいないが、かの暴虐の天子、隋の煬帝《ようだい》は帝位を奪い取るために実父の文帝を殺害したとしか思えない。こうしたきわめてミステリアスな歴史記述を幼いときから読みこなしながら、伝統中国の知識人たちは、知らず知らずのうちにミステリ感覚を身につけていったのであろう。彼らの異様な筆記狂い、ミステリ熱の因ってくるところは、存外このあたりにあるのかもしれない。

さて、こうした知識人の手になる文言ミステリのほか、中国ミステリには、今ひとつ庶民の文体である「白話《はくわ》(話し言葉)」で書かれた膨大な作品群が存在する。こちらのほうは、宋代以降、町の盛り場で講釈師が語った講談を母胎にしたものだが、十六世紀末から十七世紀初頭の明末《みん》になると、この系統から「公案《こうあん》小説(事件小説)」という、いわば専門化されたミステリのジャンルが出現する。この時期、あまた刊行された公案短篇小説集のなかで、もっとも興趣に富むのは『包《ほう》(龍図《りゅうと》)公案《こうあん》』である。これは、北宋の名裁判官包拯《ほうじょう》の名裁きをテーマにしたものだが、文字遊びなど、現代でも通用しそうな知的遊戯感覚にあふれる作品も収録されている一方、幽霊の登場や夢のお告げなど、委細かまわず神秘的要素をどんどん盛り込むなど、抱腹絶倒、なんとも奇態な作品も数多い。まさに無手勝流中国式ミステリ満載といった風情の作品集である。

清代以降、短篇形式の公案小説は下火となり、以後、清廉潔白の官吏と彼を助ける豪傑が協力して難事件を解決する、長篇形式の「公案・武俠小説」が盛んになる。この分野の最高傑作は、名裁判官包拯を主人公とする『三俠五義(忠烈俠義伝)』である。ちなみに、かの大考証学者兪樾は、この作品に整理・校訂を加え、『七俠五義』と題して刊行している。なんとも堂に入ったミステリ・マニアというべきであろう。

この「公案・武俠小説」を最後に、怒濤のように西洋ミステリが翻訳され、中国ミステリは大転換を遂げる。包拯にかわってシャーロック・ホームズやアルセーヌ・ルパンが大歓迎され、これらの影響を受けて、中国ミステリは生まれ変わるのである。

三世紀中頃の志怪小説から二十世紀初頭の外国ミステリまで、中国文学の片隅で千数百年にわたり、虚構の愉しみは絶えることなく脈々と追求されてきた。人はただ等身大の現実と向き合うだけでは生きられないのだと、今さらのように思うばかり。

（2003.12）

『中国遊侠史』（青土社、二〇〇四）

汪涌豪 著、鈴木博 訳

前漢《ぜんかん》の司馬遷が著した『史記』の「遊侠列伝《ゆうきょうれつでん》」と後漢《ごかん》の班固《はんこ》の手になる『漢書《かんじょ》』の「遊侠伝」以後、中国の正史にはまとめて遊侠について記述した例はない。しかし、十四世紀の元《げん》末明《みん》初に成立したとおぼしい、白話長篇小説『水滸伝《すいこでん》』に活写される百八人の豪傑のイメージからも歴然と読みとれるように、正史には明記されない歴史の裏舞台で、遊侠の歴史は連綿とうちつづいてきた。

本書は、膨大な資料を駆使しながら、この陰にかくれた遊侠の歴史を、紀元前八世紀にはじまる春秋《しゅんじゅう》戦国《せんごく》時代から十九世紀末の清《しん》末に至るまでの三千年にわたる長いスパンで、丹念に掘り起こした労作である。本書のすぐれた点は、遊侠の歴史的変遷を単線的に追跡するのではなく、各時代において遊侠が社会といかなる関係にあったか、どのような行動方式によったかを、具体的かつ多面的に探ったうえで、時代を超えて受け継がれた「遊侠の精神」「遊侠の価値観」を浮き彫りにしたところにある。

むろん遊俠にもさまざまな種類があり、どの時代にも単に粗暴なだけの「暴豪の俠」もごまんと存在した。著者はこうしたマイナス性を帯びた存在に対してもきちんと目配りしつつ、真の遊俠はつねに時代の変わり目にあたる激動期・混乱期において、「強きを挫《くじ》き弱きを助ける」永遠の遊俠精神を発揮し、無力な人々のために不正な権力に刃向かってきたと結論づける。

さらにまた、このため、真の遊俠は礼を重んじ自制することをよしとする中国的伝統に対する反逆者でありつづけ、清末の譚嗣同《たんしどう》や秋瑾《しゅうきん》のような改革派・革命派の知識人は、この歴史を超えた遊俠の精神を重視し、変革期に大きな役割を果たしたとする。

春秋戦国から緻密な分析を重ねて中国遊俠史をたどり、清末知識人の変革のスピリットが、脈々と受け継がれてきた遊俠の精神、遊俠の価値観に由来すると説くに至る論旨の展開は、まことに説得的にして迫力満点、圧巻というほかない。従来、類を見ない遊俠という視点から、中国史を照射した新鮮な好著だといえよう。

(2004.5.9)

『君よ弦外の音を聴け――ピアニストの息子に宛てた父の手紙』（樹花舎、二〇〇四）

傅雷 著・傅敏 編、榎本泰子 訳

本書は、高名な中国の翻訳家で、ロマン・ロランの名訳で知られる傅雷《ふらい》（一九〇八―六六）が、息子傅聡《ふそう》に送った六十通の手紙を中心に構成されている。中国において現在に至るまで二十年以上にわたり読み継がれてきた『傅雷家書《ふらいかしょ》』の抄訳だが、選択眼のよさと練りあげられた日本語訳によって、原著のエッセンスをみごとに生かした読みごたえのある作品となっている。

息子の傅聰は一九五四年にポーランドに留学、ショパンコンクールで三位入賞を果たし、世界の楽壇にデビューした最初の中国人ピアニストとなった。その後、傅聰はロンドンに移住、亡命するに至る。この傅聰にあてた傅雷の手紙は、傅聰が中国をあとにした一九五四年から、傅雷夫妻がみずから死を選んだ文革初期の一九六六年まで、十二年におよぶ。

傅雷自身、一九二八年から四年間、パリ大学に留学して西洋美術史を学び、西洋音楽にも通暁して、帰国後は優秀なフランス文学の翻訳家となった人物である。いわば西洋的教養を骨の髄まで染み込ませた人なのだが、のみならず、傅雷は中国古典にも深い造詣があり、伝統的な中国の士大夫文人の生きかたや考えかたにも精通していた。

西洋と中国の知識・教養を二つながら体得した、大いなる教養人傅雷にとって、反右派闘争から文革への中国社会のうねりはあまりにも苛酷なものであった。日に日に切迫する状況のもとで、彼は長男の傅聰に向けて、全身全霊をこめて手紙を書き綴り、あるいは精緻な芸術論や音楽論を展開し、あるいはひたすら息子の身を案じて、熱っぽく期待や不安を語りつづけた。どの手紙の文面にも、この猛烈な父の愛を受けとめるには、息子にもそうとうな覚悟がいると思わせる凄まじい迫力があり、文字どおり驚嘆させられる。

本書は、激動する時代のなかで、もがき苦しんだ傅雷という類まれなる教養人・知識人が、全存在の重みをかけて、次の世代にあてた壮絶な遺書というべきであろう。

（2004.6.6）

坂元ひろ子 著

『中国民族主義の神話――人種・身体・ジェンダー』

(岩波書店、二〇〇四)

本書は十九世紀末から二十世紀初頭にかけ、中国近代思想史上において浮かびあがった、民族主義と進化論の受容、恋愛神聖と優生思想、纏足《てんそく》をめぐる身体観、民族学と多民族国家論等々の問題について、徹底的に検証したものである。

本書のすぐれた点は、こうした問題群において、これまで臭い物には蓋《ふた》とばかりに等閑視《とうかんし》されてきた負の要素に目を向け、これを鋭く洗いだしたことにある。たとえば、清《しん》末、ウェスタン・インパクトによって危機感を抱き、ナショナル・アイデンティティーの形成をめざした中国の知識人が、生存競争・優勝劣敗を旨とする進化論を応用し、ともすれば周辺少数民族等を差別化する強国民族主義に陥りがちだったこと。また、中華民国初期、知識人の推奨した恋愛神聖、新式結婚のスタイルが、その実、優秀な子孫を作りだす優生学的思考方式と結び付いていたことを、著者はさまざまなケースにあたりながら論証する。

これにつづいて、著者は、長きにわたって女性美の象徴と考えられてきた纏足が、一転して身体をそこなう野蛮の象徴、国恥として否定されるに至る過程を多角的に浮き彫りにし、さらに一九三〇年代後半、マリノフスキーのもとで学び、少数民族居住区に入ってフィールドワーク体験を積んだ中国最初の民族学者費孝通《ひこうつう》にスポットを当てる。ちなみに、費孝通は文革中に批判され二十年の沈黙を経たのち、「多元一体の中華民族論」を唱えるに至った人物である。従来、知られることの少なかった中国民族学について、象徴的学者を取りあげつつ、その変遷を論じたこの部分はまさに圧巻というほかない。

本書の特色は先述のとおり、中国近代思想史の負の部分に果敢にアプローチした点にある。しかし、著者はこうした負の部分を限界や欠陥とするのではなく、纏足をダイエットに見られる現代の身体改造と結び付けてとらえるなど、よりグローバルな視点に立ち、近代から現代へと通底する問題としてとらえかえそうとする。総じて、尖鋭な問題意識が緻密な論理展開によって裏打ちされた快著といえよう。

（2004. 6. 20）

東田雅博 著『纏足の発見——ある英国女性と清末の中国』（大修館書店、二〇〇四）

二十世紀初頭、ようやく千年以上も中国の女性を痛めつけてきた纏足《てんそく》の奇習が廃止された。この纏足廃止にリトル夫人（一八四五—一九二六）という英国人女性が重要な役割を果したことは、意外に知られていない。本書は、このリトル夫人に焦点をあてて、その生の軌跡を詳細にたどり、問題意識のありようを鮮明に浮き彫りにした好著である。ちなみに、日本でもよく知られる英国の女性旅行家、イザベラ・バード（一八三一—一九〇四）が、しばしばリトル夫人と対比されて論じられる点もまた、本書の読みどころといえよう。

リトル夫人は二十代前半からロンドンで作家活動を展開しながら、フェミニスト運動にかかわり、一八八六年、重慶を拠点とする商人アーチバルド・リトルと結婚、翌八七年、中国に移住し、以来、約二十年にわたり中国で生活しつづけた。この間、一八九五年頃から、反纏足運動にかかわりはじめ、「天足会」を設立、中国各地で反纏足集会を開催するなど、大々的に精力的な活動を展開した。こうしたリトル夫人の活躍が刺激剤となり、以後、中国社会は加速度的に纏足廃止に向かうことになる。

さらに注目すべきことは、リトル夫人の活動が中国人女性を纏足から解放する突破口となったばかりでなく、きびしい限定付けのあったヴィクトリア時代の英国人女性としての彼女自身をも解放したことである。

一九〇六年、英国に帰国後、リトル夫人は女性参政権運動にかかわり、活発に論陣を張った。本書の著者は、こうした活動にリトル夫人を駆り立てたのは、「人間が男であろうと女であろうと、本来持っているエネルギーを不当に抑圧されることなく発揮できる環境が整えられるべきだとの、強い確信であった」と述べる。

清《しん》末の中国という異文化社会との出会いを通じて、自国の文化をとらえかえし、大いなる自己変革の契機をつかんだリトル夫人。本書は、この類まれなる女性の果敢な戦いの軌跡を、あますところなく映しだしている。

(2005.2.18)

池内紀 著『ゲーテさん　こんばんは』

(集英社、二〇〇一)

ゲーテにはいかめしい大文豪のイメージがつきまとい、つい「敬して之《こ》れを遠ざく」と、逃げ腰になってしまう。昔、『親和力』という長篇小説を、とてもおもしろく読んだ記憶もあるのに、それでもやっぱりゲーテは、私にとってずっと畏怖《いふ》すべき存在でありつづけた。

池内紀著『ゲーテさん こんばんは』は、そんな先入見や固定観念をもののみごとに突き崩し、めいっぱい生きることを楽しんだゲーテの姿を鮮やかに浮き彫りにした快作である。ここに描かれた魅力的なゲーテ像を目の当たりにすると、読者もまた、「こんなに楽しく、おかしな人が、どうして文豪ゲーテなどと、重々しいだけの人物にされてしまったのだろう」(著者あとがき)と、首をかしげたくなる。

ゲーテは少年時代から七十代の晩年まで、次から次へと飽くことなく恋を重ねたが、どの恋も深刻というより、どこか素っ頓狂で間が抜けている。二十六歳でワイマール公国の宮中顧問官になってから数年、ゲーテの恋の対象となったシュタイン夫人は七歳年上で七人の子持ちだったし、七十二歳のとき、娘が三人いるレヴェツォ夫人と親しくなったものの、二年後、なんと彼女の十九歳の長女に求婚し、当然のことながら、あっさり拒絶された。ことほどさように、情熱の方向が見当はずれで、なんともおかしいのだ。

こうして、あたふたと恋をする一方、石マニアで、旅行のたびに運びきれないほど、石を蒐集しつづけたかと思うと、骨の研究に凝り、絵をかき、色彩論に熱中し、熱気球に夢中になる。また想像を絶する呑ん兵衛で、ワイン代はかさむばかり。

というふうに、本書のゲーテは、多様な分野に好奇心をもち、つねにいきいきと躍動的であり、今、ここに生きているかのように描かれている。著者はひたすらゲーテの原像と向き合いつつ、その生涯をたどり、いともさりげない筆致で、従来の大文豪ゲーテという「偶像破壊」をやってのけ、目からウロコの、新鮮なゲーテ像を提示することに成功した。

ちなみに、ゲーテの数ある名言・名句のうち、とりわけ有名なのは、臨終の言葉「もっと光を」である。著者はこれについて、「ゲーテ記念館に生前のまま保存されている部屋を見れば、おおよそわかる。天井の低い小部屋であって窓が小さいのだ」という。過剰な神格化を受けてきたゲーテも、この一節を読めば、わが意を得たりと大喜びすることだろう。

(2006. 2. 5)

種村季弘 著『東海道書遊五十三次』

(朝日新聞社、二〇〇一)

博覧強記の人が綴るエッセイには連想が連想を呼び、世界が何層にも重なり連なりながら、無限に膨らんでゆくおもしろさがある。種村季弘著『東海道書遊五十三次』はその典型であり、読者を見知らぬ世界に誘う不思議な力にあふれている。

つごう五十三編からなる、この連作エッセイには、平安時代の『伊勢物語』から現代の武田百合子著『富士日記』に至るまで、およそ考えられるかぎりの東海道に関するおもしろい書物が満載され、居ながらにして書物を通して、東海道漫遊が楽しめる。取りあげられる書物の著者も、『夢酔独言《むすいどくげん》』の勝小吉、『びんぼう自慢』の古今亭志ん生、『羇旅漫録《きりょまんろく》』の滝沢馬琴、『東行話説』の土御門泰邦等々、小身の旗本あり、落語家あり、作家あり、貧乏公家ありと、まさに奇人オンパレード、多士済々というほかない。

これら頗《すこぶ》る付きの奇人著者の手になる道中記には、霊妙不可思議な術をもつ医者、美女のスリ、侠客《きょうかく》、女侠《じょきょう》等々、わけありの人物がひきもきらず登場し、混沌・雑然と東海道を揺さぶる。本書の著者は十返舎一九著『東海道中膝栗毛』を取りあげず、「一番頻度の高いものを外して、それがあるのと同じ効果をそれ以外のもので埋め合わせる」(あとがき)という、ひねった手法を用いた由だが、その意図はみごとに達成されたというべきであろう。

著者の語り口がもっとも冴えを見せるのは、土御門泰邦の手になる『東行話説』、および馬琴の『羇旅漫録』のくだりだと思われる。前者は「京都人らしくえらくケチンボ」のくせにグルメで、安倍川餅やさざえの刺身に執着する貧乏公家の姿をユーモラスに活写して、まさに抱腹絶倒。後者は、東海道を下った馬琴が街道筋の色町をこまめに観察したことから、大阪の女侠「奴の小万」にインタビューしたことに話がおよぶ。奴の小万は、顔に墨をぬりたくり、町をのし歩いたという、なんともおもしろいパーソナリティーの持ち主であり、大いに興にのった著者は「補遺——奴の小万考」なる一文をあらわし、微に入り細をうがって「小万伝説」を検証している。博覧強記の著者の真骨頂である。

本書に合わせて、最後のエッセイ集『雨の日はソファで散歩』(筑摩書房、二〇〇五年)を読むとき、洋の東西を問わず、好奇心の赴くまま膨大な書物の世界を渉猟《しょうりょう》した、著者の底知れない知識の深さと広さに改めて圧倒され、その選択眼の鋭さに驚嘆するばかりだ。

(2006. 2. 12)

『青春の終焉』

三浦雅士 著

(講談社、二〇〇一)

「青年」や「青春」という語は今やほとんど死語となり、滑稽感さえ覚えさせるようになった。三浦雅士著『青春の終焉』はこの死語と化した「青春」「青年」をキーワードに、日本近代文学の軌跡を掘り起こし、たどりなおした意欲作である。

著者は、まず小林秀雄と太宰治に焦点を当て、彼らがあらわれかたこそ違え、「青春という座標系」から逃れられなかったことを明らかにする。これを出発点に、青春という座標系を明治・大正以降のものとして位置づけた、日本近代文学史観を徹底的に洗いなおす操作をおこなう。周知のごとく、日本の近代文学は長らく、坪内逍遙の『小説神髄』、二葉亭四迷の『浮雲』にはじまるとされてきた。この観点では、前代作家とりわけ『南総里見八犬伝』の著者、滝沢馬琴は勧善懲悪を事とする通俗作家として、無視されるのが通例である。

著者は、この馬琴の作品もまた若者、青年を描くことに重点があるとし、青春という座標系が文学において、すでに明治以前、十八世紀から十九世紀への世紀転換期に生まれたことを立証する。この立証の手際はまさに快刀乱麻を断つごとく、痛快というほかない。ちなみに、やはり明治以降のものとされてきた「言文一致」も落語家の舌耕《ぜっこう》文芸と関連付け、この時期にすでに成立していたと、著者はいう。

こうして本書は既成の文学史観に異議をとなえながら、青春・青年をキーワードとする近代の進歩神話・成長神話が早くも十八、九世紀に生まれ、めんめんと形を変えつつ受け継がれて、一九六〇年代末の祝祭的時空における光芒を最後に、七〇年代初頭、ついに死滅するに至る過程を、多様な角度から浮き彫りにする。

神話のない世界で、人は何をよすがに生きるのか。著者は「倫理としての青春はいまや完全に雲散霧消した。（中略）青春という倫理をもたらした歴史哲学的な認識、すなわち身も蓋《ふた》もない言い方をすれば進歩の思想もまた、雲散霧消したのである」といい、「人はいま、その誕生のときと同じほどに異様な自由のまえに、立ちすくんでいるように思える」と述べて、この五百頁になんなんとする大著を結ぶ。まさに、「終わりの始まり」である。

付言すれば、これにつぐ近著『出生の秘密』(講談社、二〇〇五年)では、「出生の秘密」を軸に斬新な物語論・小説論が展開され、著者の尖鋭な問題意識はますます深化している。

(2006. 2. 19)

川本三郎の映画評論

川本三郎の仕事は映画評論、文芸評論、土地めぐりのエッセイと、大きく三つのジャンルに分けられる。とはいえ、映画評論のなかで原作に言及したり、ロケ地を探訪したりと、三ジャンルが自在に融合されるところが魅力である。私は『朝日のようにさわやかに』(筑摩書房、一九七七年)、『同時代を生きる「気分」』(冬樹社、一九七七年)以来、ずっとその著作を読んできたが、近年の充実した仕事ぶりはめざましいというほかない。

映画評論も当初のアメリカ映画中心から、時の経過とともに幅が広がり、今や日本映画やアジア各国の映画まで、取りあげられる対象も多種多様となった。私は最近、リアルタイムで映画を見る機会が減る一方なので、川本三郎の映画評論を読んでは、見た気分を楽しんでいる。そんななかで、刊行されてから少し遅れて読み、実におもしろかったのは、作家の逢坂剛との対談が中軸をなす『大いなる西部劇』(新書館、二〇〇一年)である。いずれ劣らぬ西部劇マニアの川本・逢坂両氏が蘊蓄《うんちく》を傾け、無我夢中で「すばらしき西部劇」について語り尽くすさまは、まことに壮観であり、ここまで少年のように熱中できる両氏に、羨望さえおぼえるほどだった（この対談の続作も最近、刊行されている）。

川本三郎はここで、西部劇の魅力は「（男たちが）つねに正々堂々、一対一で戦う」ところにあるという。こうした見方は、「（時代劇の魅力は）たった一人のヒーローが大勢の敵と戦う」壮絶さにあるとし、丹念に時代劇のヒーロー像の水脈をたどった、近作『時代劇ここにあり』（平凡社、二〇〇五年）とも、つながるものである。

このほか、洋画、日本映画、アジア映画などを広く取りあげた『映画を見ればわかること』（キネマ旬報社、二〇〇四年）も、実に豊饒な映画評論である。

長年、映画を見てきた著者には、豊かな記憶の蓄積があり、ある映画のあるシーンを見たとき、過去に見た映画の類似したシーンを自然に想起する。中国文学ではなにより「典故」が重視される。その意味で、川本三郎は「映画の典故」を体得した数少ない評論家だといえよう。膨大な知識の引き出しをもちながら、なおも少年のように目を輝かせて映画を見つづけ、その魅力を語りつづける柔軟な姿勢に、ただ感嘆するばかり。

（2006. 2. 26）

美食家に学ぶ食の楽しみ

七、八年前まで、私は実にのんきな暮らしをしていた。母が食事のしたくをしてくれたため、勤め先から疲れて帰宅しても、何もせず、ただ食べるだけという、けっこうなご身分だったのである。しかし、ついに長きにわたる「甘い生活」のツケがまわったのか、母(現在、九十二歳)が八十代後半に入るとともに、じりじりと役割交替がすすみ、今や食事はむろんのこと、家事いっさいをやる羽目になった。

大した料理ができるわけもないが、おいしいものを食べたいという願望は強く、そこで毎日、デパ地下や近くのスーパーをうろうろと見て歩くことになる。しかし、手間をかけず、おいしく食べたいという、「二律背反」的要求を満たすのはなかなか難しい。おまけに老母は固いものや刺激の強いものは食べられないので、ますます選択の幅が狭くなる。

そんなわけで、最近とみに「食べること」に関心が強まり、先日、必要があって『論語』をめくっていたときも、つい孔子(前五五一—前四七九)はどんな食生活をしていたのだろうなどと、思ってしまった。孔子というと質実なイメージが強いが、どうして、『論語』には、孔子がそうとうな美食家だったことを示す記述がいくつか見える。たとえば、「郷党《きょうとう》篇」には、色のわるいもの、匂いのよくないもの、煮すぎたものや生煮えのもの、旬でないものは食べなかったとあり、さらに「割《き》りめ正しからざれば食らわず」、すなわち食材に応じた切り方をしていないものは食べなかったと、記されている。「自分で切ってごらん、そんなにうまくは切れませんよ」と言いたくなるが、それはさておき、これは孔子が味覚と同時に嗅覚や視覚をも重視する、繊細な美食家だったことを示すものといえよう。

儒家思想の祖孔子が、これほどレベルの高い美食家だったのだから、以後、伝統中国に美食家が輩出したのもむべなるかな、である。あまたの中国の美食家のなかでも、清《しん》代中期の大文人袁枚《えんばい》(一七一六—九七)は屈指の存在にほかならない。袁枚はおいしい料理を食べると、必ずチップを出して料理人から「食《しょく》単《たん》」つまり料理メモを譲ってもらった。これをもとに著されたのが、今に伝わる『随園《ずいえん》食単』である。ここには、美味なるものを求めつづける袁枚の、食へのこだわりと執念が鮮やかに映しだされており、文字どおり圧倒される。もっとも、袁枚には高価な珍味を求める趣味はなく、ありふれた食材をむだなく、手間ひまかけて加工し、その成果としての美味をよしとする方だった。

食へのこだわりといえば、このところ何冊か読んだ食関連のエッセイで、ことのほか迫力があったのは、古川緑波著『ロッパの悲食記』(ちくま文庫)である。子供のころ見たロッパには、太ったおもしろい、しかしどこか悲しげな喜劇役者のイメージがあった。しかし、この人はその実、大変な美食家にして快食家(食べる量もすごいのだ)であり、この本にはその悲壮なまでの食へのこだわりが綴られている。とりわけ、戦時下の食事メモを記した「昭和十九年の日記抄」には、乏しくなる食糧事情のなかで、ひたすら美味と快食を求める悲しくもユーモラスな日々がいきいきと描かれており、感動的だ。

孔子はさておき、袁枚もロッパも美味を追求することに喜びをおぼえ、食べることによって人生を楽しむ快楽主義者であった。私もたぶん無理だとは思うが、手抜きをこととせず、美味の片鱗を求めつつ、作って食べることに喜びを見いだせるようになりたいものだ。

(2006.2.17)

中村真一郎 著
『王朝物語——小説の未来に向けて』
(潮出版社、一九九三)

一九九三年、中村真一郎著『王朝物語——小説の未来に向けて』が刊行されたとき、さっそく読了した。著者が豊饒な読書体験を駆使し、西洋や中国の小説や文学理論と自在に対比しながら、平安時代前期の

『竹取物語』にはじまる王朝物語の系譜を、二十五章にわたって多角的に追跡した、この四百頁になんなんとする大著は、遠い過去の物語をいきいきと現代に甦らせる迫力があり、まことにおもしろく感動的だった。読後、どんな書評が出るかと、ひそかに心待ちにしていたのだが、これといったものにお目にかからず、がっかりした記憶がある。それから十数年、つい最近、文字どおり「書棚の奥から」取りだし、再読してみたところ、最初に読んだときに勝るとも劣らぬ感銘をうけた。

本書のきわだった特徴は、日本文学史上、文句なしの傑作とされる作品はむろんのこと、今日ほとんど顧みられないマイナーな作品についても丹念に目配りし、その特性を掘り起こして、「王朝物語」の系譜を具体的にたどろうとしていることである。

本書はまず「物語の祖」たる『竹取物語』を取りあげて、ジャンルとしての「王朝物語」の起源を探り、このジャンルが、『伊勢物語』『平中物語』『宇津保物語』『落窪物語』などを経て、加速度的に成熟してゆく過程を明らかにする。

これを受けて出現した『源氏物語』は、先行作品を軽々と乗り越えて、一気に頂点に達し、「王朝物語」の最高峰と目される優美かつ堅牢な物語世界を構築するに至る。この「王朝物語」の発生期から絶頂期をたどる、著者の筆致は上り坂のジャンルの動きと呼応するかのように、まことに躍動的である。

ちなみに、かの『源氏物語』について、著者はまず、「世界文学史上の奇跡」であると、最高の賛辞を呈する。ついで、作者紫式部の文学的教養のありようや、その生の軌跡を視野に入れながら、「物の哀れ」を基調とする「全体小説」としての『源氏物語』世界に鋭い分析を加える。こうして、作者と作品を融合的に論じたうえで、著者はこの十世紀後半から十一世紀前半の平安中期に著された作品が、時を超え、二十世紀のヨーロッパの知識人に、プルーストやヴァージニア・ウルフなどと同列に受容されたさまを描きだす。『源氏物語』がいかに時代を超えた傑作であるかを、おのずと浮き彫りにする、この著者ならではの知的アクロバットは鮮やかというほかない。

このように、『源氏物語』を新たな角度から照射し、その傑作性を浮かびあがらせたあと、本書は、『源氏物語』において早くも頂点に達した「王朝物語」のジャンルが、時の経過とともに、どのように変質し、ついには消滅するに至るかを検証する。ここで取りあげられる作品は、平安時代後期に著された、『狭衣物語』『浜松中納言物語』『夜半の寝覚』『とりかへばや物語』という四大「源氏亜流物語」を皮切りに、鎌倉時代のデカダンスの雰囲気に浸された、「源氏の亜流の亜流」たる擬古王朝物語群に至るまで、膨大な数にのぼる。

実のところ、この「王朝物語」ジャンルの下降期を描いた部分こそ、本書の読みどころといっても過言ではない。本書のサブタイトルに「小説の未来に向けて」とあるとおり、二十世紀末の日本の小説家だった著者には、「二十世紀も終りに近い最近の、小説という文学形式の世界的な衰退には目を覆うものがある」という切実な認識があった。この認識につき動かされ、著者は、「王朝物語」ジャンルの興亡をたどりなおすことによって、二十一世紀における物語ひいては小説というジャンルの可能性を探ろうとする意図のもとに、本書を執筆したのである。

こうした著者の意図もあって、とりわけ「王朝物語」の下降期に対する考察は周到をきわめ、興趣にあふれる。著者はこの時期の王朝物語群を網羅的に検証した結果、ある文学ジャンルはいたずらに消滅するのではなく、「ひとつの文学ジャンルが末期に達した時に、そのジャンルそのものに対する反省と自己批評の衝動が、ジャンルのなかから発生するというのは、文学の進展《エヴォリュシオン》の法則である」と結論づける。このダイナミズムによって、文学ジャンルは死と再生をくりかえすというわけだ。これは鋭い洞察にみちた卓見にほかならない。

二十世紀末から二十一世紀初頭の現在、文学ジャンルのみならず、思想も政治も、ありとあらゆるジャンルが目を覆わんばかりの、「世界的な衰退」状況に陥っている。すべてが根本的に変質し腐蝕しはじめているのだが、どう対処すべきか、考える手掛かりも見いだせない。著者中村真一郎が本書において小説の未来を求め、はるか過去の「王朝物語」にたちもどって、その系譜をたどりなおした果敢な姿勢は、その意味で啓示的だといえよう。本書を読むと、やたらに前のめりになるのでなく、より高く飛ぶための後退というべきか、過去の蓄積にもう一度目を向け、とらえかえすことも必要なのだと、思えてくる。

本書は、このように小説や文学を超えて、現代に生きる者に根本的に問いかけてくる強い力をもつが、著者が手品師のように次々に披露してみせる、忘却の彼方に消え去ったおびただしい「王朝物語」群のエッセンスを味わうだけでも、「文学的散策」の楽しみを堪能できること、請け合いである。

(2006.10)

王仁湘 著、鈴木博 訳『図説 中国 食の文化誌』

(原書房、二〇〇七)

中国における食文化の歴史を網羅的にたどった本書には二つの大きな特徴がある。一つは考古学を専門とする著者らしく、発掘された炊事用具や食器などの文物を素材として、古代の中国食文化を具体的に追跡していることであり、いま一つは考えられるかぎりの膨大な文献を縦横無尽に駆使して、多種多様の角度から、古代から近世に至るまでの中国食文化の諸相を浮き彫りにしていることである。四百頁を超えるこの大著は考古学と文献学の絶妙のコンビネーションによって生まれた、「中国食文化百科全書」といってよかろう。

本書は、「料理と料理人」「銘々膳から食卓へ」「茶と酒」「宴席における作法」「中国古代の飲食文化」の五章で組み立てられている。いずれもまことに興趣に富むが、とりわけ刺激的なのは第二章の「銘々膳から食卓へ」のくだりである。

ここで、著者は考古学者の本領を発揮し、種々の考古資料を引き合いに出しながら、中国では筷子《クアイツ》（箸）に先んじて、四千年も前から餐勺《ツアンシャオ》（スプーン）および餐叉《ツアンチャー》（フォーク）、餐刀《ツアンタオ》（ナイフ）が使用されていたことを、まず鮮やかに立証する。これにつづいて、大皿の料理を分け合う中華料理の「会食制」が、実は近世の宋代以降に盛んになった比較的新しい形式であり、それ以前は古代以来、銘々膳の「分食制」がふつうだったことを、今度は絵画や種々の文献によって実証する。これだけで目からウロコ、中国食文化に対する先入見や固定観念はもののみごとに突き崩されてしまう。

この例から見てとれるように、本書で展開される中国食文化史には、新鮮な発見や意表をつく見解が満載されている。しかも、これらにはすべてきっちりした資料的な裏づけがあり、まことに説得力がある。総じて、着実にして大胆な著者の水先案内によって繰り広げられる中国食文化の世界は、おのずと四千年にわたる中国文化の特性を映しだしているといえよう。要所要所に配置された図版もおもしろく、眺めているだけでも楽しい一冊である。

（2007. 5. 13）

『紅楼夢の殺人』

芦辺拓 著

（文春文庫、二〇〇七）

本書は、十八世紀中頃の清《しん》代中期、曹雪芹《そうせつきん》（?—一七六三）によって著された中国白話長篇小説の最高傑作『紅楼夢《こうろうむ》』を、徹底的に読み込んで書かれた作品である。以下しばらく、本書の展開にかかわる重要な登場人物のキャラクターや相互関係に留意しながら、『紅楼夢』世界の様相をたどってみよう。

『紅楼夢』世界にはあらかじめ神話的な枠組みが設定されている。天上世界に女神の警幻仙姑《けいげんせんこ》がおさめる「太虚幻境《たいきょげんきょう》」という夢幻境があった。あるとき、仙姑に仕える神瑛侍者《しんえいじしゃ》と、侍者に救われ仙女に変身した神秘的な植物の絳珠草《こうじゅそう》、および大勢の仙女が、仙姑の許可を得て下界へ降下することになる。かくて、神瑛侍者が賈《か》家の貴公子の賈宝玉《かほうぎょく》に、絳珠草がその従妹の林黛玉《りんたいぎょく》に生まれ変わったのをはじめ、他の仙女たちも賈家につながる存在として生まれ変わったというものである。

こうした神話的な枠組みを設けたうえで、『紅楼夢』の物語世界は天上世界から降下した霊妙な少年・少女の活躍の舞台となる賈家にスポットを当てる。元勲の一族である賈家は「寧国府《ねいこくふ》」と「栄国府《えいこくふ》」の二系統に分かれているが、両家の壮麗な屋敷は隣接し頻繁な往来がある。両家合わせて数十人にのぼる賈一族、および数百人の使用人の頂点に立つのは、もっとも上の世代に属する、栄国府の当主賈赦《かしゃ》の母賈母《かぼ》（史太君《したいくん》）である。神瑛侍者の生まれ変わりの賈宝玉は、賈母の二男賈政《かせい》と王《おう》夫人の息子であり、賈母最愛の孫だった。

賈宝玉は容貌も頭脳もすぐれた少年だが、はなはだ風変わりなところがあった。父方の従妹の林黛玉と母方の従姉の薛宝釵《せつほうさ》をはじめとする、「金陵十二釵《きんりょうじゅうにさ》」と呼ばれる美しい姉妹や従姉妹たち、また自分付きの襲人《しゅうじん》・晴雯《せいぶん》を筆頭とする侍女たちと遊び戯れることに、無上の喜びを覚える少女崇拝者だったのである。ちなみに、この賈宝玉と謹厳実直な父賈政をのぞいて、賈一族の男たちは寧国府第四代当主の賈珍《かちん》、栄国府第三代当主の賈赦をはじめ、そろいもそろって性格も品行も芳しくない。

そんなぱっとしない男性陣に比し、『紅楼夢』世界において潑剌とした輝きを放つのは女性陣、とりわけ未婚の少女たちである。もっとも、賈家の大所帯を支える役割を担ったのは既婚の女性たちだった。この既婚グループのトップに位置するのは、栄国府の当主賈赦の妻邢《けい》夫人だがなにぶん性格が陰険であり、これにつづく賈政の妻王夫人も管理能力に欠ける。このため、けっきょく賈赦の長男賈璉《かれん》の妻王熙鳳《おうきほう》が賈家を切り盛りする役割を担う。かくして、口八丁手八丁、華麗な美貌に恵まれ、賈母のお気に入りの王熙鳳は思う存分辣腕をふるったのだが、いかんせん、姑の邢夫人との仲はこじれる一方だった。ちなみに、賈家の男性陣もおおむね芳しくないが、女性陣も邢夫人のほか、賈政の側室趙《ちょう》氏の邪悪さも相当なものであり、似ても似つかぬ美貌の才媛である娘の賈探春《たんしゅん》の悩みの種だった。

既婚グループの女性陣にはこうして問題もあったが、少女たちはそんなことなどどこ吹く風、賈母の威力と王熙鳳の辣腕に守られ、自由な生活をのびやかに謳歌した。彼女たちと少女崇拝者の賈宝玉が至福の時を過ごす舞台になったのは、栄国府の奥に広がる大庭園「大観園《だいかんえん》」である。

大観園は賈宝玉の姉で、宮中に入り貴妃《きひ》(皇后につぐ高位の妃)になった賈元春《げんしゅん》の「省親《せいしん》(里帰り)」のために莫大な費用をかけて造営された。その実、元春妃の里帰りはわずか数時間にすぎず、まもなくこの大庭園には少女たちと賈宝玉がそれぞれ侍女を連れ、各自のキャラクターにあった建物に住むことになる。

大観園に住むのは、賈母の後押しを受けた賈宝玉以外、未婚の少女と寡婦にかぎられた。賈宝玉の最愛の人でもある繊細な林黛玉、そのライバルと目される常識家の薛宝釵、賈璉の異母妹のおとなしい迎春《げいしゅん》、宝玉の異母妹の才媛探春、寧国府の当主賈珍の妹で絵の上手な惜春《せきしゅん》、宝玉の亡兄の妻で貞淑な李紈《りがん》、有髪の尼僧妙玉《みょうぎょく》などがそのメンバーである。やがて賈母の従孫で快活な史湘雲《しじょううん》、薛宝釵の愚兄薛蟠《せっぱん》の側室ながら聡明な美少女の香菱《こうりょう》、さらにはお抱え劇団の少女役者たちも加わって、大観園はますますにぎやかになり、詩社を作って詩作を競うなど優雅な日々を送る。つまるところ、大観園は天上の太虚幻境を地上に移し変えたものだったのである。

賈宝玉と少女たちがこの地上の太虚幻境で夢のような時を過ごしているうちに、賈家は経済的にじりじり逼迫《ひっぱく》しはじめ、人間関係も亀裂の度を深めてゆく。やがて貴妃となった元春が病死するや、賈家の没落に加速度がつく。

本書『紅楼夢の殺人』のミステリ劇場は、輝ける大観園とはうらはらに、賈家が斜陽にさしかかった時点において開幕する。おとなしい賈迎春を皮切りに次々に美少女が殺害され、夢幻境たる大観園はたちまち暗黒劇の舞台と化す。この美少女連続殺人事件は奇妙にバラバラで一貫性がないうえ、死体が空中を飛んだり、幽霊と化してさまようなど、不可解にして超現実的なトリックに満ちており、なかなか犯人像が浮かんでこない。

この難事件の探偵役に設定されるのは、かの少女崇拝者の賈宝玉と刑部《けいぶ》(司法省)勤務の官僚頼尚栄《らいしょうえい》である。頼尚栄は栄国府の執事頭頼大《らいだい》の息子だが、頭脳明晰で科挙に合格して官界入りし、エリート官僚になった人物。推理能力にすぐれた彼はこれまでも難事件を解決したキャリアの持ち主だった。こうして探偵役に、純粋に賈家内部の存在である賈宝玉と、賈家内部にも通じた外部の存在である頼尚栄をコンビとして設定したところに、本書の著者の目の付けどころのよさがうかがえる。ちなみに、頼尚栄は『紅楼夢』世界では、名前は出てくるものの、まったく出番のない人物である。

本書の賈宝玉は『紅楼夢』の彼のイメージよりははるかに透徹した知性を感じさせ、さしずめ大観園のシャーロック・ホームズといった趣がある。これに対して、頼尚栄は懸命に推理能力を働かせ問題点を発見しては、賈宝玉に迫るが、終始一貫、どこかちぐはぐで的はずれになってしまう。頼尚栄はつまるところホームズの助手役ワトソンといったところである。このホームズ賈宝玉とワトソン頼尚栄の組み合わせがなんとも絶妙であり、本書の展開を起伏に富むものにしている。

付言すれば、賈家にはいわば聖と俗が混在しており、賈宝玉および才色兼備の少女たちが聖の代表だとすれば、おぞましい賈赦、邢夫人、賈珍、趙氏、薛蟠(薛宝釵の愚兄でほとんど無頼漢)らが俗の代表ということになろう。これと同様、清廉潔白を旨とする頼尚栄の属する司法界にも、自分の利益のためなら平気で法を曲げる俗物がいた。頼尚栄の上司賈雨村《かうそん》がこれにあたり、頼尚栄はいつもその鉄面皮ぶりに悩まされるのである。

こうして見ると、本書の登場人物はおおまかに聖と俗に区分けすることができ、この聖と俗の葛藤が美少女連続殺人の引き金になっているように見受けられる。しかし、問題は俗側の人物は知的レベルが高いとはいえず、とても計算し尽くした華麗なトリックを仕掛けることなどできそうにない。いったいどんな犯人がかくも鮮やかな犯罪劇を演出したのであろうか。かくして、読者は最後の最後まで謎の森をさまよい、最後のどんでん返し、謎解きの段階になってはじめて、なるほどと納得しカタルシスを覚えるに至る。これぞまさしく著者の考え抜いた語り口によってもたらされる、ミステリの醍醐味である。

総じて、それじたい堅固な自己完結性をもつ『紅楼夢』世界の展開をしっかりと押さえ、名場面を適切に盛り込みながら、かくもみごとに探偵小説化した本書は、著者のいう「その作品が探偵小説であること自体が探偵小説としての仕掛けにつながっている作品」として、新たな地平を切り開いたといえよう。それかあらぬか、本書には、中国式ミステリの原型ともいうべき「公案《こうあん》小説」の話柄が随所に盛り込まれており、これが隠し味となって、興趣を高めていることも見落としてはならないであろう。

『紅楼夢』は中国では今も昔も圧倒的な人気があり、「紅迷《ホンミー》（紅楼夢マニア）」と呼ばれる熱狂的な読者がいる。今なお『紅楼夢』を何十回、何百回も読み、暗誦できる人々もめずらしくないのである。本書の展開は、最終的にはそんな「紅迷」たちをも納得させるものになっていると思われる。

ただ、「紅迷」のみならず本稿の筆者も、いとおしい美少女たちが次々に落命するくだりには、やはり胸痛み、切ない思いを禁じえない。しかし、考えてみれば、『紅楼夢』世界の少年・少女はもともと天上世界の住人であり、下界における戯れの時が終われば、また天上世界に帰ってゆくのである。彼女たちは不滅の存在なのだから、この興趣満点のミステリ劇場も終幕になれば、軽やかに天上世界へ帰還し、何事もなかったように、笑いさざめきながら楽しい日々を過ごすことだろう。そう思えば、わが胸の痛みも癒されるというものだ。

（2007.8）

書物あれこれ 2

十八歳で感じた知的快感

私が大学（京大文学部）に入学したのは、一九六二年四月である。子供のころからいっぱしの文学少女ではあったが、読んでいたのは主として少女小説や探偵小説等々のエンターテインメント系と、「世界名作文学全集」の類《たぐい》だった。しかも人並みに受験勉強もしたので、読書の時間は減る一方。十八歳で大学生になり、フランス語を第一外国語とするクラスに配属されたときには、大人びた同級生の話題についていけず、まいってしまった。

そんな私が急にめざめて、めちゃくちゃに本を読みだすきっかけになったのは、一回生の夏休み、偶然、ボーヴォワールの『第二の性』を手にしたことだった。新潮文庫で全五冊、生島遼一訳の『第二の性』は、周知のごとく「人は女に生まれない。女になるのだ」という文章からはじまる。冒頭から得もいわれぬ吸引力を感じ、ほとんど不眠不休で全巻を通読した。このとき、私は何か新しい知識を得たというよりも、それまで漠然と感じていたことに、明確な輪郭を与えられたような、とても爽やかな知的快感をおぼえた。

これを契機として、濫読《らんどく》の時期に突入するのだが、女性論はこれ以後ほとんど読むことはなかった。

興のむくまま、ボーヴォワールからサルトルへ、サルトルからキルケゴールやニーチェに至るまでの実存主義の哲学書や、ドストエフスキーの長篇小説等を夢中になって読んだ。今、考えてみると、ほんとうに理解していたかどうか、はなはだ心もとないのだが、ともかくドンドン読めたのである。同時に、ラディゲ、スタンダール、プルースト等々、フランスの小説も耽読《たんどく》した。翻訳ばかりだったが、こうして二年余り、無我夢中で読書にふけったことは、私にとって忘れられない貴重な体験となった。大げさな言い方をすれば、すべてはボーヴォワールからはじまったのである。

(2005. 4. 11)

岩波文庫と私

私が大学(文学部)に入ったのは一九六二年だが(四十五年も前だ)、入学してまもなく、何人もの同級生から、岩波文庫のマックス・ウェーバー著『職業としての学問』(星一つ)を読んだという話を聞いた。それで慌てて購入して読みだしたのだが、なにしろ当時十八歳、やっと受験生活から解放されたばかりの身であり、ともかく終わりまで読んだものの、けっきょく職業も学問もなんのことやらさっぱりわからず、途方にくれるばかりだった。この「未知との遭遇」が岩波文庫との長いつきあいの始まりになった。

濫読に明け暮れた教養部時代、岩波文庫で熱中したのはドストエフスキーの諸作品である。『白痴』を読んでいたときなど、文字どおり寝食を忘れ、母が食事だと言っても気もそぞろ、生返事ばかりしていた。すると、本の好きな父が「今、ドストエフスキーを読んでるらしいから、何を言っても無駄だ」と、怒りかけている母をなだめてくれたりした。それから四十年あまり、父はとうにこの世を去り、食事を作ってくれた母も今や九十四歳、完全に役割交替して家事一切は私の受け持ちになった。まさに隔世の感がある。

それはさておき、学部に進み中国文学を専攻してからは、岩波文庫版の中国古典の訳注をほんとうによく読み、どれだけ恩恵をこうむったかわからないほどだ。『唐詩選』(上中下)、『杜詩《とし》』(全八冊)、『玉台新詠集《ぎょくだいしんえいしゅう》』(上中下)などは、ほとんどボロボロになり変色しているものの、今も堂々とわが本棚に鎮座しつづけている。

『職業としての学問』が予兆になったのか、大学院に進む気になり、一九六六年二月に院入試を受けた。第一次外国語試験は中国語とフランス語で受けたのだが、このとき岩波文庫のおかげで僥倖に恵まれた。入試の前夜、気をしずめるために、ふと読みかけのルソー著『孤独な散歩者の夢想』を手に取り少し読んだ。翌日、フランス語の試験にのぞんだところ、なんと二題のうち一題に、昨夜読んだルソーの文章がそっくり出ているではないか。奇跡だ。当時は記憶力もよくほとんど覚えていたので、難なく翻訳しおえ、おかげで合格することができた。あの問題を見たときの天にも昇るうれしさは今も忘れがたい。

大学院を出たあと、七六年春、金沢大学の中国語教師になり、七年後の八三年、最初の本『中国人の機智——『世説新語《せせつしんご》』を中心として』(中公新書)を書き下ろし刊行した。これはなかなかまとめることができず、十年もかかってやっと仕上げたものだった。突破口になったのは、フロイトの「機知——その無意識との関係」とベルクソンの『笑い』である。この両著がヒントになり、魏晋《ぎしん》の名士の逸話集『世説新語』の基礎をなす機知表現のポイントをつかむことができ、書きあげることができた。以来、岩波文庫版『笑い』は大切な本になり、ワイド版も購入した。ワイド版はことに読みやすく、今もおりにつけ拾い読みしては楽しんでいる。

勉強や仕事の面で活用すると同時に、岩波文庫はずっと私にとって楽しみのための読書の宝庫でもあった。長篇小説を読むのが好きなので、デュマの『モンテ・クリスト伯』(全七冊)、ユーゴーの『レ・ミゼラブル』(全四冊)、滝沢馬琴《たきざわばきん》の『南総里見八犬伝《なんそうさとみはっけんでん》』(全十冊)など、通勤電車のなかやちょっとした空き時間に少しずつ読むのが得もいわれず楽しく、読了したときの達成感も実に快い。これらの長篇小説の多くは子供のころ、ダイジェスト版で読んだものであり、記憶をたどりながら物語世界に遊ぶ楽しさも味わうことができる。

ときに奇跡的幸運をもたらしたり、行きづまったときの突破口になったりと、岩波文庫は私の生きてきた日々の節目節目に頼もしい味方になってくれた。これからはもう少し楽しみのほうにシフトし、ゆっくり文庫本をめくりつつ物語世界に浸りたいものだと思う。

(2007.10)

II

中国の古典
中国の歴史

『論語』

吉川幸次郎 著

（上下、朝日選書、一九九六）

はじめて吉川幸次郎の注解による孔子（前五五一―前四七九）の言行録『論語』を通読したのは大学三回生、中国文学を専攻したころだ。それまで、『論語』なんてゴリゴリの儒教の経典だと思い込んでいたので、そんなカビ臭いものは、「敬して之《こ》れを遠ざく」（これも『論語』「雍也篇《ようや》」の言葉だ）という心境だった。ところが、緻密《ちみつ》で気迫のこもった注解に導かれ読みだすと、たちまちその魅力にはまり、以来三十数年、読み返すたびに得も言われぬ快感をおぼえる。

『論語』に登場する孔子は機智縦横、「巧言令色《こうげんれいしょく》、鮮《すくな》し仁《じん》」（学而篇《がくじ》）の発言からうかがえるように、総じて凄まじく歯切れがよく、愛弟子顔淵《がんえん》が夭折《ようせつ》すれば、「噫《ああ》、天　予《わ》れを喪《ほろ》ぼせり」と手放しで嘆くなど、後世のしかめ面の儒者とは雲泥の差、まことに爽快感にあふれている。

孔子は春秋の乱世に生きながら、「仁《じん》」や「礼《れい》」を基軸とする理想社会の実現をめざし、諸国を遊説してまわった。むろん下剋上の時代に、そんな悠長な理想主義が受け入れられるはずもなく、晩年は故郷の魯《ろ》にもどり、弟子の教育に専念した。『論語』の最大の魅力は、この大いなる教師孔子と、優等生の顔回《がんかい》や暴れん坊の子路《しろ》をはじめ、それぞれユニークな個性をもつ弟子との対話が、臨場感をもって記されているところにある。挫折や失敗をものともせず、積極果敢にみずからの思想を伝えようとする孔子。やみくもにその教えをありがたがるのではなく、「之《こ》れを如何《いかん》（これはどうですか）、之れを如何」と問いかけながら、吸収しようとする弟子。『論語』はこのように自由な対話のなかから、原始儒家《じゅか》思想が形づくられてゆくさまを、現在形で描いたドキュメンタリーなのだ。

こうして現在形であらわされた対話の思想こそ、永遠の古典として『論語』が読み継がれる、魅力の源泉ではなかろうか。

＊

『論語』の注解書は数多いが、前掲の名著のほか、桑原武夫著『論語』(ちくま文庫)は、『論語』を「孔子とその一門とのいきいきした言行録」ととらえ、躍動感あふれる孔子像を浮き彫りにする。ポルトレ(人物スケッチ)の名手ならではの快作である。

孔子の弟子に焦点を絞った作品としては、中島敦の傑作「弟子」(『山月記・李陵 他九篇』岩波文庫)に指を屈する。この小説の主人公は孔子の弟子のうち、問題児の子路である。無頼の暴れん坊なのに、子路は孔子に心酔し、しょっちゅう大きな子供のように叱られながら、孔子のためならいかなる苦難もいとわない。孔子もまたそんな子路の「純粋な没利害性」をこよなく愛する。ここに描かれる師弟の稀有の信頼関係は、読む者の琴線をふるわせずにはおかない。

このほか、『論語』がいかに読まれてきたか、その伝承の歴史をたどり、新たな角度から『論語』を読み解いた宮崎市定著『論語の新研究』(『宮崎市定全集 4』岩波書店)、孔子の出生の謎に鋭く迫り、その思想の原点を照射した白川静著『孔子伝』(中公文庫)もまた、『論語』読みには欠かせない書物である。

(1999. 3. 7)

「弟子」
中島敦 著

（『山月記・李陵 他九篇』岩波文庫、一九九四）

中島敦（一九〇九―四二）には、「弟子」「李陵」「名人伝」「わが西遊記」など、中国古典を題材にしたすぐれた小説がある。なかでも、儒家思想の祖である孔子と高弟の子路との深い信頼関係をいきいきと描く、「弟子」は、極め付きの傑作である。腕っぷしの強い「遊侠の徒」だった子路は、諄々《じゅんじゅん》と学問の必要性を説く孔子と出会うや、その人物の大きさに圧倒され弟子となる。

以来、子路は、「知情意の各々《おのおの》から肉体的の諸能力に至る迄《まで》、実に平凡に、しかし実に伸び伸びと発達した見事さ」をもつ孔子に、「純粋な敬愛の情」をもって嬉々として従い、いかなる艱難《かんなん》辛苦をも厭《いと》わなかった。師の孔子もまた、ともすれば「暴虎《ぼうこ》馮河《ひょうが》（素手で虎に立ち向かい、大河を歩いて渡ること）」的な蛮勇をふるいがちな子路をたしなめたり、からかったりしながら、そのひたむきで剛毅な人柄をこのうえなく愛おしんだ。孔子はみずからの政治理念を理解してくれる君主を求めて、子路ら弟子を引き連れ、足かけ十四年にわたって諸国を放浪したが、けっきょくその夢はかなわず、晩年は故国の魯《ろ》に帰って、弟子の教育に専念した。

孔子は青白い知識人ではなく、長身の堂々たる偉丈夫であり、どんな逆境もユーモアたっぷり、平然とくぐり抜けることのできるタフで健やかな精神の持ち主だった。そんな孔子もふと絶望感にとらわれ、「道行われず、桴《いかだ》に乗りて海に浮かばん。我《わ》れに従う者は其れ由《ゆう》なるか（私の理想とする道は行われない。いっそ桴に乗って海を渡ろうか。そうなったら、私についてくるのは由（子路）かな）」（『論語』公冶長篇《こうやちょう》）と口走ることがあった。そんなときも、こうしてまず子路の名を出すところにも、師弟の絆の深さが見て取れる。

本書は、孔子の言行録『論語』を読み込み、孔子と子路の類まれな関係性に焦点を当てながら、原始儒家集団の明朗で自由な雰囲気を活写する。これを読めば、孔子に対する堅苦しい先入見はたちまち払拭される。まず本書を手掛かりに、拙著『完訳　論語』（岩波書店）をひもとき、『論語』世界の躍動するおもしろさを感じ取っていただきたいと思う。

（2010. 1. 12）

『老子』

（蜂屋邦夫訳注、岩波文庫、二〇〇八）

孔子を祖とする儒家思想と老子および荘子を祖とする道家《どうか》思想は、二千年以上にわたり、中国伝統思想の双璧として大きな影響を与えてきた。儒家思想は秩序ある社会を築くための積極的な行動をよしとし、「有為《ゆうい》」を旨とするのに対し、道家思想は人間の積極的行為を否定し、あるがままに大いなる天地自然と一体化することをめざす「無為《むい》」を旨とする。この対照的な二様の思想が車の両輪のように絶妙のバランスを保ちつつ、激動をくりかえす伝統中国の社会とそこに生きた人々に受け継がれてきたのである。

本書は、今に伝わる『老子』のテキストに、平明な訳をほどこし、詳細な注を付したものであり、難解な箇所も多々ある老子の思想を知るのに最適だ。

全八十一章からなる『老子』は論理的に構築された思想書というより、断片を次々に並べてゆく箴言《しんげん》集のような体裁をとる。たとえば、「大道廃《すた》れて仁義有り……国家昏乱《こんらん》して忠臣有り(大いなる道が廃れると、仁義が説かれるようになる……国家が混乱すると忠臣が出現する)」(第十八章)と述べ、「仁義」や「忠臣」など混乱の産物にすぎないと、人為をあっさり否定したかと思うと、「学を絶てば憂い無し。唯《い》と阿《あ》と、相い去ること幾何《いくばく》ぞ(学ぶことをやめてしまえば憂いがなくなる。ハイというのとアアというのと、どれほどの違いがあろうか)」(第二十章)と、過剰な知識摂取をバッサリ切り捨てるという具合である。

欲望に憑かれてあくせくと生きることの愚かさを批判し、海のように静かに生きよと説く老子は、利便性を最重視する文明生活に批判的であり、必要最小限に自足した素朴な生活を称揚する。老子が理想とする国は「小国寡民《かみん》(小さい国に少ない住民)」のスタイルをとり、そこで人々は太古と変わりのない、牧歌的な生活を営みつづける。

現代日本でも、多くを求めず、焦らずにゆったりと、自前で生きるスローライフをめざす人々がふえつつある。今この激動の時代においてこそ、生存の知恵にあふれた老子の言葉を、いかに生きるべきかを考えながら、ゆっくり味わってみたいものだ。

(2010.2.9)

『新訂 孫子』

(金谷治訳注、岩波文庫、二〇〇〇)

中国古代の兵法書『孫子《そんし》』はまことに含蓄に富む書物である。種々の翻訳や解説書が刊行されているが、なかでも、本書が入手しやすく、内容も充実している。全十三篇から成る『孫子』においては、全体的な戦争論から個別的な戦略論・戦術論に至るまで、引き締まった簡潔な語り口で淡々と論じられる。しかし、随所に戦争論、軍事論の域をこえて、広く人の生き方や処世についての示唆に富む鋭い指摘が見られ、このため、中国でも日本でも時代を超えて読み継がれてきた。

『孫子』は名言の宝庫でもある。たとえば、「兵とは詭道《きどう》なり（戦争とは正常なやりかたに反したしわざである）」（計篇）とか、「彼を知り己《おの》れを知れば、百戦して殆《あや》うからず」（謀攻篇）とか、武田信玄の旗印「風林火山」のもとになった「其の疾《はや》きことは風の如《ごと》く、其の徐《しず》かなることは林の如く、侵掠《しんりゃく》することは火の如く、知り難きことは陰の如く、動かざることは山の如く……」（軍令篇）などは、それこそ誰でも耳にしたことのある名言中の名言であり、人生の岐路に立ったとき、ふと思い浮かべる人も多いであろう。ちなみに、「百戦百勝は善の善なる者に非《あら》ず。戦わずして人の兵を屈するは善の善なる者なり（百戦百勝は最高のやり方ではない。戦闘しないで敵軍を屈服させるのが最高のやり方だ）」（謀攻篇）と述べるなど、孫子自身はけっして戦争万能論者でないのも注目に値するところだ。文庫本でわずか百五十頁余りの『孫子』を熟読し、無謀な戦いを避けエネルギーを浪費せず、着実に生き抜くことを説く、その深い叡智のエッセンスを感受すれば、ものの見方や社会への対処の仕方にも意外な展望が開けるかもしれない。

もっとも、『孫子』の作者については、春秋時代の呉《ご》の孫武《そんぶ》だとする説、その子孫とされる戦国時代の斉《せい》の孫臏《そんぴん》とする説があるなど、書物の成立は謎に包まれている。平田昌司著『「孫子」――解答のない兵法』（岩波書店）は、こうした謎を追究しつつ、多様な角度から『孫子』の全体像を解明しようとする力作である。合わせて読めば、孫子の名言もいっそう味わい深くなることであろう。

（2009.8.18）

佐竹靖彦 著

『劉邦』

（中央公論新社、二〇〇五）

本書は、司馬遷《しばせん》著『史記《しき》』を精緻に読み込んだうえで、近年の『史記』研究の成果を縦横に駆使し、漢王朝の創始者、高祖劉邦《りゅうほう》（前二五六もしくは前二四七―前一九五）の原像を探究した力作である。

全二十章から成る本書は、大きく三つの部分に分けることができる。第一の部分では、沛《はい》県（江蘇省）の根っからの庶民だった劉邦が、遊侠社会のネットワークを通じてしだいに信望を集め、秦《しん》末の乱世のなかで群雄の一人となるまでが描かれる。

つづく第二の部分では、項羽《こうう》とともに対秦戦に死力を尽くし、秦の首都咸陽《かんよう》を陥落させる大殊勲をあげたものの、圧倒的軍事力をもつ項羽に追い落とされて漢中《かんちゅう》（陝西《せんせい》省）王に封じられ、体よく僻地に追いやられるまでの顛末が描かれる。

最後の部分では、「国士《こくし》無双《むそう》」の英雄韓信《かんしん》を得た劉邦が、漢中から中原《ちゅうげん》（黄河流域）に進撃を開始し、ついにライバル項羽を攻め滅ぼして奇跡の逆転に成功、紀元前二〇二年、漢王朝を創設し皇帝におさまるまでが描かれる。

本書を通じて著者がもっとも力点を置いて論じているのは、劉邦とその周囲に位置する人々との関係性である。しがない遊侠時代から劉邦には人を心服させる天性の資質があった。このため、劉邦のまわりには、張良《ちょうりょう》や蕭何《しょうか》などの謀臣、韓信や黥布《げいふ》などの英雄、曹参《そうさん》や樊噲《はんかい》などの武将、王陵《おうりょう》や夏侯嬰《かこうえい》などの遊侠の徒など、種々の能力をもつ異才が吸い寄せられ、「いずれも劉邦に協力し、その下で働くことを自分にとってもっとももふさわしいこと」だと感じながら、尽力を惜しまなかったと、著者は指摘する。本書では、この天性のリーダー劉邦と彼ら異才たちとの独特の関係性が活写されており、圧巻というほかない。

本書のもう一つの特徴は、劉邦の故郷沛県を中心とする遊俠ネットワークを地理的に検証するなど、劉邦の生涯を時間的にたどるのみならず、空間的に再現しようとしていることである。こうした操作によって、帝位につくまでの過程が鮮やかに浮き彫りにされ、多彩な人間関係の描写とあいまって、躍動感あふれる劉邦像が描出されている。まことに読みごたえのある一冊だといえよう。

(2005. 6. 12)

『漢の武帝』

吉川幸次郎 著

(岩波新書、一九四九)

本書は、前漢王朝の最盛期を招来した武帝《ぶ》(前一五六―前八七、前一四一―前八七在位)の生涯を、公私両面にわたり緻密に追跡した名著である。十六歳で武帝が即位したとき、前漢は彼の祖父文帝《ぶん》、父景帝《けい》の努力によって政治的にも社会的にも上昇気流に乗っていた。しかし、若い武帝は順風満帆とはいかなかった。そもそも前漢は代々、皇太后、皇后、公主《こうしゅ》(内親王)といったトップクラスの女性が侮りがたい力を発揮した王朝であり、即位当初、有能な武帝も、手ごわい祖母の竇太后《とうたいこう》をはじめ、強力な女性陣に包囲され、なかなか思いどおりに事を運ぶことができなかったのである。

即位の六年後、竇太后が死ぬと、解放された武帝は攻勢に転じる。彼はまず道家思想を信奉する竇太后の反対で頓挫していた儒家思想の国教化を進め、政治機構や官僚システムを整備して中央集権体制を固めた。同時にプライベートな面でも、姉専属の歌舞団の歌手だった衛子夫《えいしふ》を愛し、彼女が息子を産むと、従妹の陳《ちん》皇后を廃し皇后の座につける。なんとも果断なやり方だが、実は武帝の祖母の竇太后も母の王太后も貧しい庶民の出であり、武帝が庶民そのものの衛士夫を皇后としたのも、自然のなりゆきだったともいえる。

衛皇后の誕生は前漢にとっても武帝にとっても予期せぬ幸運をもたらした。稀有の軍事的才能をもつ彼女の弟衛青《えいせい》および甥の霍去病《かくきょへい》が日の目をあびて抜擢され、前漢成立以来、悩まされつづけてきた北方異民族匈奴《きょうど》を撃破し弱体化させることに成功したのである。

こうして衛皇后の身内によって、外敵を制覇し領土を拡大した時期が武帝ひいては前漢の最盛期にほかならなかった。さしもの英明な武帝も晩年になると、神仙思想に凝ったり奢侈《しゃし》に溺れたり、さらには老いた衛皇后に興味を失って別の美女にうつつをぬかすなど、衰えがめだつようになり、ついには衛皇后とその息子の太子を追いつめて死に至らせてしまう。この本は、在位五十五年におよんだ偉大なる武帝の栄光と悲惨を描ききるとともに、最盛期から下降期へと向かう前漢の歴史をみごとに浮かびあがらせている。

(2008. 8. 26)

武田泰淳 著
『司馬遷――史記の世界』
(講談社文庫、一九七二／講談社文芸文庫、一九九七)

はじめて武田泰淳(一九一二―七六)の名著『司馬遷』を読んだのは、たぶん中国文学を専攻するようになってまもなくだったと思う。ヨーロッパとも日本とも異なる「中国という世界」の全体像が、いきなりダイナミックに浮かびあがってくるような、強烈な衝撃だった。

一九四二年に書かれた『司馬遷』の序文で、武田泰淳は、「私は『史記』を個別的考証の対象としたり、古代史研究の資料として置きたくはなかった。史記的世界を眼前に据え、その世界のざわめきで、私の精神を試みたかったのである」と述べている。そのとおり、司馬遷のパトスをわがものとした武田泰淳は、この著作において「史記的世界」を一つの「全体」として、みごとに描ききった。

その卓見の第一は、紀伝体《きでんたい》で書かれた『史記』の世界が、「世界を動かす人間(政治的人間)」の関係性によって形づくられていると、看破したことにある。ビッグな中心的存在を描く「本紀《ほんぎ》」十二巻、ここから派生した存在を描く「世家《せいか》」三十巻、独立した個人を取りあげる「列伝」七十巻。ここに登場する無数の政治的人間が関係しあって、『史記』全体ができあがるのだと、武田泰淳はいうのだ。

卓見の第二は、「『史記』の問題にしているのは、史記的世界全体の持続である」として、それが時間を空間化し、空間的に構成された歴史世界であることを、鮮やかに立証して見せたことである。

人間の関係性と時間の空間化によって、全体世界が構築されるとする、武田泰淳の『史記』の本質を衝いたこの指摘は、実は、『史記』の特徴であるのみならず、あらわれ方こそちがえ、広く中国の歴史や文学(ことに長篇小説)全般に、あてはまるものと思われる。

というわけで、『司馬遷』を読み、目からウロコが落ちた私は、以来、考えあぐねるとこの本を手に取るようになった。つい引き込まれて読みふけり、やっぱり凄いと感心しているうち、なぜか元気になれるのである。

(1994.5)

*

武田泰淳著『司馬遷』が書かれたのは、第二次大戦のさなかの一九四二年だが、今なお『史記』および著者の司馬遷に関する最重要文献であり、文字どおり不朽の名著である。「司馬遷は生き恥さらした男である。士人として普通なら生きながらえる筈のない場合に、この男は生き残った。口惜しい、残念至極、情なや、進退谷《きわ》まった、と知りながら、おめおめと生きていた」。本書はこの衝撃的な文章からはじまる。むろん司馬遷が前漢の武帝の逆鱗にふれて「宮刑《きゅうけい》」に処せられ、男性的機能を喪失したことを指すものだ。武田泰淳はこの冒頭の「唉呵」を皮切りに、「生き恥さらした」司馬遷が以後、いかなる方法によって神話伝説の時代から前漢までの膨大な通史『史記』を書いていったか、そこに浮かびあがる全体的な世界像はいかなるものか、いきいきと描いてゆく。

『史記』全百三十巻は五部構成をとる。そのうちわけは、皇帝など権力者の系譜を記す「本紀」十二巻、分裂国家時代の各国間の関係を対照表にした「表《ひょう》」十巻、文化や制度の歴史を記した「書《しょ》」八巻、諸侯の系譜を記す「世家」三十巻、特記すべき生き方をした人々の伝記を記す「列伝」七十巻である。

武田泰淳は『史記』の考え抜かれた構成を、「一つ一つの天体の動きが、大きな宇宙の運動をかたちづくっている」と見なし、相互に関連づけながら、まことにダイナミックに論じている。こうした語り口によって、『史記』の全体像が「ざわめく世界」として立ちあらわれるさまは、みごとというほかない。また、ここに見られる異様な迫力は、『史記』を客観的な対象としてではなく、「私の精神」と交感する「全体」としてとらえようとする、武田泰淳の姿勢からきているものと思われる。
本書はいわば『史記』と武田泰淳の稀に見る「美しき結婚」によって生みだされた名著だが、近年刊行された平勢隆郎《ひらせたかお》著『「史記」二二〇〇年の虚実』（講談社学術文庫）は逆に徹底して客観的な立場から、『史記』に多々見られる年代の矛盾や誤差を洗いだし、その意味を究明した好著である。本書と合わせて読むとき、興趣が増すこと請け合いだ。

（2008. 12. 16）

『史記列伝抄』

（宮崎市定訳、礪波護編、国書刊行会、二〇一一）

本書は一九九五年、数え九十五歳で他界した宮崎市定（一九〇一—九五）が遺《のこ》した、司馬遷著『史記』列伝の「伯夷《はくい》列伝第一」から「春申君《しゅんしんくん》列伝第十八」のつごう十八巻の翻訳に、『史記』関連の論文七編を合わせて掲載し、成ったものである。礪波護《となみまもる》による本書の「解題」によれば、著者は一九八七年、某出版社の慫慂《しょうよう》を受け『史記』の列伝全七十巻の翻訳に着手した。しかし、まもなく『宮崎市定全集』（全二十四巻、別巻一巻）を刊行する運びとなり、全巻に付す長篇の自跋《じばつ》執筆に専念することになったため、列伝の翻訳は中断のやむなきに至ったという。したがって、ここに収録された宮崎訳は、『史記』列伝七十巻のほぼ四分の一とはいえ、臨場感あふれる語り口で、躍動する『史記』世界の魅力をいきいきと伝えている。
宮崎訳の特徴はまことに歯切れがよく、明解なところにある。たとえば、冒頭の「伯夷列伝第一」は、小国孤竹《こちく》の君主だった父の後継者の座を譲りあい、国を出た伯夷・叔斉《しゅくせい》兄弟を取りあげたものである。彼ら二人は出国後、周《しゅう》に身を寄せようとしたが、おりしも周の武王は殷《いん》の放蕩天子紂《ちゅう》を討つべく出撃するところだった。彼らは武力を振るうことに反対し、思いとどまらせようとしたが、武王は振り切って出撃、紂を討ち殷を滅ぼした。伯夷兄弟は「自分の志と違った結果になったことを恥じ、意地としても、周の政治の息がかかった穀物を口にできない」(宮崎訳)と、山中に自生する蕨《わらび》を食料としたあげく餓死した。

こうして清廉潔白の化身、伯夷兄弟が悲劇的最期を遂げたことに思いを致し、司馬遷は「天道　是《ぜ》か非か」という深刻な問いを発している。この名高い言葉を、宮崎訳は「果して天道は、善を好むのか、そうでないのか」とする。明解そのものである。この一例だけでも、宮崎訳が、訓読調がともすれば陥りがちな曖昧な抒情性を思い切りよく排し、いかに原文を明晰にして平明な現代日本語に移し替えようとしたか、よくわかる。だからといって、宮崎訳はけっして正確を旨《むね》とする無機的なものではなく、『史記』の原文を読み抜いたうえで、みずからの言葉をもって再構築したものにほかならない。本書を読むと、宮崎市定が『史記』の世界をいかにとらえ、いかに読んだか、おのずと明らかになる。

宮崎訳の今ひとつの特徴は——それは司馬遷の叙述の特徴そのものでもあるが——、登場人物の言動の描写がいわゆる歴史叙述の枠を超えた、異様なまでの「迫真性」に富むことである。この点については、本書の巻末に付された「身振りと文学」「倡優《しょうゆう》」など、『史記』関連の論文七編に見られる著者の見解がヒントになる。これらによれば、『史記』は書かれた史料のほかに、書かれざる史料すなわち口承伝承や語り物の類を多く利用した、「雅俗未分」の内容とスタイルで著されており、さらにまた歴史と文学がまだ分離されていない地点で記述されたというのである。

こうした見解にもとづく宮崎訳は緩急自在、『史記』の劇的宇宙を鮮やかに「今、ここ」に映しだしている。この列伝の翻訳を収録された論文と合わせて読むとき、『史記』世界が新しい角度から浮かびあがり、興趣尽きないものがある。

この列伝全訳が未完に終わったことは残念の極みだが、没後十数年を経て貴重な遺稿が刊行されたことだけでも喜ぶべきであろう。なお本書刊行の経緯については、先述のとおり、宮崎の著述をサポートしつづけた礪波護が、「解題」で詳細に記しており、参考になる。

(2011.6.26)

『三国志実録』

吉川幸次郎 著

(ちくま学芸文庫、一九九七)

曹操《そうそう》(一五五—二二〇)は、中国においても日本においても、たいへん評判のわるい人物であった。この悪評は、羅貫中《らかんちゅう》が著した長篇小説『三国(志)演義』に由来する。

二世紀末、後漢《ごかん》王朝が衰えると、中国全土は群雄割拠の乱世に突入した。群雄のはげしいせめぎあいの末に、政治・文化の中心である華北を支配する曹操の魏《ぎ》、益州(四川省)を支配する劉備《りゅうび》(一六一—二二三)の蜀《しょく》、江南(長江中・下流域)を支配する孫権《そんけん》(一八二—二五二)の呉《ご》の三国分立状況となる。

三世紀後半、魏の系統を継ぐ西晋《せいしん》の史官陳寿《ちんじゅ》は『三国志』を著し、この疾風怒濤の時代をトータルに描きあげた。いわゆる正史『三国志』である。ここで歴史家陳寿は、三国のうちでもっとも勢力のあった魏を正統としながらも、全体としては魏・蜀・呉のいずれにも肩入れせず、あくまで冷静に淡々と歴史事実を記述するという態度をつらぬいている。

ところが、正史『三国志』が書かれてから千年以上もあと、十四世紀中頃の元末明初《げんみん》に完成した小説『三国演義』になると、様相は一変する。ここでは、漢王朝の血を引く(とされる)劉備の高貴性・善人性が前面に押しだされ、彼の立てた蜀王朝が明確に正統として位置づけられる。これに対し、曹操は善玉劉備を理不尽に迫害する敵役と化し、その悪人性(姦雄性《かんゆう》)がこれでもかこれでもかと、強調されるに至る。

もともと『三国演義』は羅貫中という一人の作者の手になる作品ではない。それは、正史『三国志』が書かれたのち、ながらく芝居や語り物など民間芸能の世界で語り伝えられた、さまざまな「三国志物語」を集大成した作品なのだ。善玉劉備と対立する敵役・悪玉としての曹操のイメージもまた、民間芸能の世界で徐々に形づくられてきた曹操像を受け継ぎ、さらに増幅したものにほかならない。

『三国演義』が完成してから現在に至るまで数百年。中国においても日本においても、この小説は無数の読者によって読み継がれ、敵役・悪玉曹操は多くの読者の顰蹙《ひんしゅく》を買いつづけてきた。けっきょく、曹操は『演義』の成立をポイントとして、前後合わせて千数百年もの間、フィクショナルに増幅された敵役・悪玉のイメージをかぶせられてきたことになる。

「曹氏父子伝」「曹植兄弟」の二部構成をとる本書、吉川幸次郎著『三国志実録』は、まず第一部「曹氏父子伝」において、こうして千数百年にわたり、曹操にかぶせられてきた悪しきイメージを払拭し、その実像を洗いだす操作を周到におこなう。どうしても曹操という存在をとらえかえし、虚像から実像へと還元しなければならない。この作品は、そんな著者のつよい思いから生まれたようにみえる。なぜなら、中国文学者である著者にとって、曹操は非常に重要な意味をもつ人物だったからである。著者はその思いをみずからこう語っている。

ところでこの悪評嘖嘖たる曹操という人物は、私にとっては大へん重要な人物である。それは、彼が中国の詩の歴史の上に、重要な地位を占める人物だということである。且つ彼の文学に対する愛好は、子の曹丕、曹植に至って一そう結実し、ことに曹植は、杜甫、陶淵明以前の大詩人とされることである。

そればかりではない。曹操父子の伝記を、陳寿の「三国志」、および裴松之《はいしょうし》の注によってたどることは、権力という人間にとって必要なような不必要なような存在を、とりまいて動かざるを得なかった人物の哀歓を示すものとして、大へん興味がある。少なくともそれは、「三国演義」的な簡単なわり切った見方で、三国の歴史を見るよりも、興味がある。(『三国志実録』「曹氏父子伝」)

こうして著者はまず「中国の詩の歴史の上に、重要な地位を占める人物」としての曹操に焦点をあて、彼が担った役割を浮き彫りにする。

曹操以前の時代、すなわち前漢から後漢を通じて、文学の主要ジャンルは長篇美文の「賦《ふ》」であり、作者の多くは宮廷文人であった。これとは別に、前漢末頃から、「楽府《がふ》」と呼ばれる作者不明の民間歌謡が盛んに作られ歌われてきた。宮廷文人が問題にしなかったこの楽府の形式が、後漢末になると、にわかに新しい表現形式を求める知識人層の注目を浴びる。ちなみに、この楽府形式は、一句五言(音)のリズムを基調とするものが多い。

超一流の政治家にして軍事家であると同時に、すぐれた文学的センスの持ち主であった曹操は、率先してこの新しい表現形式を取りあげ、次々に楽府の作詞をおこない、個人の名のもとに詩篇を作りだしていった。この結果、曹操は中国史上、最初の詩人としてその名をとどめることになる。

息子の曹丕《そうひ》(一八七―二二六)・曹植《そうしょく》(一九二―二三二)、さらに曹操のまわりに集まった「建安七子《けんあんしちし》」をはじめとする多くの文人たちも、曹操につづけとばかりに、競って楽府および五言詩の創作をおこなった。後世の詩人によって「詩的熱情の故郷」として追慕される建安の詩は、まさに曹操を中心とするこの文人グループの熱っぽい雰囲気のなかから生まれたのだった。これ以後、文学の主要ジャンルは、賦から五言詩へと切り替わり、以後数百年、五言詩は文学ジャンルの王座を占めつづけた。曹操はまぎれもなく文学史の流れを変えたのである。

著者は、このように曹操が文学史の流れを変えた存在であることを、明確に認定したうえで、「却東西門行」をはじめとする、曹操の手になる九篇の楽府作品の訳解に移る。曹操の現存する作品は三十数篇、そのほぼ三分の一がここに取りあげられていることになる。しかも、どの作品もすべて一篇の全体が引用されている。曹操の詩的世界を、曹操の作品じたいをもって語らせようという方法である。

曹操の文学史的役割の論理的解明と、荒ぶる乱世のパトスを歌いあげるその詩的世界の全面的開示。ここに著者ならではの詩と論理の稀にみる、美しい結合をみることができる。こうして傑出した詩人曹操を正面から取りあげ、その貌を描ききることによって、著者は千数百年かけて作りあげられた悪役曹操のイメージを、あらかじめ突き崩してしまうのだ。

これにつづき、「曹氏父子伝」は、歴史資料、すなわち陳寿の『三国志』およびこれに付された裴松之の『三国志注』をフルに活用して、曹操の実像を多様な角度から洗いだす。ちなみに、裴松之の『三国志注』は、陳寿の記述の遺漏を補い、さまざまな異聞を収録するという方針で作成された注釈書である。

本書の著者は、これらの歴史資料を渉猟し、曹操が軍事家・政治家として、効果と能率をめざす徹底した合理主義者であることを明らかにする。しかし、恐るべき合理主義者である反面、詩人であるのみならず兵法学者であり、囲碁をはじめ趣味万端に通暁した通人であるなど、曹操が「はなはだでな人物であり、はめをはずしたような面をもっていた」と、指摘することも忘れない。この派手な合理主義者は、儒学が浸透した後漢帝国の非合理的で窮屈な生活に、あらゆる面で反撥することによって、飛躍する時代の先頭に躍り出たのだ、と。

曹操がこのように前代の拘束から、すっぱり解放された理由として、著者ははなはだ注目すべき見解をあげる。それは、曹操が宦官の養子の息子という、芳しからぬ家系の出身だったことである。しかし、こうして曹操は普通のかたぎの子でないがゆえに、旧文化の束縛をまぬかれ、新しい時代に向かってより自由に飛ぶことができたのだと、著者はいう。曹操が宦官の家系の出であることは、従来、陰に陽にそのマイナスイメージを強化する要因であった。著者の見解はこうした従来の型にはまった見方を、鮮やかに逆転させたものにほかならない。

曹操は文学史の流れを変えた詩人であり、また芳しからぬ出身の負い目を逆手にとって、旧来の文化や固定観念にこだわらず、新しい時代の旗手となった。著者が洗いだしたこのような曹操の実像は、『三国演義』に集大成される陰険な敵役・悪玉曹操の虚像とは雲泥の差、まことに爽快きわまりない。

今や、『三国志』世界に興味をもつ人々の間で、好悪の感情はさておき、曹操が単に『演義』的な敵役・悪玉ではなく、稀にみる英雄性をもった人物であることは、一種、共通の認識になりつつある。こうした曹操観は、今を去ること四十年前、昭和三十一年(一九五六)に書かれた、本書のこの「曹氏父子伝」によってはじめて、打ちだされたものである。こうした曹操観は、著者自身もまた、固定観念にとらわれぬ自由な発想の持ち主だったからこそ、生まれたものだといえよう。

本書『三国志実録』の第二部「曹植兄弟」は、第一部「曹氏父子伝」の二年後、昭和三十三年(一九五八)に書かれた。この第二部は、第一部最終章でおこなわれた、いずれも詩人としてすぐれる曹操の二人の息子、曹丕と曹植の作品の比較検討を受けた形で、書き継がれる。いうまでもなく、この第二部においても、基本資料とされるのは陳寿の『三国志』と裴松之の『三国志注』である。

曹操はなるほど最初の詩人の栄誉を担った。しかし、おおむね即興の作であるその作品は豪快ではあるものの、反面、あらけずりであり単調であることも、否めない事実である。

曹丕とその弟の曹植は、父の切り開いた詩のジャンルにおいて、さらに精錬した詩的世界を築きあげた。ただ、噴出する感情を歌いあげる燃焼度の高さにおいて、弟の曹植のほうが兄の曹丕より一枚も二枚も上手であった。また、性格的にも、曹植が自由奔放、いかにも曹操好みの派手な人物だったのに対し、曹丕は着実ではあるものの、地味でおもしろみに欠ける。

このため、長幼の序からいえば、曹丕が上であるにもかかわらず、曹植が強力なライバルとして浮上し、彼らは父曹操の後継の座をめぐって、骨肉の争いを繰り広げる羽目になる。曹操自身、二人のいずれを選ぶか迷いに迷い、事あるごとに競争させたため、兄弟の対立はいっそう深刻化した。

曹操の息子たちが、こうして宿命的対立に陥る悲劇的経緯を記したあと、本書第二部「曹植兄弟」は曹丕・曹植兄弟のまわりをとりまく、文人グループ「建安七子」へと、視点を移す。建安七子とは、孔融《こうゆう》・陳琳《ちんりん》・王粲《おうさん》・徐幹《じょかん》・阮瑀《げんう》・応瑒《おうとう》・劉楨《りゅうてい》の七人を指す。彼らのうち、ここで取りあげられているのは、王粲と劉楨を除く五人である。

なかでも、陳琳を扱ったくだりはずば抜けておもしろい。陳琳は、曹操のライバル袁紹《えんしょう》に仕えていたころ、曹操を攻撃する檄文《げきぶん》(布告文。味方をたたえ、敵を攻撃するアジテーション、プロパガンダの文章)を書いたことがある。それは、「曹操に対する人身攻撃に終始」し、「徹底的な悪意の文字」を連ねた文章であった。この悪意にみちた檄文の作り手は、袁紹が曹操に敗北すると、なんとさっさと曹操に鞍がえしようとした。さすがの曹操も、この陳琳の変わり身の早さには開いた口がふさがらなかったが、けっきょくその文才を買い、彼を受け入れたのだった。檄文など実用的文章にすぐれる陳琳の文才は、曹操にとっても大いに必要なものだったのである。しかし、息子の曹丕と曹植は、そんな陳琳を好まず、文学者としてはまったく評価しなかった。乱世に生きる転変つねなき文人陳琳、その食えなさを百も承知でありながら、あえてみずからの傘下に受け入れた曹操、そうした陳琳の存在に違和感を抑えきれない曹丕・曹植兄弟。彼らの錯綜したかかわりのありようが、ここにはまことにいきいきと描かれており、曹操父子あるいは曹植兄弟をとりまく時代の雰囲気を彷彿とさせるものがある。

著者は、第一部「曹氏父子伝」で曹操の実像を洗いだし、第二部「曹植兄弟」で、その息子たちの葛藤と、陳琳をはじめ周辺に存在した文人たちのさまざまな処世を描くことによって、曹操の生きた時代のエートスをくっきりと浮かびあがらせた。こうして本書は、虚構の物語世界『三国演義』とは異なった文脈をもつ、『三国志実録』世界をトータルな形で、みごと現出させるのである。

おびただしい資料を駆使し、実証を積み重ねながら展開される、この『三国志実録』の世界は、あくまで輪郭あざやか、明晰このうえない。あらためて著者の明快な文章の力に驚嘆し、深い感動をおぼえたことを、最後に付記しておきたい。

(1997.3)

『随筆三国志』

花田清輝 著

（講談社文芸文庫、二〇〇七）

星の数ほどある三国志関係の書物のうちで、花田清輝著『随筆三国志』は、意表をつく発想のおもしろさで群を抜く快作である。本書の初版が刊行されたのは約四十年前の一九六九年だが、ここで多角的に展開される三国志論は、今なおいきいきとした躍動感と鋭い問題意識に満ちあふれ、読者に快い知的快感を覚えさせる。

全十二章からなる『随筆三国志』において、著者が最大の力点を置いて論じているのは、かの諸葛亮孔明《しょかつりょうこうめい》である。著者は従来、誠実無比の軍師として憧憬されてきた諸葛亮像を容赦なく「粉砕」しながら、確たる行政プランをもつ有能なシビリアンとして、組織作りや経済政策を推進し、停滞的な旧社会を破壊して新しい社会を築こうとした新たな諸葛亮像を提示して見せる。

こうして諸葛亮を大いに評価する反面、曹操については、「赤壁《せきへき》の戦い」において、軍事的に圧倒的優勢にありながら、周瑜《しゅうゆ》の率いる少数の呉軍にあっけなく敗北したのは、明確な天下統一のプランがなかったからだと言いきるなど、きわめて手厳しい。おそらく少年のころから三国志世界に馴染んだ著者の血肉と化した「曹操嫌いの諸葛亮好き」が、理論武装してこうした形であらわれたものと見え、その意味でもたいへんおもしろい。

姦雄曹操については逆転評価するには至らなかったものの、実は本書では、従来いたって評判のわるい人物を高く評価し、定評を覆している部分が多々ある。たとえば、三度も主君を変え、無節操、破廉恥の極みとされる檄文の名手の陳琳、弟曹植をいじめ抜いた冷酷な人物として嫌われる魏の文帝曹丕、軽薄なスタイリストとされる何晏《かあん》を取りあげ、その長所を浮き彫りにしてゆく語り口はまことにスリリングであり、読者を文字どおり昂揚させる。余談ながら、私は本書の陳琳論を読んでいたく感銘をうけ、これに刺激されて自分でも「悪態の美学――陳琳について」という小論を書いてしまったほどだ。

既成の評価を果敢に打ち破り、新たな視点から三国志世界を読み解く本書は、今なお「目からウロコ」の新鮮な感動を与えてくれる貴重な一冊である。

(2008.11.18)

＊

本書第一部の『随筆三国志』は、一九六八年から一年間、雑誌『展望』(筑摩書房刊)に連載され、六九年、筑摩書房から刊行された単行本にもとづいている。今を去ることほぼ四十年、六〇年代末の激動の季節に著されたものである。

揺れ動く時間帯のまっただなかで書かれたこの作品は、今、読み返してみても、時の流れを超えていきいきと読者に語りかけてくる躍動性に満ちあふれている。いかにも花田清輝らしく、思いつくままアトランダムに書きすすめているようでありながら、その実、本書は「三国志」世界の開幕から終幕に至るまで、ユニークな問題意識をもって要所要所を掘り下げながら追跡しきっており、みごとというほかない。以下まず本書の展開に沿って、花田清輝描くところの三国志世界を追体験してみよう。

冒頭の「蜀犬、日に吠ゆ」は、日の目を見るのが稀な蜀の地では、太陽が出ると犬が怪しんで吠えるという諺から説き起こし、蜀に関する古今の旅行記への言及を経て、おもむろに「天下三分の計をたて、劉備を助けて、蜀の国を占領した」諸葛亮孔明にスポットを当てる。本書全体を通して、花田清輝は諸葛亮を非常に高く評価し、ここでものっけから、諸葛亮はリアル・ポリティックスの動きに対して確固たる見通しをもっており、天下三分の計も粘り強く考え抜いたプランニングだと称賛する。これとは逆に曹操への見方は苛酷であり、正体は「オポチュニスト」であり、プランニングなどの持ち合わせはなく、あったのはたかだか「タクティックス」くらいだと、痛烈にこきおろしている。

それにしても、「蜀犬、日に吠ゆ」から語りはじめ、迂回作戦によりつつ、あれよあれよというまに『三国志演義』の中心人物諸葛亮と曹操の対比にまでもってくる筆の運びには、尋常ならざるものがあり、つくづく感心させられる。そういえば、迂回作戦は諸葛亮の十八番であり、そんな思考回路の類似性にも、花田清輝が諸葛亮に親近感をおぼえる要素があったのかもしれない。

付言すれば、本書の基盤になっているのは、陳寿の手になる正史の『三国志』ではなく、長篇小説の『三国志演義』のほうである。日本では今も記したように、『三国志演義』というタイトルのほうが流通しているが、花田清輝は一貫して『三国演義』というタイトルを採用している。ちなみに、本家本元の中国ではもっとも古い刊本とされる嘉靖本《かせいぼん》(明の嘉靖元年〈一五二二〉に刊行されたもの)のタイトルのみ『三国志演義』であり、これ以後の刊本は現代に至るまですべて『三国演義』である。

二番目に配置された「怪力乱神を語る」は、画聖と称される東晋の顧愷之《こがいし》の手になる「雲台山図《うんだいさんず》」を手がかりにして、道教の一派である五斗米道《ごとべいどう》の教祖張陵《ちょうりょう》に言及し、これと連動させて、後漢末、乱世の引き金となった「黄巾《こうきん》の乱」の首謀者、太平道《たいへいどう》の教祖張角《ちょうかく》にスポットを当てる。花田清輝はこうして三国志世界の開幕のポイントをしっかりおさえながら、『演義』の登場人物のなかで、教祖たちを生んだ後漢末の神秘主義を独特のかたちで体現しているのは、諸葛亮だけだとさりげなく指摘することも忘れない。

これにつづく「二桃、三士を殺す」は、まず世に出る前の諸葛亮が愛唱していた「梁父吟《りょうほぎん》」を取りあげ、ここで歌われる春秋時代の斉《せい》の三豪傑が、名臣晏子《あんし》の策略で二個の桃のために、三人そろって自殺する羽目になった顚末を検討する。かくて、反抗的な豪傑に手を焼いて始末してしまった晏子より、関羽や張飛をしんぼう強く教育した諸葛亮のほうが一枚上手だとしつつ、豪傑なるものは見かけは剛毅だが、内心は自信のない者が多いと、ユニークな豪傑論を展開する。

つづく「処士横議」は、英雄豪傑がしのぎを削る三国志世界からやや視点をずらして、魯迅の名講演「魏晋の気風および文章と薬および酒の関係」を引き合いに出しながら、魏末の「竹林七賢」を寸描する。ここで、おそろしくケチだなどと世評の芳しくない王戎《おうじゅう》を「七賢のなかで、いちばん、自主独立の精神をもち、真に賢人の名に値いした」人物として称賛しているところなどは、いかにも何事も額面どおり受け取らない「複眼」の持ち主花田清輝らしい。ついで、竹林七賢のなかでも特記すべき存在である嵆康《けいこう》が、七賢の一人山濤《さんとう》に送った絶交状「山巨源《さんきょげん》に与うる絶交書」の検討に移り、最後に司馬遷の手になる古今に冠たる絶交状「任少卿《じんしょうけい》に報ずる絶交書」を取りあげ、深読みの極みというべき興味深い論旨を展開する。この章の眼目はなんといってもこの司馬遷論にほかならない。

第五番目の「良禽は木を選ぶ」で、花田清輝は軌道修正してふたたび三国志世界に視点をもどす。「良禽は木を選ぶ(よい鳥は木を選んでとまる)」は、もともと『春秋左氏伝《しゅんじゅうさしでん》』哀公《あいこう》十一年に見える孔子の発言、「鳥は則《すなわ》ち木を択《えら》ぶも、木は豈《あ》に能《よ》く鳥を択ばんや」による言葉であり、臣下にも主君を選ぶ権利があるという意味。『演義』にもよく出てくる表現である。ここで花田清輝はこの成語を逆手にとり、三国志の乱世においてはすでにこの発想は用をなさず、「木」のほうで「鳥」を選び、「三顧の礼」を尽くして「中国における君臣の関係にコペルニクス的な転回をあたえた劉備のほうが、曹操よりも、はるかにあたらしい思想の持ち主だった」という、意表をつく見解を披瀝《ひれき》する。また、劉備の要請にこたえた諸葛亮の「絶対の忠誠」についても、「心情の倫理」を「責任の倫理」に転化させつつ、「政治的乃至は経済的な組織にたいするイムパーソナル」なものとして形づくられていったという、注目すべき見解を示す。この見解はパーソナルな立場で忠誠無比を尽くす諸葛亮を絶賛する従来の観点に、「コペルニクス的転回」を迫るものだといえよう。

つづく「燕人燕語」は、中国の四大奇書(『三国志演義』『水滸伝』『西遊記』『金瓶梅』)に描かれる豪傑・淫女のイメージをたどりつつ、三国志世界きっての大豪傑、燕人《えんひと》張飛にスポットを当てたものである。民間芸能の語り物を母胎とする『演義』では、張飛の短所「軽挙妄動癖」が長所に転化され、まさしく「無意義化の完璧」である張飛の大暴れに庶民のみならず読書人も喝采を送ったとする。しかし、この庶民のスター張飛は部下に寝首をかかれてあっさり絶命し、けっきょく「いかに膂力《りょりょく》が人にすぐれていようとも、主義も主張もない、庶民は脆《もろ》い」とばっさり断罪するに至る。まことにシビアな豪傑観である。

第七番目の「儒生、時務を知らず」は、まず蜀の旧劉璋《りゅうしょう》政権の頑強な抵抗派、反劉備派から転身して、劉備政権の優秀な経済官僚となった王連《おうれん》の事迹をたどりつつ、諸葛亮がこの王連をはじめとするテクノクラートの協力を得て、「消費と生産のバランスの取れた」経済政策を実施すべく尽力するさまを描く。山に囲まれた蜀は古来、桃源郷とみなされがちだが、花田清輝によれば、「桃源郷とは、後退することもなければ、前進することもない、永遠に立ちどまったままの社会」であり、そこでは単純再生産がくりかえされるだけだという。かくして諸葛亮は「むろん、拡大再生産を目ざして、経済の計画化を企て、桃源郷の破壊に全力をあげたことであろう」と述べるに至る。なんとも思い切った見解だが、先の諸葛亮論の「責任の倫理」による「政治的乃至は経済的な組織にたいするイムパーソナルな絶対の忠誠」と合わせて見るとき、花田清輝の描くシビリアンとしての諸葛亮の姿が鮮やかに浮かびあがってくる。

第八番目に配置された「説三分」の中核は、「赤壁の戦い」において、軍事力において圧倒的優勢を誇った曹操がなぜ周瑜・諸葛亮に敗北したか、その原因をさぐることにある。かくして、花田清輝は軍事力のみならず兵法家としても諸葛亮よりはるかにすぐれていた曹操があっけなく敗れたのは、「はっきりした平天下の計画」がなかったためだと断定する。これに対して「まがりなりにも周瑜には天下二分の計があり、孔明には、天下三分の計があった。その点において、すでに曹操は、たたかわずして、周瑜や孔明にやぶれていたのではあるまいか」というのである。確かにこの時点の曹操は北中国を制覇した勢いにまかせて、確たる見取り図もなく、しゃにむに南下した感が強く、なるほどと感じ入らせる見方だといえよう。

以上、全体の三分の二にわたる展開において、花田清輝は多種多様の角度から三国志世界にアプローチを試みているものの、最大の力点をおいて論じているのは見てのとおり、諸葛亮である。花田清輝はここで従来、センチメンタルな崇拝の対象であった忠誠無比の軍師としての諸葛亮像を徹底的に洗いなおし破壊しつつ、確たるプランをもち、有能なシビリアンとして「責任の倫理」にもとづいて組織作りや経済政策を推進し、停滞的な桃源郷の破壊に全力をあげる、新たな諸葛亮像を提示してみせる。

このまことに爽快な偶像破壊の操作を成し遂げたあと展開される、後半の三章「飲馬長城窟行《いんばちょうじょうくつこう》」「豆は釜中に在って泣く」「烏に反哺《はんぽ》の孝あり」は、実は本書の白眉というべき無類の興趣にあふれる。このうち、「飲馬長城窟行」は、何進から袁紹へ、袁紹から曹操へと仕える対象を変え、転身を重ねた「建安七子」の一人、陳琳を取りあげたものである。檄文の名手だった陳琳は、袁紹のために曹操を誹謗し罵倒しつくす名調子の檄文を著したにもかかわらず、袁紹が敗北するや平然と曹操傘下の文人となり、今度は曹操をほめたたえ、その敵を攻撃する檄文をせっせと書きつづけた。破廉恥、無節操の極みと従来、いたって評判がわるく、可愛げのないこの人物を、花田清輝は「三度も主人を変えたにもかかわらず、てっとうてつび、「自立の人《ホモ・プロ・セ》」として生きた」と高く評価するである。

「豆は釜中に在って泣く」は、曹操の長男曹丕（のちの魏の文帝）にスポットを当てる。曹丕もまた、弟曹植と父曹操の後継の座をめぐって骨肉の争いを演じて勝利者となり、弟いじめをした陰険にして冷酷な人物として、悪評にさらされた人物である。曹丕・曹植兄弟は詩人としても名高い存在であり、とりわけ曹植は唐代以前における最大の詩人と目される。花田清輝はこの曹植ではなく、とかく問題の多い曹丕を、教養ある人士が歯牙にもかけない俗な小説の創作にあえて手を染め、怪異小説集『列異伝』を著した小説家の皇帝として高く評価する。その不敵さを買うのである。『列異伝』がほんとうに曹丕自身の作品であるかどうかについては断定しがたいけれども、じっさい曹丕は異色の才能の持ち主であり、五言詩全盛の時代にいちはやく七言詩を著したり、今にのこる「典論論文《てんろんろんぶん》」に片鱗がうかがえるように文学理論を組み立てる評論家としてのセンスにも抜群のものがあった。

「烏に反哺の孝あり」は、曹操の養子の何晏を取りあげたもの。何晏もまた神経麻痺剤「五石散《ごせきさん》」を最初に服用し、服装や化粧に凝ったスタイリスト、軽薄才子としていたって評判のよくない人物である。花田清輝はこの何晏を、「長幼の序といったようなものにこだわらない、すこぶる民主的な思想家」であり、当時、最高の道徳モラルとされた「親孝行」理念に対抗し、「あくまで不孝者として……、不退転の決意をもって薬をのみはじめた」恐るべき人物だと高く評価する。従来の何晏評価を逆転させるこのくだりの語り口はおおいに説得力があり、おもしろいというほかない。

諸葛亮の偶像破壊と新たなイメージの提示、陳琳・曹丕・何晏という従来、負性を刻印された人々の評価の逆転というふうに、いわば「脱構築」しながら三国志世界を読み解いてきた花田清輝は、終章「撃壌歌《げきじょうか》」において、西晋の左思《さし》の手になる「三都の賦《さんとのふ》」を引き合いに出しながら、降伏した蜀と呉の最後の皇帝、劉禅《りゅうぜん》と孫晧《そんこう》の姿を描き、目からウロコの発見に富んだ本書『随筆三国志』の幕を閉じる。

本書の特徴は、こうして三国志世界をあらたに読み解いたことのほかにいま一つ、たとえば三国分立の状況を、ソ連圏、アメリカ圏、アジア・アフリカ圏、あるいはオセアニア、ユーラシア、イースタシアの三圏と重層化させて見るなど、すこぶるアクチュアルな観点に立って著されていることである。本書の臨場感にあふれた躍動性は、おそらくこうした筆者の姿勢からきているのであろう。

本書の第二部には、主として三国志に関連した「ロカビリーと諸葛孔明」「通俗三国志」「大衆芸術論」「説三分」の四編が収められている。このうち「ロカビリーと諸葛孔明」は、隠棲中の諸葛亮の愛唱歌「梁父吟」を「一種の流行歌」のようなものだとし、ロカビリー歌手と諸葛亮を「いきなり孔明とイコールで結びつけようとするつもりなど、さらさらないが」といいつつ、「しかし、……無礼なところも似ている」などとアッケラカンと言い捨てるなど、これぞ「脱構築」の極み、ひねりのきいたおもしろさにあふれた文章である。

また、「通俗三国志」は、江戸時代の元禄二年(一六八九)に刊行された、『演義』の翻訳『通俗三国志』(訳者は湖南文山)について論じた文章だが、ここに「わたしには、「三国志の世界」を解く鍵が、魯迅の『魏晋の気風および文章と薬および酒の関係』という講演のなかにかくされてるような気がしないこともありません」と述べ、また「わたしには、戦後的なセンスがなければ、永遠に「三国志の世界」の正体はとらえられないような感じがします」と述べるなど、第一部『随筆三国志』のポイントを暗示するような発言がかいま見え、まことに興味深い。

『通俗三国志』といえば、『随筆三国志』の随所に出てくる『演義』の翻訳のベースになっているのは、まぎれもなく湖南文山訳であることを、最後に付記しておきたい。おそらく花田清輝もダイナミックな訳文で読者を魅了する、『通俗三国志』の愛読者だったのであろう。

(2007.5)

『山海経——中国古代の神話世界』

(高馬三良訳、平凡社ライブラリー、一九九四)

本書は、古代中国の幻想的な地理書『山海経《せんがいきょう》』の翻訳。詳細な注も付されている。『山海経』は戦国時代初期から前漢にかけて徐々に形づくられ伝承されてきたが、まず前漢末の劉歆《りゅうきん》(前五三?—二三)がこれを校定、ついで東晋の郭璞《かくはく》(二七六—三二四)が『山海経注』を著した。現存の『山海経』はすべてこの郭璞本にもとづくものであり、本書もこれによる。

『山海経』(全十八篇)は、「五蔵山経《ごぞうさんけい》」(五篇)、「海外経《かいがいけい》」(四篇)、「海内経《かいだいけい》」(四篇)、「大荒経《たいこうけい》」(五篇)の四部構成をとる。このうち、「五蔵山経」を「山経《さんけい》」、他の三経を「海経《かいけい》」として、二種に大別するのが通例である。基本となる「山経」の部分は、南・西・北・東・中央の各山系に応じて、方位・道程・山川・生息する奇怪な動植物などを、比較的整然とした形で記述する。これに対して、「海経」の部分では神話や伝説の色彩が格段に濃厚となり、最後の「大荒経」になると、神・怪人・怪獣・妖怪等々が続々と登場し、文字どおり妖怪オンパレードの様相を呈するに至る。

東晋の大詩人陶淵明《とうえんめい》(三六五—四二七)はこの『山海経』の愛読者であり、連作詩篇「山海経を読む十三首」を著し、その第一首で「周《しゅう》王の伝を汎覧《はんらん》し、山海の図を流観《りゅうかん》す、俯仰《ふぎょう》宇宙を終《お》う、楽しからずして 復《ま》た何如《いかん》(周王の伝記を拾い読みしたり、『山海経』の図を気ままに眺めたりしながら、広い宇宙をひとめぐり、楽しくなくて何とする)」と歌っている。この詩には、『山海経』に登場する多様な動植物が取りあげられているが、なかでも天帝に敗北し、首を切られた後も戦いつづけた怪物「刑天《けいてん》」を歌った第十首は秀逸である。

この詩からも明らかなように、陶淵明の見たテキストには挿絵がついていた。現行本の挿絵はこれとは異なり、ずっと後代のものだが、その想像を絶する奇怪さは十二分に受け継がれている。本書にはこの挿絵も載せられており、破天荒な怪物たちに目を見張りながら「広い宇宙をひとめぐり」、幻想の大旅行を満喫することができる。

(2010. 8. 3)

劉向・葛洪 著

『列仙伝・神仙伝』

（沢田瑞穂訳、平凡社ライブラリー、一九九三）

中国では古代から、不老長生あるいは不老不死を体現した仙人は憧憬の的であった。前漢の劉向《りゅうきょう》（前七九―前八）著『列仙伝』と東晋の葛洪《かっこう》（二八三―三四三）著『神仙伝』は、仙人の実在を確信する作者によって著された中国仙人伝の双璧である。本書『列仙伝・神仙伝』はこの両書の全訳を収める。

先行する『列仙伝』には、神話・伝説の時代から前漢までの仙人七十人余りの伝記が収められている。ここに登場する仙人の多くは名もない庶民の出身であり、もともとの職業も馬医者、薬売り、草履売り、産婆など千差万別だが、けっして階層が高いとはいえない。

彼らの多くは一念発起して、穀物を口にせず（辟穀《へきこく》という）、松の実などの植物性仙薬を長期間服用して、身体を徐々に純化する。この結果、白髪はふたたび黒くなり、抜けた歯はまた生えてくるという具合に、若さを取りもどし不老長生の身となる。こうして数百年も地上の世界で気ままに生きたあげく、ついに昇天して仙界へと旅立つのである。

『列仙伝』が、基本的に仙人を身近な存在として描くのに対し、約四百年後に書かれた『神仙伝』になると、ぐっとハードルが高くなる。すなわち不老不死の仙人となるには、辟穀や植物性仙薬の服用だけでは不十分であり、優秀な師匠について厳しい修業に耐え、鉱物性仙薬「金丹《きんたん》」の作り方をマスターして、これを服用することが必須とされるのだ。

ここに収められた九十人余りの仙人の伝記は、この苛酷な修業のプロセスを精緻に描く作品が多く、簡潔な筆致で描かれた『列仙伝』の作品に比べれば、すぐれた短篇小説の趣をもつ。付言すれば、『神仙伝』の著者葛洪は神仙思想の理論家であり、仙人になるための実践理論を説く『抱朴子《ほうぼくし》』(石島快隆訳註、岩波文庫)の著者でもある。

いずれにせよ、この二つの仙人伝に登場する、永遠の若さと無限の生命を保つ仙人群像は、老いと死を免れえない人間存在に、時空を超えて見果てぬ夢をみさせてくれる。じっくり味読すれば、えもいわれぬ開放感が味わえる一冊である。

(2009.9.15)

＊

本書に収められた『列仙伝』と『神仙伝』は、中国仙人伝の双璧である。ここには、仙人の実在を確信する作者の筆によって、有限の生命しかもちえない人間存在の限界を超越し、時間を超えて永遠の若さと生命を保つ、さまざまなタイプの仙人が活写されている。

前漢の劉向の作だとされる『列仙伝』には、簡潔な筆致で描かれた、七十余人の仙人の伝記が収められている。もちろんここで、伝説上または歴史上の高貴な人物も仙人化されてはいるが、さらに注目すべきは、ここに登場する仙人の多くが、名もなき庶民の出だということである。彼らは現実社会ではいたって階層が低く、馬医者、薬売り、小役人、酒造り、鏡磨き、草履売り、産婆などを生業《なりわい》とし、もの乞い稼業の者までいる。

彼らの多くは、穀物を口にせず、松の実や茯苓《ぶくりょう》といった植物性の仙薬を長期間服用して、徐々に肉体を純化する。この結果、白髪はふたたび黒くなり、抜け落ちた歯はふたたび生えるという具合に、壮年の健やかさを取りもどし、不老長生の身に変身して、長い場合は数百年もの間、地上の世界を往来したあげく、ついに仙界の彼方に姿をくらますのである。肉体を純化するために、こうした辟穀、仙薬の服用と同時に、呼吸術や導引《どういん》（柔軟体操）、房中術《ぼうちゅうじゅつ》などの身体トレーニングが併用されるケースも多い。

辟穀については、すでに『荘子』の「逍遙遊篇《しょうようゆう》」において、かの藐姑射《はこや》の仙人が「五穀を口にせず、風を吸い露を含み、雲に乗ったり飛翔する龍にまたがったりして、四海の外に遊ぶ」とされており、古くから仙人の属性とされていたことは明らかである。

人間は霞を食っては生きられず、食を得るために否応なく社会システムのなかに組み込まれざるを得ない。もし藐姑射の仙人のように、霞を食って生きられるものなら、どんなに自由になれることだろう。『列仙伝』の世界にあらわれる、貧しく素性いやしき仙人たちは、そんな今も昔も変わらぬ、人間の見果てぬ夢を体現するかのように、霞のかわりに、野山に自然に生えている薬草を摂取し、社会システムの網の目からあっさりこぼれ落ちて自由を謳歌し、しかも薬草の効果によって、人間の時間的な限界性をも超越してしまうのだ。ここに、現実社会のヒエラルキーを無化し、無限の自由を求める、切なくも尖鋭な「救済の思想」を見て取ることは容易であろう。

こうして「救済」された仙人たちは、最終的に、この世とは次元を異にするユートピアとしての仙界に到達するとされるが、実のところ、『列仙伝』にはそうした仙界ユートピアの具体的なイメージはほとんどあらわれない。皆無というわけではなく、邗子《かんし》という人物が、偶然、山の洞窟をくぐり抜けて、宮殿のそびえたつ仙界に到達したという話もある。だが、この洞窟の先に広がる仙界のイメージはきわめて稀薄であり、おまけにそこで、邗子の死んだ妻が魚を洗う係として働いていたとされるなど、この仙界はほとんど冥界と区別がつかない。さらにまた後世の仙界訪問譚のごとく、仙界と俗界のあいだに時間的な落差が設定されることもない。

こうした仙界ユートピアに対する無頓着さは、『列仙伝』の主要なテーマが、一貫して、俗界を往来する現存在としての仙人の姿を、描くことにあったことを示すものといえよう。それかあらぬか、『列仙伝』は、仙界で権威を誇るランクの高い仙人を描くかわりに、せっかく仙界に到達したものの、盗癖があって処罰され、髪を剃られたうえ赤い囚人服を着せられ、容貌まで急に老けこんで、俗界をうろつく服閭《ふくりょ》なる情けない仙人の伝記まで収めたりしているのである。仙人を高みにある仙界ユートピアに隔離されたものとしてではなく、あくまで身近なもの、なろうと思えば誰にでもなれる存在として、とらえようとする『列仙伝』の志向を、如実に示す話である。

このように『列仙伝』が、仙人を身近な現存在として描くことに重点を置くのに対して、約四百年後、東晋の葛洪が著した『神仙伝』になると、仙人のエリート化ともいうべき傾向が強くなる。もっともエリート化といっても、仙人の出身階層が高くなったという意味ではない。『神仙伝』に登場する仙人にも小役人や召使いなど、現世的身分の低い者が多い。それもそのはず、もともと葛洪には、「しかるべき人でないかぎり、高い位や豊かな富は(仙人になる修業に)邪魔になる」(『抱朴子』論仙篇)という明確な認識があり、仙人になる機会そのものは万人に共通だとされる。ただ『神仙伝』に登場する仙人は、複雑な手続きときびしい試練を経てはじめて、仙界へのパスポートを手に入れる選ばれた人々として描かれており、それが仙人のエリート化ということなのである。

ちなみに葛洪は、神仙思想の実践理論を説いた『抱朴子』の著者であるが、ここにはいくつかの注目すべき見解が呈示されている。

まず第一に、不老不死となり、昇天して仙界の住人になるためには、鉱物性の仙薬「金丹」の服用が必須の条件であり、『列仙伝』に頻出するような植物性の仙薬を服用しているだけでは、不老長生は得られても不死の段階には到達できないとしていること。第二に、この「金丹」の作り方をマスターするためには、すぐれた師匠につき、試練に耐えて修業を積まねばならぬこと。第三に、こうして修業を積んでも、誰もが「金丹」を得て昇天できるわけではないとし、仙人を三つのランクに分けていること。みごとに昇天する「天仙」、昇天はできないが数百年も地上に留まり生きつづける「地仙」、いったん仮死状態となったのち再生する「尸解仙《しかい》」が、これにあたる。

ただし「地仙」のうちには、すでに「金丹」の処方をマスターしているにもかかわらず、故意に分量を減らして服用し、頑として地上に留まりつづける者も含まれる。仙界にも地上世界と同様、官僚的なヒエラルキーが存在し、せっかく昇天しても、新米の仙人は先輩の仙人にせっせと奉仕しなければならず、窮屈でたまらない、というのが、その理由である。『神仙伝』巻二に登場する白石先生《はくせき》や馬鳴生《ばめいせい》などは、この意識的「地仙」にほかならない。

いずれにせよ、『抱朴子』は、「金丹」の服用を最重点項目として、不死と長生を区別し、「仙道修業」における師匠の必要性を説くなど、仙人理論を整然と体系化しており、その仙人観には、おしなべて未分化のまま、現にここにある存在としてのみ仙人をとらえる『列仙伝』とは、大いに異なるものがある。

こうして仙道修業を重視する『抱朴子』理論を踏まえて、著された『神仙伝』十巻(現行本)には、合計九十余人の仙人の伝記が収められているが、その委曲を尽くした叙述方法は、シンプルな『列仙伝』のそれと比べれば、ほとんど短篇小説にも似る。内容的には、『抱朴子』実践版にふさわしく、すぐれた師匠とめぐりあった仙人候補者が、いかにして通過儀礼《イニシエーション》としての苛酷な試練をくぐり抜け、仙界へのパスポートを手に入れたか、その通過のプロセスに焦点を絞ったものが多い。仙人志願者のもとに、下男に身をやつした仙人の李八百が出現し、次から次に難題をふっかけて試しつづけるさまを描いた巻二の「李八百」や、同じく仙人の張道陵《ちょうどうりょう》が、七たび弟子を試練にさらす顚末を記した巻四の「張道陵」などは、その代表に数えられる。

このモチーフは、いわば「仙人ビルドゥングスロマン」の系譜として、唐代伝奇の「杜子春」をはじめ、後世の小説や戯曲に大きな影響を与えた。付言すれば、明末の短篇小説集『古今小説』(馮夢龍《ふうぼうりゅう》撰)に見える、「張道陵、七たび趙昇《ちょうしょう》を試す」は、この『神仙伝』の張道陵説話をそのまま敷衍したものである。

このほか、アルカイックで素朴な『列仙伝』と比べて、『神仙伝』では、仙人像が多様化し、各々まことにユニークな存在が活写される。『三国志』の英雄曹操を翻弄した左慈《さじ》や、その弟子だった葛玄《かつげん》(葛洪の曽祖父の甥)のように、分身術や変身術をマスターした魔術師そこのけの超能力者。妙齢の美女(西河少女)が老人を杖で叩いているので、不審に思ってたずねると、実は彼女はすでに百三十歳であり、服薬のおかげで若さを保ちつづけ、言うことをきかない七十歳の息子を折檻《せっかん》しているところだったという話。こうした奇想天外な存在が描かれるかと思うと、夫婦で仙道修業に励み、そのかいあって、めでたくそろって昇天のはこびとなったものの、優等生の妻のほうは煙が立ちのぼるように悠然と昇天したのに対し、劣等生の夫のほうは大木によじ登り四苦八苦して、やっと天に向かって飛びあがったという「樊《はん》夫人」のように、妙に現実的でユーモラスな話もある。

『神仙伝』では、このように多様な登場人物のキャラクターが鮮明に描き分けられ、説話の構造が格段にドラマティックになっており、こうした点から、著者葛洪自身の意図はさておき、『抱朴子』実践版という枠を超えて、仙人説話が「物語」として成熟してゆくプロセスを、見て取ることもできる。

さて、『列仙伝』における仙界ユートピアについてはすでに述べたが、『神仙伝』ではどうか。ここでも、巻二に見える王遠《おうえん》の話に描かれる仙人たちのパーティーのように、天の彼方の仙界が暗示されるケースもないわけではないが、『列仙伝』と同様、仙界そのもののトポス的なイメージはやはり判然としない。こうしたなかで、とりわけ注目されるのは、巻五の壺公《ここう》の話に出てくる、かの「壺中天《こちゅうてん》」の発想である。周知のごとく、これは、費長房《ひちょうぼう》なる小役人が、薬売りの壺公に伴われ、壺公が軒下にぶらさげている小さな壺の中に入ったところ、意外や、そこに宮殿楼閣のそびえたつ仙界が広がっていたというものだ。

壺の中のミクロコスモスが反転して、そのまま天空の仙界のマクロコスモスに重なり合うとする発想は、『列仙伝』にはまったく見あたらないものであり、仙界ユートピア観の新たな展開を示すものとして注目される。ちなみに、『抱朴子』には人体の内部に神々が住むという発想も見える。だとすれば、人体そのものが「壺中天」をなしていることにもなる。

肉体を限りなく純化しつづけ、ついにはみずからの存在じたいを仙界ユートピアと化そうとする、この壮大な幻想は、『列仙伝』から『抱朴子』さらには『神仙伝』へと、脈々と受け継がれてきた、個人救済の思想としての神仙思想の究極の形を表すものといえよう。

ともあれ、『列仙伝』や『神仙伝』に見られる神仙思想の、不老不死をめざして、肉体を純化させようとする渇望(健康幻想の極ともいえる)や、ユートピア幻想は、不可能のベクトルを転換させんと願う「人類」の根源的夢想を、極端化してあらわしたものであり、その意味で、はるか時を超えた現代においてなお、イマジネーションを刺激する鮮烈さを失わない。

(1993.9)

吉川忠夫著『王羲之――六朝貴族の世界』

(清水新書、一九八四／岩波現代文庫、二〇一〇)

「書聖」と呼ばれる王羲之《おうぎし》(三〇七―三六五)は、日本でも古くは『万葉集』のころから現代に至るまで、手本とされつづけてきた書の世界における最高峰的存在だが、その実像は意外に知られていない。本書は、この王羲之の生涯およびその生きた時代を、いきいきと描きあげた名著である。

王羲之は、北方異民族によって華北を追われ、江南に成立した漢民族の亡命王朝、東晋(三一七―四二〇)の時代に生きた。南北分裂の不安定な時代ではあったものの、東晋政権の中枢を担ったのは貴族層であり、王羲之もまた超名門貴族「琅邪《ろうや》の王氏」の出身だった。東晋の貴族は政治や軍事にたずさわる一方、華やかなサロンを形成して清談《せいだん》(哲学的談議)に興じたり、洗練された美意識をもって、それまで職人芸だった書や絵画を芸術として確立するなど、従来の時代とは異なる多様な価値観によって、新しい文化を生みだした。

琅邪の王氏のホープだった王羲之は官界の重職についていたが、醜悪な権力闘争に嫌気がさし、四十九歳で引退、風光明媚な会稽《かいけい》山陰(浙江省)で隠遁生活を送る。ちなみに、彼の最高傑作と目される「蘭亭《らんてい》序《じょ》」は引退の二年前、会稽にあった別荘で催した宴のおりに書かれたものである。引退後、王羲之は興のむくまま筆をとり、七男一女（七男の王献之《けんし》も書の名手）に恵まれた家庭にいこい、また道教の一派「天師道《てんしどう》」の信者だったため、山中を彷徨し不老長生の薬草を採取するなど、心ゆくまで自由な生活を満喫した。

本書はこうした王羲之の生活や思想などを、今に伝わる彼自身の「尺牘《せきとく》（書簡）」を自在に引用しながら鮮やかに描きだす。ここに描出される王羲之の姿は、東晋という独特の時代に生きた貴族の生存美学を、臨場感ゆたかにあらわすものであり、圧巻というほかない。

付言すれば、幸田露伴著「王羲之」（『太公望・王羲之』所収、新潮文庫）も短篇ながら、『万葉集』の歌人がいかに王羲之を尊崇していたか、ということから説き起こし、その全体像を簡潔かつ明晰に描いた作品である。

（2009. 12. 8）

宗懍 著『荊楚歳時記』（守屋美都雄訳注、布目潮渢・中村裕一補訂、平凡社東洋文庫、一九七八）

生活のスタイルはすっかり変化しても、春夏秋冬、季節のめぐりに変わりはなく、連綿と今に伝わる、おりおりの祭り事や行事には中国に由来するものも多い。中国では古来、各地の年中行事の記録である「歳時記」が数多く著されてきたが、なかでも『荊楚歳時記《けいそさいじき》』は、もっとも古い部類に属し、早くも奈良時代初期の日本に伝来した。

著者の宗懍《そうりん》は今を去ること千五百有余年、魏晋南北朝時代の末、南朝梁《りょう》（五〇二―五五七）の人で、長江中流域の荆楚地方（湖北省）の出身である。本書は著者の出身地である荆楚の年中行事について、一月から十二月まで月ごとに、その由来などを丹念に記したもの。たとえば、三月三日上巳《じょうし》、日本の雛祭の日に、梁代の荆楚では「曲水流觴《きょくすいりゅうしょう》の宴（まがりくねった流水に杯を浮かべ、順番に杯をすくいあげて自作の詩をよむ）」を催す。

ちなみに、この上巳の宴は古くから江南一帯で広く行われたものであり、東晋の書の名手王羲之の最高傑作と目される「蘭亭序」は、この宴のさいに書かれたものである。本書は、この風雅な遊びは三月初めに生まれた三人の女の子が三日後、そろって亡くなり、これを悼んだ人々がこぞって水辺に至り、酒を流して禊《みそ》ぎしたことに由来するという。おそらく日本の流し雛の風習は、はるかにこれを受け継いだものであろう。

また、五月五日端午の節句は戦国時代の楚の詩人屈原《くつげん》が汨羅《べきら》の淵に身を投じた日であり、荆楚ではこれを悼んで競渡《きょうと》（ボートレース）が催されるという。日本では鯉のぼりを立てるのが習いだが、これも水とかかわりがあり、深いところでそもそもの由来と接点がある。

というふうに、本書には現代日本でもアレンジされながら受け継がれている、さまざまな年中行事の淵源が随所に記されている。めまぐるしい日々に疲れたとき、本書をめくったならば、遠い過去から伝わる年中行事のなかに文化の原型を見いだし、また時代を超えた「つながり」の手ごたえを実感して、よりどころを得たような気分になる。

（2010.3.9）

『顔氏家訓』

顔之推 著

（1・2、宇都宮清吉訳注、平凡社東洋文庫、一九八九―九〇）

『顔氏家訓《がんしかくん》』の著者、顔之推《がんしすい》（五三一―五九一）は魏晋南北朝時代の末期に生きあわせ、南朝の梁、北朝の北斉、北周、さらには南北分裂時代に終止符を打った隋《ずい》と、つごう四つの王朝に仕え、流転の生涯を送った。

『顔氏家訓』は、そんな顔之推がみずからの痛切な体験を踏まえつつ、子孫に残す家訓のスタイルで書き綴ったエッセイ集である。家訓とはいえ、ここには政治論、社会論から学問論、言語論に至るまで、多種多様なテーマが網羅的かつ具体的に取りあげられており、どこから読んでもぐいぐい引き込まれるおもしろさにあふれている。

顔之推は由緒正しい南朝貴族の出身であり、学問的素養を生かして梁王朝の文化官僚となったが、梁末の混乱期、攻め込んで来た北朝軍の捕虜となって北方に連行された。ときに二十一歳。以来、六十一歳で死去するまで、先述のごとく、次々に北方異民族王朝に仕え、曲折を経ながらも、学問や教養を武器に文化官僚として生き抜いた。

こうした経験を踏まえて著された本書において、もっとも顕著に打ちだされているのは、「積財《せきざい》千万、薄伎《はくぎ》の身に在るに如《し》かず」、すなわち「千万の財産を積むより、些細な伎芸を身につけたほうがまし」という考え方である。しかも、「些細な伎芸」のうちで、もっとも簡単に習得できるのは「読書（学問）」であり、学問さえあれば、生活に困ることはないとまで言いきっている。いかにも学問や教養をセールスポイントとし、度重なる危機を乗りきってきた人物らしい乾いた認識だが、このまったく幻想のない「職業としての学問」観は凄まじいほど歯切れがよく、読者に一種、爽快感を覚えさせるものがある。

こうした歯切れのよさ、明晰さこそ本書の特徴であり、みずからの出身母胎の南朝が北朝に滅ぼされる羽目になったのも、その軽佻浮薄な脆弱さが原因だと、具体例をあげつつ緻密に分析するなど、冷静きわまりない。あくまでも冷静かつ明晰であれば、絶体絶命の危機においても活路を開くことができる。読者にそんな確信を抱かせる一冊である。

(2009. 4. 14)

『魏晋南北朝』

川勝義雄 著

(講談社学術文庫、二〇〇三)

前・後合わせて四百年つづいた漢が二世紀後半から弱体化すると、群雄割拠の乱世となり、魏・蜀・呉の三国分立時代を経て、西晋による全土統一がなされるが長続きはしなかった。以後、四世紀初めの江南における亡命王朝東晋の成立から、六世紀末の隋による全土統一まで、中国南部を漢民族の王朝が、北部を異民族の王朝が支配する南北分裂の状態がつづく。この二世紀後半から六世紀末まで、約四百年におよぶ分裂の時間帯を政治史的に「魏晋南北朝《ぎしんなんぼくちょう》時代」、文化史的に「六朝《りくちょう》時代」と呼ぶ。本書は、この大乱世をダイナミックに論じた名著である。

本書の最大の魅力は、漢と隋(ひいては唐)の大王朝に挟まれたこの魏晋南北朝という大乱世を、「暗い谷間」の時期とするのではなく、教養の高い貴族階層を中心として、思想、文学、芸術、宗教等々が飛躍的にレベルアップして、中国文化の幅を広げ、その質を深めた「輝かしい暗黒時代」として積極的にとらえていることである。しかも、著者は優美繊細な漢民族系の南朝と質朴豪壮な異民族系の北朝の両面から、この輝かしい暗黒時代を照射し、南朝文化と北朝文化が長い時間をかけて複雑微妙に交錯・融合し、やがて隋・唐帝国が誕生するプロセスを鮮やかに浮き彫りにしている。

魏晋南北朝に先立つ大乱世は、紀元前二二一年、秦の始皇帝によって全土統一がなされるまで、五百年余りもつづいた春秋戦国時代である。しかし、この大乱世もまた諸子《しょし》百家《ひゃっか》をはじめ絢爛たる文化が花開いた輝かしい暗黒時代にほかならない。こうしてみると、長い歴史をもつ中国は春秋戦国、魏晋南北朝というふうに、大激動期を経てリフレッシュし生まれ変わるといえそうだ。この古びたものをそぎ落としてゆく過程で、新たな文化が生みだされてゆくのである。

本書は、こうした中国の一種、逆説的な歴史的運動性を、魏晋南北朝を舞台にいきいきと描きあげている。なお、本書に先行する岡崎文夫著『魏晋南北朝通史内編』(平凡社東洋文庫)も世評の高い名著である。

(2009.1.20)

『隋の煬帝』

宮崎市定 著

(中公文庫BIBLIO、二〇〇三)

隋の煬帝《ようだい》(本名は楊広《ようこう》。五六九―六一八、六〇四―六一八在位)は放蕩天子に事欠かない中国でも、桁はずれの存在にほかならない。本書は、この悪名高い煬帝の生涯をダイナミックに描きあげた名著である。煬帝の父文帝《ぶん》（本名は楊堅《ようけん》）は、異民族国家である北朝北周の外戚だったが、五八一年、北周を滅ぼして隋王朝を立て、八年後の五八九年、漢民族国家の南朝陳《ちん》を滅ぼして中国全土を統一、約四百年におよぶ魏晋南北朝の分裂時代に終止符を打った。文帝をここまで押しあげた陰には、妻の独孤《どくこ》皇后の並々ならぬ助力があった。ちなみに、文帝自身は漢民族だとされるが、独孤皇后は鮮卑《せんぴ》族の名門出身だった。彼女は有能な女性だが、異様な潔癖症であり、女性関係に乱脈な者をやみくもに嫌った。

そうした母独孤皇后の性癖につけ込んだのが二男の煬帝である。彼はひたすら真面目一筋を装って母の大のお気に入りとなり、首尾よく兄を押しのけて太子の座につく。母の死後、父文帝を死に追い込み即位すると、煬帝はまさにやりたい放題、生来の奢侈《しゃし》衝動を爆発させた。たとえば、首都長安から離宮のある江南の江都《こうと》（揚州）まで、莫大な費用と労力を費やして、「大運河」を開通させたのをはじめ、からくり仕掛けの書斎まで完備した宮殿や、人工美の粋を凝らした大庭園等々を各地に建造し、贅沢三昧にふけった。

煬帝の乱脈は当然、社会不安を激化させ、やがて中国各地に反乱が勃発する。しかし、煬帝はこの状況をよそに、ますます自棄的に快楽に溺れた。かくして六一八年、江都にいた煬帝は騒乱状態のなかで近衛軍に殺害されてしまう。ときに五十歳。こうして隋王朝が四十年で滅亡した後、従兄弟の李淵《りえん》が唐王朝を創設、以後、三百年にわたって命脈を保つ。

隋王朝は統一を持続させることができず、二代目の放蕩天子煬帝がマイナス性の化身となり、悪しき要素を噴出しつくすことによって、あっけなく滅びた。こうして歴史状況は浄化され、新しい時代がはじまるというわけだ。宮崎市定著『隋の煬帝』は中国の歴史の死と再生の不可思議な連鎖を見据えながら、破滅してゆく煬帝像を鮮やかに浮き彫りにする。

（2008. 7. 22）

『煬帝』

塚本青史 著

（上下、日本経済新聞出版社、二〇一一）

極め付きの放蕩天子、煬帝は、四百年になんなんとする魏晋南北朝の分裂時代に終止符を打ち、中国全土を統一した北朝系の王朝、隋（五八一―六一八）の第二代皇帝である。本書はこの煬帝に焦点を当てて、史実を踏まえつつ、巧みに虚構を織りまぜて、その栄光と転落の軌跡をたどる。

この物語は六世紀末、楊広のちの煬帝の少年時代からはじまる。このころ、江南の漢民族王朝の南朝は短い周期で交替をくりかえし、陳王朝の時代になっていた。一方、北方異民族王朝の北朝も慌ただしく興亡し、五七七年、北周の武帝が対立する北斉を滅ぼし、華北統一に成功する。しかし、英明な武帝はまもなく死去し、息子の享楽的な宣《せん》帝（天元《てんげん》皇帝）が即位すると、たちまち混乱状態となる。煬帝の姉がこの宣帝の皇后だったため、彼らの父楊堅《ようけん》はこの機に乗じて勢力を強め、五八一年、北周を滅ぼして即位、隋王朝を立てた。

この即位劇の背後には、楊堅の妻（楊広の母）、独孤皇后の強力な叱咤激励があった。北朝名門貴族の出身であり、潔癖症で果敢な彼女は夫を威圧し、当時としてはめずらしく一夫一妻制を堅持させた。この猛妻の指導よろしきを得て、即位当初の楊堅（隋の文帝）は身持ち正しい名君となり、まもなく南朝の陳を滅ぼし、中国全土を統一する。

煬帝は文帝・独孤夫妻の二男であり、兄楊勇《ようゆう》の後塵を拝する立場にあった。隋の成立とともに太子に立てられたのも、むろんこの兄だった。本書の著者は、煬帝がみずからの享楽的な傾向を隠蔽して、実直な孝行息子の仮面をかぶり、潔癖な母を煽動して、酒や女性に溺れ、乱れた日々を送る兄楊勇をじりじりと追いつめ、ついに太子の座を奪取する顚末をスリリングに描いてゆく。ちなみに、本書では、若き煬帝が病弱の叔父から透視術を学びとり未来を予見しえたために、巧妙に身を処し、着実にのしあがることができたとする。むろんフィクションだが、仮面貴公子煬帝の怪物性を強調するおもしろい設定だといえよう。

こうして首尾よく煬帝が太子となった二年後の六〇二年、独孤皇后が死去するや、にわかに雲ゆきが怪しくなる。それまで猛妻のきびしい監視のもとにあった文帝が、急に乱れて美女や美酒にうつつをぬかし、またたくまに心身ともに衰弱しはじめたのである。二年後の六〇四年、煬帝は術策を弄してそんな父を殺害し、平然と隋第二代皇帝の座につく。

権力を手中におさめた煬帝は、誰はばかることなく贅沢三昧、快楽三昧の生活にふけって、大運河や巨大建築物の建造に血道をあげ、三度にわたって高句麗《こうくり》征伐に失敗するなど、破滅の道に突き進むのみだった。自己陶酔にふける独裁者煬帝はすでに透視力を失ったばかりか、各地で民衆反乱の火の手が上がる現実状況さえ認識できず、六一八年、愛想を尽かした側近によって殺害される。皇帝の座にあること十四年、哀れな独裁者の末路だった。

本書は、仮面貴公子煬帝が高みに上ったとたん、権力の魔に蝕まれ破滅してゆく姿を、複雑に錯綜した当時の社会情勢、時代状況と絡ませながら、ダイナミックに描きあげる。ここに描かれた煬帝の軌跡は、批判を許さない独裁者の醜悪な姿をありありと映しだしており、二十一世紀の現代においてもすこぶる臨場感に富む。名著の誉れ高い宮崎市定著『隋の煬帝』(中公文庫BIBLIO)と本書を合わせて読むとき、いっそう興趣が深まると思われる。

(2011.3.27)

「唐代伝奇」

中国において、虚構の物語としての「小説」のジャンルが生まれたのは、中唐《ちゅうとう》(七七〇—八三五)以降である。「唐代伝奇《でんき》」と呼ばれる短篇小説群がこれにあたる。すべて文言《ぶんげん》(書き言葉)で著され、高い教養を身につけた作者たちによって、興趣あふれる物語世界が展開されている。日本では前野直彬編訳『唐代伝奇集』(平凡社東洋文庫)、今村与志雄訳『唐宋伝奇集』(岩波文庫)などの翻訳がある。また、内田泉之助・乾一夫著『唐代伝奇』(新釈漢文大系、明治書院)は各作品について原文、訓読、訳注、解説を載せたものであり、このダイジェスト版『新書 唐代伝奇』(明治書院)もある。

唐代伝奇には、超現実的な怪異譚から、恋愛や復讐など現実社会の出来事を描いたものまで、多種多様の作品が含まれ、芥川龍之介や中島敦にもこれにヒントを得た名作がある。すなわち、芥川龍之介の仙人修業物語「杜子春《とししゅん》」は唐代伝奇の同名の作品、虎になった人間の悲劇を描く中島敦の「山月記《さんげつき》」は同じく「人虎伝《じんこでん》」にもとづいたものなのである。

このほか、狐の変化《へんげ》の美女との結婚の顚末を描いた異類婚物語「任氏伝《じんしでん》」、枕の穴や樹の下の穴から異界へ入り込んだ者の姿を描く異界訪問譚「枕中記《ちんちゅうき》」「南柯太守伝《なんかたいしゅでん》」、強きを挫き弱きを助ける超能力者を主人公とする刺客物語「聶隠娘《じょういんじょう》」「崑崙奴《こんろんど》」等々、唐代伝奇には、思い切り物語幻想をふくらませた作品が枚挙に暇がないほど見える。

その一方、自分に恋い焦がれもの乞いにまで身を落とした貴公子を立ち直らせ、ついに科挙に合格させた美女の物語「李娃伝《りあでん》」をはじめ、唐代伝奇には、現実世界を舞台としながら、瞠目《どうもく》すべき生き方をした者の姿を鮮やかに描いた作品も数多い。

このように唐代伝奇の作品群は、超現実的であれ現実的であれ、「奇」つまり奇抜で突出した出来事を描くことを旨とするものであり、後世の戯曲や小説でもくりかえし取りあげられた。物語幻想の宝庫ともいうべきこの唐代伝奇の世界に遊んだならば、細々としたわずらわしい現実をつかのま忘れられること、請け合いだ。

（2011.3.1）

李攀龍 編『唐詩選』

（上中下、前野直彬注解、岩波文庫、二〇〇〇）

『唐詩選《とうしせん》』は十六世紀後半の明代、李攀龍《りはんりゅう》（一五一四―七〇）によって編纂された唐詩のアンソロジーである。もっとも選者については、李攀龍自身ではないとする説もあるが、文学的復古主義だった彼の主張にそって編まれたものであることは、まずまちがいない。いずれにせよ『唐詩選』は、唐詩のうち王維《おうい》・李《り》白《はく》・杜甫《とほ》ら大詩人を生んだ盛唐《せいとう》詩に重点を置いて、作品を選んでいるところに最大の特徴がある。

日本では江戸時代に大流行して以来、現代に至るまで長く読み継がれている。本書は、収録された四百六十五篇の詩すべてについて、まず原文と訓読文とを配し、これに語注および現代語訳を付したものであり、たいへん読みやすく、中国古典詩へのまたとない水先案内となっている。

『唐詩選』は、まず五言古詩《ごごんこし》、七言《しちごん》古詩、五言律詩《りっし》、五言排律《はいりつ》、七言律詩、五言絶句《ぜっく》、七言絶句と、詩型によって作品を分類し、さらに各詩型のうちで、時代順に同じ作者の作品をまとめて収録するという構成をとっている。ちなみに、作者総数は百二十八人、もっとも多く作品を選ばれたのは杜甫であり、全五十一首にのぼる。

本書をめくってみると、誰にとっても見覚え、聞き覚えのある名高い詩が次々にあらわれてくる。短詩型の五言絶句の項目一つとっても、ここには「牀前《しょうぜん》　月光を看《み》る、疑うらくは是《こ》れ地上の霜かと、頭《こうべ》を挙げて山月《さんげつ》を望み、頭を低《た》れて故郷を思う」と歌う李白の「静夜思《せいやし》」や、「空山《くうざん》　人を見ず、但《た》だ人語の響くを聞く、返景《へんけい》　深林《しんりん》に入《い》りて、復《ま》た照らす　青苔《せいたい》の上」と歌う王維の「鹿柴《ろくさい》」等々、極め付きの名詩がひしめきあっており、思わずそれこそ声に出して読みたくなってしまうにちがいない。

中国古典詩の流れは唐代から宋代以降へと、広がりと深まりを増しながら連綿と受け継がれていった。この『唐詩選』を手はじめに、さらに宋代以降の中国古典詩に目を向け、多種多様の詩にふれたならば、きっと世界が広がる喜びを味わえることであろう。

（2010.6.8）

読まずにきた本――「常識の欠落」

中国文学を専攻するようになったのは一九六四年、それからもう四十年近くの歳月が流れた。最初のころは主に魏晋南北朝(三国六朝)の文学を対象にしていたので、この時代に編纂された詩文のアンソロジー『文選《もんぜん》』や『玉台新詠集《ぎょくだいしんえい》』はそれなりによく読んでいたが、大学院に入るまで、なんとあの有名な『唐詩選』は通読したことがなかった。

『唐詩選』は周知のごとく明代、李攀龍《りはんりゅう》が編纂した唐詩のアンソロジーであり、日本では江戸時代に大流行して以来、現在もなお多くの読者をもつ古典中の古典とされる。しかし、本家本元の中国では『唐詩選』の評判はすこぶるよくない。編者の李攀龍は「文は必ず秦漢、詩は必ず盛唐」をスローガンに、詩文の創作は必ずこの時期を手本としなければならないとする、「古文辞派《こぶんじ》」の重要メンバーであり、『唐詩選』もいわばその手引きとして編まれたとおぼしい。明末に至るや、「古文辞派」は、特定の時期の詩文にこだわらず、もっと自由な発想・自由な表現を求める袁宏道《えんこうどう》(一五六八—一六一〇)らを中心とする「公安派」に駆逐された。これと同時に、『唐詩選』もすっかり廃れてしまい、以来、顧みる者もないという状態が中国では現在までつづいている。

そういう中国文学史の知識だけはあったので、学部のころ、相当以上に生意気だった私は、『唐詩選』をめぐる気もしなかったというわけだ。しかし、大学院に入ったばかりのころ、授業で読んでいた文章のなかに、昔の日本人なら誰でも知っている詩句が出てきたとき、居並ぶ学生は誰一人その出典がわからなかった。そのとき、授業されていた某老先生が、「これは『唐詩選』に出てくる詩ですよ。きみたちは難しいものは知っているけれども、常識がない」と慨嘆された。これが契機となって一念発起、ようやく『唐詩選』を通読したのだった。感動はしなかったけれども、どこかで聞いたことがあるような詩句が随所にちりばめられており、ナルホド常識は大切だと、殊勝な感想を抱いたのであった。

『唐詩選』のみならず、明代に成立した四大白話長篇小説、『三国志演義』『西遊記』『水滸伝』『金瓶梅』(「四大奇書」と称される)のうち、なぜか『西遊記』だけはなかなか本腰を入れて読む気になれず、数年前、機会があってようやく読了したという、大きな声では言いにくい経験もある。なにしろ中国文学は気が遠くなるほど本だらけの世界なので、意外に読んでない本はそれこそヤマとあり、本棚を見ながら出るのはため息ばかり。日本の本については、どうしたわけか「時代小説」が苦手で、『大菩薩峠《だいぼさつとうげ》』も『富士に立つ影』も途中で挫折したままだ。もう少し年をとって時間ができたら、これらも含めて洋の東西を問わず、また、読んだことのある本もまだ読んでない本も合わせて、長い長い物語を次々に読み、ゆったりどっぷり物語世界に浸ってみたいと願うことしきりである。

(2003. 2)

『馮道――乱世の宰相』

礪波護 著

(中公文庫BIBLIO、二〇〇三)

九〇七年、ほぼ三百年つづいた唐王朝が滅亡すると、中国は南北に分裂し、五十年余りにわたる乱世に突入した。この間、北中国では後梁《こうりょう》、後唐《こうとう》、後晋《こうしん》、後漢《こうかん》、後周《こうしゅう》の五王朝が短い周期で興亡し、南中国を中心に各地で十国が乱立する。

馮道《ふうどう》あざな可道《かどう》(八八二―九五四)はこのいわゆる「五代十国《ごだいじっこく》時代(九〇七―九六〇)」において、なんと五王朝(後唐、後晋、遼《りょう》、後漢、後周)、十一人の皇帝に仕え、二十年余りも宰相をつとめた。本書は、変転常ない時代状況と密接に関連づけながら、この並々ならぬ政治感覚をもつ五代の宰相、馮道の生涯をたどった名著である。

唐末に生を享けた馮道は勉強家で文才にすぐれていたが、地味で穏やかな性格であり、転身を重ねた生涯においても、この人となりは変わらなかった。二十代前半で節度使《せつどし》の下っ端幕僚となった彼は、約二十年後の九二七年、四十六歳のときに、政治の表舞台に躍り出た。後唐第二代皇帝の明宗《めいそう》に博学と温厚な性格を評価され、宰相に抜擢されたのである。

以来、次々に交替する王朝において、まさに「不倒翁」のように、政治の中枢に身を置き、宰相職を堅持しつづけた。徹底した現実主義者の馮道は、軍事力にまさる者が次々に主導権をにぎった五代の乱世において、おりおりの権力者へ忠義立てすることよりも、行政のプロとして山積する問題に冷静に対処することを重視した。軍閥のボスあがりの皇帝をいただく各王朝も、そんな彼をなくてはならぬ存在として重用したのである。

一見、王朝から王朝へと、したたかに渡り歩いたかに見える馮道の処世は、破廉恥にして無節操だと、非難する向きも多い。しかし、馮道自身はその自叙伝において、自分は終始一貫「家に孝、国に忠」だったと、自負をこめて述べている。おりおりの「君」に忠を尽くしたのではなく、「国」つまり国家の基礎である民衆のために尽くしてきたというのである。本書は、こうして既成概念にとらわれることなく、確固とした自覚をもち、乱世においてベストを尽くした五代の宰相、馮道の生の軌跡を鮮やかに描きあげている。

（2008. 9. 23）

三浦國雄 著

『朱子伝』

（平凡社ライブラリー、二〇一〇）

朱子《しゅし》・朱子学というと、堅苦しく教条主義的なイメージを思い浮かべがちだが、その実、朱子（本名は朱《しゅ》熹《き》）は存在論、自然論、倫理学、歴史、文学等々、ありとあらゆる面から儒家思想・儒教を体系化した大思想家、大学者であり、大いなる教師であった。この朱子の思想について論じた著作は数多いが、その生の軌跡やパーソナリティー、つまりは人間朱子を正面きって取りあげたものはほとんどない。その意味で、朱子の伝記を掘り起こし、現実存在としての朱子像を鮮やかに浮かびあがらせながら、その思想の展開をたどった本書は稀有のものである。なお、本書の原著は一九七九年に刊行されたが、その後の成果を盛り込んでこのたび刊行された本書は、さらに精緻の度を増し、まことに読みごたえがある。

本書は十一章仕立てで、朱子の出生から七十一歳の死に至るまでの過程をたどる。朱子は南宋成立の三年後、建炎《けんえん》四年（一一三〇）に福建省で生まれた。彼が十一歳のとき、学者官僚だった父の朱松《しゅしょう》は、北中国を支配する女真《じょしん》族王朝金《きん》との主戦論を唱えて、和平派のボス秦檜《しんかい》と衝突、福建に帰郷し隠遁した。父は三年後に死去するが、父との短い共生期間において、朱子は北宋にはじまる新しき儒学（いわゆる程子《ていし》の学）を伝授された。ちなみに、朱子は生涯にわたって主戦論者だったが、これは父譲りのものにほかならない。

父の死後、その遺言で母とともに福建の別の地に隠棲する父の友人胡籍渓《こせきけい》、劉白水《りゅうはくすい》、劉屏山《りゅうへいざん》のもとに身を寄せ師事する。権力闘争の渦巻く官界から遠ざかり、隠遁生活を送るこの三先生に数年間師事し、その薫陶《くんとう》を受けたことは、朱子の生きかたに大きな影響を与えた。

もっとも、彼自身は科挙を受験、十九歳のときに中央試験に合格している。ただし、成績は合格者三百三十人のうち第二百七十八番とはなはだ芳しくない。このときすでに先生である劉白水の長女と結婚しており(のちに彼女との間に息子三人、娘五人をもうける)、何とか生計の道を立てる必要があったため、やむなく科挙に臨んだものと見える。以後、朱子は五十有余年におよぶ官吏暮らしにおいても、あたう限り官界と距離を置きつづけた。

というのも、彼が実際に地方官として任地に赴いたのは九年間、朝廷に立ったのはわずか四十日であり、これ以外の歳月はすべて祠禄官《しろくかん》として過ごしたのである。祠禄官というのは各地の道観《どうかん》(道教寺院)などの管理にあたる官職だが、実際には任地に赴任しなくとも俸給がもらえる。朱子はこの有名無実の官職によるわずかの俸給と、弟子からの謝礼によって辛うじて生計を立てながら、自由な時間をひねりだし、読書、思索、大勢の弟子の教育にふけったのだった。とはいえ、朱子は官吏としても非常に有能であり、地方官として在任した時期には、いびつな地方行政を立てなおすべく奮闘した。しかし、その剛直さを押し通すことは至難の業であり、けっきょく官界から離れざるをえなかった。著者はこうした朱子の生き方を「官」と「隠」のはざまにありつづけたものとし、朱子の思想体系を現実と理想の相克、葛藤のなかから生まれたものとする。卓見である。

本書はまた、朱子の大いなる思想体系が孤独な学的研鑽と思索によってのみ編みだされたものではなく、多くの人々とのかかわりのなかで成熟したものであることを、いきいきと具体的に描きあげる。朱子は少年時代に師事した三先生をはじめ、すぐれた師にめぐりあって飛躍的に成長し、張栻《ちょうしょく》ら優秀な友人と徹底的に語りあって切磋琢磨する一方、思想的ライバルたる陸象山《りくしょうざん》とも交流し、著者の言によれば、「異質の思想との対決をくぐりぬけることによって、朱子はその思想の輪郭をいっそう際立てて」いったのである。

さらにまた、ごく短期間、その門をくぐった者も含めれば、二、三千人にものぼるとされる弟子との関係性にも稀有のものがある。朱子はあけすけな「同志愛」ともいうべき態度で弟子に臨み、彼らと議論を戦わせながら、自説を明確化させていった。孔子とその高弟を思わせる、朱子と弟子たちのやりとりは膨大な問答録『朱子語類《しゅしごるい》』に結実し、今に伝わる。ちなみに、師、友人、弟子とのかかわりを重んじた朱子は手紙魔でもあり、おりおりに実に克明な手紙を書き送り、信頼する弟子にはめんめんと体の不調を訴えたりもしている。

しかし、朱子は好ましい相手には胸襟《きょうきん》を開いて接する反面、容認しがたい相手には癇癪を爆発させ激しく攻撃した。こうした面が災いしたのか、最晩年、朝廷で専横をふるう韓侂冑《かんたくちゅう》一派と対立、「偽学《ぎがく》の禁」と称される大弾圧にさらされ、その渦中で病没した。弾圧ものかは、彼の死を悼んで友人であり南宋きっての詩人である陸游《りくゆう》と楊万里《ようばんり》が祭文《さいぶん》を捧げ、辛棄疾《しんきしつ》は埋葬に立ち会ったとされる。これら気骨ある人々と朱子の深い信頼関係に言及しつつ本書は結ばれる。人間的なあまりに人間的な朱子の姿をみごとに描ききった快著である。

(2010.9.19)

『水滸伝』

(『完訳 水滸伝』吉川幸次郎・清水茂訳、全十巻、岩波文庫、一九九八―九九／『水滸伝』井波律子訳、全五巻、講談社学術文庫、二〇一七―一八)

梁山泊《りょうざんぱく》に集まった百八人の豪傑が「天に替わって道を行う」というスローガンをかかげ、悪徳官僚のはびこる朝廷を向こうにまわして大暴れをする、痛快無比の大長篇小説『水滸伝《すいこでん》』は、日本でも江戸時代から人気が高く、これをもとに滝沢馬琴《たきざわばきん》の『南総里見八犬伝《なんそうさとみはっけんでん》』をはじめ、種々の物語が生まれた。

本家本元の中国において、『水滸伝』は十二世紀初頭の北宋末から語り物の世界で伝承され、十四世紀中頃の元末明初、白話長篇小説として完成したが、長らく写本の形で流通し、現存する最古のテキストが刊行されたのは、明末の万暦《ばんれき》年間(一五七三―一六二〇)であった。このテキストは全百回から成り、吉川幸次郎・清水茂訳『完訳 水滸伝』および井波律子訳『水滸伝』は、この百回本の全訳である。

『水滸伝』の物語世界は「数珠繋ぎ」形式で展開されている。「花和尚《かおしょう》」魯智深《ろちしん》、「行者《ぎょうじゃ》」武松《ぶしょう》、「黒旋《こくせん》風《ぷう》」李逵《りき》などの剛勇無双の豪傑や、一日に百五十里を行く快足の持ち主、「神行太保《しんこうたいほ》」戴宗《たいそう》、全身に華麗な刺青をした芸達者な色男、「浪子《ろうし》」燕青《えんせい》など、とびきりの特技をもつ豪傑等々を密接に絡ませながら、次々に登場させる語り口には息づまる迫力がある。

『水滸伝』世界の中核をなすのは、梁山泊の豪傑百八人のけっして裏切り裏切られることのない絶対的な信頼関係、すなわち「俠《きょう》の精神」である。男同士の固い俠の絆に結ばれた梁山泊のメンバーは、悪しき権力とはなばなしく戦った後、リーダー宋江《そうこう》の主導によって朝廷に帰順、官軍となって遠征をくりかえし、けっきょく使い捨てにされて滅んでゆく。

『水滸伝』は、何らかの意味で表社会から疎外された豪傑たちが続々と梁山泊に集結する、まさに血湧き肉躍る展開から、梁山泊軍団の壊滅に至る悲劇的な結末までを、壮大かつダイナミックに描ききった大長篇小説にほかならない。

大いなる『水滸伝』をじっくり味読し、豪傑たちが繰り広げる爽快な俠のドラマに心おどらせたならば、元気に生きるための力が湧いてくるかもしれない。

（2010. 11. 2）

『蜀碧・嘉定屠城紀略・揚州十日記』

彭遵泗ほか 著

（松枝茂夫訳、平凡社東洋文庫、一九六五）

一六四四年、李自成《りじせい》の率いる流民反乱軍「流賊《りゅうぞく》」が首都北京を占領し、明《みん》王朝は滅亡したが、まもなく南下した満州族の清《しん》軍が李自成軍を追い払い、中国全土支配をめざして進撃を開始する。本書『蜀碧《しょくへき》・嘉《か》定屠城紀略《ていとじょうきりゃく》・揚州十日記《ようしゅうじゅうじつき》』は、この疾風怒濤の明清交替期を舞台とする記録を収める。

このうち、『蜀碧』は流賊軍のリーダーの一人だった張献忠《ちょうけんちゅう》の破天荒な事迹を描く。李自成と対立し、袂《たもと》を分かって蜀を制圧した張献忠は、一六四四年から四六年まで、およそ二年にわたって「蜀の住民はほとんどうに一人の生き残りさえいなくなった」とされるほど、すさまじい殺戮をおこなった。

この約百年後に書かれた本編は、稀代の殺人鬼として数多くの伝説に包まれた張献忠のイメージをさらに極端化して著したものであり、ブラック・ユーモアにあふれた小説的なおもしろさがある。ここには、生きとし生けるものを殺し尽くさねば気のすまない張献忠の大殺人劇がはなばなしく描かれると同時に、彼は「心臓がペタンコで肝臓はなかった」という特異体質だったと述べて、その悪魔性を強調するなど、思わず噴きだしたくなるような記述もあり、まことに興趣あふれる。張献忠はけっきょく清軍に撃破され射殺《いころ》されるが、本編が誇張した筆致で描くその軌跡は、明末清初の中国社会の惨状を、鮮烈に浮かびあがらせる。

一方、『揚州十日記』は、一六四五年陰暦四月十四日、南下した清軍が揚州に猛攻をかけて陥落させたさい、清軍による住民皆殺しの惨劇的状況のなかを逃げまどい、恐怖のどん底をさまよった王秀楚《おうしゅうそ》なる人物の臨場感に富む見聞記である。清軍による大殺戮は十日間にわたって打ちつづき、揚州は死都と化したが、彼と身重の妻は奇跡的に命拾いをした。この揚州殲滅作戦を「見せしめ」として、清軍は江南を制覇し、中国全土を統一するに至る。

自暴自棄になった張献忠の狂乱ぶりといい、揚州の地獄図といい、王朝交替期の極限的な様相を描くこれらの記録には、歴史の酷薄さをえぐりだす衝撃的な迫力がある。

(2009.2.17)

張岱 著『陶庵夢憶』

(松枝茂夫訳、岩波文庫、一九八一)

漢民族の明王朝(一三六八―一六四四)が滅亡し、満州族の清王朝(一六四四―一九一二)が中国全土を支配した明清交替期において、江南の知識人には、清に仕えることを潔しとせず、明の遺民《いみん》として生涯を終えた者も多かった。傑作随筆集『陶庵夢憶《とうあんむおく》』の著者、張岱《ちょうたい》(一五九七―一六八九?)もその一人である。

張岱は浙江山陰《せっこうさんいん》(浙江省紹興市《しょうこう》)の出身だが、生家は三代つづいて進士《しんし》(科挙合格者)を出した名門であり、莫大な資産があった。張岱自身は科挙を受験することなく、もっぱら庭園や芝居や名所見物に熱中するなど、趣味に生きる道を選んだ。明末には、士大夫《したいふ》(知識人)階層のなかからも儒教的な立身出世主義を忌避し、「私自身の生き方」を模索する人々が輩出したが、張岱はその果敢な実践者にほかならなかった。もっとも、彼は勉強好きの読書家であり、すぐれた蔵書家でもあった。

しかし、張岱の優雅な生活は一六四四年、明の滅亡とともに終わる。ときに四十八歳。以後、財産を失い、スッテンテンになった張岱は大勢の家族を抱え、貧窮のどん底にあえぎながら、けっして新しい支配者清王朝に膝を屈することなく、明の「頑民《がんみん》（頑固な遺民）」として生きつづけた。

何事にもめげない楽天主義者の張岱は、極度の貧乏生活にも明るく耐え抜き、おびただしい著作を完成した。過ぎ去った輝かしい日々を追憶した随筆集『陶庵夢憶』もその一冊である。ここには、江南の明媚な風景、美味の極みの飲食物から、奇抜な性向や趣味をもつ親類や友人、名人芸の講釈師、特技をもつ職人等々、特筆すべき人物のスケッチまで、明末文化が多種多様の角度から、ユーモア感覚あふれるタッチで活写されている。この『陶庵夢憶』ほど、多彩で奥深いおもしろさをもつ随筆集はめったにないと思われる。

張岱は手元不如意もなんのその、元気溌剌として九十三歳まで生きたとされる。明滅亡からなんと四十五年も遺民隠者として生きた勘定になる。驚くべき持続力というほかない。そんな彼の不屈の生涯と重ねて読むとき、いっそう興趣をます一冊である。

（2009. 3. 17）

＊

私はどういうものか奇人・変人が大好きだ。中国は歴史の長い国だから、頗る付きの奇人・変人も枚挙に暇《いとま》がない。とりわけ三世紀初めから五世紀初めの魏晋、十六世紀末から十七世紀初めの明末には、大奇人・大変人が続々と出現し、その素っ頓狂《とんきょう》な言動にはまったくワクワクさせられてしまう。明末の文人張岱は、なかでも屈指の存在であり、彼の著したエッセイ集『陶庵夢憶』は何度読んでも新鮮で、実におもしろい。

張岱は代々科挙合格者を出した、江南の名門出身だが、彼自身は一度も科挙を受験せず、芝居・美食・庭園・骨董等々、趣味と遊びに明け暮れた。先祖のおかげで財産はうなるほどあったのだ。しかし、一六四四年、明が滅亡、満州族の清王朝が成立すると、張岱は全財産を失い、貧乏のどん底に突き落とされる。このとき数え四十八歳。以後、彼は清王朝に仕えることを拒否し、食べるに事欠く生活を送りながら、せっせと著述にいそしみ、九十三歳まで元気に生きた。ほんとうに惚れ惚れするほどたくましい人なのだ。『陶庵夢憶』はそんな張岱が、快楽の前半生を多様な角度から再現した愉快なエッセイ集である。ここには、憑《つ》かれたように物見遊山にふける張岱自身の姿もさることながら、同時代を生きた桁はずれの庭園マニアや芝居マニアの姿が、まことにいきいきと描きあげられている。

明末は、伝統中国をおおう物堅い儒教精神から解放され、私自身の生き方、私自身の快楽を求める人々が続出した稀有の時代である。『陶庵夢憶』描くところの、めいっぱい自前の人生を楽しむ明末奇人群像を見るとき、私は伝統中国にぽっかり空いた風穴を見るような快い開放感に浸され、ふつふつと元気がわいてくる。

＊

張岱は五世紀中頃に編纂された、魏晋の名士の逸話集『世《せ》説《せつ》新《しん》語《ご》』（森三樹三郎訳、『中国古典文学大系 九』

所収、平凡社。現在は井波律子訳注の東洋文庫『世説新語』全五巻もある）を大いに好んだ。それもそのはず、ここには張岱ら明末奇人の祖型たる「竹林の七賢」をはじめ、とてつもない奇人が続々と登場する。老荘思想の実践家として酒・薬・清談に過剰な情熱をそそぐ、『世説新語』の奇人群像の壮絶な逸脱ぶりには、張岱ならずとも脱帽せざるをえない。

種村季弘著『東西奇人伝』（『種村季弘のネオ・ラビリントス2 奇人伝』所収、河出書房新社）には、ベンサム（功利主義の提唱者）など英国近代の奇人から後水尾《ごみずのお》天皇まで、自分の趣味や好みに徹底的に偏する、竹林の七賢もはだしの東西大奇人の姿が活写されている。私はこの本で、ベンサムが自分の持ち物すべてに愛称をつける奇癖の持ち主だったことを知り、爆笑してしまった。

フランスの三大文豪、ユゴー、デュマ、バルザックの破天荒な生き方を描く鹿島茂著『パリの王様たち』（文春文庫）も、興趣あふれる奇人伝である。ここに描出される大奇人文豪のパワフルな生き方は、ちまちました通念や常識を痛撃する迫力にあふれ、文字どおり目からウロコが落ちる。

（1999.7.4）

蒲松齢 著『聊斎志異』

（上下、立間祥介編訳、岩波文庫、一九九七）

中国では、三世紀中頃にはじまる三国六朝時代から、十九世紀末の清末まで、無数の文人の手によって、おびただしい怪異譚、怪奇小説が作られつづけた。そのなかで、十七世紀末から十八世紀初めの清代初期、蒲松齢《ほしょうれい》（一六四〇—一七一五）の著した怪奇短篇小説集『聊斎志異《りょうさいしい》』は、最高峰と目される作品である。本書は、達意の翻訳によって、その神秘的な物語世界に読者を誘う。

作者の蒲松齢は幼いころから聡明だったが、なぜか科挙に落第しつづけ、五十年近くも名家の家庭教師をして生計を立てた。幸い良き妻と四男一女に恵まれ、私的には幸福な家庭に憩うことができたものの、公的には不遇つづきであり、屈折した思いを、怪異譚を書き綴り、非現実的な幻想世界に遊ぶことで、なんとか解消しようとしたのだった。

長い歳月をかけて練りあげられた『聊斎志異』には、合計四百九十編になんなんとする怪異短篇小説が収録されている（テキストによって収録作品数もかなり異なる）。このうち、仙人などの超能力者、幽霊、狐や菊など動植物の変化《へんげ》、さまざまな妖怪を主人公とするシュールな怪異譚が大部分を占める。なかでも狐の変化譚がめだって多く、狐の変化である美少女と人間の青年の恋の顚末を描く「青鳳《せいほう》」をはじめ、すぐれた作品が多い。

これ以外にも、菊の精と人間の共生を美しく描く「黄英《こうえい》」など、異類と人間の共生をテーマとする作品に傑出したものが見られる。ちなみに、「黄英」は魯迅が『中国小説史略』で取りあげたことで知られる。総じて、『聊斎志異』に登場する妖怪変化には、不気味さは稀薄であり、まま人間より可憐であったり、どこかユーモラスで間が抜けていたりする。これは、思うにまかせぬ現実を離れて、思い切り空想を膨らませ、みずから作りだした愛しいバケモノ群像と、無心に戯れる作者蒲松齢の心象風景をあらわすものだといえよう。

事多き現実をしばし離れて、蒲松齢とともに『聊斎志異』の幻想世界に出没する愉快なバケモノたちと戯れ、さまざまな鬱屈を発散するのも一興であろう。

（2010.9.7）

『随園食単』

袁枚 著

（青木正児訳註、岩波文庫、一九八〇）

中国の食文化をテーマとする著作は、張競著『中華料理の文化史』（ちくま新書）、譚璐美著『中華料理四千年』（文春新書）、王仁湘著『図説 中国 食の文化誌』（鈴木博訳、原書房）等々、多種多様のものが刊行されている。しかし、これらの著作の原点となる極め付きの作品といえば、なんといっても袁枚《えんばい》著『随園《ずいえん》食単《しょくたん》』にほかならない。

フランスのブリア・サヴァラン著『美味礼讃』と並称される、食文化の聖典ともいうべき『随園食単』の著者、袁枚（随園は号。一七一六―九七）は、清代中期の大文人である。彼は若くして科挙に合格したが、役人生活に嫌気がさして三十代半ばで引退、南京西郊の名園「随園」に住み、自作の詩文を売りながら、物質的にも精神的にも豊かな生活を送った。彼の詩文は人気があって注文が殺到し、想像を絶する大枚を払って入手しようとする者も多かったという。

こうして資金を調達した袁枚は思う存分、持ち前の庭園趣味や食道楽等々にふけり、自前の贅沢をつらぬいた。また、袁枚は正統的な詩文のほか、詩論集『随園詩話』、怪奇短篇小説集『子不語《しふご》』『続子不語』を著すなど、ジャンルを超えた異才ぶりを発揮しており、趣味に生き創作に燃えたその生涯は圧巻というほかない。

ちなみに、袁枚の食道楽にはユニークなところがあり、おいしい料理を食べたときには、チップを出して料理人から、「食単」つまり料理メモをもらい受けた。これをもとに執筆されたのが『随園食単』である。ここには料理にとりかかる前の予備知識や注意事項から、海産物、川魚、豚、牛など獣類の肉、鳥等々、食材別に分類した、おびただしい料理の作り方や茶・酒の種類に至るまで、微に入り細をうがって網羅的に記述されており、文字どおり「中華料理百科全書」の趣を呈している。

四千年の歴史をもつ中国食文化の金字塔ともいうべき本書を読むとき、連綿とつづいてきた中国文化の奥深さ、その繊細微妙な襞《ひだ》の深さを、ひしひしと感じとることができる。一読を勧めたい一冊である。

（2009. 6. 16）

魯迅・許広平 著
『両地書』
（竹内好・松枝茂夫訳、筑摩叢書、一九七八）

『両地書』は周知のごとく、魯迅とそのパートナー許広平《きょこうへい》の間で交わされた往復書簡集である（初版は一九三三年四月、上海青光書局刊）。この往復書簡集は、二人の住む土地が三たび換わったために、三集（三部）に分けられる。

第一集の「北京」は、一九二五年三月から七月まで、北京の西城西三条の家に住む魯迅と、北京女子師範大学学生宿舎に寄宿する許広平との往復書簡三十五通によって構成される。ちなみに、魯迅は当時、四十五歳。中央教育部の僉事《せんじ》で、北京大学、北京師範大学、北京女子師範大学の国文系講師を兼任していた。一方、許広平は当時、二十八歳。北京女子師範大学（女師大）の学生だった。彼らは、魯迅が国文を講じる教室において、教師と学生として出会ったのである。

第二集の「廈門《アモイ》―広州」は、一九二六年九月から二七年一月まで、林語堂《りんごどう》に勧められて北京を離れ廈門大学に赴任した魯迅と、故郷広東《カントン》の女子師範で教職についた許広平との往復書簡七十八通によって構成されている。ちなみに、彼らはいっしょに北京を出発して上海まで同行、再会を期して、それぞれ廈門と広州の「両地」に向かったのである。

第三集の「北平―上海」は、一九二九年五月から六月まで、母の病気見舞いのため、北京に赴いた魯迅と、すでに彼の妻となり身重だったため、上海の自宅に残った許広平との往復書簡二十二通から成る。ちなみに、第二集と第三集の間、二年四か月において、彼らの関係性は大きく変わった。廈門大学に赴任したものの、魯迅は学内の雰囲気、設備、待遇等々、すべてにがまんならず、一九二七年一月、わずか五か月たらずで許広平のいる広東の中山大学に転任した。しかし、三か月後に蔣介石《しょうかいせき》のクーデタが勃発、身辺危険となり、この年の十月、魯迅は許広平ともども広東を脱出、上海に移り住み、この時点で結婚した。第三集の往復書簡は、この約一年半後に交わされたものである。

こうした三集からなる往復書簡集『両地書』は、あくまでも個人的な手紙を編纂したものだが、はげしく流動する情勢のもとで著されたものであり、そこには個人レベルを超えた鋭い現実感覚や問題意識が鮮明に織り込まれている。だからこそ、魯迅と許広平は自分たちのたどった紆余曲折に富む軌跡を公開するとともに、時代のうねりを書き込んだ一つの共同作品として刊行することに、踏みきったものと思われる。

古くから中国では、書簡は著述の一種であり、公開されるのが原則であった。たとえば、魯迅が酷愛する魏末の詩人にして竹林の七賢のメンバー嵇康《けいこう》が、友人の山濤《さんとう》に与えた書簡「山巨源《さんきょげん》に与うる絶交書」は、古代から六朝に至る詩文のアンソロジー『文選』に名文として収録され、今に伝わる。また、近代に至るまで、個人の詩文集には、必ず「書(書簡)」の項目が立てられるのが習いである。すぐれた古典学者である魯迅には、こうした古来の表現形式としての書簡意識もあったのではないかと思われる。

ということもあり、私自身もまたこの『両地書』を、魯迅の論争文や雑文の一種として読んできた。私事ながら、私が身を入れてこの往復書簡集を読んだのは、今を去ること約三十年、生まれてはじめて書いた小さな本において、魏晋の名士の逸話集『世説新語』の機智表現を、魯迅や毛沢東にまで連なるものとしてとらえたいと、思いついたときだった。

以来、長い時が流れ、おりおりに『両地書』をめくるごとに、確かにそういう要素は多々あるが、これはやはり論争文でも雑文でもなく、かなり編集、再構成されてはいるものの、基本的には魯迅と許広平の刻々と深まるプライベートな関係性を映しだす「恋文集」だと、だんだん思うようになった。そう思って読むと、第一集から第三集までの展開は、実にドラマティックであり、おもしろいというほかない。

第一集に収められた往復書簡の背景にあるのは、いわゆる「女師大事件」である。この事件は、女師大校長の楊蔭楡《よういんゆ》が学生運動弾圧を進める教育総長の章士釗《しょうししょう》の一派だったため、これに反発した女師大の学生が校長排斥運動を起こしたことに端を発する。幼いころから「屋根を飛び越え塀の上を走る神秘的な俠者(唐代伝奇の「崑崙奴《こんろんど》」を思わせる)や、朱家《しゅか》や郭解《かくかい》の話、弱きを助け強きを挫く物語」などが大好きであり、「剣術を学んで天下の矛盾を除き尽くしたい」(第一集、第七信)と考えていた許広平は、この運動の指導者の一人となるが、学校当局から除籍処分を言いわたされ、抵抗しつづけていた。ちなみに、朱家や郭解は、清末の女性革命家秋瑾《しゅうきん》も大いに好んだ前漢の大遊俠である。

それはさておき、女師大講師だった魯迅はこのとき、学生処分に反対する共同声明に名を連ね、章士釗陣営およびこの陣営のスポークスマンである北京大学教授の陳源《ちんげん》(雑誌『現代評論』を主宰)らとの対立を深めた。

この時期において、煩悶する許広平が思いあまって、深く敬愛する魯迅に手紙を出し、この時代にいかに生きるべきかと、問いかけたのが、往復書簡のそもそもの発端である。真摯に問いかける許広平に対し、諸事に忙殺されていたとおぼしい魯迅は、実にていねいに返事を書いた。ともすれば前のめりになる許広平に対し、「青年はすべからく不満はもっても悲観せず、つねに抵抗しつつ自衛し、どうしてもイバラをふまねばならないときは、ふむしかないが、やみくもにふむ必要はないと思います。これが、私が塹壕戦を主張する理由です」云々(同第四信)というふうに、息長く行動することの必要性を説きつづけた。

書簡の往復が重なるにつれ、魯迅が許広平をあるいは「小鬼《シャオグェイ》(子どもを指す。チビ、小僧の意。最初、許広平が自称として用いた)」、あるいは「害馬《ハイマー》(群れを乱す馬。女師大校長の楊蔭楡が除籍に処する学生をこう呼び、魯迅が逆用した。この呼び方は以後、長らく彼らの「隠語」となる)」と呼ぶなど、親近感が日増しにつよまり、彼らの距離がぐんぐん接近してゆくのが、如実に読みとれる。

第一集は一九二五年七月末の魯迅の手紙で終わり、第二集は一九二六年九月初め、廈門の魯迅から広東の許広平あての手紙ではじまる。この間の一年二か月で、社会的な状況も彼らの個人的な状況も大きく変化した。最大の事件は、一九二六年のいわゆる「三・一八事件(段祺瑞《だんきずい》政府のやり口に憤激した民衆がデモを敢行したところ、政府軍がこれを銃撃、デモ隊の死者は四十七人にのぼった)」である。この事件で許広平の親しい同級生の劉和珍《りゅうかちん》も命を落とした。この後、政府側の弾圧はますますはげしくなり、ついに魯迅も許広平も北京を離れるのである。この往復書簡の空白時期、疾風怒濤の季節において、魯迅と許広平は恋人となり、生涯の伴侶としてともに生きる決意を固めたと思われる。

先述のとおり、北京を離れた彼らは、いったん廈門と広東に別れ、それぞれ職についた。第二集に収められた往復書簡七十八通は、第一集とはうってかわって、恋人同士の親密さにあふれている。もっとも甘いささやきなどはまったく見られない。魯迅は蟻が出て困るとか、食事がまずいとか、同僚の某にはがまんできないとか、廈門生活の不平不満を些細な日常にわたるまで、許広平にすべてぶちまけ、許広平もまた勤め先の女子師範に対する腹立ちを思うさま魯迅に吐露するのである。この愚痴のぶつけあいから、おたがいに相手をいかに深く信頼しているかが、よくわかる。

さらにまた、二人が郵便事情のわるさをかこちながら、ひたすら相手の手紙を待ち焦がれているさまや、自分の出した手紙が相手に届くかどうか、くよくよ気に病むさまなども随所に描かれる。たとえば、魯迅は自分の出す手紙がきちんと許広平のもとに届かないのではないかと心配になり、真夜中に大学外のポストに入れに行き、これをさっそく許広平に報告したところ(トータル番号で第八十六信)、事故にでもあったらと心配する許広平から、さっそく「いま命令をくだします。今後、ご自分で手紙を「真夜中にポストに入れる」ことは許しません」(同九十二信)と返信がきたりする。二人の関係性が、廈門と広東に別れて暮らすうちに、年齢差を超え、恋人あるいはパートナーとして、充実した段階に入ったことをうかがわせるものである。

第三集になると、彼らの関係は穏やかな日常の流れに乗って、さらに安定の度を深める。すでに妻となった許広平には、かつての尖鋭さやいらだちが影をひそめ、魯迅のよきパートナーであると同時に有能なアシスタントとして、しっかり彼を輔佐し、魯迅もまたそんな彼女を全面的に信頼している。そんなあまほしき関係性をさりげなく描く第三集の往復書簡をもって、魯迅と許広平の波乱に富む関係性の軌跡を綴った『両地書』は、静かにフィナーレとなる。

付言すれば、魯迅は周知のように、若いころ母の希望で結婚したが、意に染まず、実質的な結婚生活はまったく送らなかった。しかし、離婚もしなかったため、許広平とも今日でいう「事実婚」であった。もともと教師と学生であったこと、名義上のこととはいえ、妻もいたこと等々、ただでさえ敵の多い魯迅が、中傷や誹謗にさらされたであろうことは、推測にかたくない。この二人の往復書簡集『両地書』は、時代状況においても個人状況においても、ヤマほどの難問をかかえた魯迅と許広平が、相手を深く理解し、確固不抜の信頼関係を築いてゆく姿を浮き彫りにした、稀有の「共同作品」といえよう。

(2011.10)

陳舜臣 著『中国の歴史』

(全七巻、講談社文庫、一九九〇—九一)

四千年におよぶ中国の歴史の流れを、全体的にたどってみたいと思っても、なかなかとっかかりがつかめない。そんなとき、神話・伝説の時代から現代まで、中国史の全貌を描いた、陳舜臣著『中国の歴史』は、絶好の水先案内になってくれる。

語りかけるような、「です・ます」調で綴られるこの本を読むうち、いつしか中国史の大いなる流れに引き込まれ、臨場感をもって各時代や歴史人物のイメージが浮かびあがってくる。

膨大な文献を踏まえた歴史叙述は、きめ細かく正確だが、けっして難解ではない。文庫で七冊もあるものの、読了したときの達成感は格別である。各巻の巻末に付された年表もすこぶる便利だ。（2015.8.24）

＊

本書は、神話・伝説の時代から、二十世紀半ばの中華人民共和国の成立まで、五千年におよぶ中国の歴史をたどった大著である。本書が無味乾燥な教科書的通史とまったく異なるおもしろさにあふれているのは、著者自身が膨大な史料を読みこなし、自家薬籠中のものとしたうえで、みずからの観点にもとづき、中国の歴史を再構築しているところにある。

たとえば、後漢末の群雄割拠から、魏・蜀・呉の三国分立を経て、三国を滅ぼし西晋の全土統一に至るまでを描いたくだりは、本書ではわずか百二十頁足らずにすぎない。しかし、ここには疾風怒濤の時代を生きた三人のリーダー、曹操、劉備、孫権のパーソナリティーの差異がいきいきと活写されており、並の歴史書とは一味も二味も違う興趣に富む。

すなわち、「姦雄」と目される曹操はすぐれた詩人でもあるが、著者は兵士の悲しみを歌ったその作品を引用しながら、曹操こそ『三国志』の英雄のなかで「最も奥行きの深い人物」であり、彼のもつ詩情が「天下統一の覇業のために妨げになったとも考えられます」と述べる。また、劉備については、権謀術数の士とされる曹操より、実は「叛服常ない、したたかな人物であったようです」と指摘し、孫権についても、劉備との「人材獲得戦争」に負けたのは、性格に嗜虐的なところがあり、「人望がなかったからです」と断言する。

この『三国志』世界の三人の英雄のみごとな描き分けに顕著に示されているように、著者は本書を通じて歴史上の人物に対し、借り物でない確たる認識をもちながら、記述を進めている。こうした語り口によって、遠い時代を生きた人物像が鮮明な輪郭をもって、「今、ここ」に浮かびあがってくるさまは、圧巻というほかない。むろん、人物描写のみならず、著者は各時代のポイントとなる事柄を的確に選びだし、ふんだんに引用を盛り込みながら、です・ます調の語りのリズムに乗せて、長い歴史の流れをみごとに追跡しきっている。中国の通史を読むには、なによりもお勧めの著作である。

(2008.10.21)

『中国歴史・文学人物図典』

瀧本弘之 編著

(遊子館歴史図像シリーズ1、遊子館、二〇一〇)

中国の歴史書、小説・戯曲などの文学作品を読んでいると、これらの世界に登場する人物は、いったいどんな容貌、どんな雰囲気をもった人々なのかと、思うことがよくあるが、なかなかイメージが浮かんでこない。本書は、後漢時代の画像石から清代の版本まで、膨大な資料を駆使して、中国の歴史および文学に登場する著名な人物の図像を掲載したものであり、これを眺めていると、茫漠としていた遠い時代の人物のイメージが鮮明に浮かびあがってくる。

歴史上の人物については、孔子や老子をはじめとする思想家、秦の始皇帝から清の康熙帝に至るまでの歴代皇帝、前漢の高祖の名参謀張良、三国時代の劉備の名軍師諸葛亮を筆頭とする名臣、戦国時代の楽毅《がくき》、後漢の馬援《ばえん》、三国時代の関羽《かんう》ら名だたる武将、東晋の書家王羲之、同じく書家である唐の顔真卿ら芸術家、東晋の陶淵明、唐の李白、杜甫らの詩人等々、殷周時代から清代までの四千年になんなんとする時間帯において、注目すべき活躍をした人物が、ありとあらゆるジャンルから網羅的かつ的確に選びだされている。重要な人物については、複数の図像が掲載され、当該人物のイメージの変遷がつかめるように、工夫が凝らされているのもおもしろい。また、超有名人のみならず脇役的な人物や、女性の図像も多く掲載され、本書に奥行きと深みを与えている。さらにまた、それぞれの人物像に簡にして要を得た解説が付されており、便利だ。

小説や戯曲など、さまざまな文学作品に登場する人物についても、唐代伝奇、元曲《げんきょく》、『三国志演義』『水滸伝』『紅楼夢』等々から選びだされた、鮮明な図像が掲載されており、まことに興趣にあふれる。なお、これらの人物像についても、的確な解説が付されている。

本書は図像による中国史、中国文学史ともいうべき楽しい試みに満ちたものだが、このほか同じ編者によって、『中国神話・伝説人物図典』『中国歴史名勝図典』も刊行されている。合わせて紐《ひも》とくとき、中国に対するイメージが具体的に膨らんでくる。

（2011. 3. 29）

『中国傑物伝』
陳舜臣 著
（中公文庫、一九九四）

陳舜臣氏はすぐれた小説家であると同時に、すぐれた歴史家でもある。中国の古代から近代に至る長い歴史のなかから、十六人の「傑物」を選んで描かれた、この『中国傑物伝』はどちらかといえば、氏の歴史家としての手法によった作品である。

この作品において、十六人の傑物の生の軌跡は、あくまで歴史資料にもとづいて追求され、想像力の介入による虚構への傾斜は、ストイックにせきとめられている。このようにもう一歩、筆をすすめれば、小説が誕生する寸前で、踏みとどまろうとする抑制が、この作品に張りつめた快い緊張感をもたらしているといえよう。しかし逆にいえば、それは、小説家陳舜臣氏が抑制を解き放ち、大いなる創作の地平に踏みだそうとするとき、『中国傑物伝』の十六人の傑物はいずれも、その壮大な小説世界の主人公になりうる存在だということでもある。ここに描かれた傑物の一人、耶律楚材《やりつそざい》に焦点をあてて、近作の長篇小説『耶律楚材』(集英社)が生まれたように(曹操についても、『魏の曹一族』というタイトルの長篇小説の連載がはじまっている)。

どの一人を取りあげても、長篇小説の主人公になりうるという、おそろしくゴージャスな『中国傑物伝』のこの十六人の顔ぶれの選びかたには、陳舜臣氏の志向や好みがくっきりとあらわれており、まことに興味深い。

春秋時代、越王句践《こうせん》の名参謀から大商人に転身した范蠡《はんれい》。儒家の祖孔子の忠実無比の高弟でありながら、「即物的な才能」に恵まれ大富豪になった子貢《しこう》。戦国時代のやはり大商人で、不遇な秦の公子異人《いじん》の利用価値を見抜き、ついに彼を秦王の位につけた呂不韋《りょふい》。ちなみにこの人物は、異人の息子すなわち秦の始皇帝の実父だともされる。

また、前漢の高祖劉邦の名参謀であり、漢王朝成立後、吹き荒れた粛清の嵐を巧みにくぐり抜けて、栄光に包まれた生涯を終えた保身の天才張良。宮廷闘争のあおりを食って民間で育ち、なんのバックもないことが逆に幸いして皇帝となった前漢の武帝の曽孫宣帝《せん》。即位後、宣帝は町育ちのしたたかさを発揮して、ジリジリと朝廷の実力者を排除、王道と覇道を両立させる名君となった。

さらにまた、三国時代、蜀や呉をはるかに凌駕し、天下の三分の二を領有した魏の曹操。この「乱世の姦雄」は冷徹な現実主義者である反面、激情にゆさぶられる典型的な乱世の男であり、傑出した詩人でもあった。

そして、四世紀中頃、塞外民族の五胡十六国が入り乱れて争う北中国をほぼ制圧した後、南中国に拠る漢民族の王朝である東晋と戦い、予期せぬ大敗北を喫して、非業の死を遂げた前秦の苻堅《ふけん》。氐《てい》族出身の英雄苻堅は恐るべき理想主義者であり、「有史以来、はじめて諸民族融和の大帝国」をつくりあげようとして、志半ばで倒れたのだった。

四百年にわたる魏晋南北朝の分裂と混乱に終止符を打った唐代の傑物として、取りあげられるのは張説《ちょうえつ》である。張説は、門閥貴族を排除し広く人材を登用した、中国史上唯一の女帝武則天《ぶそくてん》の時代に生きあわせたことが幸いして、微賤の階層から出て高級官僚となった。彼ははげしい政争に揺れた時代のなかで、門閥貴族の圧力に抗して、寒門出身官僚として孤軍奮闘した。

唐滅亡後の「五代十国」の時代の傑物は、次々に興亡した五つの王朝のすべてに仕え宰相となった馮道である。これまたとびきりの現実主義者であった馮道は、忠節を尽くすに足る王朝や主君など存在しない転換期の現実を見据えて、変節漢とみなされることなど意に介さず、政権交替に関与し、人々が戦火に巻き込まれないよう、「人民を安養するプロ」としての役割をみごとに果たした。

官吏登用試験の科挙に合格した士大夫官僚が、政治機構の中枢を占めるようになった宋代の傑物は王安《おうあん》石《せき》だ。王安石は「新法」と呼ばれる政策を大胆に推し進め、金持ちや高級官僚の特権を剝奪して国庫を豊かにし、貧しい民衆を救済しようとした。しかし、この急進的な政策は、けっきょく官僚社会に泥沼の党派抗争を引き起こし、さしたる効果をあげることもできないまま失敗におわってしまった。

チンギス・ハーンの率いるモンゴル軍が無敵の強さを発揮し、北中国に侵入したころ、また稀有の傑物が出現した。契丹《きったん》族の立てた遼《りょう》の皇族の末裔であり、遼が女真《じょしん》族の金《きん》に滅ぼされたあと、金に仕えていた耶律楚材である。彼はチンギス・ハーンが金の首都燕京《えんけい》を陥落させた時点で、その傘下に入り非常に優遇された。以来、耶律楚材はみずから盾となって、攻撃と殺戮を旨とするモンゴルの野蛮な「草原の掟」と対峙し、それを文明の方向に向けるべく必死になって尽力した。その尽力によって、どれだけ多くの町が屠城を免れ、どれだけ多くの人々の命が救われたことか。

以下、明の太祖朱元璋《しゅげんしょう》に「そなたはわしの張良だ」と信頼された名参謀であり、比類ない剛直の人であった劉基《りゅうき》。十五世紀初め、明の第三代皇帝永楽《えいらく》帝の時代、宦官であることのハンディキャップをものともせず、司令官として大船団をひきい、七回にわたる「大航海」を敢行した鄭和《ていわ》。つづいて清代に入ると、五歳で即位し、六歳で明の旧城紫禁城《しきんじょう》の主となり、成長後は儒教的理想主義にもとづく政治システムを整え、清王朝繁栄の基礎を作った順治《じゅんち》帝。清末、欧米列強の中国侵略に敢然と抗した左宗棠《さそうとう》。彼は従来の進士(科挙合格者)出身の高級官僚とは異質な、実学派の地政学者であり、有能な軍事家でもあった。『中国傑物伝』の最後をかざるのは、辛亥《しんがい》革命のリーダーの一人であり、その死に至るまで革命連合戦線の形成に奔走した「無我」の人、黄興《こうこう》である。

春秋時代から中華民国初期に至るまで、ほぼ二千四百年にわたる時間帯のなかから、以上のように、時代の節目節目に突出した十六人の人物を選りすぐって書き綴られた、この『中国傑物伝』は、まさしく「傑物たちの中国史」にほかならない。言い換えれば、本書は、それぞれの時代のコア（中核）となる、もっともすぐれた存在の伝記を連ねた、「傑物列伝」からなる中国史の様相をも呈しているのである。ここには人をうつ、まことに爽快な歴史感覚が認められる。

ここに取りあげられた十六人は、いずれも折り紙付きの「傑物」であることは確かだが、さらに重要なのは、作者陳舜臣氏が彼らを愛し、その生き方に深く共感しつつ、筆をすすめているということである。陳舜臣氏自身は、本書の「あとがき」で、「そんな人物（傑物。つまり、さまざまなタイプのなかでとくに突出してみえる人物）はたくさんいるが、私は中国史のなかから、私なりにえらんだ。その基準を問われたら、好みに従ったと答えるほかないのである」と、サラリと記しているが、先にあげた十六人の傑物の顔ぶれを見わたすとき、そこには明らかに作者の「好みの基準」ともいうべきものが、みてとれる。

十六人のほとんどに共通する要素としてあげられるのは、あらわれかたこそ多様ながら、彼らが透徹した現実主義者であることだ。越王句践が宿敵呉王夫差《ふさ》を破った瞬間、「蜚鳥《ひちょう》尽きて良弓蔵《かく》され、狡兎《こうと》死して走狗《そうく》烹《に》らる」と身の危険を察知して越から脱出、鮮やかに大商人に転身した范蠡や、漢王朝創業の功臣が次々に粛清されるのをよそに、「仙人志願者」となって権力の罠をくぐり抜け、天寿をまっとうした張良は、いわば、権力者の魔性を見抜き、我が身の安全を保った「保身型現実主義者」であった。これに対して、五つの王朝に仕えたプロ政治家の馮道や、金の官僚から転じて征服者たるチンギス・ハーンに仕えた耶律楚材は、時代の動向を鋭く洞察しつつ、みずから権力機構の奥深くに入り込み、野蛮な流血を回避することに力をそそいだ「権力綱渡り型現実主義者」であった。

権力綱渡り型などというと、いかにもオポチュニストめいて聞こえるが、むろんそんなことはない。陳舜臣氏が、表面的には「変節者」に見えかねない、複雑な転変をくりかえした馮道や耶律楚材を傑物として高く評価するのは、彼らが極め付きの現実主義者として現実を直視しながら、常に社会全体のことを考え、人々の幸いを願うパトスと理想の持ち主だったからである。なかでも、民族の枠をとっぱらい、モンゴル族も契丹族も漢族も、人間として融和する社会の到来をイメージして死力を尽くした耶律楚材は、陳舜臣氏のもっとも愛する傑物の一人だといえよう。

理想をもった現実主義者であることが、本書に描かれる傑物たちの多くに共通する要素だとはいえ、理想と現実のバランスの取りかたは各人各様である。たとえば「諸民族融和の大帝国」をつくりあげようと、大胆な民族混淆政策をとり、それが裏目に出て身を滅ぼした前秦の苻堅や、貧しい民衆を救済すべく急進的な新法政策を断行したものの、思わしい結果が得られず挫折した北宋の王安石などは、過剰な理想主義が現実を飛び越えてしまい、有効性を発揮しえなかった例だといえよう。しかし、過剰な理想主義によって挫折した傑物たちを描く作者の筆致はあくまでやさしく、彼が愛する傑物とはいかなる存在であるかを、おのずとものがたっている。

すでに明らかなように、陳舜臣氏が愛する傑物たちの核となる「理想」は、時代を超えて、みごとに一致している。それは、偏狭なナショナリズムを打破して民族にとらわれることなく、生きとし生ける者すべてに、幸いをもたらす社会を作りだそうとすることである。この明快このうえない強靱なヒューマニズムが、「傑物たちの中国史」である本書『中国傑物伝』に終始一貫して鳴り響く主調音となっている。ここに、日本に住む中国人作家としての陳舜臣氏自身の血肉と化したコスモポリタニズムと、もっとも上質の儒教的ヒューマニズムの美しい結合をみることもできよう。

（1994.9）

『中国ペガソス列伝――政治の記憶』（中公文庫、一九九七）

中野美代子 著

本書の著者中野美代子氏は、中国古典小説『西遊記』の研究をはじめ、文字学、妖怪学、博物学、地理学、図像学を縦横無尽に駆使した、幾多の研究で知られる中国文学者である。こうして、らくらくとジャンルを横断、瞠目すべき研究成果を積み重ねる一方で、みずから小説も書き、イマジネーションあふれる作品を次々に発表するなど、その八面六臂の活躍ぶりは、つとに名高い。

本書『中国ペガソス列伝――政治の記憶』は、このなさざることなき中国文学者が、「政治という天空をペガソスのように駆け抜けた」、中国史上、特記すべき人物の軌跡を、鮮やかなタッチで描いた評伝文学である。みずからもまたペガソスの翼をもつ中野美代子氏に息を吹き込まれ、中国のペガソスたちの「政治の記憶」が、鮮烈な現在形で立ちあがってくるさまは、圧巻としかいいようがない。

本書は二部構成のスタイルをとっており、第一部に登場するペガソスは、武則天（則天武后《そくてんぶこう》）、楊貴妃《ようきひ》、西太后《せいたいこう》の三人。それぞれタイプは異なるが、いずれも、政治権力の中枢に深くかかわった女たちだ。これに対し、第二部では、男たちのペガソスが取りあげられる。古典小説の『三国志演義』および『水滸伝』の破天荒な登場人物たち、モンゴル族の王朝、元の創設者フビライ・ハーンといった顔ぶれである。

第一部に登場する三人の女たち、すなわち武則天、楊貴妃、西太后のイメージは、実にみごとに描き分けられている。このうち、著者が偉大なるペガソスとして、もっとも高く評価するのは、中国史上、ただひとり女帝となった武則天である。

武則天は、もともと唐王朝第二代皇帝太宗《たいそう》の後宮の女性だった。太宗に格別愛されることもなく、不遇をかこっていた彼女は、太宗の死の前後、その息子で第三代皇帝となった高宗《こうそう》(六四九―六八三在位)の目にとまった。太宗の死後、彼女は他の宮女とともにいったん尼になる手続きを経て、まもなく還俗、高宗の後宮に入りなおす。生来、柔弱な高宗はたちまち果断で強気な武則天に魅せられ、武則天の権力への欲望はいやがうえにも膨張する。

卓抜した政治センスを生かし、やがて武則天は、太宗・高宗の親子二代に仕えた倫理的ハンディキャップを撥ねかえし、周到に敵対者を蹴落として皇后の座につく。以来、高宗の生存中は皇后として、高宗が死んだ後は皇太后として、政権を掌握すること三十五年、武則天はついに皇帝となり周王朝(六九〇―七〇五)を立てた。この武則天の「武周革命」により、唐王朝はいったん断絶する。

権力の高みに上りつめるために、武則天は、皇太子となった実の息子二人を次々に抹殺したのをはじめ、密告を制度化して敵対者を摘発、徹底的に叩きつぶすなど、冷酷・残忍の限りを尽くした。

だが、飽くなき権力欲による残虐さだけで、武則天を測ることはできない。貴族中心の古びた政治システムを突き崩し、広く人材を登用して新しい政治システムに切り替えようとしたこと。また、男性優位の社会通念に根底から揺さぶりをかけたこと。これらの面から見れば、武則天はまぎれもない変革者だった。

本書の著者は、残虐な悪の論理と変革への志向をもろ刃の剣として、中国史上、ただ一人、女帝となった武則天には、「政治家としてのイマジネーション」とともに、呪術的能力を演出しうる「カリスマ性」が備わっていたと指摘する。本書の武則天伝は、政治能力から呪術演出能力まで、要するにさまざまな要素の複合体ともいうべき、このおどろおどろしくも偉大な武則天の生の軌跡を、余すところなく活写したものにほかならない。

過剰なエネルギーによって、ついに善悪の彼方に飛翔し、新しい時代を切り開いた正真正銘のペガソス武則天と対照的に、楊貴妃と西太后の場合は、下降へ向かう時代のエントロピーを象徴するような存在だった。

楊貴妃はいうまでもなく、唐王朝第六代皇帝、玄宗《げんそう》(七一二—七五六在位)の心をとらえた絶世の美女である。武則天は太宗の宮女からその息子高宗の妻に転身したが、これとは逆に、楊貴妃は玄宗の息子寿《じゅ》王の妃から、玄宗の愛妃に転じた。いずれにせよ、ただならぬ経緯をたどって転身した点では、変わりはない。しかし、楊貴妃は、みずからの意志で権力奪取に標的を絞った武則天とは、およそ異質な人物だった。本書の著者は、楊貴妃を指して、ずばりこう述べる。

中国の歴史をいろどる女たちは、多く悪事を、みずからの意志でなし得たことで光彩を放っている。そのなかでただひとり、楊貴妃だけはなにもせず、なにも主張せずに歴史にのこった。考えてみれば、じつにふしぎではあるまいか。

老境に入った玄宗は、息子から楊貴妃を奪い取るや、初期の英明ぶりはどこへやら、快楽の生活に溺れ、ろくに政務もとらなくなった。楊貴妃はただ存在するだけで、玄宗を酔わせ、骨抜きにしたのだ。この結果、唐王朝の頽廃と混乱は加速度的に進行し、やがて強大な武力を蓄えた節度使安禄山《あんろくざん》の反乱によって、決定的なダメージを受けるに至る。

この安禄山の乱の渦中で、楊貴妃は命を落とした。著者が痛烈なイロニーをこめて、「彼女は、なにごともしなかった。しかし、無限に与えられた。浴を華清池に賜った。おいしいといっただけで、嶺南から茘枝がどんどん送られてきた。安禄山の口車に乗せられて、その養母にさせられた。そして最後は、死を賜ったのである」と語るように。

こんな楊貴妃が歴史に残り、千年以上も人々の想像力を刺激しつづけたのは、なぜか。それは、彼女の存在のありようが、玄宗治下の盛唐の華麗な「ファッション」を体現していたからだと、著者は喝破する。

歴史的にみれば、六五五年、武則天が皇后になった時点から、七五五年の安禄山の乱までの百年間が、唐の全盛期であり、以後、時代は下り坂に向かう。みずから強烈なオーラを発散した「カリスマ」としての武則天から、着せ替え人形のような「ファッション」としての楊貴妃へ。対極に位置する両者を対比させることによって、著者ははげしく変化する時代の貌を、みごとに浮き彫りにする。

第一部、女性ペガソス列伝の最後を飾るのは、十九世紀中頃から二十世紀初頭、清末の中国を支配した西太后である。西太后は少女のころ、清の第九代皇帝咸豊《かんぽう》帝の後宮に入り、皇帝にとってただ一人の息子を産んだ。「母は子を以て貴《とうと》しと為す」の鉄則どおり、これによって西太后の地位は飛躍的に上昇した。並はずれた権力欲をもつ彼女は、咸豊帝の死後、息子の同治《どうち》帝および甥の光緒《こうしょ》帝を傀儡《かいらい》に仕立て、約半世紀にわたって実権を掌握、歴代皇帝も顔負けの豪奢な宮廷生活を送った。

西太后もまた鋭い政治的センスをもつ、聡明な女性であった。しかし、武則天と異なり、彼女の聡明さは、ひたすら時代錯誤の宮廷内権力闘争に勝利することにのみふりむけられた。こうして西太后がやみくもに権力の座にしがみついていた間に、中国は西洋の列強や日本によって、ズタズタにされ、収拾不能の大混乱に陥ってしまう。彼女の死後まもなく清王朝は滅び、中国の王朝時代は終わった。西太后はまぎれもなく、四千年におよぶ王朝時代の幕引き役を演じたのである。

本書の西太后伝は、この度し難い欲望の化身たる西太后の生の軌跡を、終始一貫、冷静なタッチで緻密にたどり、最後にきわめて印象的なエピソードを記している。一九二八年、西太后の墓があばかれたさい、死後二十年を経ながら、亡骸《なきがら》は生きているようだったという。しかし、その二か月後、あばかれたあとの調査に入った者の記録によれば、「なきがらはすでに腐臭を発し、両の眼窩《がんか》はうつろで、黒い洞《ほら》のようになっていた」とのこと。外気にふれた瞬間、亡骸の腐敗がはじまったのだ。

すでに形骸化していた清王朝は、外からの風を受けて、ついに崩れ去った。西太后の亡骸は、この中国最後の王朝清の滅びの過程を、凝縮してあらわしているようにも見える。本書の西太后伝は全体として、この象徴的なエピソードを末尾に配することによって、濃厚な死と終末の気配に包み込まれることになる。まことに巧みな語りの仕掛けというほかない。

武則天、楊貴妃、西太后と、三人の女性ペガソスの貌をくっきりと刻んだ第一部につづき、第二部で取りあげられる男性ペガソスの像も、はなはだ創見に富む。

たとえば、『三国志演義』の英雄のうち、日本で圧倒的人気を誇るのは諸葛亮だが、本場の中国では、けっしてそうではない。中国の民衆世界においては、ドングリ眼にトラヒゲ、八方破れの無法者張飛こそ、「三国志」のペガソス的存在であることを、さまざまな資料を駆使し、著者は立証してみせる。

第二部のハイライトともいうべき、フビライ・ハーン伝は、すこぶるダイナミックなタッチで、マルコ・ポーロが「古今を通じて最強の大王」と称えた、この人物の事迹を浮き彫りにする。モンゴル族の元王朝の創設者フビライ・ハーンが、「最強の大王」たるゆえんは、したたかな漢文化を生かす一方、モンゴル族のために、チベット人パスパがもたらした仏教と文字を効果的に利用するなど、多元的な文化政策をとったところにあると、著者はいう。ことほどさように、枚挙に暇がないほど存在する、歴史上の男性ペガソスのなかから、とくにフビライ・ハーンが選ばれたのは、彼こそ異文化混淆の「時代空間」を切り開いた人物だったからにほかならない。

人間のタイプに、時間志向型と空間志向型とがあるとすれば、中野美代子氏は明らかに後者の方だと思われる。本書『中国ペガソス列伝』において、著者はその鋭敏な空間志向をもって、おのおの固有の「時代空間」を飛翔した、中国のペガソスたちの「政治の記憶」を、まざまざと甦らせた。まことにみごとな評伝文学というべきであろう。

(1997.8)

『中国政治論集』

宮崎市定 著

(中公クラシックス、二〇〇九)

本書は、もともと一九七一年、「中国文明選」(朝日新聞社)の一冊として刊行された。その後、文庫(中公文庫、一九九〇)となり、つい最近また装いをかえて刊行された。移り変わりのはげしい現代において、時代を超えて刊行されつづけ、読み継がれる本書は文字どおり名著にほかならない。

本書は『中国政治論集』とは言い条、文庫のサブタイトルに「王安石から毛沢東まで」とあるように、実際には、中国の国家体制が本格的に整備された近世北宋から現代までの代表的な政治論文十六編を選びだし、構成された「中国近世政治論文集」である。著者は、ここで八つに区分した各時代ごとに二編の政治論文を選び、各編にまず訓点をつけた原文、書き下し文、日本語訳を配したうえで、それぞれの文章が書かれた時代状況の解説を付すというスタイルをとる。

また、北宋では対立的な立場にあった司馬光《しばこう》と王安石の文章が選ばれ、現代では、毛沢東《もうたくとう》と最終的には毛沢東に反旗をひるがえした林彪《りんぴょう》の文章が選ばれるという具合に、両極端にある存在に同時的にスポットを当て、おのずとそれぞれの時代の全体像が浮かびあがるという仕組みになっている。かてて加えて、本書では論文の配列もまたはなはだユニークであり、常識の逆をついて、読者が新鮮な感覚を保つよう配慮し、現代から順次、過去の時代に遡る「倒叙《とうじょ》」の形式がとられる。

このように、さまざまな趣向を凝らして著された本書において、選びだされた十六編の文章はいずれも、それぞれ時代状況に危機感をもつ論者の気迫とパトスにあふれたものであり、訳読・解説している著者もまた、拮抗《きっこう》する迫力をもってこれらと向き合っているのが、如実に読みとれる。これが本書の最大の魅力であり、なればこそ時を超えて読み継がれているのだといえよう。

端的にいえば、本書には、「今、ここ」に生きている者に強く響く、いきいきしたアクチュアリティーがある。通読するのが手ごわい場合は、目にとまった一編を読みとおすだけでも、気分が高揚すること請け合いの一冊である。

（2009.10.13）

書物あれこれ 3

「劇場」としての本棚

蔵書などという気のきいたものの持ち合わせはないけれども、私のやっている中国文学は、とにかく大量の書物が必要なので、研究室にも自宅にもまったくうんざりするほど、本がひしめきあっている。本棚に入りきらず、二重三重につめ込んであるため、近ごろはふだん使わない本を探しても、みつかったためしがないという体たらくである。こうして積み重なっている本の大部分は、一九六二年、大学に入学してから四十年(!)の間に、買いためたものだ。むろん中国書ばかりでなく、おりおりの興味で買い求めた、ミステリの文庫本あり、種々の翻訳書ありと、私の本棚は混乱を極めているのだけれども。

そんななかで、群を抜いて古くから私の本棚に鎮座している一冊の本がある。大正十五年、世界童話大系刊行会が刊行した「世界童話大系」の第九巻で、なかに『ラ・フォンテーヌ寓話集』『ペロー童話集』『和蘭童話集』がいっしょに収められている。この背文字に金をあしらった豪奢な装丁の童話シリーズは、私が中学に入る直前、引っ越ししたさいに、亡父が書斎に並んでいた他のもろもろの本といっしょに整理したため、けっきょくこの巻だけになってしまった。もう記憶も定かでないが、

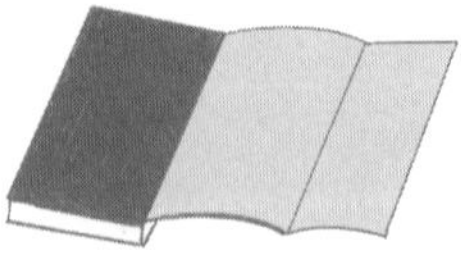

ペローの童話が好きだった私がこの巻だけ自分の部屋に持ち込んでいたため、手元に残ったものと思われる。なにしろ大正十五年の刊行だから、すべて旧かなづかいなのに、子供の私は別に違和感もおぼえず、いつも楽しんで読んでいた。今も本棚のなかに堂々と座を占めているこの本を見ると、郷愁に似た思いにとらわれてしまう。

重厚・豪奢な装丁という点では、「國譯漢文大成」に収められている『文選《もんぜん》』(三冊本。昭和十一年版)もなかなかのものだ。これは、一九七〇年、大学院に在学中、古書店でみつけ、衝動的に大枚七千円をはたいて購入したものだ。なにしろ当時もらっていた奨学金が一か月二万円の時代である。おかげで、一か月近く昼食に「すうどん」を食べつづける羽目になった。この高かった三巻本『文選』は今もひっそり本棚に収まっているが、これをみると、将来の展望がまったくなかったあのころが甦ってきて、切ない気分になる。

私の本棚には、郷愁や切なさといった抒情的な要素とはまったく無関係、めぐりあえてよかったと、見るたびに、気持ちが昂揚する書物もないわけではない。どこにでもある四部備要《しぶびよう》本の『世説新語《せせつしんご》』(三冊本。上海中華書局印行)と薄い小型本の『説書芸人柳敬亭《りゅうけいてい》』(陳汝衡《ちんじょこう》著。上海文芸出版社刊)がそうだ。前者は魏晋《ぎしん》の名士のエピソード集だが、この三冊本はさる中国文学者の蔵書が整理され、たまたま研究室にその端本がでまわったさいに、偶然、手に入れたもの。六〇年代なかばのことである。一冊百円、三冊合わせて三百円のこの本との出会いがきっかけとなり、十数年後の八三年、私ははじめて小さな自分の本を書いた。

後者を手に入れたいきさつも、まったく偶然というほかない。八〇年代前半のこと、当時、私は金沢大学に勤めていたが、中国書専門店もないため、時々、京都から中国書専門店の人が出張販売に来てくれた。そのとき、明《みん》末の講釈師柳敬亭の伝記を記した小さな本がふと目につき、購入した。一、三百円の安い本だった。ところが、一か月ほどたったある日、富山にいた明代の歴史研究者がやって来て、見せてほしいと真剣な口調でいうではないか。聞けば、私がこの本を購入したと聞き、一足遅かったかと残念でたまらず、ともかく見たいと思って飛んで来たとのこと。そんなに珍しい本かと大いに得をした気分になり、やはり十数年後、これを参照しながら、柳敬亭に関するエッセイを書いた。

乱雑に並んだ本を眺めながら、しんみりしたり、鼻たかだかになったり、私の本棚は私の生の軌跡を刻みつけた「劇場」のようなものかも知れないと、ふと思ったりするのである。

(2003.1.1)

手帳

年末が近づくと、いろいろな手帳が売りだされるが、とりわけ近ごろは「手帳文化」と呼びたくなるほど、各種各様、趣向を凝らしたものが多い。私自身はいたって原始的であり、昔から、机の上に置いたメモ用紙に縦線やら横線やらを引いて、「(書くべき)手紙」「締め切り」「行事」等々、項目別に区分けし、日付け順にどんどん書き込んでゆき、用がすめば鉛筆で線を引いて消してゆくというやりかたを愛好している。メモ用紙が一面、真っ黒になって書けなくなったら、新しいのと取り替えるのである。

この机上の自家版手帳の難は万一紛失すると、何もわからなくなるため、持ち歩くことができないことである。なにしろ私には年がら年中、落し物や忘れ物をする困った癖があるのだ。そこで別に手帳も持っているが、ここ数年、一か月分が見開きの頁に収められた、書き込み式のカレンダータイプのものを愛用している。これは、数頁の余白が付いている以外、付加物なしのシンプルなもので、実に薄くて軽い(「リベルデュオ」、高橋書店)。カバーには様々な色合いがあるが、私は毎年、すぐ目につく牡丹色を使っている。付録に薄手のアドレス帳が付いており、これはすでに書き込んである以前のものと差し替えることにしている。

という具合に、私自身の手帳利用法は機能いってんばりなのだが、近ごろの手帳には、凝った付加価値をつけ、読む楽しみや知る楽しみを加味しているものも多い。たとえば、「京都手帖」(光村推古書院)。これは、カレンダータイプの一か月予定表のほか、一日ずつの項目も付いており、日ごとに控えめな字配りで、京都の神社仏閣の祭祀や行事が細かく記されている。京都に住んでいながら未見の行事も多く、ナルホドと感心させられる。また京都市内地図や市バスの路線図も付されており、ちょっとしたガイドブックの用もなす。この手帳一冊もって、ふらり京都めぐりというのも楽しそうだ。

京都は極め付きの古都だが、歴史に目配りした手帳といえば、「歴史手帳」(吉川弘文館)に指を屈する。この手帳は「世界史重要年表」「日本歴代表」等々、付録が充実しており、版元の謳《うた》い文句どおり、まさにコンパクトな「歴史百科」の趣がある。

このほか、「鉄道百科」ともいうべき資料を満載した「鉄道手帳」(創元社)、日々の天文現象を詳細に記し、星座早見盤まで付いている「天文手帳」(地人書館)もマニアならずとも、まことにユニークでおもしろく、つい読みふけってしまう。

たとえば、「京都手帖」を持って電車に乗り、「歴史手帳」で目的地の史実を調べながら、「鉄道手帳」でレールの幅や信号機等々について知識を深め、「天文手帳」でその日の太陽や星座の位置を確認したら、京都への旅もずいぶん壮大で充実したものになることだろう。とはいえ、そんなに何冊も手帳を持つわけにもゆかず、さてどうしたものか。

(2008. 12. 21)

III

書評
2008～2018

莫言 著、吉田富夫 訳『転生夢現』（上下、中央公論新社、二〇〇八）

莫言《モオイエン》は多作型の作家であり、あふれるような想像力と構想力を駆使して、『豊乳肥臀《ほうにゅうひでん》』『白檀《びゃくだん》の刑』『四十一炮』等々の長篇小説を著してきた。これらの作品は総じて魔術的リアリズムともいうべき手法により、悪夢的な物語世界を異様な鮮明さをもって現出させたものである。莫言は「中国のガルシア＝マルケス」と称されるが、その作風には確かに期せずして一致するものがある。最新作の本書『転生夢現《てんせいむげん》』も、基本的にこうした作風によって展開される。しかし、語り口に成熟したユーモア感覚、あるいは笑いの精神が加味され、同じく悪夢的世界を描きながら、ここには一種、突き抜けたような明るさがある。

本書の主人公である西門屯《シーメントゥン》の地主西門鬧《シーメンナオ》は、中華人民共和国成立後に推進された土地改革（地主の財産や土地を没収し、土地を持たない農民に分配すること）の渦中で、悪徳地主として銃殺され、地獄に落ちる。しかし、西門鬧は閻魔《えんま》大王の前で無実を訴えつづけ、これが功を奏して、西門屯の自分の家にロバとして転生する。ときに一九五〇年一月一日。『転生夢現』の破天荒な物語世界はきっかりこの時点で幕を開ける。

以後、西門鬧はさらに牛、豚、犬、猿と転生をくりかえしながら、二十世紀後半の激動期を生き抜き、二十一世紀に入ると同時にようやく人間として再生する。この間、西門鬧としての記憶や意識は持続され、また転生のプロセスも蓄積される。つまるところ、西門鬧はさまざまな動物に姿を変えつつ、合作社や人民公社といった農業集団化運動、文化大革命、改革・開放路線への転換など、半世紀にわたる中国社会の動きと、そのなかで右往左往する人々の姿を、人間ならざる者として目撃しつづける役割を担うのである。

もっとも、転生する西門鬧はまるで地の霊に魅入られたように、故郷の西門屯に固執し、みずからの一族およびその周辺から離れようとしない。地主だったころの西門鬧には正室以外に二人の側室があった。その一人の迎春《インチュン》は西門鬧との間にできた娘の宝鳳《バオフォン》と息子の金竜《ヂンロン》を連れ、片頬に青痣《あおあざ》のある誠実な作男藍《ラン》臉《リエン》と再婚、藍解放《ヂエファン》という息子をもうける。この作男藍臉は農業集団化の波に頑として抗《あらが》い、ケシ粒ほどの個人農業を貫徹する頗る付きの硬骨漢だった。西門鬧はこの藍臉のロバや牛となり、彼と「共闘」するのである。

藍臉が筋金入りの旧世代だとすれば、西門鬧の実子である金竜、藍臉の実子の藍解放はまさに新世代の申し子である。金竜は才気を生かして文革から改革・開放の時期を巧みに泳ぎわたり、汚い手を使って成金実業家にのし上がるが、けっきょく、やはり旧世代の老革命家洪泰岳《ホンタイユエ》の自爆の道連れにされ、あえなく身を滅ぼす。かたや、藍解放は金竜の引きもあり副県長に出世するが、愛欲に溺れて地位も家庭もなげうち、最終的に故郷の西門屯に舞いもどる。転生する西門鬧は金竜が差配する養豚場の豚、解放の家の犬となり、この一部始終を見とどける。作者莫言は、こうして転生する西門鬧を目撃者、狂言回しとしながら、半世紀にわたる時代のうねりを、旧世代から新世代へ、生身の個人や家族の軌跡に密着して臨場感ゆたかに描ききるのである。なんとも巧みな語り口といわざるをえない。

巧みな語り口といえば、全五部から成るこの物語には複数の語り手が設定される。第一部が転生ロバ、第二部が藍解放、第三部が転生豚、第四部が藍解放と転生犬、というふうに、西門鬧の化身とあくまで現世的な存在である藍解放が交互に語り手となり、異なった視点から語り進めてゆくため、物語世界はおのずと重層化され、膨らみを増す。また、藍解放が語り手になるとき、西門鬧が最終的に人間に転生した姿をあらわす藍千歳《チエンスエイ》（藍解放の孫にあたる）が、早い時期から聞き手として登場するケースが多く、物語世界はますます複雑な様相を呈する。ちなみに、藍臉以来、藍家の男たちはみな片頬に「聖痕」ならぬ青痣があり、千歳も例外ではない。千歳は幼児のくせに転生の記憶をその大頭に刻み込んだ不気味な存在である。さらにまた、終幕の第五部では、作家の「莫言」が語り手として登場し、この錯綜した物語の幕引き役をみずから演じるという凝った趣向をとる。

かくも精緻な方法意識によって組み立てられた枠組みのもと、『転生夢現』の物語世界は夢か現《うつつ》か、西門鬧をはじめ、強烈なエネルギーに満ちた人々の演じるグロテスクな悲喜劇を鮮烈に浮かびあがらせる。随所でほのめかされているように、本書は明らかに転生と変化《へんげ》を主要モチーフとする中国古典小説『西遊記』を下敷きとする。この上質の古典的エンターテインメントを踏まえることによって、本書もまた無類の興趣にあふれる快作となっている。最後に、莫言の作品を知り尽くした訳者の翻訳は流暢にして読みやすく、原作の魅力を余すところなく伝えていることを付記しておきたい。

（2008.4.6）

『愛しの座敷わらし』

荻原浩 著

（朝日新聞出版、二〇〇八）

「座敷わらし」は、旧家に住む守り神であり、髪を垂らした幼児の姿をしているとされる。本書はある家族と座敷わらしとの出会いを核として展開される、一種の夢物語である。食料品会社の万年課長の夫方に向かっているらしい中学二年の長女(梓美)、小児喘息がようやく快方に向かっている小学四年の長男(智也)、軽い認知症が出はじめている夫の母、そして犬のクッキー。誰もが痛みを抱えたこの現代風の家族(五人と一匹)の暮らしは、晃一の地方転勤によって大きく変化する。

出世コースから脱落した晃一は、町外れの辺鄙《へんぴ》な地点に位置する大きな古い民家を借り、史子の反対を押し切って、一家そろって移住する。荒れた広大な庭に囲まれたこの家は、トラックでもとめられそうな玄関をはじめ、大きな部屋がいくつもあるなど、実にゆったりしており、都会のマンションでは想像もつかない、ほの暗くて「むだな」スペースもたっぷりある。そもそも「ある地方」の「古びた大きな家」という、この舞台設定が、登場人物ひいては読者を異空間に誘う絶妙の効果を発揮している。

ここに住んだ一家の前に、やがて座敷わらしが出現する。ただ、座敷わらしは誰の目にも見えるわけではなく、幼い智也と祖母(晃一の母)には見えるが、他の者には鏡に映った姿しか見えない。世俗に染まる以前の子供と世俗から離脱した老人だけが、座敷わらしと交感できるというわけだ。たとえば智也は座敷わらしとケン玉をして遊んだり、自転車に乗せて走り回ったりする。しかし、自転車に乗る快感を覚えた座敷わらしが、買い物に行く史子の自転車の荷台にちょこんと乗っかっても、当の史子はまったく気づかないのだ。

座敷わらしの出現はまず智也と祖母に生気を吹き込む。智也は日増しにたくましくなり、祖母は認知症もどこへやら、だんだん快活になり元気を回復してゆく。座敷わらしを目撃できない他の家族も、その気配を察知することによって、それぞれ自己回復する。梓美は座敷わらしを話題にすることで新しい友人ができ、晃一は当初、座敷わらしの出現に怯える史子を気づかうことで、夫婦の溝が埋まる。座敷わらしという物言わぬ異界的存在の出現によって、家族それぞれの痛みが徐々に緩和され、ギクシャクした家族関係が穏やかに修復されるさまは、読んでいて実に快い。ちなみに、祖母の友だちになる活発な老女や、その孫で智也の憧れの的であるサッカー好きの少女など、一家とかかわる脇役もユニークで精彩があり、この夢物語にリアリティーを与えている。

座敷わらしとの共生に喜びをおぼえるようになった家族は、三か月たらずで、古びた大きな家を離れなければならなくなる。晃一が東京にもどることになったのだ。かくて泣く泣く座敷わらしに別れを告げ、家族五人と一匹は東京へと向かう。このとき、「愛しの座敷わらし」はどうしたか。それは、ミステリの謎解きと同じで「言わぬが花」というものであろう。異界的存在であるにもかかわらず、まったく不気味なところがなく、実に好奇心がつよくて人懐っこい、この座敷わらしのキャラクターも本書の大きな魅力である。

総じて、かくも爽快な読後感を与える小説も近来まれだといえよう。緻密な構成力と明快な文章をもって、現代の夢物語を鮮やかに現出させた作者の語り口はみごとというほかない。

(2008.5.11)

池内紀 著
『出ふるさと記』
(新潮社、二〇〇八)

本書は、文学者の「ふるさと」からの離脱と、その創作との微妙な関わりに着目した評論集である。対象とされる作家・詩人はつごう十二人。すなわち、高見順、金子光晴、安部公房、永井荷風、牧野信一、坂口安吾、尾崎翠《みどり》、中島敦、寺山修司、尾崎放哉《ほうさい》、田中小実昌《こみまさ》、深沢七郎という顔ぶれである。いずれも、一種、型やぶりの異端の存在だが、彼らのふるさととの関わりかたも一様ではない。

冒頭で取りあげられる高見順にとって、一歳のときに離れた「ふるさと(福井県三国町)」は異郷と変わらない。しかし、彼は、追われるようにふるさとを後にした母を通じて、いやおうなしにかの地に深く結び付けられ、生涯にわたって「私生児」としての暗い出生にこだわりつづけた。本書の著者は、この高見順のふるさとを実際に歩き、その風景をリアルに描出しつつ、作家の内面的葛藤を鮮やかに浮き彫りにする。

これにつづいて、異国を放浪しつづけた「漂流物」金子光晴、満州からの「引揚者」安部公房のように、「よそ者」としての醒めた視点に立ちながら、日本の現代社会に生き、表現した文学者にスポットが当てられる。二十世紀初頭のアメリカに長期滞在し、尖鋭な現代文明の目撃者にして「記録係」となった永井荷風もこの系統に属するといってよかろう。荷風もまた異国体験によって冷静なよそ者の姿勢を獲得したのだった。著者は、これら異物的表現者のふるさとに対する感覚と、創作スタイルの接点を丹念に探りだしている。

このほか、ふるさとと東京をめまぐるしく往還した、「笑い虫」の牧野信一と「彷徨《ほうこう》」の尾崎翠。種々の理由により転々と所在を変え、放浪しつづけた「逃走」の坂口安吾、「雲隠れ」の尾崎放哉、「世捨て」の深沢七郎。時代の旗手として活躍しながら、ふるさとの東北を終生忘れなかった「家出」の寺山修司、奇矯な牧師を父として軍事基地呉《くれ》に育ち、流転の日々を送ったあげく作家になった「うろつき」の田中小実昌、自宅というふるさとで、もぐらが地中深く穴を掘りつづけるように、創作に精魂を傾けた「巣穴」

の中島敦。著者は、これら独特のかたちでふるさとと絡み、あるいはそれを振り捨てながら、ユニークな作品を生みだしていった文学者の軌跡をいきいきと描きあげる。

以上のように、各人各様の「出ふるさと」のありようを多角的に追跡する本書において、きわだっているのは、紀行文の名手である著者によって、十二人の文学者の出発点たるふるさとの情景が鮮明かつ緻密に描きだされていることだ。なかでも高見順のふるさと三国町、田中小実昌のふるさと呉の風景描写などは、そこに住む人々の息づかいまで伝わってくるようなすばらしい出来栄えである。

こうして臨場感あふれる空間軸を設定すると同時に、各文学者が生きた時間帯にも周到な目配りがなされ、時間軸もまたきわめて明確に設定されている。空間軸と時間軸を交差させながら、極め付きの逸脱者、異端の文学者群像を浮かびあがらせる著者の語り口は明晰そのものである。

さらにまた、著者はこのように異端の文学者を空間軸と時間軸に沿って位置づけながら、彼らがこの二本の軸を無化し逸脱してゆくさまをみごとに描ききる。空間と時間に限定されながら、これを乗りこえて生き書いた文学者を現在形で甦らせた稀有の評論集である。

(2008. 6. 8)

マルカム・カウリー著、吉田朋正・笠原一郎・坂下健太郎訳
『ロスト・ジェネレーション――異郷からの帰還』
(みすず書房、二〇〇八)

「ロスト・ジェネレーション」すなわち「失われた世代」とは、一九〇〇年前後に生まれた一群のアメリカ人作家を指し、その代表的存在としては、スコット・フィッツジェラルド、ドス・パソス、アーネス

ト・ヘミングウェイなどがあげられる。これは周知の事実だが、さて層として世代としてのロスト・ジェネレーションとはいったい何だったのか、彼らは何を失った人々なのかと思うと、ほとんど何も知らないことに気づかされる。

本書は、ロスト・ジェネレーションの批評家・詩人であるマルカム・カウリー(一八九八―一九八九)が、一九一〇年代末から一九三〇年に至るまで、十年余りのみずからの軌跡を具体的にたどりながら、層としてのロスト・ジェネレーションに見られる独特の気分、思想、行動形態、文学へのかかわりかた等々をいきいきと描きあげた「クロニクル(年代記)」である。原著(原題は『移境者の帰還――一九二〇年代の文学的彷徨』)が刊行されたのは、ロスト・ジェネレーションの物狂おしい冒険と彷徨の季節が終わりを告げてからまもない一九三四年であり、その語り口は文字どおりホットな臨場感にあふれている。

カウリーはみずからの高校時代を起点として、ロスト・ジェネレーションの大いなる物語を語りはじめる。カウリーが在籍していたのはピッツバーグのごく普通の公立高校であり、そこで文学グループに属し、生涯の友となる評論家ケネス・バークと出会う。ケネス・バークは『動機の文法』『文学形式の哲学』など、卓見に富んだ著作で知られる尖鋭な理論家だが、語り口がやや難解であり、私は何度も挑戦しては挫折した経験がある。しかし、本書で描かれるケネス・バークの言動は、後年、カウリーの編集する雑誌に奇抜な幻想小説を書き、雑誌が発禁になったという逸話が示すように、いかにもロスト・ジェネレーションらしく素っ頓狂であり、これまで抱いていた「鬱然たる大家」のイメージが一掃された。

それはさておき、カウリーは高校卒業後、ハーヴァード大学に入学するが、まもなく志願兵として第一次大戦の渦中のパリにわたり、フランス軍の輸送班に加わる。こうした参戦体験はヘミングウェイやフィッツジェラルドらにも共通するが、いずれにせよ、高校・大学を通して画一的な教育に飽き飽きし、みずからを「根無し草」あるいは「故郷喪失者」と感じるようになった彼らの世代における、最初の強烈な「移境」体験にほかならなかった。

戦後、彼らはいやおうなしに帰国し、その多くはボヘミアンの町ニューヨークのグリニッチヴィレッジに流れ着いて、貧乏暮らしをはじめる。なにしろ仲間は大勢おり、日ごと夜ごと、パーティーと酒とおしゃべりに興じ、あげくの果ては「コミュニティー・スリープ」と称して、大勢で雑魚寝する始末。カウリーの描くこうした情景を読んでいると、ここにはまぎれもない青春があると、妙に感動させられてしまう。しかし、いつまでも騒いでいるわけにもゆかず、彼らはふたたび次々に国外脱出し、古い文化の根拠地パリへと向かう。この二度目の移境はカウリーらロスト・ジェネレーションの人々に決定的な影響を与えた。なにしろ一九二〇年代初めの当時には、ポール・ヴァレリー、マルセル・プルーストも存命中であり、彼らは必死になってフランス文学のエッセンスを現在形で吸収しようとする。そのうち、巻き起こったのがいっさいの既成の権威を否定するダダイズム運動であり、ことにカウリーはこれと深くかかわることになる。

こうして緻密な構成をもつフランス文学と、これらを全面否定するダダイズムの双方をほぼ同時的に浴びたことは、ロスト・ジェネレーションの人々に実に大きな意味があった。彼らはやがて捨て去った故郷アメリカを新たな角度から見直し、カウリーの言によれば、アメリカの口語を用いて「フランス文学的な特質を再生」した、前代未聞の新しい文学を生みだすことになる。カウリーは異郷で右往左往しながら、自分自身も含め、ついに新たな発見へと至った同世代の作家たちの姿をみごとに浮き彫りにしている。

一九二〇年代の後半、彼らは続々とアメリカへ「帰還」して創作をつづけ、カウリーもニューヨークにもどって、雑誌の発刊と休刊をくりかえしながら、ジャーナリズムの世界で生きつづける。カウリーの描く層としてのロスト・ジェネレーションの人々の姿は、極限までいって自己崩壊した者も確かにあるけれども、総じて「根無し草」という生きかたをなかば強いられて選びつつも、何物にも依拠せず、自分たちの文学を作りだそうとする強烈なパトスがまことに印象的だ。

カウリーは本書において、ロスト・ジェネレーションといういささか退嬰的かつ消極的な呼称にもかかわらず、それとはうらはらに、骨気太く強靱な意欲にみちあふれた彼らの稀有の青春のありようを鮮烈に描きあげている。

(2008. 7. 13)

『富士さんとわたし——手紙を読む』

山田稔 著

(編集工房ノア、二〇〇八)

作家・フランス文学者の山田稔が、久坂葉子、桂春団治などの評伝で知られる作家富士正晴(一九一三—八七)とやりとりした書簡をベースに、富士正晴の文学と生き方を細やかに描きつつ、みずからの軌跡をたどった異色作である。交換された書簡(葉書が多い)は山田稔から富士正晴あてが百九十四通、富士から山田あてが百六十九通、合計三百六十三通。期間は一九五四年四月から八七年二月まで約三十三年間。これほど長期にわたって交わされた大量の書簡が双方において、ほぼ完全に保存されていることに、まず驚嘆してしまう。

両者の交友は、一九五四年当時、京大人文研の助手だった著者が先輩助手の多田道太郎に連れられ、大阪府茨木市安威《あい》に住む富士正晴を訪ねたのを機とする。以来、新聞や雑誌に掲載されたたがいの文章についての感想から、共通の友人や日々の生活風景等々についてまで、呼吸のあった書簡のやりとりがつづくことになる。

初期の書簡では、二十歳近く年上の富士正晴が、自分のスタイルを見いだすべく模索中の著者をさりげなく励まし、奮い立たせようとするさまが如実に見てとれ、まことに快い。やがて著者がさまざまな逡巡を振り切って、スカトロジーをテーマとする連作に着手するや、富士正晴も蘊蓄《うんちく》を傾けてこれにエールを送る。この時期の往復書簡には、ついにみずからの鉱脈を掘り当てた若い著者の昂揚感と、富士正晴の「よくぞ、やった」という深い理解と共感が美しく交錯しており、読んでいて爽快だ。

これを転換点に、両者は書くことの「しんどさ」を愚痴りあい、心身の不調を訴えあいながら、それぞれ綿密な構成をもつ著作を次々に発表してゆく。総じて、この往復書簡の魅力は、両者ともいかなるときも大仰になることなく、ユーモア精神たっぷり、さらりとした筆使いで、近況を語りあうという風情を保っているところにある。これは、両者がノンシャランな遊び心をよしとする美学を共有していることによるものであろう。

実のところ、著者と富士正晴の交友は単に個人と個人の関係によるものではなく、桑原武夫をはじめとする京都の学者グループ、著者が積極的にかかわりつづけた「日本小説を読む会」、富士正晴を中心とする同人雑誌『VIKING』等々、いくつものグループがクロスオーバーした地点において育まれたものだった。著者や杉本秀太郎、高橋和巳など友人の多くは「読む会」の会員であると同時に、『VIKIN

G』の同人でもあった。関西においてこうした形で、ある時期しかも長期にわたって、文学を語る場、作品を発表する場が、重層的に存在したことじたい、稀有の「文化の厚み」を示すものだと思われる。そうした文学的磁場のありようがいきいきと映しだされていることも、本書の大きな魅力である。

さらにまた、書簡や随所で引用される作品を通じて浮かびあがってくる富士正晴のイメージには、遊び心にあふれながら、それとはうらはらに、まことにきびしく硬質なものがある。富士正晴は酔うために大酒を飲みつづけた人だった。魏《ぎ》末、「竹林の七賢」のリーダー格だった阮籍《げんせき》も大酒飲みであり、「阮籍は胸の中に塊《かたまり》がある。だから酒で洗い流す必要があった」と評された。富士正晴もまた塊を抱えた人だったのだろうか。著者は、本書全体を通して、複雑に屈折した富士正晴像を多様な角度から、まざまざと描きだしている。

(2008. 8. 10)

『紅顔』

井上祐美子 著

(中公文庫、二〇〇八)

十七世紀中頃、無能な皇帝と宦官の専横によって屋台骨の傾いた明《みん》(一三六八—一六四四)は、崇禎《すうてい》十七年(一六四四)、李自成《りじせい》をリーダーとする流民反乱軍「流賊《りゅうぞく》」が首都北京に攻め込み、追いつめられた崇禎帝が自殺したことによって、呆気なく滅亡した。まもなく次の時代の真の主役たる満州族の清《しん》が北京から李自成を追い払い、またたくまに華北を制圧、さらに江南へと矛先を向け、短期間で中国全土を支配するに至る。

本書は、この激動の明清交替期を舞台に、二組の男女、すなわち呉三桂《ごさんけい》と陳円円《ちんえんえん》、銭謙益《せんけんえき》と柳如是《りゅうにょぜ》のドラマをいきいきと描きあげた作品である（タイトルの「紅顔」とは明末清初の詩人呉偉業《ごいぎょう》がその詩「円円曲」において、陳円円を形容した語）。

軍事能力抜群の呉三桂（一六一二―七八）は明末、精鋭部隊を率いて、万里の長城の東端、外側の山海関《さんかいかん》の軍事拠点である寧遠《ねいえん》を守備し、清軍の南下を阻止する重要な役割を担っていた。当時、呉三桂はまだ三十そこそこ、颯爽たる若き驍将《ぎょうしょう》であった。崇禎十七年、事態が急変すると、進退きわまった呉三桂は清の実力者ドルゴンの呼びかけに応じて降伏、援軍を要請して李自成軍と戦い撃破した。当時から、呉三桂が清に降伏したのは、北京に残してきた最愛の側室、陳円円（一説には、一六二三―九五）が李自成軍の凶暴な部将劉宗敏《りゅうそうびん》の手に落ち、激怒したためだという噂があった。これによって、呉三桂は一人の女のために、満州族の清に身を売り国を売り、清の中国全土支配の契機となった裏切り者と目されるに至る。ちなみに、陳円円は江南の妓女だったが、転変を経て呉三桂の側室となった美女である。

本書は、この輪郭定かならぬ幻の美女、陳円円に鮮明な性格づけをほどこし、清の中国全土平定のために死力を尽くしながら、やがては自立し帝王とならんとする野望をひそかに燃やしつづける呉三桂の唯一の理解者として位置づける。陳円円は、功成り名遂げて自足し、野望を捨てようとする呉三桂を原点に引きもどし、けっきょく彼が清王朝に反旗を翻すまで行を共にするのである。著者描くところのこうした呉三桂と陳円円の関係性には、並の男女の関係性を超えた強靱な「連帯性」が付与されており、まことに興味深い。

呉三桂とかかわる人物像でいま一人、強烈なイメージを与える存在がある。清の実力者ドルゴンである。

ドルゴンは知略においても軍略においても、呉三桂を完全に圧倒する有能な人物であり、呉三桂はどうあがいても彼を超えることはできない。著者はドルゴンを主人公とした長篇小説『海東青』(中公文庫)をも著しているが、本書においても冷徹なドルゴンの描き方は秀逸であり、呉三桂とドルゴンを対比させることによって作品世界の奥行きが格段に深まっているといえよう。総じて、陳円円との関係性、ドルゴンとの関係性を巧みに交錯させ、陰影に富む呉三桂像を浮き彫りにする語り口は鮮やかというほかない。

呉三桂が典型的な武の人であるのに対し、銭謙益(一五八二―一六六四)は明末文壇の大立者であり、在野の大政治家であった。パートナーの柳如是(一六一八―六四)はこれまた江南の妓女出身だが、書画や詩文にすぐれた、著名な女性文人である。明滅亡後、銭謙益は明王朝の一族福王《ふく》をいただく南京の亡命政権に参加するが、清軍が攻め寄せると、福王政権の官僚を率いて降伏、清王朝の官僚となる。しかし、数か月で辞任し、以後は故郷の常熟《じょうじゅく》にもどり、死ぬまで反清運動を続行した。こうして銭謙益は最終的に征服王朝の清に対して抵抗の姿勢をとったわけだが、一度、清に降伏しその傘下の高官になったという事実は消えず、これが生涯の汚点となり、後世、「弐臣《じしん》(二つの王朝に仕えた者)」呼ばわりされることになった。ある意味で、裏切り者の呉三桂と接点のある経歴である。

処世に歯切れのわるいところのある銭謙益にひきかえ、柳如是は気性のはげしい女性であり、もともと銭謙益が清に降伏することにも反対だった。だから、銭謙益が辞職して常熟にもどり、反清運動にかかわるようになると、積極的に協力した。というより、ともすれば及び腰になる銭謙益を叱咤激励し、清に対する抵抗を続行させたといったほうがよいかもしれない。これまた、野望を忘れようとする呉三桂を常に原点に引きもどした陳円円と、共通性があるといえよう。

本書はこのように明末清初の激動期において、処世に問題のある二人の人物、すなわち武の代表格である呉三桂と、文の代表格である銭謙益をクローズアップし、彼らのそれぞれ尖鋭なパートナー陳円円と柳如是を深く絡ませて、その関係性のありようを追跡することにより、揺れ動く時代とそのなかで生き抜いた人間像をありありと現前させた。史料の緻密な読み込みを踏まえつつ、興趣尽きない物語世界を創出した著者の手腕に賛辞を送りたい。

(2008.9)

平井隆太郎 著『乱歩の軌跡――父の貼雑帖から』

(東京創元社、二〇〇八)

本書は、江戸川乱歩(一八九四―一九六五)の長男である著者が、乱歩の自作年譜『貼雑年譜《はりまぜねんぷ》』に解説を加えつつ、乱歩の生涯をたどったものである。著者の文章は、もともと『江戸川乱歩全集』(一九七八―七九年、講談社刊。全二十五巻)の月報に連載されたものだが、本書はこれに『貼雑年譜』から関連した頁《ページ》をぬきだし、その写真版を配置するなど、まことに凝った造りの美しい書物に仕上げられている。

第二次世界大戦中、執筆停止に近い状態に追い込まれた乱歩は、手書きの図版、写真、新聞記事など、みずからに関連する膨大な資料を丹念にスクラップしたうえ、手作りで製本し『貼雑年譜』と名づけた。戦後も一九六二年までこの作業は続行され、『貼雑年譜』は全部で九冊にのぼるが、とりわけ終戦までに完成した三冊には、自筆の解説が付されており、まことに圧巻である。

第一冊と第二冊については完全復刻版が刊行されている由だが、なにぶん小部数の限定版であり、ふつうの読者の目にはふれにくい。その意味でも、『貼雑年譜』の写真版をふんだんに用いた本書は、貴重だといえよう。

『貼雑年譜』は文字どおり乱歩の生涯の記録である。緻密な家系図の作成を皮切りに、転居を重ね転職をくりかえした日々をふりかえって、住んだ家の一軒一軒について詳細に間取り等を記すなど、まさに丹念の極というほかない。また、ここには、スケッチや漫画を得意とする乱歩が、おりおりの情景や知人を巧みに描いた図版も数多く挿入され、その観察力の鋭さがおのずと示されている。

それにしても、みずからの軌跡をこれほど丹念にたどる乱歩の姿勢には、凄まじいまでの自己粘着力、あるいは経てきたことを何一つ忘れまいとする強烈な執念がみなぎっている。乱歩には『探偵小説四十年』と題する長篇自伝もあり、『貼雑年譜』と合わせて見るとき、尋常ならざる自己へのこだわりの強さがうかがえる。

これに対して、父乱歩の足跡を記す著者の文章は、『貼雑年譜』が発散する熱っぽさや強烈さとはおよそ対照的であり、実に冷静かつ淡々としている。ことに、すぐれた社会学者だった著者が極力、思い入れを排し、時代状況や時代思潮に目配りしながら、明治二十年代に生を享けた平井太郎(乱歩の本名)が、紆余曲折を経て、探偵作家江戸川乱歩に変身するまでを描いたくだりは卓見に富み、興趣尽きないものがある。

これによって、乱歩が少年時代から外国渡航をめざし、英語で探偵小説を書く夢をもっていたことや、これまた少年時代から作家になるまで、雑誌の編集・刊行に情熱を燃やし、何度も挑戦しつづけたことなどが明らかになる。出版メディアが確立していなかった時代において、乱歩は自前の媒体を創りだそうと模索していたのである。

さらにまた、『貼雑年譜』から見てとれるように、乱歩はきわめて几帳面な性格であり、アイデアマンでもあったが、勤め人の生活スタイルにどうしても馴染めず、転職をくりかえした。政治への関心も強いリアリストでありながら、現実社会に根本的に適応できなかった乱歩の生の軌跡を、著者は本書において淡白な筆致で跡づけている。

圧倒的迫力に満ちた『貼雑年譜』に目をやりながら、乱歩の足取りを精緻にたどる著者の文章を読むとき、探偵作家江戸川乱歩のイメージが一新されること請け合いの一冊だ。

(2008.9.14)

『わたしの戦後出版史』

松本昌次 著、上野明雄・鷲尾賢也 聞き手

(トランスビュー、二〇〇八)

本書の語り手、松本昌次《まさつぐ》(一九二七年生まれ)は、花田清輝、平野謙、埴谷雄高、丸山眞男、藤田省三、井上光晴、木下順二、富士正晴、野間宏、廣末保など、戦後の文学や思想を代表する人々の著作を次々に手がけた、「神話的・伝説的」な編集者である。

本書は、下の世代に属する、これまた著名な編集者、鷲尾賢也と上野明雄が聞き手にまわって、次々に的を射た質問を投げかけ、これに触発された松本昌次が、まさにみずからの存在を賭けて、生き抜いてきた「戦後出版史」の現場の様相をいきいきと語りあげたもの。余談ながら、私は聞き手と同世代だが、松本昌次の口から飛びだす著者名や書名の多くが、すでに神話的・伝説的なものであり、一種、深い感慨を

覚えた。

松本昌次は一九四五年五月二十五日、最後の東京大空襲で焼けだされ、家族ともども九死に一生を得た。このとき目の当たりにした、一面焼け野原となった凄惨な光景が、編集者松本昌次の原体験であり原風景だったといえよう。彼は戦争が終わると、それまで知ることのできなかった読書や映画・演劇に熱中し、「これまで何をやってきたのか」と、口惜しい思いにとらわれたと述懐している。こうした口惜しさをバネに、失った時間をとらえかえし、新たな出発をめざそうとする「焼け跡からのエネルギー」、あるいは花田清輝ふうにいえば「復興期の精神」こそ、松本昌次と戦後めざましい活躍を遂げた多くの著者に共通するものだった。

松本昌次と彼の深くかかわった著者の間には、全人格的に火花を散らして切り結びながら、「いい本」を世に出そうと「共闘」する稀有の関係性が見られる。こうした羨むべき関係性は、おそらく両者が個別の体験を超えた原体験を共有し、深い共感があったればこそ、成立しえたと思われる。

松本昌次が未来社の編集者となったいきさつにも、流動性あふれる戦後まもない社会の「弾み」を感じさせるものがある。すなわち、東北大学英文科を卒業後、紆余曲折を経て、たまたま野間宏と出会い、一九五三年、その紹介で創業二年目の未来社にすんなり入社してしまったというのだ。以来、未来社で三十年、編集者をつづけて、文学、演劇、思想など多様な分野の書物を編集し、退社後、独立して影書房を創設、今なお現役でありつづける〔二〇一九年一月逝去〕。編集にたずさわること半世紀余り、かかわった書物総数は約二千点。まさに驚異的なバイタリティーであり、戦後出版史の渦中を生きた、またとない証言者というほかない。

松本昌次はいたって好みのきつい、しかし「惚れっぽい」編集者だと思われる。著者との関係のはじまりは、おおむね出会いの一瞬による。「ああ、この人だ」と閃《ひらめ》くや、全身全霊をあげて打ち込み、著者のもとに通いつめる。この結果、『濠渠《はりわり》と風車』をはじめとする埴谷雄高の数多くの評論集、花田清輝の『アヴァンギャルド芸術』、丸山眞男の『現代政治の思想と行動』等々、特筆すべき名著が続々と生まれたのだった。松本昌次が惚れ込む著者は、総じて権威主義的な要素がみじんもなく、分けへだてのない自由な精神の持ち主だが、同時にこれらの人々は尋常ならざる知性と強烈かつ独特のパーソナリティーをもつ。

松本昌次は著者の個人的エピソードを公けにすることを好まず、インタビューに手を入れ、本書としてまとめるにさいし、その多くを削除した由だが、それでもまま残されたエピソードには無類のおもしろさがある。たとえば、丸山眞男は頗る付きの饒舌家であり、近所に住む竹内好を訪れたときなど、玄関に入った瞬間から「機関銃の無限発射」のように切れ目なくしゃべりまくり、わずかのあいまを見て、竹内好が重々しく「そうかね」とつぶやいたという話などは、実に興趣に富む。しかも、その場に埴谷雄高も居合わせたという。

この話には、戦後、それぞれの分野で他の追随を許さぬ大きな仕事をした巨人たちが分野を超えて、たがいに認め合い、自在に往来していたさまが如実に浮き彫りにされている。このエピソードの現場には松本昌次は居合わせなかったようだが、松本昌次という編集者を結節点として、著者同士のつながり、理解の「ネットワーク」が広がってゆくさまが語られるのも、本書の大きな魅力だといえよう。

戦争という原体験と問題意識を共有する著者と真摯に向き合って、同時代を生きる読者にメッセージを投げかけ、本を作りつづけた松本昌次は、熱い時代を生きた編集者にほかならない。ホットな戦後精神もすっかり冷えきり、よくいえば冷静、わるくいえば臆病になって、著者と編集者の関係のみならず、総じて他者と距離をおいた関係がよしとされる現代において、かつての熱さをそのまま甦らせることは無理だとしても、これを受け継ぎ、活かす道はないのだろうか。過ぎ去った時の重さを痛感させる一冊である。

(2008.10.12)

ロブリー・ウィルソン著、あいだひなの訳

『被害者の娘』

(作品社、二〇〇八)

一九八五年、アメリカ北東部メイン州の小さな町スコギンで、殺人事件が起こる。被害者は六十歳の弁護士レイモンド・クーパー。闖入者《ちんにゅうしゃ》に襲われ絶命する瞬間まで、クーパーの視点で描かれる「プロローグ」において、彼が離婚し独り暮らしであること、シカゴに三十代半ばの娘リサと八歳の孫娘スーザンが住んでいること、九十一歳の老父が老人ホームに入っていること、さらにクーパーには少年趣味があること等々、すでに物語展開のポイントとなる事柄がすべてあらかじめ明示されるという、思い切った手法がとられている。

クーパーの死体の発見者は、高校の同窓会に出るため、シカゴからスーザンを連れて帰郷したリサだった。死体を見てパニックに陥ったリサは、警察に電話をかけ「夫が死んでいる」と絶叫する。実は、リサは少女時代に早すぎた恋のために心身ともに深い傷を負い、ようやく立ち直って結婚したものの、夫はベトナム戦争の後遺症に悩まされ、スーザンの生まれた後、ついに自殺しており、彼女はこのときも夫の死体の発見者だったのだ。

以後、物語世界は「被害者の娘」リサと、スコギン警察の上部機関、メイン州検察局から派遣された捜査官ストランドの、両様の視点から交互に描かれ展開されてゆく。ちなみに、ストランドは被害者と同じく六十歳、仕事に没頭しすぎて妻に愛想をつかされ、二年前に離婚、リサと同世代の娘がいるという設定である。彼はヘビースモーカーで、第二次世界大戦に従軍した経験があるが、これまた被害者と共通するものだ。

こうした濃厚な共通性をもとに、ストランドはいわば被害者の目線に立って、小さな町に醜悪な波紋を起こすことを好まず、適当にカタをつけようとする地元警察に反発しつつ、じりじりと真相に迫ってゆく。もっとも、彼には少年趣味などなく、クーパー事件捜査のために彼に付いた、二十歳も年下の魅力的な女性アシスタントと恋に落ちることになる。

こうして過去に深い傷をもつ二人の人物、リサとストランドの両様の視点から描かれることによって、本書の物語世界は過去と現在が交錯し重層化され、まことに陰影に富む様相を呈している。ストランドが新しい恋をみつけて自己回復してゆくのに対し、リサは試行錯誤をくりかえしながら、少女時代の不幸な恋の相手で、今はスコギンの信頼される小児科医となったキンボルと再会し、穏やかに立ち直ってゆく。実は、この再会が大きな転換点となる。キンボルの愛息子《まな》(十二歳)が被害者クーパーの家に出入りする少年の一人だったのだ。ストランドはキンボルこそ本星だと狙いを付けるが確証はなく、被害者の娘リサも、すでに妻と死別していたキンボルとの関係が深まるなか、彼を追及しようとはしない。こうして事件の真相は凍結され、作者は謎を解こうとしないまま、物語世界は幕を下ろす。

見てのとおり、この作品は謎解きを最終的な目的とするいわゆるミステリではない。ここには、古い体質を残す地方都市に起こった殺人事件を機に、癒しがたい過去の深傷《ふかで》を負った人々が集まり、過去を引きずりつつ、ゆるやかに再生してゆく姿がきめこまかに描かれている。血まみれのグロテスクな描写も多々見られるにもかかわらず、読後感が爽やかなのはおそらくこのためであろう。まことに考え抜かれた構成をもつ充実した作品である。

（2008. 11. 9）

木田元 著『なにもかも小林秀雄に教わった』（文春新書、二〇〇八）『哲学は人生の役に立つのか』（PHP新書、二〇〇八）

この二冊は、「敗戦直後の混乱期」に猛烈な勢いで本を読み、「文学と哲学のはざまで」精神形成をしてきた著者が、かたや文学の側から、かたや哲学の側から、読書体験と重ねつつみずからの生の軌跡をたどったものである。この二冊には、異色の哲学者木田元の迫力に満ちた姿がまざまざと描きだされており、文字どおり圧倒される。

著者木田元は満州（現在の中国東北部）の新京（現在の長春）で育ち、中学卒業後、家族と離れて日本に渡り、江田島の海軍兵学校に入学するが、四か月余りで終戦となる。まだ十代前半の身で、終戦直後の大混乱の渦中に放りだされた著者は、上野駅での野宿、テキ屋の手伝いを経て、ようやく山形の親類を捜しあて身を寄せる。

まもなく母と三人の姉弟が引き揚げて来るが、満州国官僚だった父がシベリアに抑留されていたため、小学校の代用教員をしながら、東京まで闇米を運ぶなど、獅子奮迅の働きぶりで一家の暮らしを支えてゆく。このとき、著者は三十キロを背負い、両手に十五キロずつと、合計六十キロの闇米を持って、他の闇屋になぐられながら、満員の汽車に乗り込んだという。まさに体力勝負だ。首尾よく汽車に乗り込んだ後は、『芭蕉七部集』や芥川龍之介などを読んでいたというから、驚くほかない。

このように、手段を尽くして多種多様の本を入手し、寸暇を惜しんで濫読《らんどく》にふける著者の姿からは、一種の「知的飢餓感」が感じとれる。戦後まもない飢餓の時代に生きあわせた著者にとって、生きるために自分および家族の空腹を満たさねばならないことと、知的空白を埋めようとする渇望とは、切っても切れない関係にあり、生きることと読むこと、知ることが渾然一体となっていたかに見える。また、著者ほど、江戸文学、ロシア文学、漢詩から小林秀雄等々に至るまで、多岐にわたる大量の文学書を読破した哲学者はいないと思われるが、その知的好奇心は、後年には純文学のみならず、外国および日本のミステリ等々、エンターテインメントの分野にもおよぶなど、とどまるところを知らない。混乱の巷《ちまた》で育まれたこの限りない知的飢餓感と、恐るべき知的好奇心による一種の「雑食性」を、著者はけっして失うことなく、今に至るまで保ちつづけている。これは、「象牙の塔」で「純粋培養」された、ひよわな学者にはおよびもつかない芸当であり、まさにダイナミックな知の巨人というほかない。この二冊には、そんな著者の「猛《もう》禽《きん》」のような彷徨と探究の跡が如実に記されており、胸躍るおもしろさがある。

さて、著者はひょんなことから大金を手に入れ、ともあれ学校に行きたいと新設された新発田《しばた》農林専門学校に入学する。一年たらずで資金切れとなり、身のふりかたを考えねばならなくなったころ、幸いにも父が帰国、家族を養わねばならない重荷からようやく解放される。かくして、心おきなくドストエフスキーに夢中になったりするうち、専門学校の先生からハイデガーの話を聞き、自分の抱える底なしの絶望感と呼応するものを直感して、どうしても『存在と時間』を読みたいと、東北大学を受験する決意を固め、猛勉強のあげく合格することができた。以後、東北大学の哲学科に在籍すること十年、ハイデガーのみならず、カント、ヘーゲル、フッサール等々の原書を、次々に読破してゆく。受験勉強のさい、著者は朝から晩までぶっとおし、凄まじい集中力で短期間に英語をマスターしたが、大学入学後も、哲学書を読むのに必要なラテン語、ドイツ語、フランス語など種々の語学を、同様の方法で次々にマスターした。この一種、壮絶な集中力に、いついかなるときも本を手放さない、あの知的飢餓感と共通したものがあるのはいうまでもない。

やがて著者は中央大学に就職、東京に移住し、メルロ・ポンティのほとんどの著作を翻訳する一方、『現象学』などの著作をあらわすなど、旺盛な執筆活動を続行する。著者自身の言によれば、こうして「まわり道」をしたあげく、哲学に足を踏み入れる契機になったハイデガーを本格的に取りあげた著書を完成するに至る。ハイデガーを読みつづけること三十三年の成果だった。ただならぬ粘着力であり持続力である。まっしぐらに短期間で目標を達成する集中力と、むしろ好んでまわり道や寄り道をし、発想を豊かに膨らませながら、徐々に目標へ到達する持続力。変幻自在にして柔軟な著者ならではの両面性だが、やはりその根底には精神形成期の知的飢餓感と雑食性がひそんでいるといえよう。

終戦後、劇的な体験をした著者はけっして単なる書斎の人、知の人ではなく、たくましい生活者の感覚と強靱な身体性を合わせもった人である。著者の知的世界やその哲学は、タフな身体性に裏打ちされているともいえよう。そんな稀有の哲学者が著したこの二冊の本は、生半可な絶望を吹き飛ばす躍動感にあふれており、圧巻というほかない。

(2009. 1. 25)

『ロシア文学の食卓』

沼野恭子 著

(NHKブックス、二〇〇九)

ロシア文学、主として小説を食の角度から論じた、まことにユニークで楽しい著作である。前菜、スープ「第一の料理」、メイン料理「第二の料理」、サイドディッシュ、デザート、飲み物と、全六章仕立てで構成される本書では、随所にトルストイ、チェーホフ、ドストエフスキー、ゴンチャロフ等々の、名作に見られる食の場面が自在に引用され、「口腹」の喜びと知的好奇心の双方を快く刺激される。

もっとも、前菜からデザート、飲み物まで、今あげたフルコースの章立てを見ただけでも、早くも満腹感を覚えそうになるが、著者が名作を通じて浮かびあがらせる、ロシアの人々の食の最大の特徴は、その「過剰性」にあると思われる。第一章の前菜のくだりに、チェーホフの「おろかなフランス人」を引用し、前菜として、こってりとバターやイクラを塗りつけた「ブリヌィ(写真を見ると、厚みのあるパンケーキのようなもの)」を何枚もぺろりと平らげたうえで、おもむろにメイン料理にとりかかろうとするロシア人の姿が描かれている。著者はこうして食欲を爆発させるロシアの大食漢を指して、「食への飽くなき欲求は、逆説的なことに生を突き抜けてしまい、死に連なる危うさをまとってしまうのだ」と述べているが、卓見である。

過剰な食への欲求はタナトス(死)に連なると同時に、まぎれもなくエロスにも連なる。本書の第四章に登場するゴンチャロフ著『オブローモフ』の主人公の例はその典型だ。食べることと寝ること以外、何もしようとしない、無為の人オブローモフは、彼を立ち直らせようとする聡明なオリガと出会うや、彼女に夢中になり「寝食を忘れる」が、しだいに彼女の存在が重荷になってくる。そんなとき、家庭的かつ官能的な下宿の女主人に、すこぶる美味な「ピローク(魚肉や野菜を入れて焼いたパイ)」等の手料理をふるまわれたのを機に、彼女に傾斜してゆく。

著者はここで、真面目で知的なオリガが登場する場面には食事の情景がほとんど描かれず、エロティックな下宿の女主人とのかかわりが深まるにつれ、食卓の描写がぐんと増えると、指摘する。「エロスと食欲が連携しているのは明らかだ」と。考えてみれば、過剰なエロスもまたタナトスに連なるものにほかならない。このようにロシアの小説を食の角度から照射し、登場人物の過剰な食欲が意味するものをあぶりだす、著者の語り口はまことに論理的にして迫力に富み、ロシア文学ひいてはロシア人の特性を鮮やかに浮き彫りにする。

周到な著者は過剰食欲のみならず、食に対して過度に禁欲的なトルストイやソルジェニーツィンらの作品にも目を向け、ロシア文学に見られる食のありかたを多様な角度から追究している。いずれにせよ、過剰、過度であることが、「ロシア文学の食卓」の主調であることは明らかであり、はなはだ興味深い。

こうしてロシア文学と食のかかわりが丹念にたどられるとともに、本書には、それこそ前菜からデザートに至るまで、多種多様のロシア料理や珍しい食材の簡にして要を得た説明がちりばめられており、おりおりに挿入される写真を見ながら、読みすすめると、そんじょそこらの料理の本より、よほど知識が身につく。
読みおわるや、引用されているロシアの小説が読みたくなり、ロシア料理が食べたくなる魅力あふれる一冊である。

(2009.2.22)

『漱石の漢詩を読む』

古井由吉 著

(岩波書店、二〇〇八)

夏目漱石はすぐれた漢詩の作り手であり、その作品を高く評価する吉川幸次郎の『漱石詩注』(岩波文庫)をはじめ、多くの訳注や研究書が刊行されている。「修善寺の大患」と「『明暗』の頃」の二部から構成される本書は、吉川幸次郎の注釈を踏まえつつ、独自の視点から深く漱石の漢詩を読み込み、小説家漱石の深層を照射する。

漱石は若いころから漢詩を作っているが、「修善寺の大患」の時期と「『明暗』の頃」は、漢詩作者としての「絶頂期」にあたる。「修善寺の大患」とは、明治四十三年(一九一〇)、重い胃潰瘍にかかった漱石が修善寺で転地療養中、大吐血し人事不省に陥ったのを機に、一群の漢詩を作った時期を指す。また、「『明暗』の頃」とは、その六年後の大正五年(一九一六)、死を目前にした漱石が約百日間、午前中に連載していた『明暗』の執筆を終え、午後に日課として漢詩(七言律詩)を作った時期である。著者はこの二つの時期に作られた数首の漢詩を取りあげ、緻密に読み解きながら、漱石の漢詩の特質から、漢詩という表現形式がもつ近代文学とは異質な特性、あるいは可能性に至るまで、縦横に語り尽くす。

「修善寺の大患」を機に作られた漢詩はおおむね死地を脱し、回復期にさしかかった漱石の安堵感や解放感に浸されているが、なかには、霊的現象や幻覚など、病者のとぎすまされた異常感覚を鋭く歌いあげた作品もある。著者は当時書かれたエッセイ『思ひ出す事など』を自在に引用しながら、この時期に作られた漱石の漢詩を鮮やかに解読してゆく。こうした著者の語り口によって、流麗にとぎれなく言葉を連ねながら、説きすすめてゆく漱石の日本語による散文と、言葉を選び抜き、詩的感情の頂点を凝縮した形で歌う、その漢詩との根本的な差異が、おのずと明らかにされてゆくさまは圧巻というほかない。

『明暗』の頃」に作られた漢詩は、この「修善寺の大患」の時期とは異なり、漱石自身の体験や心境と直接結び付けにくいものが多い。漱石は『明暗』を執筆中、登場人物に違和感を覚えながら、さまざまな説明、形容、分析を書き連ねてゆく操作をつづけるうち、「俗了《ぞくりょう》」つまり俗気に骨の髄までおかされる危険を覚え、そこで、「何とか自分を取り戻す」ために、午後になると漢詩を作ったという。著者は、こうした最晩年における漱石の多様な漢詩群、すなわち静寂の境地を歌った詩篇、これとは対照的な、気迫や諧謔にあふれた詩篇等々を取りあげ、「近代の文学は、どうしても一つの個を提示しなければならない。それに対して、漢詩では包括的な自我を表せる。歴史的な自我も表せる」と、きわめて注目すべき見解を提示する。限定された字数で、しかも厳格な韻律の法則にのっとって、圧縮された詩的小宇宙を形成する漢詩の世界においては、むろん表現対象への委曲を尽くした説明などありえず、主語もなければ時制もないのがふつうだ。まさしく著者の言のごとく、それはまさしく凝縮した形で、多様な要素を「包括」する世界なのである。こうして漱石の漢詩から近代文学の失ったものを想起する、著者の問題意識は鋭敏きわまりない。

本書は、漢文や漢詩を遠く離れ、微妙さを喪失しつつある日本語に対する危機感をもち、中年以降、積極的に漢籍に親しむ著者が、漱石の漢詩を素材として「思いの丈《たけ》」を語り尽くした、秀逸な漢詩論であるとともに、卓抜な日本語論、近代文学論ともなっている。

(2009. 3. 29)

中島敦 著
「山月記」「弟子」「李陵」

(『山月記・李陵 他九篇』所収、岩波文庫、一九九四)

中島敦の「中国小説」は、中国古典を土台としながら、それらを「今、ここ」にいきいきと甦らせたものである。とりわけ、この三編は、明晰で透明度の高い物語構造といい、緊迫感あふれる語り口といい、傑作中の傑作にほかならない。

このうち「山月記」は、「詩家としての名を死後百年に遺《のこ》そう」と詩作に没頭したものの、思うように文名があがらず、絶望して失踪し、ついに虎になってしまった人物の悲劇を描く。これは、唐代伝奇小説の『人虎伝』を下敷きにしたものだが、原作のアルカイックな雰囲気をもののみごとに払拭し、カフカの『変身』やガーネットの『狐になった夫人』など、現代の変身譚にも通底する「不条理な変身」として、その顚末を異様なほど鮮明に描出する。

「弟子」は、儒家思想の祖孔子と高弟子路《しろ》の類《たぐい》まれな信頼関係を活写した作品。無頼漢あがりの子路は、「知情意の各々《おのおの》から肉体的の諸能力に至る迄、実に平凡に、しかし実に伸び伸びと発達した見事さ」をもつ孔子に心酔し、孔子も暴走癖のある子路を叱ったりからかったりしながら、その「没利害性」をいとおしむ。中島敦はこのあらまほしき師弟の関係性に焦点を当てながら、原始儒家集団の自由闊達な様相を躍動的な筆致で描きだす。

「李陵《りりょう》」は、匈奴《きょうど》との戦いに敗れ刀折れ矢尽きて降伏した李陵、匈奴の捕虜となりながら不服従をつらぬいた蘇武《そぶ》、李陵を弁護したために宮刑に処せられた司馬遷《しばせん》、のそれぞれの生き方を多元的に描きあげた作品。中島敦は、彼らをけっして一元的な倫理基準で裁断することなく、生の極限に置かれた三者三様のドラマとして、迫真的に描ききる。

総じて、中島敦は中国古典を、時間を超えた現在形で甦らせ、新鮮な「近代小説」に変身させた。まさに、「古いものこそ新しい」のである。

(2009.5.3)

『夏王朝——中国文明の原像』

岡村秀典 著

(講談社学術文庫、二〇〇七)

司馬遷の著した『史記』の冒頭に置かれた「五帝本紀《ごていほんぎ》」には、きわだった聡明さによって天子に選ばれた太古の五人の伝説的な聖天子、黄帝《こうてい》・顓頊《せんぎょく》・帝嚳《ていこく》・堯《ぎょう》・舜《しゅん》の伝記が収められている。舜の死後は、治水に功績のあった禹《う》が天子に選ばれ、中国最古の王朝、夏《か》王朝の始祖となるが、夏王朝は紀元前一六〇〇年頃、暴君桀《けつ》の時代に、殷《いん》王朝(前一六〇〇頃—前一一〇〇頃)の始祖湯《とう》王によって滅ぼされた。

『史記』などにはこう記されているものの、実のところ、実在が確認されているのは殷王朝以降であり、夏王朝が実在したか否かについては確証がなく、長らく「幻の王朝」と見なされてきた。これに対して、中国の考古学者の間では二十世紀初めから、伝説の夏王朝の実在を確定すべく入念な調査がつづけられ、その輪郭が徐々に明らかにされてきた。

本書『夏王朝——中国文明の原像』は、こうした中国考古学の成果を踏まえて夏王朝の実在を肯定し、中国最古の王朝である夏王朝がいかにして形成されたか、その特質は何であるかを、緻密にあとづけた意欲作である。

本書では、古典籍にもとづいて禹と夏王朝の伝承を徹底的に検証する「文献史学」と、夏王朝の実在を探索しつづける「考古学」の両面から、夏王朝の実像をあぶりだす手法が用いられている。こうして着実なプロセスを経て、著者は、最終的に夏の王都と見なしうる「二里頭《にりとう》遺跡」に焦点を絞り、遺跡や遺物を手掛かりとしつつ、夏が中国文明を特徴づける宮廷儀礼を備えた中国最初の「文化国家」であったことを、明らかにしてゆく。

さらにまた、夏王朝じたいはけっして膨張をこととする大国家、大王朝ではなかったけれども、その高度に発達した王朝文化が周辺地域に強い影響をおよぼしたことを立証する。夏がその強固な文化力によって地域ネットワークの中核となり、中国最古の王朝となりえたことを論証するこのくだりは圧巻であり、幻の王朝の実像が忽然と現前する感がある。深い闇に包まれた太古の世界を鮮明に照射する、興趣尽きない一冊である。

(2009.5.19)

マリー＝ドミニク・ルリエーヴル著、永田千奈訳
『サガン――疾走する生』
（阪急コミュニケーションズ、二〇〇九）

今、私の手元に古色蒼然とした一冊の文庫本がある。フランソワーズ・サガン著、朝吹登水子《とみこ》訳『悲しみよ こんにちは』だ。初版は昭和三十年（一九五五）六月だが、私の本は昭和三十三年四月刊の第二十五刷。中学高学年か高校生になったばかりのころ、読んだのだと思う。以来、『ある微笑』や『ブラームスはお好き』くらいまでは読んだが、いつしかまったく読まなくなった。だから、二〇〇四年、サガンが六十九歳で死去したという新聞記事を見たときはほんとうに驚いた。六十九歳のサガンなんて想像を絶する。

それにしても、今を去ること五十五年、一九五四年に十八歳で『悲しみよ こんにちは』を著し、世界中の注目を集めたフランソワーズ・サガンとはいったい何だったのだろうか。

本書はそんな問いかけに具体的なイメージをもって答えてくれる、すぐれたサガン探究書である。もっとも、著者みずから語っているように、本書はサガンの生涯の軌跡を時系列的にたどろうとはせず、フロランス・マルローをはじめ、サガンとかかわりの深かった人々へのインタビューをもとに、その生涯を「万華鏡のように多面的」に浮かびあがらせている。ここに浮き彫りにされるサガン像は意外性にあふれ、実に鮮やかだ。

サガンはフランスの典型的な地方ブルジョアの出身であり、実父は『悲しみよ こんにちは』に登場する放蕩者の父とは似ても似つかぬ謹厳な人物であった。サガンは美少女の姉にコンプレックスがあって、

幼いころから読書にふけり、高校生のころには、すでにスタンダール、フロベール、プルースト等々を読む早熟な「文学少女」だったという。

このことは、彼女のデビュー作『悲しみよ こんにちは』が実体験とはおよそ無縁な文学的想像力によって書かれたことを示している。この作品は周知のごとく、放蕩者の父に再婚を決意させた大人の女性を追いつめる少女の姿を描く。ここには、既成の価値観を体現する存在へのやみくもな反発、少女特有の意地悪さや残酷さが鮮烈に描かれているにもかかわらず、重苦しさやなまなましさがなく、全体として清冽な透明感が漂う。これはまさに早熟の天才の幻視する力によって作りだされた物語世界だというほかない。

こうして生まれた『悲しみよ こんにちは』は、またたくまに世界的なベストセラーとなり、サガンは莫大な印税と名声を手にすることになる。二十歳そこそこで頂上に登りつめた彼女のその後の人生は、文字どおり多事多難であった。

反抗的な「若者文化」の体現者となった彼女は、以後、いわば「サガンという現象」を生きなければならなかった。孤独と退屈に耐えられない彼女は、スピード(車)、酒、薬にすがって刹那の陶酔を求め、ハイエナのように群がってくる取り巻き連中とのドンチャン騒ぎに明け暮れ、だんだん書けなくなってゆく。こうして心身ともにボロボロになってゆくサガンの姿を、本書の著者はやさしく慈しむような筆致で、淡々と描きあげている。

しかし、サガンには本書の成立に中心的な役割を果たしたフロランス・マルローをはじめ、いついかなるときも彼女を理解してくれる数人の友人があり、それが大きな救いだった。高校時代からの親友、フロランスはアンドレ・マルローの娘だが、母はユダヤ人であり、第二次世界大戦中、幼い彼女も辛酸を嘗《な》め尽くした。辛い時間をくぐり抜けた彼女は強靱にして繊細、知的にして感情ゆたかな、すばらしい女性となった。

無謀なサガンを受けとめつづけた聡明なフロランスの姿をみごとに描出したのも、本書の大きな魅力である。

さらに、サガンは戦争中、ユダヤ人強制収容所のむごたらしい映像を見て、深甚な衝撃をうけた原体験をもち、もう一人の親友ベルナール・フランク(男性)もフロランスと同様、ユダヤ人だということもあって、戦時下のフランス社会のありように根深い不信感を抱きつづけていた。その意味で、彼女もまた「失われた世代」の一人だったといえよう。既成の価値観に過激なポーズで刃向かう構えを崩さなかったサガンの深層意識を、本書の著者は「戦時下を生きた子供たち」「疾走するサガン」などの章で、鋭くあぶりだしている。

心身の不調に悩まされながら、サガンはつごう二十五編の小説を著したが、晩年はまったく書けなくなった。これに追い打ちをかけるように、脱税事件に巻き込まれて全財産を失い、友人たちの好意に支えられて、転々と居候生活をつづけたあげく、故郷エクモーヴィルの実家にもどる。それでも、薬をやめることができず、かの聡明なフロランスまで薬の入手に奔走し、サガンのもとにとどけたことさえあったという。

最後の最後まで成熟を拒否して無謀な暴走をつづけ、燃え尽きたサガンを無惨というべきか、あっぱれというべきか。本書は、そんな「戦時下の子供」サガンの生の軌跡をみごとに描ききる。

（2009.5.24）

「運命」

幸田露伴 著

（『運命・幽情記』所収、講談社文芸文庫、一九九七）

近ごろ、中国の歴史や歴史上の人物を取りあげた「中国小説」の分野に、すぐれた書き手が続出している。まず宮城谷昌光。宮城谷昌光のホームグラウンドは春秋時代であり、十九年の亡命のすえ、六十二歳で君主となった晋《しん》の文公（重耳《ちょうじ》）の生涯を壮大なスケールで描いた『重耳』（上中下、講談社文庫）、重耳の家臣集団のうち、とりわけユニークな存在である介子推《かいしすい》の生涯を透明感あふれる筆致で描いた『介子推』（講談社文庫）など、『史記』をはじめ歴史書を緻密に読み込んだうえで、大いなる物語世界を構築した秀作が多い。

また、主として明清《みんしん》の交替期に的を絞った井上祐美子も、清の英雄ドルゴンの生涯をたどった『海東青』（中公文庫）、明末の叛将呉三桂《ごさんけい》と恋人の陳円円《ちんえんえん》、明末文壇の大立者銭謙益《せんけんえき》とパートナーの柳如是《りゅうにょぜ》、という二組の男女の関係性をドラマティックに描いた『紅顔』（中公文庫）など、意欲作を続々と発表している。さらに、秦漢《しんかん》時代を舞台に『白起《はくき》』（河出文庫）、『霍去病《かくきょへい》』（上下、河出文庫）などの異色作を著している塚本青史《せいし》の存在も見逃せない。

こうした百花繚乱の「中国小説」の分野は、いうまでもなく吉川英治や陳舜臣らによって切り開かれ、上質のエンターテインメントとして定着したものにほかならない。しかし、さらなる源流をたどれば、その本家本元はかの大文豪、幸田露伴の「史伝《しでん》小説」だといってよかろう。

露伴は後年、中国史から材をとった小説ともエッセイともつかぬ「史伝小説」を数多く著しているが、そのなかで、明初の内乱の顚末を描いた「運命」は極め付きの傑作である。種々の歴史書を下敷きにしながら、独特の観点から、内乱の勝者永楽帝《えいらくてい》と敗者建文帝《けんぶんてい》のたどった「運命」を対比させ、けっきょく心の安らぎを得たのは、敗北後、出家して放浪の僧侶となった建文帝のほうだったと結論づける物語展開は、まことに興趣に富み、現実的な勝敗の空しさを強く印象づける。やや難解ではあるが、じっくり味読すれば、未知の世界にふれる楽しさに浸ることのできる一冊である。

(2009. 7. 14)

花田清輝

花田清輝は稀代《きだい》のレトリシアンであり、戦後まもなく、ダンテ、レオナルド・ダビンチ、マキャベリ、コペルニクス等々、異才群像を縦横無尽に論じた『復興期の精神』をもって鮮烈に登場した。戦時下で書き継がれたこの作品において、花田清輝はみごとな「韜晦《とうかい》」ぶりを示している。概して韜晦というと、陰気くさくてじめじめした印象がつきまとうが、花田の場合はおよそ異質であり、多種多様の要素をこれでもか、これでもかとはなばなしく並べたてる、満艦飾型の韜晦なのだ。つまるところ、花田清輝はこうした目もあやな多元的語り口をもって、一極集中、一元化をこととする強権的な思考様式に対し根底的《ラジカル》な挑戦を仕掛けているのである。もっとも、花田の挑戦は深刻荘重なポーズとは無縁であり、我をも人をも笑い飛ばす老獪《ろうかい》にして痛快なユーモア精神に満ちあふれている。

なにしろ、『復興期の精神』初版の跋《ばつ》で、「戦争中、私は少々しゃれた仕事をしてみたいと思った。そこで率直な良心派のなかにまじって、たくみにレトリックを使いながら、この一連のエッセイを書いた。良心派は捕縛されたが、私は完全に無視された。いまとなっては、殉教者面ができないのが残念でたまらない。思うに、いささかたくみにレトリックを使いすぎたのである」と言ってのけるのだから、どう見てもタダモノではない。

『復興期の精神』を皮切りに、花田清輝は、『錯乱の論理』『二つの世界』『映画的思考』等々の評論、『泥棒論語』『ものみな歌でおわる』等々の戯曲など、これまた多様なジャンルにおいて、続々と快作を発表してゆく。表現対象をさんざん吟味したあげく、「しかしはたしてそうか」、「しかしまあそんなことはどうでもいい」と否定し、ぱっと「ひるがえって」別の角度からの考察に移り、「そういえば」「そういえば」と連想をつらねて、饒舌のかぎりを尽くす独特のレトリックは、時の経過とともに磨きがかかり、読者を思わず哄笑させる無類のおもしろさにあふれかえる。

花田清輝の文章表現のおもしろさは、こうした葛藤的な饒舌体によって、思考の過程をダイナミックかつ過剰に拡大してみせるところにある。これはまさしく彼が好んだ「活劇の精神」そのものだといえよう。この活劇的レトリックをもって、花田は悲劇を喜劇に、真面目なものを不真面目なものに転倒させながら、もののみごとに既成の硬直した価値観を突き崩してゆく。

一九六〇年代以降、花田清輝は『鳥獣戯画』『小説平家』『室町小説集』等々、日本の「転形期」を舞台とする小説とも評論ともつかない、すこぶる興味深い作品群を数多く著した。中国の転形期たる三国時代をテーマとする傑作『随筆三国志』もこの時期(六〇年代末)に書かれたものである。もともと花田はあらゆる価値が相対化される転形期を大いに好んだ。つねに、「ひるがえって」別の角度から表現対象を照射する花田の活劇的な表現方式は、転形期に生きた人物を新たな角度からとらえかえすとき、絶妙の効果を発揮する。

たとえば、『随筆三国志』で取りあげられた陳琳《ちんりん》。陳琳は後漢《ごかん》末から魏《ぎ》末の転形期を生きた文人だが、当初、曹操《そうそう》のライバル袁紹《えんしょう》の配下であり、曹操と袁紹の決戦に先立ち、悪態のレトリックを駆使して、曹操を完膚なきまでに罵倒した檄文《げきぶん》を書いたことがあった。にもかかわらず、陳琳は袁紹が滅ぼされた後、平然と曹操に降伏し、以後は一転して曹操のために名調子の檄文をせっせと書きまくった。花田清輝は、無節操、破廉恥の極みとして批判されてきた、この怪しげな人物をみずからの口舌だけを武器に「てっとうてつび「自立の人《ホモ・プロ・セ》」として生きた」として高く評価するのだ。こうして既成の陳琳評価を逆転させることによって、武力闘争で明け暮れたかに見える三国志世界の別の断面図、すなわち知的葛藤の様相が浮き彫りにされるさまは、まさに目からウロコ、鮮やかというほかない。

種々の歴史資料を叩き台としつつ、はなはだ評判のよろしくない人物の評価を逆転させ、歴史を読みかえる方法は、『鳥獣戯画』の武田信虎像にも見られる。花田清輝は、暴虐非道で息子の信玄に追放されたということになっている信虎を、追放後、武将の間を暗躍した「意地悪爺さん」フィクサーとして甦らせ、既成のイメージを根底から突き崩す。この結果、当時の大仰な武力衝突は児戯に等しいものに引き下げられてしまう。

陳琳や信虎に顕著に見られるこうした逆転の手法は、最後の作品『日本のルネッサンス人』に至るまで、手を替え品を替えながら続行される。これらの作品世界で中心になるのは武力と縁のない非力な人々であり、彼らが強靱な知性をもって転形期を生き抜く姿が活写される。その姿は巧緻なレトリックをもって不本意な世界に立ち向かう花田自身を思わせる。花田清輝のレトリックは、「否」と言いつづけるための強固な武器なのである。

(2009.7.19)

『幸田露伴』

齋藤礎英 著

(講談社、二〇〇九)

幸田露伴は明治・大正・昭和を通じて、六十年にわたり、小説・随筆・注釈・論文・評論・戯曲等々、多種多様なジャンルにおいておびただしい作品を発表しつづけた。これらの作品は『露伴全集』(全四十四巻、岩波書店)に収められている。経書《けいしょ》から戯曲・小説まで網羅する漢学的素養と、日本古典文学への深い造詣を基盤とする作品群に加え、都市、将棋などの遊技、自然観察等々への飽くことなき関心を多角的に表現した作品群で満ち満ちた、この大部の全集を読みとおすのは至難の業というほかない。

さらにまた、露伴はありとあらゆる樹木や花々や生物を包括的にかかえ込んだ壮大な森、あるいは混沌たる宇宙のような作家であり、その全作品を通読しても、なかなか全体像をつかむことができない。だから、露伴没後、六十有余年の現在に至るまで、文学者露伴をトータルにとらえた論考は出現していないといっても過言ではない。むろん、露伴に伴走しつづけた塩谷賛の労作『幸田露伴』(上中下の三部作、中央公論社)が、まことに貴重なドキュメントであることは論を俟たないが、やはりトータルな露伴論とはいい難い面がある。

こうしたなかで、全集を丹念に読み抜いたうえで、果敢に作家露伴の全体像に迫った本書の刊行はまさに快挙というべきであろう。本書は、第一章「小説のエピファニー」、第二章「人間という火の玉」、第三章「「さればさ」の効用」の三章から構成されており、著者はまず第一章で、主として『風流仏』から『五重塔』に至るまでの初期露伴の代表的な短篇小説を取りあげたあと、『風流微塵蔵』『天《そら》うつ浪』などの長篇小説を完成できなかった経緯を論じる。ちなみに、「エピファニー」とは著者自身の説明によれば、「ある種の宗教的な悟り、日常とは異なる時間が流れる仕事への没頭、全存在をかけた感情の奔出、いままでとは異なる認識の枠組みを得ること、など」の謂である。

この「エピファニー」は本書のキーワードであり、著者は、『風流仏』から『五重塔』に至る初期の「職人もの」において、露伴が描こうとしたのは、「職人が諸々の社会と人間との関係を遮断して仕事へと突入する超越的とも言える瞬間、及びそれに続く純粋な持続とも言うべき仕事への集中」、つまりエピファニーだったとし、このエピファニーを描きだすために、露伴自身の文章も息づまる緊迫感をもつと述べる。これは、すこぶる興味深い指摘にほかならない。さらにまた、露伴の小説は基本的にこのエピファニーを描くことを主眼とするため、長篇小説になると、「空間恐怖のように事件が連続して語られ」、「アリアばかりが続くオペラを聴いているような感じがする」と、著者はいう。長篇小説で特権的なエピファニーを描きつづけることは不可能だというわけだ。

これは、露伴の長篇小説における挫折の根本的理由を鋭くえぐった卓見だといえよう。著者はまた、露伴が六十年におよぶ作家生活を通じて、さまざまな変奏の意匠を凝らしつつ追求しつづけたのは、せんじつめれば、このエピファニーであったとも述べているが、これまた鬱蒼たる露伴像の基層を照射した、鮮やかな指摘である。

第二章で、著者はまず『対髑髏《たいどくろ》』『毒朱唇《どくしゅしん》』など、「職人もの」と並行して初期露伴の中心テーマだった「風流もの」を取りあげ、これらの作品には「およそどんな感情であれ、ちょうど職人の余念のない仕事がそうであったように、その人間を隙間なく埋めつくし、全存在をかけた感情となったときに、それは正しいという思想」が、透けてみえるという。これまたエピファニーの追求である。

こうして「職人もの」と「風流もの」の接点を鮮やかにあぶりだした後、この章の叙述はしだいに小説を書かなくなった露伴の軌跡を追跡し、『二宮尊徳』などの少年物、『一国の首都』『水の東京』などの都市論、『努力論』『修省論』『快楽論』などの人間論へと移行する。初期小説においてエピファニーを追求しつづけた露伴は、ここで一転して都市や社会や人間存在の「様式性」に目を向けているのだが、これらの作品には、初期小説に見られた「文学的興奮は感じられない」と、著者はずばりと指摘する。初期小説の高揚からこうしていったん沈潜した露伴は、その後、不死鳥のように甦り、さらなる高揚と飛躍の時期に突入する。

本書の第二章後半から第三章は、中国の史書や筆記(随筆)を下敷きにしつつ、「ずらしの手法」を駆使して独特の物語世界を創出した『幽情記』『運命』によって、カムバックを果たした後期露伴の作品群を詳細に論じつつ、露伴の語り口が「連環形式」に収斂してゆく過程を浮き彫りにする。かくして、著者はこの連環形式こそ「包括的ではあっても体系的ではない露伴の教養のあり方」にとってふさわしいものであり、これによって「体系づけられない膨大な知識が関連づけられることになった」とし、その集大成は『芭蕉七部集』の評釈、随筆では『蝸牛庵聯話《かぎゅうあんれんわ》』、小説では『連環記』に見られると結論づける。この論旨の展開にはまことに説得力があり、「混沌たる宇宙」としての露伴の作品世界に分け入る大きな手掛かりを与えるものである。

さらにまた、著者は、本書の前半において、初期小説の「職人もの」「風流もの」から『運命』に見られる「一様な世界の拡大」と、随筆や注釈に見られる「微細な個物への差異化」という、二つの対立する運動性が、露伴のなかでせめぎあうさまを的確に指摘しているが、第三章において、この対立が連環形式によって自然に融和へと向かうさまをも描ききっている。

本書は、作品論を主軸としながら、露伴の生涯についても簡にして要を得たコメントが付けられており、露伴の人と作品をたっぷり味わうことができる。また、随所に露伴の作品の大幅な引用もちりばめられており、露伴文学への絶好の水先案内ともなっている。

(2009.8)

エルサ・モランテ著、北代美和子訳

『アンダルシアの肩かけ』

(河出書房新社、二〇〇九)

二十世紀イタリア文学を代表する作家の一人、エルサ・モランテの短篇小説集。モランテは長篇小説『嘘と魔法』および『歴史』(邦題『イーダの長い夜』集英社)で知られるが、短篇小説の名手でもあった。アルベルト・モラヴィアの夫人だった時期もある。

本書は、一九三〇年代半ばから五〇年代前半に執筆・刊行された彼女の短篇小説十二編を収める。十二編の内容は多様だが、夢と現実のあわいを生きる「子供」を中心に据えた作品が大部分を占める。とはいえ、ここに展開されるのはけっして牧歌的な子供の世界ではなく、恐怖や幻滅等々に彩られた、むしろ残酷童話ともいうべき世界である。こうした残酷童話的な色彩は、初期の作品においていっそう顕著だ。とりわけ、モランテ自身、カフカの影響があるという「眼鏡の男」は、二人の少女の夢と、暗い影のような眼鏡の男の夢が何層にも重なり合い、不気味な悪夢的世界を現出させている。

こうした初期の幻想性のつよい作品群には、緻密をきわめる細部描写とは対照的に、全体的な構成や輪郭に「ぼかし」がかけられ、白日夢的雰囲気を醸成しているものが多い。そのなかで、邦訳にして七頁の掌篇「いとこのヴェナンツィオ」は、明確な構成のもとに「病んだ天使」のような少年の短い生の軌跡を、鮮やかに浮き彫りにした秀作である。

語り手にとっていとこにあたるヴェナンツィオは、虚弱で学校にも行けなかった。おまけに夢遊病で、あるときなど、「黒地に世界中の国旗が小さくプリントされた」母の新しいドレスに夢中になり、眠ったまま、その国旗を一つずつ切り取ってしまった。そんな彼が八歳のとき病死した。葬式の日、いとこたちは誰も泣かなかったけれど、小さな女の子のいとこだけは泣いた。ヴェナンツィオがこの子の髪のリボンが気に入って結婚を申し込んだことがあり、今後もう誰も求婚してくれないと思って希望をなくし、泣きつづけたのだった。

この泣いた小さな女の子が、実はこの小さな物語の「語り手」であり、この物語は大人になった彼女の視点から、永遠に子供のままであるヴェナンツィオの姿を描きだしたものだと、最後に暗示する「語りの仕掛け」はまことに巧緻というほかない。

「いとこのヴェナンツィオ」が現実とふれあうことなく、永遠に子供のままの存在を美しく語りあげるのに対し、本書において、もっとも後期の作品にあたる「アンダルシアの肩かけ」は、甘美な幻想を無残に打ち砕かれ、幻滅に見舞われて、大人になってゆく少年の姿を、堅固な物語構成のもとに描きだす。

アンドレーアの母はバレリーナだった。彼女は自分にすばらしい才能があると思い込み、息子のアンドレーアもそう信じていた。しかし、歳月の経過につれて、現実的には、しがない踊り子にすぎない母の姿を直視せざるをえず、幻滅したアンドレーアは醒めきって、あれほど熱愛していた母への関心をすっかり失ってしまう。苦い幻滅をくぐり抜けて子供から大人へと移行する少年の内的葛藤と、殻から出て羽化する昆虫のように、にべもなく母を振り捨てるその残酷さを、きめこまかに描くこの作品は、まさに傑作というべきであろう。

本書の作品群は人を原初的な慄《おのの》きにいざなう物語世界を、精緻な語りに乗せて次々に描出してゆく。時代を超えて小説を読む醍醐味を満喫させてくれる一冊である。

(2009. 8. 23)

矢野誠一著『舞台人走馬燈』(早川書房、二〇〇九)

五十年以上、さまざまな形で舞台にかかわってきた著者が、七十三人の舞台人のポルトレ(肖像)を描く。人のイメージは、しぐさ、表情、話し方等々を目の当たりにすることによって、具体的な像を結ぶものだ。本書に登場する舞台人はすべて著者が実際に出会った人々であり、印象的なエピソードを核としてそれぞれの面影が臨場感ゆたかに語られる。

ここに描かれる舞台人は、宇野重吉、杉村春子などの新劇俳優、益田喜頓《きいとん》、三木のり平などの喜劇役者、長谷川一夫、萬屋錦之介などの映画俳優、秋元松代、飯沢匡《ただす》などの劇作家、八代目桂文楽、古今亭志ん生などの落語家から、江利チエミ、越路吹雪、三波春夫などの歌手等々に至るまで、まことに多種多様のジャンルにわたる。

できることなら、登場する舞台人の名をすべて書き連ねたいほど、ある年齢以上の者にとって、えもいわれぬ「懐かしさ」をおぼえさせる顔ぶれが、ここにはそろっている。しかも、この懐かしき七十三人の舞台人はすべて故人であり、ポルトレの名手たる著者の手によって、彼らの在りし日の姿が、鮮やかに再現されるさまは圧巻というほかない。

ちなみに、著者には独特の観察眼の鋭さがあり、これがポルトレにきわめて明瞭な輪郭を与えている。たとえば、ひときわめだつダンディだった益田喜頓は、芸界引退を機に、住みなれた浅草から故郷の函館にもどったと述べ、「醒めたひとだったと思う」とさりげなく記すところなど、まさに心憎いほど鮮やかである。

さらにまた、本書には、先入見をくつがえす記述も多々見られる。顕著な例としてあげられるのは、派手な衣装を身に着け、満面に笑みをたたえて「東京五輪音頭」などを歌いあげる「国民歌手」のイメージがつよい三波春夫の場合である。

彼は、実際には「眉をひそめるほどに派手な舞台との落差」を感じさせる落ち着いた人柄であり、俳句もやれば、読書家で学識もゆたかであり、聖徳太子に関する著書まであるという。そういえば、いつぞや紅白歌合戦で、三波春夫が朗々と「俵星玄蕃《たわらぼしげんば》」を歌いあげるのを聞き、その迫力に圧倒されたことがあった。シベリア抑留の経験もあるこの人物の複雑な深層を照射し、さらりと描出する著者の筆致はみごとの一語に尽きる。

本書には、ビッグな舞台人のみならず、名前は定かではないが、顔はよく知っている渋い脇役俳優も登場する。喜劇役者の石田英二、新劇出身の高原駿雄《としお》などがこれにあたる。七十三編のポルトレの末尾に、それぞれ写真入りで簡にして要をえたプロフィールが付されており、写真を見た瞬間、はたと思い当たることも多く、たいへん便利である。

中国道家《どうか》思想の祖の一人、荘子《そうし》に「人 天地の間《かん》に生まるるは、白馬《はくば》の郤《げき》を過ぐるが若《ごと》く、忽然《こつぜん》たるのみ(人が天地の間に生きている時間は、白馬が走って行くのを戸の隙間からのぞき見るように、あっという間だ)」という言葉がある。華やかにスポットライトを浴びたかと思うと、あっというまに鬼籍に入ってゆく舞台人の姿を、次々に描きだす本書を読むと、人は有限の命しか持ちえない存在だということを、今更のように感じさせられる。文字どおり「おもしろうてやがて哀しき」出色の舞台人ポルトレ集であると同時に、今は亡き舞台人群像を通して、戦後文化の様相を多面的にまざまざと映しだす一冊である。

(2009.9.27)

エミーリ・ロサーレス著、木村裕美訳
『まぼろしの王都』

(河出書房新社、二〇〇九)

スペインのカタルーニャ文学新世代を代表する作家、エミーリ・ロサーレスの無類におもしろい長篇小説である。この作品には、スペインやカタルーニャについて、まったく知識がない読者をも、たちまち波瀾万丈の物語世界に引き込む稀有の魅力がある。

バルセロナで画廊を経営するエミーリ・ロセルのもとに、ある日、『見えないまちの回想記』と題する古い手記のコピーが郵送されてくる。差出人は不明だが、十八世紀の建築家、アンドレア・ロセッリなる人物が書いたものらしい。この手記を解読し、二百年も前に生きた建築家の軌跡をなぞりながら、封印してきたみずからの過去、さらには出生のルーツへと遡る、エミーリの旅がはじまる。

実は、エミーリは「見えないまち」、すなわちスペイン王カルロス三世(一七五九―八八在位)が建造しようとし、途中で断念した巨大な新都市サンカルロスの廃墟のある町で、父を知らずに生まれ育った。この古い手記は、出生の謎や幼い恋の破局、さらには魅惑的な廃墟の風景など、すべてを記憶の深層に封じ込めて、まずは安穏な生活を送るエミーリをいっきょに過去へと連れもどしたのである。

本書『まぼろしの王都』は、このエミーリの物語と、彼が解読する『見えないまちの回想記』におけるアンドレア・ロセッリの物語を交互に配置し、巧みに物語世界を重層化させながら展開される。

『回想記』の物語世界は、ナポリで修業中だった若い建築家アンドレアが、マドリードに王宮を建造し、すぐれた画家を求めるカルロス三世の命によって、ヴェネチアに住む老画家ティエポロをマドリードに連れて行くところから、本格的に動きはじめる。使命を果たしたアンドレアはマドリードで数年過ごすうち、兄弟子サバティーニの妻チェチーリアと激しい恋に落ちるが、新都市サンカルロス建造を夢みるカルロス三世によって、エカテリーナ二世(一七六二―九六在位)が君臨するロシアの首都、サンクトペテルブルグの調査に派遣され、否応なしに彼女と引き離されてしまう。

サンクトペテルブルグで劇的な日々を送ったあげく、ようやく帰還すると、念願かなって新都市建造の工事責任者に選ばれる。かくして、壮大な建造計画を実現すべく、アンドレアは夢中になって働くが、それもつかのま、かつての彼とチェチーリアの深いかかわりを知り激怒したサバティーニが、ありとあらゆる手段を弄《ろう》して妨害したため、ついに新都市建造計画は中止され、アンドレアは失職してしまう。しかし、彼はサンカルロスに残り、素朴で美しい少女マリアと結婚して、「見えないまち」でひっそりと生きつづける。

アンドレアの手記はあらまし以上のように綴られるが、その語り口はこの骨組みだけでは、とうてい表現できないような躍動感にあふれている。また、ティエポロをはじめとする巨匠たちの絵画や彼が遍歴した数々の都市についての描写も、まことに緻密にして豊饒《ほうじょう》、居ながらにして、十八世紀の時空にタイムスリップするような臨場感がある。

一方、エミーリはこの手記に触発されて、「見えないまち」のある故郷へと回帰し、手記の送り主を探し求めるうち、初恋の人アリアドナにたどりつく。訳者も指摘するように、彼女の名はミノタウロスの迷宮に迷い込んだテセウスを助けた、ギリシャ神話のアリアドネと重なるものであり、エミーリの導き手として大きな役割を果たす。アリアドナに導かれて、エミーリはアンドレアの旧居を探しあて、隠された「宝物」を発見すると同時に、アンドレア・ロセッリがエミーリ・ロセル、つまり自分の祖先であることを突きとめる。並行して展開されてきた二百年前の物語と現代の物語が、こうして結合に至る過程はまことにスリリングであり、読者に「謎解き」の深い快感を与えるものである。

謎解きとともに、本書には「宝探し」の趣向も組み込まれている。アンドレアの手記に「宝物」すなわち、かの大画家ティエポロの失われた名画の行方が記されていると察知した友人に、あの手この手で迫られたエミーリは、試行錯誤をくりかえした果てに、上記のようについに「宝物」を見いだすのである。それは、「見えないまち」を背景にして描かれた、アンドレアのかつての恋人、チェチーリアの魅惑的な肖像画だった。

本書は、精緻に考え抜かれた物語構造や、該博な知識を駆使する豊かな表現力において、傑出した文学作品であるとともに、エンターテインメントとしてもずば抜けた作品である。ここには、作品全体をつらぬく大きな謎、消え去った「見えないまち」、宝探し等々、エンターテインメント文学の定石が巧みに織り込まれている。各国で翻訳され多くの読者を得たのも、むべなるかな。小説を読む楽しみを満喫させてくれる一冊である。

(2009.11.8)

山田慶兒 著『中国医学はいかにつくられたか』(岩波新書、一九九九)

現代医学において、病気は血液検査やレントゲン撮影、さらにはもっと複雑な器械を使った検査によって診断され、内科的療法や外科的療法が施される。いかにも分析的、科学的ではあるが、こうした方法だけでは、それぞれ固有の身体的メカニズムをもつ個々人の「病《やまい》」をとらえきれないのではないかと、疑問が残る。

西洋医学を基礎とする現代医学へのこうした疑問に対して、数千年の歴史をもつ中国医学は、西洋医学とはまったく異なる角度から病に対処する方法があることを示唆するものであり、非常に興味深い。

山田慶兒著『中国医学はいかにつくられたか』は、この示唆に富む中国医学理論の展開過程を、精緻にたどったものである。著者はまず甲骨文や出土文書をもとに中国医学の起源から説き起こし、前漢《ぜんかん》に成立した最古の医学書『黄帝内経《こうていだいけい》』、後漢《ごかん》の張仲景《ちょうちゅうけい》が個々の症例に対する処方を詳述した『傷寒論《しょうかんろん》』、南朝梁《りょう》の陶弘景《とうこうけい》が編纂した薬学書『神農本草経《しんのうほんぞうきょう》』等々、中国医学の古典的名著を取りあげて丹念に解読し、古代から隋唐に至るまで、徐々に精度を高めていった中国医学の様相を明らかにする。

著者は本書において、中国医学における人体観の基礎となったのは、自然（大宇宙）と人間（小宇宙）の間に対応関係（感応する気の世界）をみる思考法であり、これが脈診などの診察法を生み、脈（気）の渋滞や凝結による病を解決するために、鍼《はり》や灸《きゅう》の治療法や、種々の植物性の薬を組み合わせる薬学的治療法が生まれ、しだいに精緻な医学体系として作りあげられていったとする。膨大な古典医学書を駆使しながら、中国医学に独特の人体観、病気観を具体的に浮き彫りにしてゆく、著者の語り口は圧巻というほかない。

人間存在を全体として個々の流動する小宇宙ととらえ、その流れがとどこおったときに病が発生するという中国医学の発想は、人間を断片化し部分品の故障を病ととらえる現代医学に比べれば、はるかに「人間の尊厳」を重んじるものだと思われる。病の問題から人間の尊厳とは何か、ということまで考えさせられる、まことに意味深い一冊である。

(2009. 11. 10)

佐伯順子 著『「女装と男装」の文化史』（講談社選書メチエ、二〇〇九）

洋の東西を問わず、古代の神話、伝説から、近現代の演劇、映画、アニメ等々に至るまで、「異性装物語」、すなわち「女装する男性」あるいは「男装する女性」の登場する物語が連綿と作られてきた。本書は、性別とは何かという問題意識をもつ著者が、古今東西の異性装物語を網羅し、鮮やかに読み解きながら、そこに登場する異性装者がいかにして「性別という境界あるいは限界」を越えようとしたかを、具体的にたどる意欲作である。

本書は、第1部「男から女へ――エロスと暴力とユーモアと」、第2部「女から男へ――戦いと自己実現と恋と」、第3部「双方向の越境――ジェンダーの呪縛を超えて」の三部構成をとる。第1部では、女装して「弱者」を装い、クマソ兄弟をゆだんさせて討ち取ったヤマトタケルを皮切りに、艶《あで》やかな女装からとつじょ男の正体をあらわす歌舞伎の弁天小僧、お嬢吉三が取りあげられ、彼らの女装戦略は「女性＝弱者」という先入観を徹底的に利用したものだとされる。

こうした女装戦略は現代日本のテレビドラマにも受け継がれ、ときには中高年男性のユーモラスな女装も見られるが、けっきょくエロス、弱さ、善良さ、癒しなどを旨とするステレオタイプの「女性性」を「有効利用」したものだ、と著者はいう。まことに歯切れよく小気味よい論調である。こうした切れ味のよさとともに、たとえば歌舞伎の女装物における陰影に富んだ背景について細やかに言及するなど、著者には総じて、対象を深部からとらえかえそうとする姿勢があり、本書の大きな魅力ともなっている。

また、第1部後半では、日本の「お・こ・げ」、アメリカの「トッツィー」等々、女装者をはじめ多様なセクシュアリティーをもつ人々が「共生」するさまを描く現代映画を取りあげ、「近代家族」崩壊後の性別にこだわらない生き方にスポットを当てており、示唆に富む。

第2部では、『リボンの騎士』『ベルサイユのばら』から現代の『花ざかりの君たちへ』まで、種々の動機によって男装した少女が冒険や戦いを経て、社会的自己実現を果たす姿を描く日本の少女漫画、およびシェイクスピアの『ヴェニスの商人』『十二夜』など、男装ヒロインの活躍する作品が取りあげられる。これらの作品を緻密に分析した結果、そのほとんどが、性別を越境しジェンダーの呪縛を振り払って奮闘する男装ヒロインの前に、頼もしい救助者が登場して恋が芽生え、女装にもどったヒロインと結婚、すんなり既成の社会システムに回収され、大団円に至ると、著者はいう。核心を突いた鋭い指摘である。

最後の第3部において、男装、女装が複雑に交錯する王朝物語『とりかへばや物語』、ひとつの性別や人格でくくりきれない生涯を送った女性像を描く、ヴァージニア・ウルフ著『オーランドー　ある伝記』を通じて、いずこにおいても異性装物語がそれじたい矛盾を抱えつつ、長い時間にわたって、社会規範や束縛を超えた多様で豊かな生きかたを模索し、読者や観客に開示してきたことを指摘して、この発見に富む一冊は幕を下ろす。

本書はさまざまな表現ジャンルを軽やかに横断しながら、過去の異性装物語群の構造を精緻に分析し、同じく異性装とはいえ、女性の男装、男性の女装には質的差異があることを明快に論証した。性別に束縛されない豊かな可能性を追求する著者ならではの快作といえよう。引用される異性装物語群も無類におもしろく、知る楽しみも満喫させてくれる。

（2010.1.10）

吉川忠夫 著

『読書雑志——中国の史書と宗教をめぐる十二章』

（岩波書店、二〇一〇）

近年、膨大な量にのぼる『後漢書《ごかんじょ》』や『高僧伝《こうそうでん》』の翻訳・注釈を続々と発表するなど、めざましい充実ぶりを示す著者の、中国の史書および中国宗教（仏教・道教）にかかわる文章を集録し、十二章仕立てとした論考集。ちなみに、『読書雑志』のタイトルは、清の学者王念孫《おうねんそん》の著書に倣《なら》ったもので、本書の編纂にたずさわった読書会のメンバーによって命名された由。控えめな著者は「あまりにも立派過ぎて気恥ずかしい」と謙遜するが、まことに幅広くまた深く、中国の史書と宗教の深層を穿《うが》つ卓見にあふれる。

中国では古来、歴史意識と歴史記述がきわめて重視され、歴史記述にたずさわる史官は独立不羈《ふき》の存在であった。

春秋時代の斉《せい》の重臣崔杼《さいちょ》が、君主の荘公《そうこう》を殺害したとき、斉の大史《たいし》（史官）は「崔杼　荘公を弑《しい》す」と事実を記録した。怒った崔杼が大史を殺すと、その弟、そのまた弟が記録して殺されたけれども、なおもひるまず、さらにそのまた弟が記録するにおよび、ついに崔杼もあきらめ黙認したという話がある。

本書はまずこの断じて筆を曲げない史官の伝統を受け継いだ司馬遷の手になる、神話・伝説の時代から前漢までの通史『史記』、これに対抗して後漢の班固《はんこ》が著した前漢一代の断代史『漢書《かんじょ》』を取りあげ、この二大史書の差異を明らかにしながら、史書の世界に分け入ってゆく。

本書の特徴は、史書の作者のみならず、「注釈ないし注釈者を賓《ひん》の位置から主《しゅ》の位置におきかえるとき、そこにはひとつのあたらしい視野がひらけるであろう」と述べ、卓越した注釈者にスポットを当てていることである。こうした視点から、著者は『漢書』の注釈者である唐初の顔師古《がんしこ》(五八一―六四五)、および『三国志』の注釈者である南朝劉宋《りゅうそう》の裴松之《はいしょうし》(三七二―四五一)を取りあげ、その注釈の手法を詳細に論じるとともに、彼らの出身や生の軌跡をたどる。中国の史書注釈の手法は、ことばに関する注釈(訓詁《くんこ》の方法による注釈)とことがらに関する注釈に大別されるが、ここで取りあげられる顔師古は前者、裴松之は後者の代表格にほかならず、注釈者としてはまったく対照的な存在である。

著者によれば、徹底して訓詁の方法による顔師古は、「横へのひろがりをさけて、『漢書』本文の言葉を熟視し、本文に即しての垂直的な切りこみ」を求め、これまた徹底してことがらに関する注釈手法による裴松之は、「ひとつのことがらについて複数の記録が存在する場合には、それらすべてを列挙して異聞をそなえること」をモットーとしたとされる。こうして顔師古の垂直型注釈法と、裴松之の水平・網羅型注釈法の根本的差異があぶりだされるさまは、圧巻というほかない。

かくも手法を異にするとはいえ、顔師古も裴松之も注釈によって、それぞれ原典史書に描かれた世界を「生き生きとした実在感」をもって甦らせた。史書における注釈者の存在の重みがなまじのものではないことを、本書はみごとに立証する。

道教・仏教についての論述も、難解な典籍を鮮やかに読み解きながら展開され、複雑に錯綜した中国宗教の宇宙がみるみる眼前に広がる。とりわけ、道教と仏教、さらには儒教が相互に関連し浸透しあうさまを描いた部分は、新鮮ですこぶる興趣に富む。該博な知識をもとに、知られざる中国の史書と宗教の奥深い世界を照射した一冊である。

(2010. 2. 21)

『菜根譚——中国の処世訓』（中公新書、二〇一〇）

湯浅邦弘 著

明末《みん》、洪自誠《こうじせい》（生没年不詳。十六世紀後半〜十七世紀前半の人）が著した『菜根譚《さいこんたん》』は、中国における処世訓の最高傑作とされ、日本でも文政五年（一八二二）に最初の和刻本が刊行されてから、現代に至るまで、連綿と読み継がれてきた。本書は、この『菜根譚』に多様な角度からスポットを当てながら、その内容を具体的に解き明かす好著である。

本書は、一「『菜根譚』と洪自誠」、二「『菜根譚』を読む」、三「『菜根譚』の言葉」、四「処世訓の歴史」の四章仕立てで構成される。第一章では、『菜根譚』が成立した明末の時代状況、その思想的特性、およびその受容の歴史がたどられる。ここで著者は、洪自誠が儒家《じゅか》思想を基本としつつ、仏教および道家《どうか》老荘《ろうそう》思想にも共感を抱いた人物であるとし、『菜根譚』には儒・仏・道のきわどい融合が見られると指摘する。はなはだ注目すべき見解である。

第二章および第三章は本書のハイライトというべき部分であり、具体的に『菜根譚』の言葉を取りあげながら、詳細な解説を付す。たとえば、ここには「花は半開を看《み》、酒は微酔《びすい》に飲む。此《こ》の中《うち》に大いに佳趣有り（花は五分咲きを見るのがよく、酒はほろ酔いくらいがちょうどいい。そのなかにこそすばらしい趣《おもむき》がある）」と、何事も「ほどほど」が大事であり、中庸《ちゅうよう》が望ましいという表現がある。

かと思えば、「高い位に就《つ》いている者であっても、山林に隠棲している趣がなくてはならない。また、田舎に隠遁している者であっても、政治に参画し、世を治めていくという気持ちを失ってはならない」という表現もある。高位の者には「忙中閑あり」の「脱力」が必要であり、隠遁者は「枯れすぎ」にならないよう、フレキシブルな現実感覚を維持する必要があるというわけだ。

「ほどほど」を心得つつ、心を燃やしつづけよと説く、この『菜根譚』は今もなお人の心をうつ名言の宝庫である。著者の巧みな解説に助けられながら、この名言の世界を探索するとき、ふと展望が開けるような、快感を味わうことができよう。

(2010.4.6)

鶴見俊輔 著『言い残しておくこと』(作品社、二〇〇九)『思い出袋』(岩波新書、二〇一〇)

戦後思想の流れに独自の軌跡を刻みつける哲学者、鶴見俊輔が生い立ちから八十七歳の現在に至るまで、みずからの歩んだ道をふりかえり、縦横無尽に語り尽くした二冊である。

『言い残しておくこと』は、二〇〇七年から〇八年にかけて行われたロングインタビューを核とし、「I AM WRONG」「まちがい主義の効用」「原爆から始める戦後史」の三部で構成される。注目されるのは、現在形の発言と対応させ、「メモラビリア」という形で、著者の同一テーマに関する過去の複数の発言が収録されていることである。たとえば、第一部最初の項目「私にとって、おふくろはスターリンなんです」に対し、「母について」「宗教について」等々に区分された、過去の発言が重層的に紹介される仕組みである。こうして著者の「ぶれない」基本姿勢が浮き彫りにされるさまは、圧巻というほかない。

ここで浮き彫りにされる著者の原体験の一つは、きびしい母と対峙した幼年時代の記憶である。明治の大立者、後藤新平の長女だった著者の母には、裕福で大きな家に生まれた子は悪い人間になるという「信念」があり、著者を「虐待」しつづけたという。その虐待は悪い人間にならせまいとする、過剰な愛情の反作用だったとおぼしいが、幼い著者にとっては想像を絶する苛酷な体験だった。母との必死の葛藤のなかで、著者は自由に生きるべく、彼女の否定する悪の道を選ぶ決意をする。かくして小学校入学後はあえて「不良少年」の道を突き進む一方、『団子串助漫遊記』や『犬神博士』など、母の嫌う「悪い本」すなわち大衆文芸を濫読《らんどく》し、並の優等生とは決定的に異質な読書経験を積む。こうした母との壮絶な一騎打ちが、著者の生をつらぬく抵抗精神および独自の思考径路の源泉であることを、本書はまざまざと描出する。三つ子の魂、百までも、著者は今なお「私は、自分の内部の不良少年に絶えず水をやって、枯死しないようにしている」(『思い出袋』)と述べる。感嘆すべき確信犯的抵抗の持続である。

今ひとつ、本書で浮き彫りにされる著者の基本姿勢は学校教育に対する徹底的な不信である。一高・東大出身、典型的な秀才だった父鶴見祐輔への反発もあって、著者は優等生を教育によって馴らされ「つくられた人」として否定する。こうした著者の「もう一つの物差し」になったのは、母方の祖父後藤新平である。この祖父をはじめ、大衆のなかから引きあげられ、自前の流儀で明治維新後の新しい時代をつくった人々を、「真のエリート」として著者は高く評価する。このように「つくる力」をもった祖父を目の当たりにして育ったことは、著者にいわゆる進歩主義者とは同日に論ずることのできない、流動する時代を大づかみにしつつ、政治の本質を見抜く一種の「複眼」を与えたといえよう。

日本の学校教育に馴らされない「不良少年」は十五で渡米、猛勉強の結果、みずからの内面が日本語から英語に入れ替わる劇的な体験を経て、一九四二年、十九歳でハーヴァード大学を卒業する。もっとも、卒業証書を受け取ったのはアナーキストの容疑で収監されていた獄中だった。この後、著者は、日本は「必ず負ける」と直感しつつ、「負ける側にいたい」と捕虜交換船に乗って帰国、徴兵されジャワで外電をもとに新聞作りの任務につく。

戦後は、『思想の科学』をふりだしに、「まちがい主義」のべ平連など、既成の党派に寄りかからない自由でノンシャランな組織を編みだし、社会運動を持続しつつ、膨大な著作を生みだす。長の歳月の間、著者は、「不良少年」としての原点をしっかり保持し、ぶれることなく自前の生き方をつらぬいた。本書『言い残しておくこと』には、その強靱な生の軌跡が、まさに肉声をもって語りあげられている。

『思い出袋』は、著者が八十歳から七年間、連載したエッセイをまとめたもの。中核となるモチーフはむろん『言い残しておくこと』と共通するが、本書第一章が「はりまぜ帖」と名づけられているように、読んだ本、出会った人々の記憶などが、乱反射的に語られている。ここには、小学校（東京高等師範学校附属）の校長先生の訓示がいたって短く、「今日は天気がいいね」だけで終わることもあったが、彼は在校生全員の名前を覚えていた。後年、この何とも好ましい校長の姿勢が、デューイによるものだと納得したという話など、興趣あふれる話柄が満載されており、文字どおり「巻を措《お》く能《あた》わざる」おもしろさにあふれる。

また、小学校の同級生永井道雄をはじめ、都留重人、丸山眞男、桑原武夫など、著者に強い印象を与えた人々の姿も実に鮮やかに描かれる。本書には、異能の巨人哲学者、鶴見俊輔の姿が万華鏡のように映しだされており、先の『言い残しておくこと』と合わせ読むとき、膨らみと実感をもってその軌跡をたどることができる。

（2010. 4. 11）

劉一達著、多田麻美訳

『乾隆帝の幻玉——老北京骨董異聞』

（中央公論新社、二〇一〇）

本書は、二十世紀初頭、清《しん》の滅亡後まもなく、北京の胡同《フートン》（露地）に生きた「老北京《ラオベイジン》（生粋の北京っ子）」の姿をいきいきと描いた長篇小説である。この物語は、清王朝第六代皇帝の乾隆帝《けんりゅう》（一七三五―九六在位）が珍重した、玉《ぎょく》製の碗を核として展開される。

ひょんなことからこの玉碗を手に入れた玉器商の宗《ゾン》はその魅力にみせられ、誰にも譲るまいとする。しかし、胡同の「壁壺春《ビーフーチュン》茶館」に出入りする玉器商や骨董屋の間に、この玉碗の噂がたちまち広がり、誰もが虎視眈々とするなかで、満州族の元旗人《きじん》（清の軍事・戸籍制度の八旗《はっき》に属する階級）で、今は外国人にも顔のきく骨董仲買人の金《ジン》は、これを手に入れようと術策を弄する。

ここに、宗の養子で腕のいい玉職人の家琦《ジアチイ》、家琦の師匠で武術家でもある剛毅な杜《ドゥー》およびその妻子、杜の武術の弟子である水運び人の水三児《シュイサンアル》、車夫の崔七《ツイチー》、さらには宗の後妻巧雲《チアオユン》などが絡み、玉碗をめぐって怪事件が続発、次々に人が死ぬなど、ミステリそこのけの複雑にして興趣あふれる物語世界が繰り広げられる。

また、ここに盛り込まれる玉器についての精緻な知識、胡同の細やかにして臨場感あふれる描写、いかにも食欲をそそる飲食物やダイナミックな武術の記述などは、この作品のリアリティーを大いに高め、北京を舞台にした小説で知られる老舎《ろうしゃ》（一八九九―一九六六）の作品を彷彿とさせるものがある。

作者の劉一達《りゅういったつ》は一九五四年に生まれ、北京の胡同で育った由だが、いうまでもなくこの物語の登場人物よりはるか後の世代に属する。しかし、玉職人、骨董商、元宦官をはじめ数百人の老北京にインタビューするなど、徹底した取材を重ねて収集したおびただしい素材をもとに、描きあげたこの作品は、かつての北京の下町の様相とそこに生きた人々の姿をいきいきと再現しており、みごとというほかない。

さて、乾隆帝の幻玉の行方はいかに。それは本書を読んでのお楽しみである。

(2010.5.11)

『アガサ・クリスティーの秘密ノート』

アガサ・クリスティー、ジョン・カラン著、山本やよい・羽田詩津子訳（上下、ハヤカワ文庫―クリスティー文庫、二〇一〇）

はなばなしい道具立ての現代ミステリにはどうも違和感があり、限られた登場人物を限られた空間のなかで動かしながら、読者を迷路に誘い込むアガサ・クリスティー（一八九〇―一九七六）のミステリを好ましく思う。彼女の作品にはさまざまな名探偵が登場するが、きわだって魅力的なのは、灰色の脳細胞をもつ小柄なベルギー人のエルキュール・ポワロと、セント・メアリ・ミード村に住む老婦人のミス・マープルである。この二人が登場し、それぞれの手法で快刀乱麻を断つごとく難事件を解決する作品には、いわば「定番」の安定感があり、失望させられることはほとんどない。世界中にこうした愛読者がいるらしく、没後三十有余年が経過した現在も圧倒的な人気を保ちつづけている。

本書は、このクリスティーが残した七十冊余りの創作ノートを克明に解読し、出版された完成作品と比較しつつ、詳細な解説をほどこしたものである。著者のジョン・カランは年季の入ったクリスティーの愛読者・研究者であり、非常に読みにくい手書きで記された膨大な創作ノートと夢中で取り組み、もつれた糸をほぐすようにその全貌を明らかにしたという。

もっとも、この創作ノートは、短篇・長篇のミステリおよび戯曲などを含めれば、百を超えるクリスティーの全作品について記述したものではなく、また本書も創作ノートのすべてを取りあげたものではない。しかし、カランはここで主要作品に関連するメモを網羅的かつ的確に取りあげ、クリスティーが何年もかけて構想を練りあげ、修正を加えながら作品を作りあげてゆく過程を、みごとに浮き彫りにしている。

クリスティーはおりおりに閃《ひらめ》いた構想を思いつくまま創作ノートに記し、それが一気に十数頁におよぶこともあれば、何冊ものノートに断片的に散らばっていることもある。彼女はこれらのメモを叩き台として自問自答しながら、登場人物を配置し、徐々にプロットを固めていった。たしかにカランのいうとおり、「クリスティーは支離滅裂に見えるこれらのノートから、並ぶものなき永久不滅の作品の数々を生みだした」ことがよくわかる。

この創作ノートにはカランも指摘しているように、ミステリ作家としてのクリスティーの特性がよくあらわれている。彼女は被害者が犯人であるとか、変装が重要なポイントになるとか、いくつかの基本的なアイデアをもとにして、豊富なバリエーションを生みだし、読者の意表をつく術に長《た》けていた。この膨大な創作ノートには、筋立に変化を与えるためのヒントが満載されており、くりかえし利用されたことは推測に難くない。

さらにまた、クリスティーはこのノートを思考の道具としてフルに活用しており、たとえば、ミス・マープルが過去の殺人をあばく『スリーピング・マーダー』においても、探偵役をミス・マープルにするか、ポワロにするか、最後まで迷っているさまが如実に記されている。こうして迷い抜いたすえに、ミス・マープルだと決断、執筆にとりかかるや、彼女以外の探偵役は考えられないという必然性あふれる語り口で物語は展開される。

このようにクリスティーの創作過程を明らかにする本書を読むと、わが本棚にずらりと並ぶ彼女の作品をすべて再読したいという気分が高まってくる。それほどまでにクリスティーの魅力を再認識させる、まことにおもしろい本である。

(2010.5.16)

スージー・ロトロ著、菅野ヘッケル訳

『グリニッチヴィレッジの青春』

(河出書房新社、二〇一〇)

ボブ・ディランの二枚目のアルバム『フリーホイーリン』のジャケット写真は、初期の彼の姿を鮮やかにとらえたものとして、つとに名高い。一九六三年冬、二十二歳のディランと三歳下の恋人スージー・ロトロがニューヨークの四番街を、腕を組んで歩いている写真である。痩せた少年のようなディランが弱々しく頼りなげであるのに対し、晴れやかな笑顔のロトロはいかにも堂々としている。本書は、このスージー・ロトロが長い沈黙を破り、六〇年代前半の熱気渦巻くグリニッチヴィレッジを舞台に、みずからのこと、ボブ・ディランのこと、そして同時代を生きた人々の姿を、率直な筆致で書き綴ったものである。

とはいえ、著者は時の経過にそってディランとともに過ごした日々を再現しているわけではなく、封印していた記憶の深層から鮮明に浮かびあがってくるおりおりの瞬間をアトランダムに、しかし、具体的なイメージをもって描きだしているところに、本書の特徴がある。しかも、彼女はここで時を経て成熟した視線をもって、過去を回想したり裁断したりせず、果敢にも今一度、混沌とした過去の時間に身を浸そうとしているかにみえる。このため、本書には揺れ動く時代と人を現在形でとらえる稀有の臨場感がある。

スージー・ロトロの両親はイタリア系移民であり、二人とも共産主義者だが、けっして硬直した教条主義者ではなかった。また、父の本職が画家だったこともあり、豊かではなかったけれども、家には本の詰まった書棚やレコードプレイヤーがあり、彼女は子供のころからごく自然にもろもろの絵画、文学、音楽に親しんだ。しかし、一九五〇年代はマッカーシー旋風が吹き荒れた時代であり、「赤いおむつの子供」だった彼女は、深い疎外感とともに少女時代を過ごしつつ、両親とは異なった自前の尖鋭な政治意識を身につけてゆく。

本書に断片的に記される彼女のシビアな生い立ちのなかで、母方の祖母の姿だけはきわだって明るく描かれている。測量技師志望の夫とともにイタリアから移住した祖母は若くして寡婦となり、極貧のなかで四人の子供を育てた。長い歳月を経た後、やはりイタリアから移住し農場主となったロッシという人物が妻と死別し、初恋の相手として思いつづけた祖母をさがしあて求婚するに至る。しかし、祖母は「子供たち全員が身を固めるまで」と言い張り、六十五歳になってようやく求婚に応じる。「旧世界の精神構造」だといいながら、ロトロはこの祖母と純情なロッシじいちゃんの牧歌的な顚末を実に楽しげに記す。

それはさておき、一九五八年、十四歳で父が急死した後、ロトロは自分の殻から飛びだそうとするように、「赤いおむつ」の仲間とともに、自宅のあるクイーンズからグリニッチヴィレッジの広場に足しげく通うようになる。当時、この界隈は公民権運動の活動家、フォークシンガー、詩人等々が集まり、いつも熱気にあふれていた。グリニッチヴィレッジは一九二〇年代、「失われた世代」のボヘミアンの町だった。この町には何か新しいものを創りだそうと、もがく若者を引きつける土地の霊のようなものがあるのかもしれない。

一九六〇年、高校卒業後、彼女は公民権運動にかかわる一方、さまざまなアルバイトをしてこの町で暮らすうち、六一年夏、フォークミュージシャンとして世に出る直前のボブ・ディランと出会い、たちまち恋に落ちる。彼女が曲折を経ながらもディランと共に過ごした数年の間に、時代は音をたてて変化し、群れをなすフォークミュージシャンのなかから、「聴き手やファンや友人や恋人を失うことになっても、自分の行きたいところに行く。ほかの人とも自分とも、決して妥協はしない」ディランは一頭地を抜いて、名声の高みへと駆けのぼっていった。ロトロはこうして時代と連動しながら急成長を遂げたディラン、および彼と深くかかわった人々の姿を、まことにいきいきと躍動的なタッチで描きだす。

しかし、ディランとロトロの関係はやがて暗礁に乗り上げ、別離のときがくる。ディランの女性関係をはじめ、種々の矛盾が絡み合ったあげくのことだろうが、ロトロはきわめて主体的な女性であり、「ボブ・ディランのギターの弦の一本になどなりたくない」と、有名人の付属品であることをきっぱり拒否し、自立の道を模索しようとしたことが、決定的な彼らの別れ道になったとおぼしい。ロトロはディランを愛したけれども、祖母のように「だれかのために奉仕する」精神構造の持ち合わせはなく、むろんディランも初恋ひとすじのかわいいロッシじいちゃんではなかったのだ。

ただ、ロトロはディランの圧倒的な才能を深く理解し、独自の音楽を創りだす彼に敬意を抱きつづけており、そんな彼女によって書かれたこの本には、男女の軋轢《あつれき》を超えた、爽やかな風が吹いている。ロトロはあの写真と同様、実に堂々としていると感嘆するばかり。

(2010.6.27)

『玄奘三蔵、シルクロードを行く』

前田耕作 著

(岩波新書、二〇一〇)

中国の白話長篇小説『西遊記』は周知のごとく、三蔵《さんぞう》法師が超能力サルの孫悟空《そんごくう》、ブタの妖怪の猪八戒《ちょはっかい》、水怪の沙悟浄《さごじょう》の三人をお供にして、あまたの妖怪変化と戦い、十四年の歳月をかけて八十一の法難をくぐり抜け、天竺《てんじく》(インド)に到達して「西天取経《さいてんしゅきょう》」を成就する過程を描く大幻想小説である。この小説の中心人物、三蔵法師は妖怪どもにつかまっては、孫悟空らの大奮闘によって救出される、いたって非力な存在として描かれている。

　この三蔵法師は実在した人物であり、小説の三蔵とはおよそ対照的な、勇敢で探究心にあふれた高僧だった。玄奘《げんじょう》三蔵(六〇二―六六四)は、唐第二代皇帝太宗《たいそう》の貞観《じょうかん》三年(六二九)、本場の仏教思想を習得すべく、国禁を犯して出国し、苦難に満ちた旅の果てに天竺に到達、研鑽を重ねた後、貞観十九年に貴重な仏典をたずさえ、ようやく帰国した。

　本書は、玄奘三蔵がみずから西天取経の旅における見聞を記した『大唐西域記《だいとうさいいきき》』、および弟子の慧立《えりゅう》が著した『大唐大慈恩寺三蔵法師伝《だいとうだいじおんじさんぞうほっしでん》』と『続高僧伝《ぞくこうそうでん》』(唐・道宣《どうせん》著)を手掛かりに、玄奘の歩いたシルクロードの行程をたどりなおした旅の記録。玄奘の立ち寄った西域の国々の遺跡を、実地に訪ねた著者の筆致は臨場感にあふれる。

今を去ること約千四百年、玄奘がはるかな異域への旅で見聞きしたものを、著者はあたかも玄奘とともに旅をしているかのように、遺跡を通してありありと幻視し現実感覚をもって追体験する。玄奘とともに旅をしたいという熱い思いと、地道な検証とが一体化した著者の旅の記録が、こうして玄奘の足跡を現在形で甦らせるさまは圧巻というほかない。

玄奘の成し遂げた天竺への旅は早くから民間芸能のかっこうの題材となり、長い歳月を経て練りあげられ、十六世紀の明《みん》代中期になって、ようやく大長篇小説『西遊記』としてまとめあげられた。本書に描かれる実在の玄奘三蔵の旅も小説そこのけ、不可思議な異界めぐりの様相を呈している。本書と、三蔵法師一行の超現実的な旅の顛末を描く『西遊記』を読み比べてみるとき、きっと思わぬ発見があるにちがいない。

(2010.7.6)

ハーペイ・カーケリング著、猪股和夫訳

『巡礼コメディ旅日記——僕のサンティアゴ巡礼の道』

(みすず書房、二〇一〇)

ドイツの著名なコメディアン、ハーペイ・カーケリングは、二〇〇一年六月九日、フランスのサン・ジャン・ピエ・ド・ポールを出発、四十一日後の七月二十日、目的地であるスペインのサンティアゴ・デ・コンポステラに到達するまで、えんえん八百キロにおよぶ巡礼の道を歩きに歩いた。本書はその旅の記録である。

当時、ハーペイは三十七歳、大病をしたこともあり、さて自分とはいったい何者なのか、神とは何者なのか、歩きながら追求すべく、ひとり聖地巡礼の旅に出たのだった。というと、いかにも敬虔でストイックなクリスチャンの旅を連想するが、ハーペイはひっきりなしに足の痛みを訴え、道のわるさ、食事のまずさを慨嘆し罵倒するなど、弱音も吐けば逆上もするという具合に、あくまでも「自然体」を保ち、マイペースで歩きつづける。

このサンティアゴへの道は、急激な登り道や下り坂があるかと思えば、トラックがものすごいスピードで行き交う道路の端を、決死の覚悟で歩かねばならぬ箇所もあり、途中で命を落とした巡礼も少なくないという、苛酷なものだった。基本的に無理をしないハーペイは、足が動かなくなれば乗り物を利用したり、ヒッチハイクをしたりして、自分の体力を冷静にはかりながら、しっかりと六百三十キロ、全体の約八割を歩き抜いたのだから、なんとも強靱な意志力というほかない。ちなみに、この巡礼の旅はサンティアゴ到着前の百キロさえ踏破すれば、貫徹したと見なされる由。

無理をしないその柔軟さは宿の選択にもあらわれている。彼は大勢の人々と同室になる巡礼宿には泊まらず、行く先々で民宿やホテルの清潔な個室を見つけ、たっぷり睡眠をとって疲労回復をはかる。こうして自分のリズムを保ちつつ、苛酷な道を自問自答しながら歩きつづけ、眺望が開けた稀有の瞬間に、神というか宇宙感覚をまざまざと実感したりするのだ。本書には、歩くことによって、みずからに固有なリズムを体得し、そのリズムに乗って自然や宇宙につながってゆく、彼の姿がいきいきと描きだされている。

もっとも、歩くハーペイは自分を鼓舞するために思いつくまま、大声でさまざまな歌をうたい、他の巡礼連中の顰蹙《ひんしゅく》を買うなど、概してとても瞑想的とは言い難い。さすがコメディアンというべきか、そんな自分を突き放し戯画化して描いているのも、実におもしろい。

さらにまた、彼は鋭い鑑識眼の持ち主であり、道中で知り合った巡礼の姿を辛辣な筆致で寸描しており、そのユーモア感覚の冴えは、なまなかのものではない。

とはいえ、巡礼の旅が後半に入るにつれて、このトゲのある辛辣さはしだいに影をひそめ、ゆるやかな許容力が増してくる。ことに、イギリス人の生物学者アンおよびニュージーランド人のシーラなる二人の女性と、性差を超えた親しい友人となり、三人で力を合わせてサンティアゴへの最後の難関を突破するくだりは、真に信頼しあえる他者を見いだした幸福感にあふれている。ちなみに、アンは彼に「(あなたとシーラと友だちになっただけでも)十分この道は価値があったと思う」と告げているが、ハーペイも同様だったにちがいない。

神を求め自分と向きあうために、巡礼の道を歩いた著者が、何を得たかを臨場感ゆたかに描く本書は、居ながらにして読者をはるかな巡礼の旅にいざなう快著といえよう。

(2010.8.8)

『数になりたかった皇帝——漢字と数の物語』

円満字二郎 著 (岩波書店、二〇一〇)

中国には、「白髪三千丈」「五十歩百歩」等々、数字を用いた表現が多い。むろん、これらの表現には典故があり、白髪三千丈は李白《りはく》の「秋浦《しゅうほ》の歌　其《そ》の十五」冒頭の句であり、「五十歩百歩」は孟子《もうし》の言葉にほかならない。本書は中国を中心に据え、日本のケースも含めた数字にまつわる二十八編のエッセイを収める。ユニークな発想が光る一冊である。

なかでも、先にあげた「白髪三千丈」など、詩作に「数」を織り込むことに長《た》けた李白を取りあげた「白髪三千丈――数を操る天才詩人、李白」はすこぶる興趣に富む。著者はここで別の詩を引き合いに出しつつ、李白は愁いや悲しみなど、本来、数値化できない感情を、あえて極端に誇張した「数」を用いて表現することによって、その激しさや深さを浮き彫りにしたのだという。李白は唐代では科挙受験資格のなかった商人階層の出身だが、むしろこれを逆手にとって自由自在に生きた。このエッセイはそんな彼の深い屈折と、表現における「数」の誇示との因果関係の一端を照射し、新鮮である。

また、本書のタイトルになった「数になりたかった皇帝――始皇帝が拒否したもの」も、天上天下唯我独尊、いっさいの評価を拒否して、みずから第一番目の皇帝「始皇帝」と名乗り、後継者にも二世、三世……と名乗り、永遠につながる「数」となることを命じた秦の始皇帝の「独裁者」心理をあぶりだし秀逸。始皇帝の願望とはうらはらに、秦王朝は実際にはわずか二代で滅んだ。ここでは、その皮肉な歴史的展開も苦味を帯びて寸描される。

このほか、中国では孟子、項羽《こうう》、司馬遷《しばせん》、曹丕《そうひ》・曹植《そうしょく》、白楽天《はくらくてん》等々が取りあげられ、彼らと「数」の相関関係が具体的に描かれる。また、日本では、『方丈記』、『雨月物語』、良寛、太宰治などが取りあげられ、意表をついた論旨が展開される。

著者みずから語っているように、この二十八編から成る「漢字で書かれた数字の物語」を、興の向くままアトランダムに読むだけでも、発見の喜びを味わうことができる。

(2010.10.5)

哈金著、駒沢敏器訳

『自由生活』（上下、日本放送出版協会、二〇一〇）

本書は米国の中国人作家、哈金《ハジン》が英語で著した長篇小説である。一九八九年、米国留学中に天安門事件が起こり、帰国を断念した彼は米国に帰化、以後、大学で教鞭をとりながら、英語で書いた詩、小説、エッセイを続々と発表し、作家として高い評価を得る。現在はボストン大学教授として英米文学を講じつつ、旺盛な作家活動を展開しているという。

本書『自由生活』は、そんな哈金自身を思わせる主人公武男《ウーナン》の、十二年余りの米国暮らしの軌跡を、多種多様の人間関係と綿密に絡ませて描きあげた作品である。政治学の博士号を得るために米国留学中の武男は天安門事件の報道に衝撃を受け、民主化運動の支援活動をするうち、ブラックリストに載り、大学院を退学、帰国の道も閉ざされてしまう。以来、彼は妻の萍萍《ピンピン》、幼い息子の濤濤《タオタオ》によりよき生活をもたらすために大奮闘を開始する。

妻が息子を連れてボストンの裕福な家庭に家政婦として住み込むことで住宅問題を解決する一方、武男は工場の夜警、マンションの警備員などを経て、単身ニューヨークに出て職探しに奔走する。かくて、詩の雑誌の編集人となる一方、収入の道を確保すべく中華料理屋の見習いコックとなり腕を磨く。やがてニューヨークの中国人社会の混乱に厭気《いやけ》がさし、ボストンの家族のもとに帰り、賢明な妻のやりくりで貯金もできたため、南部ジョージア州アトランタにある中華料理店の出物を見つけて購入、一家で移住する。

アトランタには中国人も多く、武男がせっせと料理を作り、萍萍が機敏に店を切り盛りして店は繁盛し、風雅な一戸建ての住宅まで手に入れる。萍萍は美しく聡明な働き者で、息子の教育にも熱心な理想的な妻であり、息子の濤濤は生意気だが、秀才で日に日に米国暮らしに馴染んでゆく。こうして武男は堅実な足取りで、ささやかながら「アメリカンドリーム」を実現し、周囲の中国人の羨望の的となる。ちなみに、こうした武男の妻子のイメージは実にいきいきと描かれており、この長篇小説に弾んだ活力を与えている。

これだけなら単なる「成功物語」にすぎないのだが、実は武男にはこうした成功によっては、けっして解消しきれないものがあった。一つは若いころから抱いている詩作へのパトスであり、今一つは理不尽に彼を捨てた奔放な初恋の相手、蘇蓓娜《スウベイナ》への異様な執着である。かくして、物質的な充足だけでは満たされない心身の自由と豊かさを求めて、萍萍が重労働のせいで腰を痛めたのを機に、武男は友人に店を売り、時間の融通がきくモーテルの夜間管理人となって、読書や詩作にふける日々を送るようになる。

また、良き妻がありながら、強迫観念のように彼につきまとった蓓娜への執着は長い歳月を経て、彼女と対面することにより、あっけなく雲散霧消する。訳者も指摘するように、全編を通じて執拗にくりかえされる蓓娜へのこだわりは、おそらくふりはらってもふりはらっても甦る、母国中国への執着をあらわす「暗喩」なのであろう。

本書は、転変のあげくもろもろの思いを断ち切り、武男が異国たる米国で自由に生きるすべを発見したところで、幕を閉じる。しかし、彼はほんとうに断絶のはてに自由を手に入れ、思いどおりに生きることができたのだろうか。そんな問いが残り、主人公武男のその後が知りたくなる。読者を引きつける余韻に富んだ「終わらざる物語」といえよう。

(2010.10.31)

石川禎浩 著『シリーズ中国近現代史③ 革命とナショナリズム』（岩波新書、二〇一〇）

本書は、十九世紀の清末《しん》から現在まで、近代中国の軌跡をたどる「シリーズ中国近現代史」（全六冊）の第三冊。ちなみに、第一冊は吉澤誠一郎著『清朝と近代世界』、第二冊は川島真著『近代国家への模索』である。第三冊はこれを受けて、孫文《そんぶん》が死去した一九二五年から中日戦争が終結した一九四五年までの二十年間、戦争や内乱で中国が錐もみ状態となった大激動の時期を対象とする。

本書の特徴は、「蔣介石日記」の原本やモスクワ文書館の資料など、近年ようやく利用できるようになった新しい資料を縦横に活用し、中国国民党と中国共産党の錯綜した関係やソ連の果たした役割を丹念に追跡しながら、日本との戦争が激化する状況のなかで、徐々に生まれ変わってゆく中国の姿を、複合的に描きだしたところにある。

本書は、「国民革命の時代」「南京国民政府」「共産党の革命運動」「帝国日本に抗して」「抗日戦争から第二次世界大戦へ」の五章で構成されている。国民党と共産党の対立を軸に、国内的には民衆運動のうねり、国外的には日本軍部、ソ連のコミンテルンの動きを的確に描き込みながら、時の経過とともに緊迫度を増す時代状況に、多様な角度からアプローチする著者の筆致は、文字どおり巻を追って迫力を増し、近代中国における稀有の「政治と革命」の時代を鮮やかに浮き彫りにする。

とりわけ、著者自身も述べているように、新資料を駆使して、この時期におけるソ連のコミンテルンが、国民党とも共産党ともいかに深くかかわり、事こまかに中国革命運動を動かしてきたかを、照射したくだりは、従来の近代中国史には見られなかった、新鮮な発見に富み、まことに刺激的にして興趣に富む。

中国が苦闘しながら、大変貌を遂げた時期の軌跡を、広い視野に立ち、多様な角度から映しだした本書は、現在の中国と日本を考えるときにも、大いに示唆に富む。目先の状況のみならず、歴史的文脈を把握することの重要さを語りかけてくる一冊である。

(2010. 11. 30)

キャロライン・グレアム著、宮脇裕子訳

『空白の一章――バーナビー主任警部』

(論創社、二〇一〇)

著者キャロライン・グレアムは英国の女性ミステリ作家。本書はそのバーナビー主任警部シリーズの一冊で、原著は一九九四年に刊行された。翻訳で五百頁をこえる長篇だが、登場人物の鮮やかな描き分け、精密な細部描写、巧みに張りめぐらされた伏線、謎解きに至るまでの曲折に富む展開など、本格ミステリの醍醐味を堪能させてくれる。

舞台となるのは、このシリーズの他の作品と同様、ロンドンにほど近い架空の州ミッドサマーの住宅地である。ここに作家志望の住人のサークルがあり、四週間に一回、妻に先立たれた退職公務員だと称するジェラルドの家に集まり、ときにはプロ作家を招いて話を聞いたりしていた。ちなみに、メンバーは軍事マニアの退役軍人、ジェラルドに思いを寄せる骨董店の美しい女主人、不平満々の高校教師と絵本作家をめざすその素直な妻、古びた大きな館に住む不機嫌な老女とその亡弟の快活な妻という具合だ。

事件の発端になったのは、彼らが近くに住む有名作家ジェニングズを会合に招待したことである。この作家と過去に複雑ないきさつがあったとおぼしいジェラルドは、会がひけ一同が帰った後、なんと何者かに惨殺されてしまう。さて、犯人はいったい誰か。

ここに登場するのが州警察のバーナビー主任警部である。バーナビー主任警部には美しく聡明な妻があったが、いかんせん、彼女はおそろしく料理が下手であり、警部は長年「消化剤の助け」を借りて、何とか咀嚼《そしゃく》しつづけてきた。そこで、こらえかねて自分で料理しはじめたところ、どんどん腕があがったのはいいが、今度は食欲が爆発的に増進して肥満の極に達し、ダイエットしなければならない羽目になる。この愉快なバーナビー主任警部はすこぶる頭脳明晰であり、現場型の部下トロイとコンビを組んで、丹念にサークルの面々の行動を洗いだしてゆく。その過程で、一見、平穏な生活を営む彼らの不穏な内実が、次々に明るみにさらされてゆくさまは、圧巻というほかない。

訳者も指摘するように、村などの閉じられた小社会を舞台とする事件を描くミステリは、アガサ・クリスティーのマープル物をはじめ、英国ミステリの定石である。これに対して、この作品で描かれる小社会には、古風な道具立てのもとに、病んだ現代の縮図ともいうべき状況が織り込まれており、物語はまことにスリリングな形で展開されてゆく。

病んだ現代の縮図という点では、殺されたジェラルドはその典型であった。彼が殺された後、行方不明だった作家のジェニングズが姿をあらわし、バーナビー主任警部の尋問に応じて、ジェラルドはかつて職業的なホモセクシュアルであり、これによって資産を得たことを明らかにする。この空白を埋める証言により、ジェラルドの不可解な行動や生活の謎は解明されるが、彼を殺した犯人像は依然として霧につつまれたままだ。こうして周到に犯人を伏せつづけ、最後の最後ですべてのカードをぴたりと一致させ、意表外の犯人をあぶりだす語り口には、まさに本格ミステリの真骨頂というべき堂々たる風格がある。

先述のように、この作品の特徴の一つは登場人物がみごとに描き分けられていることだが、とりわけ絵本作家志望の高校教師の妻や気位の高い老女に仕える健気な義妹など、溌剌《はつらつ》とした女性の姿がいきいきと描かれており、さわやかな読後感を醸《かも》しだしている。

(2010. 12. 26)

京都大学人文科学研究所附属漢字情報研究センター編『漢籍はおもしろい』(京大人文研漢籍セミナー1、研文出版、二〇〇八)

京都の気鋭の中国学者が年に一度、東京で中国学のエッセンスをわかりやすく解説するセミナーを開いている。本書はその第一回セミナーの記録。四人の語り手がそれぞれ意表をついた角度から、漢籍のもつ魅力を浮き彫りにしており、興趣に富む。

四人の語り手はそれぞれ「漢籍の時空と魅力」「錯誤と漢籍」「漢語仏典――その初期の成立状況をめぐって」「使えない字――諱《いみな》と漢籍」のタイトルのもと、平明な語り口で漢籍の複雑な世界を解き明かす。まず、「漢籍の時空と魅力」では、古くから漢籍が流伝した韓国や日本において、本家本元の中国で散佚したものが残存し、中国がそれを逆輸入したケースもあるなど、漢籍の時空を超えたダイナミックな動きが語られる。

「錯誤と漢籍」では、文字は紙が出現するまで木簡《もくかん》・竹簡《ちくかん》に書かれたため、まま複数の簡を綴じる紐が切れ、これを綴じなおしたときに順番が狂い、「錯簡《さっかん》」というアクシデントが起こりがちだったこと、紙が主流となった後は、くりかえし書き写すさいに錯誤が生じがちだったことが、豊富な事例をあげて解き明かされる。また「漢語仏典」では、中国で仏典をセットとしてまとめる動きがいつどのような形ではじまったかが、詳細に語られる。

最後の「使えない字」では、中国では他人の諱つまり本名を口にすることは、相手の存在を犯すとされ、タブー視されてきたことに着目し、種々の文献から例をあげて具体的に検証する。さらに、このタブーがもっとも厳格に適用されるのは皇帝の諱であるとし、漢籍においてこれを避けるために、種々の苦肉の策がとられていることを明快に指摘する。この諱の話は知られざる中国文化の側面を照射したものであり、まことにおもしろい。

この興趣あふれる『漢籍はおもしろい』につづき、三国志世界に史書と碑文の両面からアプローチした第二弾『三国鼎立から統一へ』（研文出版）も刊行されている。これまた従来の三国志研究とは一味違う斬新な切り口が光る一冊である。

（2011. 1. 4）

宮崎市定 著
『科挙――中国の試験地獄』（中公新書、一九六三）

入学試験の季節だが、伝統中国において試験といえば、官吏登用試験の科挙である。本書は、「連続した長い試験の積み重ね」である科挙の制度を、明快に解き明かした不朽の名著にほかならない。

科挙は、魏晋南北朝《ぎしんなんぼく》の分裂時代に終止符をうち、中国全土を統一した隋《ずい》にはじまるが、制度的に完備し、科挙に合格した進士《しんし》が政治機構の中心を占めるようになったのは、近世宋《そう》以降である。以来、モンゴル王朝の元《げん》は例外として、明《みん》、清《しん》と、時の経過とともにより複雑化しながら、科挙は有能な人材を選抜するのに、もっとも有効な制度として連綿と受け継がれてきた。本書は主として、より精緻にかつ複雑化した清代の科挙に焦点を当て、世界に類を見ないこの制度について論じ尽くしている。

著者は、県試、府試等々の予備試験、この予備試験の合格者(挙子《きょし》)を対象とする地方試験の「郷試《きょうし》」、郷試合格者(挙人《きょじん》)を対象とする中央試験の「会試《かいし》」、皇帝が直接、会試合格者を試験する最終試験の「殿試《でんし》」(この合格者が進士《しんし》)と、順々にピラミッドのように積みあげられてゆく科挙制度について、受験者、試験官、試験問題、試験場等々、多様な視点からスポットを当て、みごとに開示してみせる。

本書の魅力は、単に科挙という制度を論じるのではなく、印象的なエピソードをふんだんに盛り込み、いきいきと臨場感あふれる筆致で描かれているところにある。たとえば、三年に一度、挙行される郷試の試験場はあたかも独房のようであり、受験生の挙子はここに三日二晩こもって、一心不乱に答案を書きあげねばならず、重圧に耐えきれず発狂する者さえいたことを、興趣あふれるエピソードを引きつつ、具体的に明らかにする。

科挙は基本的に万民に門戸を開く卓越した制度だったが、しだいに制度疲労を起こして時代の変化に適合できなくなり、王朝時代の終焉とともに廃止された。いかに堅牢な制度も永遠に持続しえないことをおのずと示す、説得力にあふれた一冊だといえよう。

(2011.2.1)

永田和宏・河野裕子 著『京都うた紀行——近現代の歌枕を訪ねて』（京都新聞出版センター、二〇一〇）

京都在住の歌人、永田和宏・河野裕子夫妻が京都および近江の歌枕五十箇所を訪ねた「うた紀行」である。副題に「近現代の歌枕を訪ねて」とあるとおり、本書は主として近現代の歌人の短歌に詠《よ》み込まれた五十の場所（歌枕）にスポットを当てたもの。

五十の歌枕は、洛中、洛東、洛北、洛西・洛南、滋賀の五つの地域に分類され、そのうちには北野天満宮、光悦寺、寂光院、広隆寺、浄瑠璃寺などのほか、京都駅、三月書房、琵琶湖大橋など現代の歌枕も含まれる。この自在な場所の選択がまことにおもしろい。

本書の二人の著者は実際に個々の歌枕を訪ね、歌人たちのイメージや思いを追体験するとともに、取りあげた歌および場所に彼ら自身の記憶や思い入れを重ねて、みずからも歌を詠んでゆく。取りあげられた歌、詠み込まれた場所、これに感応して掘り起こされる著者たちの記憶等々が、深くつながり美しく共鳴しあった本書は稀有の「歌詠みの書」といえよう。

本書はもともと二〇〇八年七月から二〇一〇年七月までの二年余り、五十回にわたり京都新聞に連載され、永田和宏と河野裕子がそれぞれ二十五回ずつ執筆した。もっとも、執筆は分担したものの、いずれの歌枕も夫妻そろって訪れたという。ちなみに、この連載がはじまってすぐ河野裕子は癌が再発、連載終了後まもなく他界した。本書の随所に、ぎりぎりの瀬戸際に立つ彼女の、澄みきった末期《まつご》の眼がとらえた過去と現在の重層化した風景、はるか彼方《かなた》を穿《うが》つ生命感覚、歴史感覚が鮮やかに表現されており、胸うたれる。たとえば、福田栄一の歌「寂光院の帰りの道のわかれ道かならず道はわかれてをりぬ」を取りあげ、寂光院を訪れたさいの河野裕子の叙述は実に感動的だ。

彼女は火事で焼けた本尊の六万体地蔵尊に思いを馳せ、古仏の尊さとは「時間が荘厳させるもの。人びとのかなしみを包みこみ、それを御身《おんみ》に吸いとってきた存在だけが持ち得るもの」ではないかという。「古さとは途方もない時間の深淵であり、永遠のひとつの形であるのかもしれない」と。そんな思いにとらわれながら、彼女は新しく復元された本尊がこれから過ごしてゆくであろう何百年もの時間を思い、「みほとけよ祈らせ給《たま》へあまりにも短かきこの世を過ぎゆくわれに」と歌い結ぶ。哀切である。

総じて古いもの、古い場所に対して、河野裕子はまことに鋭敏な感覚をもつ。林和清の歌「淡雪にいたくしづもるわが家近く御所といふふかきふかき闇あり」を取りあげ、京都御苑を訪れたくだりにおいても、そうした感覚が尖鋭に示されている。前掲の歌に誘われ、御苑を訪れた彼女は三十数年前、一家をあげて東京から京都にもどったとき、「あ、このアスファルトの下には、夥《おびただ》しい血と死屍《しし》が累々とあるのだと瞬間的に感じた」ことを、ありありと思い浮かべる。

こうして古都京都の地層深くに累積する死者の影を幻視することと、先にあげた寂光院の古仏に「途方もない時間の深淵」を感受することとは明らかに通底する。みずからの終幕と向き合うことが、歌人河野裕子の場所と時間への感覚を限りなく冴えかえらせたというほかない。

永田和宏も冴えかえる妻とともに歌枕を訪ねながら、異界を幻視する瞬間がある。神谷佳子《かみたに》の歌「引きしほも満ちしほもなき湖《みづうみ》の朱の鳥居の漬かりし部分」を取りあげ、琵琶湖のほとりに立つ白鬚《しらひげ》神社を訪れたくだりがそうだ。この神社のもっとも奥の「岩戸社」に詣でたとき、彼は岩屋に吸い込まれる風を見ながら、この世にはいたるところに異界への通路があり、「昼間の光の中ではわたしたちが気づかないだけなのかもしれない」と思ったりする。かくて、「病む妻の歩みはかなし湖岸《うみぎし》の風は寒しも風に吹かるる」と歌い結ぶ。この歌には、去りゆく者も辛いが見送る者も辛いのだと、痛感させるものがある。

この一方、永田和宏は「生活の中にある場所」を歌枕にした秀歌を選びだし、みごとな叙述を展開している。たとえば、辻喜夫の歌「いつ来ても光も音もひそかなり寺町二条三月書房」を取りあげ、「六〇年代、七〇年代の雰囲気を今なお色濃く残した」ユニークな品揃えで知られる、三月書房を訪れたくだりがこれにあたる。

こうして近現代の歌人が詠い込んだ京都および滋賀の歌枕をめぐりながら、二人の歌人は、取りあげた歌に触発されて、彼ら自身の生活の記憶、出会った懐かしい人々の追憶を呼び起こし、場所の記憶が時間の記憶と結び付いた、陰影に富む歌紀行を織り綴ってゆく。巻末に、歌枕の旅を終えた二人の著者の対談も付され、人が歌を通じて場所と時間を共有することの意味の深さをおのずと語りかける。読者を哀しくも興趣あふれる五十の歌枕の旅へと誘う、すぐれた一冊である。

（2011. 2. 20）

『忘れられた花園』

ケイト・モートン著、青木純子訳

（上下、東京創元社、二〇一一）

オーストラリアの作家ケイト・モートンの手になる、ミステリ仕立ての長篇小説『忘れられた花園』は、物語世界に没入する楽しさを満喫させてくれる稀有の作品である。

およそ百年の時間軸の上に組み立てられたこの作品は、三つの異なる時間帯の物語によって構成されている。二〇〇五年、オーストラリアのブリスベンで九十五歳の生涯を終えたネルの物語、その孫娘カサンドラの物語、さらに十九世紀末から二十世紀初頭、英国コーンウォールの壮麗なブラックハースト館に住んだ貴族、マウントラチェット一族の物語である。この三つの物語が全五十一章にわたり、一見、脈絡もなく交互に立ちあらわれるのだが、その実、いたるところに伏線が張りめぐらされ有機的に結び付いて、一つの大きな物語に昇華してゆくさまは、圧巻というほかない。

この作品の中心となるのはネルの出生の謎である。一九一三年末、四歳のネルはロンドンからオーストラリアの港に到着した船に、ただ一人乗っていた。入国監察官だった養父は記憶を喪失したネルを引き取り、妻とともに自分の娘として慈しみ育てた。二十一歳になったとき、養父からその事実を告げられた彼女は、世界が崩れるような衝撃を受け、以後、養父や後から生まれた妹たちと距離を置くようになる。やがてアメリカ人と結婚して渡米し、娘レズリーを産んだ後、夫と死別して帰国、ブリスベンで骨董屋を営むようになってからも、自分が誰なのかわからないという彼女の孤立感、寂寥感は、つのる一方だった。

一九七五年、六十代半ばに達したネルは出生の謎と正面から向き合うために、ロンドンに旅立つ。この年、他界した養父が人づてに届けてくれた子ども用の白い革のトランクがきっかけだった。それは船中で幼い彼女が持っていたものであり、なかにはお伽噺《とぎばなし》集が入っていた。作者はイライザ・メイクピース。幼いネルが「お話のおばさま」と呼び、彼女を連れて船に乗り込み、なぜか姿を消した女性だった。これを契機に、深層意識に封じ込められていた記憶の断片が次々に甦り、ネルは失われた過去を求めて旅立つ。

ロンドン到着後、彼女はイライザの足跡を精力的に探し求める。その結果、イライザの母は貴族マウントラチェット家の令嬢だったが、貧しい船乗りの若者と恋に落ちて出奔し、若者が不慮の死を遂げた後、双生児のイライザとその弟を産み、ロンドンの下町で極貧の暮らしをつづけるなかで病死、やがて弟も事故で失ったイライザは、マウントラチェット家に引き取られたことを突きとめる。一族が死に絶えたマウントラチェット家の屋敷跡を訪ねたネルは、たまたま売りに出ていた屋敷のはずれのコテージを購入、移住して、実の父母は誰なのか、イライザはなぜ姿を消したのか等々を、探求しようと決心する。

しかし、ネルの決心は頓挫した。折り合いのわるい奔放な娘のレズリーが、十歳の孫娘カサンドラを彼女に押しつけて行ったのだ。祖母ネルのもとで成長したカサンドラは美術史を専攻、やがて結婚して一児をもうけるが、まもなく夫と息子は事故死し、抜け殻のようになって祖母のもとにもどり、骨董店を手伝う日々を送る。

祖母の死後、全財産とともにくだんのコテージを遺贈されたカサンドラは、遺言証書の表紙に記された「これをカサンドラに遺贈する。いずれその意図を理解してくれることを願って」というメモに心動かされ、白い革のトランクに入ったお伽噺集と祖母のノートを頼りに、ネルの遺志を受け継ぐべく、ロンドンに向かう。ネルの旅から三十年後のことである。

カサンドラは祖母の足跡を追ってコーンウォールに到着、土地の人々から、イライザをはじめマウントラチェット一族、すなわち当主だったライナス(イライザの母の兄)、その陰険な夫人、彼らの病弱なひとり娘ローズ、ローズの夫で、イライザのお伽噺集の挿絵も描いている画家のナサニエルについて話を聞く。

その一方、元医者で今は庭師のクリスチャンの助けを借りて、荒れ果てたコテージを修理し、コテージの奥にある閉ざされた秘密の花園を修復するうち、彼女自身も徐々に再生しながら、祖母が解明できなかった謎に迫る。

大筋は以上のとおりだが、異なる三つの時代の物語を絡ませた複雑な物語展開はまことにスリリングであり、読者にパズルを解くような快感を覚えさせる。また、この作品に収録されるイライザの奇妙な味わいのあるお伽噺も、物語展開を暗示する絶妙の効果をあげている。かてて加えて、作者は『秘密の花園』をはじめとする、名高い先行作品を下敷きとすることによって、読者の共通感覚を巧みに呼び覚ましながら、新たな物語世界へと誘導するという離れ業をも演じている。物語における類型の効用を、お伽噺から近代小説まで網羅し、みごとに生かしたという意味においても、まことに魅力的な作品である。

(2011. 5. 15)

キース・リチャーズ著、棚橋志行訳
『キース・リチャーズ自伝 ライフ』
(楓書店、二〇一一)

ローリング・ストーンズの代表作「ジャンピング・ジャック・フラッシュ」を聴くと、私は今でも必ず気分が昂揚し鼓舞される。ストーンズは周知のごとく、一九六〇年代前半から現在に至るまで、ほぼ半世紀にわたり活動しつづける「世界最強」のロックバンドである。ロックバンドに分裂や解散は付き物だが、ストーンズは初期からの中心メンバー、リード・ボーカルのミック・ジャガー、ギターのキース・リチャーズ、ドラムのチャーリー・ワッツを核として輝きつづけている。まさに驚嘆すべき持続力というべきであろう。

本書は、ギタリストのキースが、イギリスの労働者階級の子として生まれ育った幼年時代から語り起こし、ブルースに熱中した少年時代に幼馴染みのミックと再会、意気投合してバンド仲間となり、やがてストーンズを結成、爆発的な人気を得た後、波瀾万丈のあげく現在に至る軌跡を、赤裸々に語り尽くしたもの。ストーンズの軌跡を描いた作品は数多いが、根っからの反逆的ロックンローラーであるキースが、自身の凄まじい人生をたどり返しつつ、当事者の視点からストーンズの浮き沈みを描く本書の迫力は他に類を見ない。

良識をぶち壊す「悪童」「不良」のイメージをふりかざして、躍り出たストーンズの音楽とパフォーマンスは、人には限界などないという「情念のとどろき」に満ち、聴く者の感覚を全面的に解放する強烈な魅力、あるいは魔力にあふれる。こうしたストーンズの強烈な音楽は、ロックの真髄ともいうべき手法で作りだされたものだ。キースが明らかにしているように、まずキースとミックが曲の原型を作り、メンバーが鍛え抜いた技を重ね合わせてゆく緻密な共同作業を経て、はじめて完成される。ちなみに、キース自身、ブルースギターの奏法を徹底的に「研究」し抜いた、真のプロフェッショナルにほかならない。

しかし、情念のとどろきや魔力は音楽上にとどまらず、ことにキースは多くのロックンローラーと同様、六〇年代後半から十数年にわたって麻薬にはまり、警察沙汰をくりかえしたり、それと並行して女性問題も泥沼化するなど、プライベートでは多事多難な日々がつづいた。それでもストーンズの作曲者、ギタリストとしての役割はみごとに果たしつづけたのだから、そのタフさには驚嘆すべきものがある。

もともとキースは身体頑健であり、重い肝炎を患っても、簡単な治療をうけただけで、あっというまに治癒するなど、回復力にも尋常ならざるものがある。このタフさによって、キースは八〇年代初めには麻薬と縁を切り、よきパートナーと出会って結婚もするなど、みごとに再生するのである。
八〇年代以降、今度はリーダーシップを発揮したがるミックとの亀裂が深まり、ストーンズは存亡の危機に見舞われる。しかし、ストーンズあってのミックであり、キースであるとの深い共通認識によって、彼らは危機を乗り越える。キースには古風にも見えるほど、肉親や古い友人との絆をあくまでも大切にするやさしさがあり、それが彼らの関係の全面崩壊をくいとめたとおぼしい。九〇年代以降、ストーンズはそれぞれソロ活動をする一方、大々的な世界ツアーを敢行するなど、現在形の活躍をつづけている。キースもミックもすでに七十歳目前。しかし、キースはロックもストーンズも不滅だといわんばかりに、まだまだやる気十分、その意気に感じて、ふつふつと元気がわいてくる一冊である。
(2011. 8. 14)

ウラジーミル・ナボコフ著、秋草俊一郎ほか訳
『ナボコフ全短篇』
(作品社、二〇一一)

ウラジーミル・ナボコフ(一八九九—一九七七)はロシアの名門貴族の出身で、父は進歩派の政治家であり、立憲君主党の創立者の一人だった。一九一七年、ロシア革命が勃発すると家族とともに亡命。英国のケンブリッジ大学を卒業後、一九二二年からベルリンに移り住み、ロシア語による創作活動を行う。四〇年には米国に移住し、大学で教えながら、英語による長篇小説の創作をつづけ、五五年、『ロリータ』で世界的な作家となった。

本書は、このナボコフが著したすべての短篇小説を収めたもの。つごう六十八編、九百頁になんなんとする巨冊である。

ナボコフは米国に移住した後、執筆の重点を長篇に移したため、短篇はごくわずかしか書いておらず、本書に収められた作品も大半がベルリン時代のものである。しかし、これらの短篇群はまことに多種多様、ナボコフの原形質ともいうべき要素を多角的に映しだしており、長篇とは異なるユニークな魅力に富む。

ここに収められた六十八の短篇小説には、過剰なまでの細部描写で埋められ、一種、夢のような雰囲気に包まれた物語展開が、一転して意外な結末に至るという語り口のものが多い。こうした語り口が、もっとも鮮やかな効果をおさめているのは、昆虫マニアを主人公とする「オーレリアン」、および蝶を素材とする「クリスマス」の二編である。

「オーレリアン」は、ベルリンで昆虫の標本を商うピルグラムなる老人が、思いがけず蛾のコレクションが高値で売れ大金を手にすると、妻に内緒で、長年夢みていた昆虫採集の旅に出ることを決意し、念入りに旅支度を整える。目的地はスペイン。その夜、外出していた妻が帰ってくると、案の定、夫の姿はない。家中を探し回ってみると、夫のピルグラムは、店先で旅行鞄をかたわらに置いたまま、蒼い顔をひきつらせ息絶えていた。心臓発作である。夢がかなえられそうになった瞬間、彼は別世界に旅立ってしまったのだ。

こうして生の至福の瞬間から突然の死による断絶を描いた「オーレリアン」と対照的なのが、「クリスマス」である。

この物語はざっと以下のように展開される。幼い息子をなくしたスレプツォフが息子の棺を納めた後、息子が田舎の屋敷に残した遺品――ノート、標本台、捕虫網、繭《まゆ》の入った缶等々――を整理し、それらを冷え冷えとした息子の部屋から暖かい居間に移した。もはや生きる望みを失ったスレプツォフが呆然としていると、繭からサナギがあらわれ、みるみる羽化して巨大な美しい蝶(オオアヤニシキ)になる。

この結末は死から再生への意表をつく逆転のさまを鮮やかに描き、まことに衝撃的だ。著名な蝶のコレクターでもあるナボコフならではの作品であり、短篇中の傑作だといえよう。

また、ナボコフの短篇には、ある日突然、妻から見放される夫の姿を悪夢的な展開によって描くものが、それこそ枚挙に暇《いとま》がないほど見える。

妻の不倫相手となりゆきで決闘する羽目になり、土壇場で逃げまどう男の姿を、グロテスクにして滑稽感ただよう筆致で描きあげた「名誉の問題」、夫が飼い犬を殺したなどと、ありもしない罪状を並べたて、自分は妄想のロマンスのヒロインとなって姿を消す、虚言癖のある妻の不気味な姿を描く「かつてアレッポで……」などは、そうした妻の変貌、関係の突然の断絶を描く佳篇である。

それにしても、なぜナボコフはくりかえし執拗に、裏切る女、消え去る女を描きつづけたのだろうか。こうした女性のイメージは、あるいは、突然、変貌した彼の母国ロシアの写し絵そのものなのかもしれない。

その一方、彼がロシアで過ごした幸福な少年時代の記憶にもとづく作品は、繊細にして哀切な雰囲気にあふれる。妖精のような美少女コレットとの幼い恋の顚末を綴った「初恋」、かつて家庭教師だったフランス人女性との再会を、過去の彼女の姿と重ねながら、ややユーモラスに描いた「マドモワゼル・O」などは、その代表的な作品である。ちなみに、この二編は、『ナボコフ自伝――記憶よ、語れ』(晶文社)にも挿入されている。

付言すれば、十五年にわたって、主人公の前に不意に姿をあらわし、彼を虜《とりこ》にしては去って行く、これまた妖精のような美女ニーナとの関係性を描く「フィアルタの春」も忘れがたい作品である。このつれない美女ニーナには、明らかに幼い初恋の相手コレットのイメージが投影されており、またはるかにロリータにつながるものもあると思われる。

いたるところに夢、悪夢、幻覚、記憶などの装置を仕掛け、細密描写を旨とする物語作者ナボコフの世界を凝縮した本書は、まさにナボコフ万華鏡ともいうべき、豊饒《ほうじょう》な魅力にあふれている。迷路をさまよう不思議な気分を満喫させてくれる一冊である。

(2011.10.2)

井上荒野 著『キャベツ炒めに捧ぐ』（角川春樹事務所、二〇一一）

この物語は、東京近郊のある町の小さな惣菜屋「ここ家」を舞台に展開される。主要な登場人物はアラ還(還暦前後)の女性三人。ここ家のオーナー江子、十一年前に「ここ家」が開店した当初からの従業員の麻津子、採用されたばかりの郁子という顔ぶれである。もっとも、彼女たちは意識の上で対等な関係にあり、オーナーと従業員の格差はない。だから、新入りの郁子は、異様なほど陽気な江子と、いつもぶすっとして不機嫌な麻津子が、恒例の口喧嘩を楽しんでいるさまを見ると、得もいわれぬ居心地のよさを感じてしまうのだ。

三者三様の彼女たちに共通するのは、料理が好きなこと、ひいては食べることが好きなことである。ちなみに、江子がそんな自分を顧みて、「生きもの」でよかったとしみじみ思うくだりがある。

それぞれけっして平坦でない軌跡をたどってきた三人の女性の過去と現在を描くこの物語が、さわやかに乾いた明るさに満たされているのは、こうした一種、諦念にも似た基本的な充足感が底流としてあるためだろう。

このゆったりした流れに沿いつつ、彼女たちが経てきた過去の道のりが、徐々に明らかにされてゆく。陽気な江子は頼りきっていた園芸家の夫が、「ここ家」の共同経営者だった女性と親しくなったために離婚し(タイトルの「キャベツ炒め」はこの夫が結婚式の後、空腹を訴える江子のために作ってくれたもの)、郁子は幼い息子を肺炎で失い、癒しがたい心の傷を抱えつつ、三十数年ともに暮らした夫とさきごろ死別、不機嫌な天邪鬼の麻津子には、かつて自分を裏切った幼馴染みの恋人がある、という具合である。

彼女たちは「円熟した大人」として、おたがいのプライベートな領域には踏み込まない分別はあるものの、ときとしてタガがはずれたように「自分の姿」を見せてしまう。実は、彼女たちは食べることと同様、飲むことが大好きで、つい羽目をはずしてしまうのだ。江子はさらにけたたましく陽気になり、天邪鬼の麻津子はなんと泣き上戸になり、いちばんエレガントに見える郁子は茶碗を叩きながら、自作の歌を高唱するしまつ。

緻密に素材を選び、それぞれ蘊蓄《うんちく》を傾けながら惣菜を作る穏やかな日常と、魔女の饗宴《きょうえん》さながらの壮絶な酩酊《めいてい》のとき。この両様の姿を描くことによって、彼女たちが担いきれないほどの重荷を背負いながら、それに押しつぶされることなく、美味しいものを作り、もりもり食べて、元気に生きてゆく姿が臨場感をもって浮き彫りにされる。まことにみごとな語り口だといえよう。こうした彼女たちの姿には「老い」の片鱗《へんりん》も見られず、むしろ「永遠の少女」といいたいような輝きがある。それかあらぬか、このアラ還の少女たちは競って、出入りの米屋の若いノッポの御用聞きに多大な関心を示したりするのだ。

このまことにおもしろい物語にいっそうの興趣を添えているのは、「ここ家」および彼女たちが自宅で作る数々の料理のレシピが、要所要所に挿入されていることである。

キャベツ炒めはもちろん、手作りのひろうす、あさりのフライ、豆ごはん等々。ここに見えるシメジやエリンギといったキノコ類と牛コマの醬油炒めなどは、あまりにおいしそうで、私はつい真似をして作ってしまった。絶品であった。料理すること、食べること、そして時を超えて「生きもの」でありつづけることの意味を、さりげなく語りかけるすぐれた作品である。

(2011.11.13)

『江戸=東京の下町から——生きられた記憶への旅』

川田順造 著

(岩波書店、二〇一一)

著者は、明治三十四年、深川の米問屋に生まれた生粋の下町娘を母にもち、みずからも昭和十七年七歳まで、深川で幼少時代を過ごした。本書はそんな著者が深川に焦点を据え、江戸から東京へと連続性を保ってきた、下町文化のありようを追跡したものである。

本書は、「江戸=東京が記憶するもの」「江戸=東京下町はどのように描かれたか」「川に生きる——連続と断絶」「江戸=東京の生きられた自然」「災害のなかの江戸=東京下町」の五部から成る。こうした構成にもとづき、著者の母をはじめ深川で長い時間帯を生きてきた人々への聞き取り、歌舞伎、落語、絵画、さまざまな史料等々に見られる人物像や情景の分析、さらにはパリとの比較等々の手法によって、江戸＝東京の下町、深川の様相が多様な角度から描きだされてゆく。とりわけ、老いてなお粋で「いなせ」な下町男性や伝法でおきゃんな下町女性からの聞き取り部分は、歯切れのいい深川弁が聞こえてくるような臨場感があり、圧巻というほかない。また、これらの人々の語りには、災害都市東京の、しかも災害集中地域である下町に生き、すべてが灰燼《かいじん》に帰すような目に何度もあいながら、不死鳥のように甦る、明朗で楽天的な強靱さがあらわれており、感嘆させられる。

さらにまた、本書では随所に江戸＝東京下町と火および水とのかかわりが、ユニークな観点から描かれている。網の目のように水路が交錯する深川にはかつて木場があり、川並《かわなみ》（木場の水上で材木を扱い、材木を筏に組んで運ぶ職人）が木遣《きや》りを歌いながら材木を送りだした。一方、木遣りは火災のさい、類焼を防ぐために鳶口《とびぐち》でまわりの家を壊す町火消しが、役目を終えて引きあげるときの歌でもあった。著者は、この二つの木遣りについて、川並のそれは木の門出を祝う歌であり、町火消しのそれは家が焼け、木として生命を終えたあとの葬送の歌だとする。「いなせ」な声の美学の結晶、木遣りの重層化された情調をみごとに表現した卓見といえよう。

火の災害もあれば、水の災害もある。水に囲まれた海抜ゼロメートル地帯である、江戸＝東京の下町に生きた人々にとって、水害もさることながら、川や堀は文字どおり冥途の入口でもあった。著者も幼いころ身投げした土左衛門を何度も見た記憶があるという。

このように、つねに火や水の災害と肌身を接して生きてきたことが、江戸＝東京下町人の今この瞬間を徹底的に楽しもうとする、現世享楽の気質や行動文化を生んだことは想像に難くない。さらに、著者はこうした現世享楽への意欲あるいは執着と表裏をなすものとして、みずからの母がそうであったように、下町人には「国家など、お上の権力への盲従に対する、反発というより体質的嫌悪、軽蔑」があるという。至言というほかない。

著者自身、下町人の反骨精神を脈々と受け継ぎ、今なお自分は「東京市深川区」の生まれだと誇り高く断言する。そんな著者によって著された本書には、変動する大きな歴史に押し流されることなく、自前の流儀をつらぬこうとする深川をはじめとする江戸＝東京下町文化の様相が鮮やかに浮き彫りにされており、まことに読みごたえがある。

私事ながら、私の母は深川の隣の「東京市本所《ほんじょ》区」の生まれだった。そんなこともあって、本書ははなはだ興味深く、およそ権力的なものに対して「体質的嫌悪、軽蔑」を感じてしまう自分の性癖も代々、本所に暮した母方の気質を受け継いだものかと、大いに納得したことであった。

(2012.1.15)

『白秋望景』
川本三郎 著

（新書館、二〇一二）

「あかしやの金《きん》と赤とがちるぞえな。かはたれの秋の光にちるぞえな」とか、「からまつの林を過ぎて、からまつをしみじみと見き。からまつはさびしかりけり。たびゆくはさびしかりけり」といった、半世紀以上も前、中学時代に覚えた北原白秋（一八八五―一九四二）の詩の一節は、今でもすらすらと口ずさむことができる。ちなみに、前者は大正二年(一九一三)に刊行された『東京景物詩及其他』収録の「片恋」、後者はその十年後に刊行された『水墨集』収録の「落葉松《からまつ》」の、それぞれ一節にあたる。

本書は、この懐かしい詩人北原白秋の作品と生涯を丹念にたどり、その姿をありありと現前させたすぐれた評伝である。

全二十章からなる本書は、まず白秋の故郷、柳河(現在の柳川市)に焦点を当てる。北部九州の水郷、柳河は白秋の幼いころ、すでに「廃市」の様相を呈していた。白秋の生家は大きな造り酒屋だが、やがて没落し、十九歳で故郷を離れて上京、早稲田大学予科の学生となる。水に浸された物憂い廃市柳河のイメージと生家没落の経験が、白秋の原形質ともいうべきメランコリックな気質の基底にあることを、ここで著者は鋭く指摘する。

上京後、白秋は絢爛《けんらん》たる大都市東京のモダンな風景に魅せられるとともに、上田敏訳の『海潮音』などを通して西洋文学のエキスを吸収し、その詩的感受性を飛躍的に高め深化させる。かくて、明治四十二年(一九〇九)、二十四歳の白秋は赤を中心とする斬新な色彩にいろどられ、「人工的な異国情緒」にあふれた、「空想の言葉による大伽藍《だいがらん》」たる第一詩集『邪宗門』を刊行、絶賛を博して、いちやく時代の寵児《ちょうじ》となった。

やがて、そんな白秋を打ちのめす事件が起こる。松下俊子なる女性と道ならぬ恋に落ち、彼女の夫によって姦通罪で告訴され、短期間とはいえ未決監に拘留されたのである。時代の寵児から一転して世間の糾弾を受ける身になった白秋は、傷つき挫折感にさいなまれる。弟の奔走によって示談が成立、翌大正二年に、俊子と晴れて結婚の運びとなったのを機に、東京を離れて三浦半島へ、さらに南の島、小笠原諸島の父島へと移住し、新生をはかる。

この荒療治によって、人工的な異国趣味やむせかえるような過剰な装飾にあふれた詩的表現も洗いなおされ、飾り気のない生気潑剌としたものへと変わってゆく。とりわけ、小笠原における「無垢《むく》」な子供たちとの出会いは、傷ついた白秋を根底的に癒し、健やかに再生させた。この発見に満ちた子供たちとの出会いが、その後、童謡詩人北原白秋の誕生につながってゆく。詩人白秋の挫折と再生のドラマを描く、このくだりの著者の筆致は、白秋の心の襞《ひだ》まで照射するような迫真性に富み、圧巻というほかない。

白秋の小笠原暮らしはわずか四か月余りで終わったが、この稀有の体験は、白秋にいかなる失意にも耐えうる明るさと強靱さをもたらしたかに見える。以後、筆一本で生計を立てながら、次々に新境地を開拓し、三度目の結婚でめぐりあったよき妻と落ち着いた家庭をもつに至るまで、著者は白秋の生の軌跡を共感のこもった筆致で細やかにたどりながら、戦時中、数多くの軍歌を作った白秋の側面に目配りすることも忘れない。

総じて、作品とともに、柳河、東京、小笠原等々、詩人北原白秋と風土の濃密なかかわりを浮き彫りにした秀逸な評伝であり、言葉の魔術師白秋の魅力を現代に甦らせる好著だといえよう。


（2012.3.4）

小沢正樹 著『鍾馗さんを探せ!!——京都の屋根のちいさな守り神』（淡交社、二〇一二）

鍾馗《しょうき》は伝説では唐代の人だとされる。唐の初代皇帝高祖《こうそ》の武徳年間（六一八—六二六）、科挙に落第した鍾馗は故郷の終南山(陜西省《せんせい》)に帰ったが、傷心は癒えず、石段に頭をぶつけて死んでしまった。憐れんだ高祖は彼を進士(科挙合格者)とし丁重に葬った。歳月は流れ、第六代皇帝玄宗《げんそう》が開元年間(七一三―七四一)、瘧《おこり》にかかり人事不省に陥ったとき、鍾馗が夢にあらわれて、玄宗にとりついた悪鬼を撃退し、大切に祭ってもらったお礼だといった。かくして治癒した玄宗は宮廷画家の呉道子《ごどうし》に命じて鍾馗の肖像画を描かせたという。

この鍾馗伝説が長い時間を経て民間に浸透し、十七世紀の明末清初《みんまつしんしょ》、端午の節句になると、家々では正堂に猛々しい鍾馗の肖像画をかけ、邪気や悪鬼を祓《はら》う風習が生まれた。これが日本に伝わり、十九世紀の江戸時代末、関東では鍾馗をお札にしたり五月人形にしたりするようになり、近畿では瓦製の鍾馗像を小屋根などに置いて、魔除けにするようになった。この鍾馗像はことに京都に多く、推定では三千体もあるとされる。

本書は京都の東西南北に散在する鍾馗像(京都では鍾馗さんと呼ぶ)を、露地の隅々まで歩き回り、長年かけて徹底的に探し求め、写真に収めることを本懐とする鍾馗マニアの著者による写真と文章からなるレポートである。

写真の鍾馗さんはまことに多種多様、いかにも荒ぶる神らしい獰猛《どうもう》な面構えの鍾馗さんもいれば、ほとんどエビスさんと見紛うようなにこやかな鍾馗さんもいるなど、眺めているだけで楽しくなってくる。

著者によれば、マンションやビルへの建て替えが進む町中に、ひっそりと残る町家もまだ多く、そんな家には必ずといっていいほど、鍾馗さんが鎮座しているという。鍾馗さんを求める著者の町歩きは、変貌する京都の町並みの表情をこうしておのずとクローズアップしており、秀逸である。また、上七軒《かみしちけん》や祇園など伝統のある花街の家々には、必ず守り神として鍾馗さんが祭られている由。これまた意外な視点から、都市の構造や町の特色を浮かびあがらせてあり、おもしろいというほかない。

それにしても、なぜ京都にはこんなに鍾馗さんが多いのだろうか。

鍾馗さんが流布したのはこの二百年ほどのことだが、古い都の京都は平安時代から百鬼夜行《ひゃっきやぎょう》、魑魅魍魎《ちみもうりょう》が徘徊する魔界都市でもあった。そんな深層の古都の記憶が時代の変わり目である江戸時代末に浮かびあがり、以来、人々は中国伝来の、威力の強い魔除けの神である鍾馗さんを掲げるようになったのだろうか。現代に残る鍾馗さんを探し求めるこの労作は、さまざまな思いや想像をめぐらせる楽しいヒントを与えてくれる。

ちなみに、本書の著者はプロのカメラマンでもライターでもなく、名古屋在住のサラリーマンであり、余暇をフルに使って鍾馗さん探しに没頭しているという。鍾馗像を核としたこのユニークな京都探訪記には、何かに夢中になること、しかも不要不急の対象に打ち込むことの、すがすがしさがあふれている。

今を去ること千数百年の中国に生まれた鍾馗伝説が、転変を経て日本に伝わり、こうした形で京都に残っているばかりか、その探求に情熱を傾ける著者のような人物が存在するとは、文化の伝播というものの不思議さに今さらのように驚かざるをえない。

(2012. 4. 22)

ポーラ・バーン著、桑子利男・時実早苗・正岡和恵訳
『パーディタ――メアリ・ロビンソンの生涯』（作品社、二〇一二）
池内紀著
『ある女流詩人伝――Julie Schrader』（青土社、二〇一二）

メアリ・ロビンソン（一七五八―一八〇〇）もユーリエ・シュラーダー（一八八二―一九三九）も、日本では知る人も少ない存在だろう。ここにあげた二冊の伝記はそれぞれの手法で、時間の彼方からこの二人の女性詩人の生の軌跡と作品を甦らせたものである。

メアリ・ロビンソンは十八世紀後半のイギリスにおいて、類まれな美貌によって、まず女優として名声を獲得したが、当時の皇太子（のちのジョージ四世）に愛され引退した。皇太子との関係は短期間に破綻したものの、以後も彼女は派手な男性遍歴によって新聞種になったり、抜群のセンスによってファッション・リーダーになるなど、セレブ（有名人）として注目を浴びつづけた。

そんな彼女の決定的転機になったのは、二十代半ばで急性リウマチにかかり、以後、身体の機能が麻痺したことだった。

この悲劇にめげることなく、若いころから詩作をするなど文学的才能に恵まれた彼女は、やがて詩人・小説家に転身し、才気あふれるゴシック小説を次々に発表した。また、社交界とはきっぱり縁を切り、ゴドウィンやコールリッジといった名だたる文学者と親しく交遊するとともに、自立した女性文学者としての自覚を深めてゆく。社交界の華麗なセレブから硬質の精神をもつ文学者へ、なんとも鮮やかな転身とい

うほかない。

伝記作者ポーラ・バーンは膨大な資料を駆使して、こうしたメアリの波瀾万丈の生涯を丹念に隈《くま》なく追跡し、歴史の闇のなかに埋もれていた「パーディタ（失われた者）」たるメアリの姿を細部に至るまで、みごとに浮き彫りにしている。

一方、『ある女流詩人伝』の主人公、ユーリエ・シュラーダーは、メアリに遅れること百二十有余年、ドイツ生まれのユダヤ人である。彼女の生きかたはメアリとはおよそ異なり、いたって地味でつつましい。女学生のころから詩作をはじめたユーリエは、行儀見習いをかねて小間使いとなり、三十歳で古典語教師と結婚したが、その間、ずっと詩作をつづけた。

彼女は風変わりなエロス詩人として、詩作の依頼も受けたが、大した報酬も得られなかったようだ。それでも彼女は書きつづけ、生涯で二千首もの詩を著した。

彼女の詩の多くは脚韻を踏む四行詩であり、形式的には前衛性などまったく見られない。しかし、韻を合わせることを旨とすることが、逆に表現に膨らみや重層性を帯びさせることになる。「意図に反して音に引き寄せられた言葉が入りこみ、こころならずも卑猥《ひわい》な意味にすり代わ」り、そこにおかしみにあふれたエロス性が顔をのぞかせる。こうして彼女は意識せずに、古風な形式を容器として、どんな詩人も表現しえない新しさを盛り込むという、離れ業をやってのけたのだ。

彼女はせっせと詩作し、エロス性だけではなく、時代性もまた盛り込み、ナチスが勢いをつよめる状況のなかで、ついに自死するに至った。

このつつましくも果敢な女性詩人の伝記を、軽やかにたどる著者の筆致は、細密画ふうのメアリの伝記とは対照的に、簡にして要を得ており、これまた圧巻である。

メアリ・ロビンソンとユーリエ・シュラーダーという二人のパーディタの像を発掘し、「今、ここ」に甦らせたこの二冊の伝記は、驚きに満ちた発見の喜びを与えてくれる。


(2012.6.10)

梅原猛 著『梅原猛の授業　能を観る』

(朝日新聞出版、二〇一二)


主として室町時代に作られた能の名作のうちから、十五の作品を選び、ほぼ時代順に配列して、各作品の内容と構造をダイナミックな語り口で紹介しながら、能という芸術ジャンルが誕生し、受け継がれてきた過程を具体的にたどったもの。タイトルに「授業」と銘打たれているように、私自身も含め、能にほとんど馴染みのない者にとって、絶好の水先案内だといえよう。著者はまた、能というユニークなジャンルを育んだ日本の中世、室町時代の思潮をも鮮やかに照射しており、その意味でも興趣尽きない。

まず冒頭で、世阿弥《ぜあみ》の父観阿弥《かんあみ》の傑作「自然居士《じねんこじ》」と「卒都婆小町《そとばこまち》」が取りあげられる。前者は、僧侶が人買いにさらわれた少女を救いだす救済劇であり、後者は小町伝説にもとづき、老残の小野小町と僧侶の宗教問答を核とするドラマである。これらはいずれも濃厚な宗教的雰囲気のなかで、事件が徐々に展開してゆく「劇能」の形式による。

ついで能というジャンルを飛躍的に高めた世阿弥の作品(推定も含む)のうち、「高砂《たかさご》」「清経《きよつね》」「井筒《いづつ》」「恋重荷《こいのおもに》」「蟬丸《せみまる》」「善知鳥《うとう》」の六作が取りあげられる。劇能の形式によった観阿弥とは異なり、世阿弥は劇の後半において、本性をあらわし怨霊《おんりょう》となったシテ（主人公）が昔の怨みを語り、ワキ（脇役。たいていは旅の僧）が懸命に鎮魂につとめるという「複式夢幻能」の形式を創出した。著者の指摘するとおり、これは現在から過去へと遡る追憶の劇であり、今日、一般に能のイメージとして想起されるのは、この形式にほかならない。

世阿弥は少年時代に河原者の芸能者から、時の将軍足利義満に愛され表舞台に躍り出たが、義満の死後、排斥され、佐渡に流刑されるに至った。こうして波乱に富む生涯を送った世阿弥の作品に、顕著に見られる考えかたの一つは、天台本覚《てんだいほんがく》思想にもとづく「草木国土悉皆成仏《そうもくこくどしっかいじょうぶつ》」、すなわち植物・動物・鉱物・自然現象等々、人間以外のモノもすべて霊性をもち、すべて和歌を詠じるという汎神論的な世界観だと、著者はいう。世阿弥の作品を色濃く蔽う一種、この世ならざる超越的な雰囲気をみごとに言い当てたものだといえよう。

さらにまた、ここで取りあげられる世阿弥の傑作には、排除され怨みを抱いたまま他界し、怨霊と化した者を取りあげ、複式夢幻能の形式によってその怨みを浄化し鎮魂しようとする展開が多い。報われぬ恋の怨みを語る「井筒」、高貴な女性に恋し嘲弄《ちょうろう》された老人の悲劇を描く「恋重荷」、肉親に見捨てられた者の悲惨な運命をテーマとする「蟬丸」などがこれにあたる。世阿弥自身、社会から排除される河原者だったことと関連付けながら、これらの作品に見られる排除の構造を解き明かす著者の語り口は、まことに説得力がある。

こうして世阿弥の作品を取りあげた後、世阿弥の作風を受け継いだ息子観世元雅《かんぜもとまさ》の「弱法師《よろぼし》」、娘婿金春禅竹《こんぱるぜんちく》の「杜若《かきつばた》」「定家《ていか》」などにスポットを当て、さらに唐物の「邯鄲《かんたん》」、乱拍子のスペクタクル鎮魂劇ともいうべき「道成寺《どうじょうじ》」まで、能の変遷の過程をいきいきとたどりきり、本書は終幕となる。ここで取りあげられる能の名作を観たことがない者にも、イメージゆたかに語りかけ、今ここで臨場感ゆたかに能舞台を思い描かせる稀有の一冊であり、また、本書を手に能を観てみたいという気持ちもわいてくる。一作ごとに付された注に、能独特の用語や歴史的背景などの懇切な解説があるのも、初心者に便利である。

(2012. 7. 22)

水谷静夫 著
『随筆 辞書を育てて』
（岩波書店、二〇一一）

長年、国語辞典の編纂にたずさわってきた国語学者が、おりおりに洒脱《しゃだつ》な筆致で綴った随筆をまとめた一冊。著者は大正十五年（一九二六）、浅草のメリヤス問屋に生まれ、二十歳まで浅草で暮らした生粋の下町っ子である。本書は、国語学者としての著者の鋭い言語感覚が、生まれ育った戦前の浅草暮らしのなかで培われたことを如実にものがたっている。

本書は、「町の子だった日」「そのかみの鼓動」「東京の地名を歩く」「兵隊は」「辞書編纂の折節に」「文芸の小みち」「勤めは引いた」の七章からなる。最初の二章は子供のころを語ったものだが、具体性にあふれ、すこぶるおもしろい。

たとえば、当時の子供は男女を問わず、「あたい」というのが普通であり、お医者の子でもなければ、「ぼく」は使わなかった、とか、親の呼び方は、「とうちゃん」「かあちゃん」でなければ、「おとっさん／

おとっつぁん」「おっかさん」で、これまたお医者の子だけが「とうさん」「かあさん」を使い、昨今、江戸物のドラマなどに、よく使われる「ちゃん」「おっかぁ」などは、口が裂けても使わなかったという。こうした確固とした経験に裏打ちされた叙述には、説得力があり、また興趣に富む。

さらにまた、小さいころから芝居や寄席に馴染んだ下町っ子には唱歌より、都々逸《どどいつ》なんぞのほうが、よほど身近であり、唱歌をうたうときも、つい「アラドッコイショ」などと合いの手を入れてしまったという、その情景が彷彿とする楽しい話もある。

著者はそんな戦前の浅草に深い思い入れを抱きながら、浅草は自分にとって故郷ではなく、「元来の居場所」であり、その後、住んだ東京の他の場所については、「仮の住まい」という気持ちが拭えないという。しかし、東京オリンピック以降、見る影もなく変貌してしまったトーキョーにおいて、今や地域としてはその「元来の居場所」もすでになく、「過ぎ来し彼方の時の中」にしかないとも述懐する。

本書にありありと描かれる浅草界隈の情景、そこに暮らす多様な人々、番傘をはじめとするかつての日常的事物、特有のイメージを喚起する地名等々は、まさに「過ぎ来し彼方の時の中」から、今、ここに呼び起こされたものにほかならない。こうして時の流れ、事物や風景の変遷を凝視しつづける著者は、言葉の変化を鋭くとらえ、その本来の使われ方とのズレを的確に指摘する。その一例として、「その筋」といえば、かつては警察などお上を指したのに対し、今やヤクザ者を指すようになったことがあげられる。

言葉の変化を実証するにあたり、本来の用法を示す例とされるのは、芝木好子や泡坂妻夫など下町育ちの作家の文章であり、また、著者の父母をはじめとする身近な人々が使っていた言葉である。変わりゆく言葉を、自分が実際に耳にした言葉にもとづき、それが発された状況や言い回しを思い起こしながら、臨場感をもって追跡しうるのは、辞典を作り育てる国語学者として稀有の基本体験にほかならない。こうした追跡の積み重ねによって、時の流れを映しだす生きた辞書が形づくられてきたといえよう。

このほか、戦前の面影を残す谷中など土地の散策を記した文章や、隅田川と大川の呼称の由来などを記した地名探索の文章も新鮮で、読者に発見に富む喜びを与えてくれる。


（2012.9.2）

『先哲の学問』

内藤湖南 著

（ちくま学芸文庫、二〇一二）


本書『先哲の学問』は、中国史学者内藤湖南（一八六六―一九三四）が、先哲すなわち江戸時代のすぐれた学者九人に、スポットを当てた講演集であり、没後十二年、一九四六年に初版が刊行された。初版刊行からすでに六十六年の歳月が経過しているとはいえ、躍動的な語り口で、江戸時代における独創的な学者の学問方法について解き明かす本書は、時の流れを超えた「生きのよさ」があり、読者に驚きに満ちた発見の喜びを与えてくれる。

対象とされる九人は、山崎闇斎《あんさい》（一六一八―八二）、新井白石（一六五七―一七二五）、富永仲基《なかもと》（一七一五―四六）、中井履軒《りけん》（一七三二―一八一七）、山片蟠桃《やまがたばんとう》（一七四八―一八二一）、慈雲《じうん》尊者（一七一八―一八〇四）、市橋下総守《しもうさのかみ》（一七七三―一八一四）、賀茂真《かものま》淵《ぶち》（一六九七―一七六九）、山梨稲川《とうせん》（一七七一―一八二六）という顔ぶれである。

このうち、幕政に関与した新井白石と江戸に移り住んだ賀茂真淵以外の七人は、京都、大坂、近江、駿府に住んだ民間学者である。著者がこれら知られざる大学者の傑出した事績を敬意と共感をこめて語り、その輪郭を鮮やかに浮かびあがらせるさまは圧巻というほかない。

京都の山崎闇斎は儒学(朱子学)、神道、仏教に通暁した学者だが、著者は、「朱子の原本を読んで、その後々にいろんな人のやったことは、みなその根本の朱子より劣って居るということを考えられたのであります」と述べ、朱子学者として闇斎の傑出した点は、こうして原典を重視し、根源に回帰したことだと、ずばり指摘する。

富永仲基、中井履軒、山片蟠桃は、江戸時代中期の享保九年(一七二四)、五人の大坂商人が設立した学問所、懐徳堂《かいとくどう》とゆかりの深い人々である。なかでも富永仲基は、著者が敬愛してやまない学者だが、仏典を研究するにあたり、「加上」の原則を発見したことで知られる。加上の原則とは、後から説を立てる者が先行する説の上をゆくべく、天についてならば二十八天、三十三天というふうに、上へ上へと付けくわえ、だんだん複雑化してゆくことをいう。

この原則は仏典研究のみならず歴史研究にも適用されるものであり、著者は、富永仲基がこうした論理的基礎の上に研究方法を組み立てたことを高く評価する。

また、近江の小藩の藩主だった市橋下総守は学者であると同時に、すぐれた書物コレクターだった。さらに、彼は収集した漢籍の善本のうち、とりわけ貴重なもの三十部を生前、幕府の昌平坂学問所に寄贈した。著者はこのみごとな蔵書家、市橋下総守を「本を後世に伝えるという上においても非常に思慮の深かった人である」と称える。

このほか、駿府の山梨稲川は中国古典の研究は漢字研究を基礎とすべきだと考え、中国の古い字書『説《せつ》文《もん》』を字形と音韻の両面から徹底的に解析した。著者は、漢籍も資料も十分見られない駿府にいながら、新しい研究方法を編みだし、本家本元の中国の学者と肩を並べる偉業をなしとげた山梨稲川に、深い敬意を捧げるのである。

本書において、著者内藤湖南は、根源への回帰、原則の発見、従来とは異なる角度からのアプローチ等々、自分の頭で考え抜いた手法によって、新たな学問的展開を果たした「先哲」を忘却の彼方から掘り起こし、いきいきと甦らせた。ここで語られる先哲の軌跡は、真に独創的な思考方式とはいかなるものか、如実に示すものであり、示唆に富む。

(2012.10.14)

『葬られた王朝——古代出雲の謎を解く』

梅原猛 著

(新潮文庫、二〇一二)

著者はこれまで日本古代をテーマにした作品において、通説に挑戦し、これを根本的にくつがえす論旨を展開してきた。法隆寺を聖徳太子一族の怨霊《おんりょう》鎮魂の寺とする『隠された十字架』、柿本人麻呂《かきのもとのひとまろ》を流罪刑死に処された人とする『水底《みなそこ》の歌』(ともに新潮文庫)は、その代表作である。

本書『葬られた王朝——古代出雲の謎を解く』はこの二大作につづいて、出雲神話をフィクションだとする通説をくつがえし、古代出雲にかつて強大な王権が存在したことを立証しようとする意欲作にほかならない。さらにまた、本書で展開される論旨は通説への挑戦であるとともに、過去に立てた自説をあえて否定するものだと、著者自身、言明している。すなわち、今を去ること約四十年、著者はその著『神々の流竄《るざん》』（集英社）において、「出雲神話なるものは、大和に伝わった神話を出雲に仮託したものである」と論じたが、「その説は結論においては、戦後の歴史家が多く採用する、出雲神話ばかりか日本の神話そのものを全くのフィクションと考える津田左右吉《そうきち》の説と変わりなかった」と、率直に言いきっているのである。

こうして通説・定説および過去の自説をきっぱり否定したうえで、著者はまず出雲にまつわる神話・伝説の徹底的な検証を通じて、出雲神話の秘められた文脈を読み解き、ついでフィールドワークすなわち近年、出雲の地に大量出土した考古学的遺跡・文物を実地検分することによって、出雲神話の具体的裏付けを行う。本書において、こうした文献と遺跡の両面からの検証により、葬られた出雲王朝、失われた出雲王国の貌が、ありありと浮かびあがってくるさまは、圧巻というほかない。

本書は、序章「出雲へ」、第一章「出雲王朝はスサノオから始まった」、第二章「オオクニヌシ――王朝を繁栄させた大王」、第三章「考古学が語る出雲王朝」、第四章「記紀の謎」、終章「出雲大社の建造」の六部構成をとる。第一章と第二章は、『古事記』の記述を中心に、『日本書紀』および『播磨国風土記《はりまのくにふどき》』『出雲国風土記』などを参照しながら、出雲王朝の始祖と目されるスサノオ、出雲王朝をクライマックスに導いたオオクニヌシの足跡をたどり、これをうける第三章では、出雲に今ものこる多くの神社や、近年発見された荒神谷《こうじんだに》遺跡や加茂岩倉《かもいわくら》遺跡の銅剣や銅鐸《どうたく》をはじめとする出土品を取りあげ、考古学的見地から神話の形で語られる古代出雲王権の実在を立証する。

かくして、第四章では、出雲神話の書かれている『古事記』『日本書紀』の成り立ちを解明し、その成り立ちに、当時の実力者藤原不比等《ふひと》の意図が強くはたらいていたことを明らかにする。しかし、いかに権力者が神話や伝説を改竄しようとも、著者が「巧妙な歴史偽造者は、自己の利益のあるところのみを偽造して、それ以外は古来からの伝承を忠実に伝えるものである。そうでなければ、偽造された部分の虚偽が露わになりやすいからである」と述べているように、何もかも虚偽に塗りかえることはできず、叙述の綻《ほころ》び目から、古来の伝承がおのずと浮かびあがってくるのが習いである。複雑に錯綜した神話や伝説を解きほぐしながら、出雲王朝の始まりから終焉《しゅうえん》までをたどった本書の第一章から第二章は、『古事記』や『日本書紀』に習熟した著者が、幾重にも張りめぐらされた虚妄の叙述から、出雲王朝の興亡に関する事実を鋭い感受性によって選り分け、著されたものだといえよう。

本書において、もっとも興趣にあふれるのは、やはりスサノオを描いた第一章とオオクニヌシを描いた第二章だと思われる。

第一章で取りあげられるスサノオには、『古事記』や『日本書紀』によれば、出雲に出現するまで、高天原《たかまがはら》を主要な舞台とする波瀾万丈の前史がある。国生み神話のイザナギ・イザナミの末子、アマテラスの弟のスサノオは高天原を騒がせたため、追放処分を受ける。追放されたスサノオは、『日本書紀』によれば、直接、出雲に向かわず、いったん朝鮮半島の「曽尸茂梨《そしもり》」に降臨して舟を造り、その舟に乗って出雲にたどりついたというのである。こうした神話から、著者は、スサノオは朝鮮半島からやって来た渡来人であろうと推測する。謎に包まれた神話の文脈からその暗示するところを、みごとに探り当てた卓見である。

さらに、出雲に到着したスサノオは国つ神の子孫であるアシナヅチから、八つの頭と八つの尾をもつ高志《こ し》のヤマタノオロチが毎年、娘を食べに来るという話を聞く。そこで、スサノオはヤマタノオロチに酒を飲ませて、十握《とつか》の剣でバラバラに切り殺し、アシナヅチの最後に残った娘であるクシナダヒメと結婚、以後、出雲は平穏になる。諸書に記載されるこのヤマタノオロチ伝説から、著者は、ヤマタノオロチとは、ヒスイを産出する豊かな越《こし》の国からやって来た豪族を指し、その豪族が出雲を支配して住民を圧迫し、害をもたらしたことを意味するのではないかと述べる。出雲に無数にのこるスサノオやヤマタノオロチにゆかりの地をめぐりながら、著者が展開するこの説は、荒らぶる放浪の神スサノオが外敵を追い払って出雲に定住し、この地に平穏をもたらしたという開国伝説の深奥にひそむ、歴史的脈絡をあぶりだすものであり、説得力に富む。

著者によれば、スサノオの六代目の子孫オオクニヌシは、「スサノオの行なった越の国の支配からの解放をさらに進め、越の国を逆に出雲の国の支配下に置いた」英雄である。第二章は、ドラマティックな転変をくりかえしたオオクニヌシの足跡をスリリングに追跡したものであり、一場の戯曲を見るような昂揚感にあふれている。祖先のスサノオが女性(クシナダヒメ)を救うことによって、荒らぶる神から出雲の守り神に変身したとすれば、オオクニヌシは、逆に度重なる試練をあまたの女性や動物(ウサギやネズミ)に救われることによって、当初の弱々しさから脱皮し、戦い支配する荒らぶる神にして、スクナヒコナなどの助力を得、出雲に豊饒な実りをもたらす守り神に変身したといえよう。

身分の低い母をもつオオクニヌシが兄たちに軽んじられ迫害されながら、因幡のヤガミヒメに愛され結ばれたこと。以後もつづく兄たちの執拗な攻撃を逃れ、黄泉《よみ》の国へ行ったものの、またも王のスサノオの厳しい試練にさらされるが、スサノオの娘のスセリビメに助けられ、手に手をとって黄泉の国から脱出することに成功したこと。これらの話は、オオクニヌシが女性の援助により、イニシエーション(通過儀礼)をくぐり抜け、強い英雄に生まれ変わったことを示すものであろう。

生まれ変わったオオクニヌシは兄たちを征伐して出雲の王となったのみならず、かつて出雲に害をなした越の国に征伐に向かう。上質のヒスイを産出するゆたかな越の国の支配者はヌナカワヒメという女王だったが、オオクニヌシは彼女とも結ばれ、越の支配権を奪取するに至る。オオクニヌシはすこぶるエロス的な存在でもあるのだ。ちなみに、著者には『日本の霊性――越後・佐渡を歩く』（新潮文庫）という越の国のヒスイ文化を論じた好著がある。このためもあって、オオクニヌシの越征伐を描くくだりは臨場感にあふれ、実におもしろい。

オオクニヌシの矛先は越のみならず、やがてヤマトにまでおよび、出雲王権の支配圏は広大となるが、やがてヤマト王権に迫られ、ついに国譲りのやむなきに至る。オオクニヌシの弱者から強者への変身と、出雲王朝、出雲王権の上昇から下降への経緯を重ね合わせながら描ききったこのくだりは、まさに本書の白眉といえよう。さらにまた、ここにはオオクニヌシという稀有の存在の魅力が存分に描かれており、興趣尽きないものがある。

ヤマト王権に屈し滅び去ったスサノオ、オオクニヌシの出雲王権は長い時の流れのなかで、いつしか幻と化し、神話的フィクションと見なされるに至った。こうした見方を根底からくつがえしたのが、先述のとおり、近年、荒神谷遺跡や加茂岩倉遺跡が発見され、前者からは三百五十八本の銅剣、後者からは三十九個の銅鐸など、数多い青銅器が出土したことである。この考古学的発見により、かつて出雲に強大な王権が存在し、高度な青銅器文化が栄えていたことが立証された。著者の述べるとおり、出雲神話は幻ではなかったのである。出雲王権を築き発展させたスサノオとオオクニヌシは霊力の強い王者であり、みずからの存在を無化してきた従来の歴史観に、このような形で異議を申し立てたとしか思えない。

さらにまた、著者は、これらの青銅器のほとんどに×印が刻まれていることに着目し、これは偉大なる死者、すなわち国譲りの後、海に身を隠して黄泉の国の王になったオオクニヌシに捧げられたものではないかと論じ、長らく埋蔵されていた青銅器の秘密に迫る。

こうして多様な角度から、出雲神話がフィクションでないことを論証してきた著者は、出雲王権が地上から消滅してから長い年月が経過した後、その興亡を神話として封じ込めた『古事記』『日本書紀』成立に深く関与した、藤原不比等こそが、元明《げんめい》(七〇七―七一五在位)・元正《げんしょう》(七一五―七二四在位)という二人の女性皇帝の時代に、壮大な出雲大社を建立し、強烈な霊力をもつスサノオとオオクニヌシを大怨霊神として、手厚く祀《まつ》った仕掛け人ではないかと述べ、葬られた出雲王朝を現代に甦らせたこの探究を締めくくる。

総じて、本書は首尾一貫した綿密な全体構想によって組み立てられているが、細部の叙述は豊饒にして躍動的であり、読者に快い知的快感を覚えさせる。要所要所に挿入される写真も遺跡、文物、風景、これらに見入る著者の姿等々、バラエティーに富み、本書における神話から歴史への旅にゆたかな彩《いろどり》を添えている。

(2012.11)

『われらが背きし者』
ジョン・ル・カレ著、上岡伸雄・上杉隼人訳

(岩波書店、二〇一二)

『寒い国から来たスパイ』など、スパイ小説で知られる英国ミステリの巨匠ジョン・ル・カレの最新作。ル・カレは原著が出版されたとき(二〇一〇年)、七十九歳だったが、その重厚かつ緻密な語り口と物語展

開はますます成熟の度を深め、読者を堪能させてくれる。

物語は、オックスフォード大学の英文学教師ペリー(三十歳)が自分の生き方に疑問を感じて、学問の世界を離れようと決心し、区切りをつけるべく、聡明で美しい恋人の弁護士ゲイルとともに、カリブのアンティグア島に赴き、一世一代の豪華なバカンスを過ごすところから幕を開ける。しかし、ここで怪しげな雰囲気を発散するロシア人実業家ディマとその家族と知り合ったことから、事態は思わぬ方向に展開する。ディマはテニスを通じて親しくなったペリーを信頼して重大な秘密を打ちあけ、彼に援助を求めたのである。

その話によれば、ディマは若いころからロシアの犯罪秘密結社ヴォーリーのメンバーであり、冷戦後はロシアのマネーローンダリング(不正な資金をさまざまな手段で浄化すること)のボスとして暗躍してきたが、ヴォーリーのリーダーによって、愛弟子夫婦を殺され、身の危険を覚えたため、家族ぐるみ英国に亡命したいとのこと。ちなみに、ディマの家族は浮世離れのした妻タマラ、妻との間に生まれた双生児の少年、その異母姉の美少女、愛弟子夫婦(妻はタマラの妹)の遺児である二人の少女という、複雑な構成である。壮絶な経験を経てきたディマの雄々しい姿に魅了されたペリーと、暗い表情の少女たちに心ひかれたゲイルは、このディマの困難な依頼を引き受け、陰謀の渦に巻き込まれてゆく。

帰国後、ペリーは伝《つて》をたどって英国諜報部と接触し、ディマの依頼を伝えるが、ここからはル・カレの独擅場、渋い魅力を放つ諜報のベテランが次々に登場する。かつては世界を股にかけたスパイだったが、今は冴えない窓際族のルーク、その上役の度胸満点のヘクター、ヘクターとルークの助手をつとめる万能裏方仕事師のオリーといった面々である。これに、出世主義者の諜報部事務局長のビリーが絡み、事態は複雑の度を増す。

ペリーとゲイルは何度もヘクターやルークの事情聴取を受けるが、このやりとりはスパイ小説とは思えない、一種、入り組んだ心理劇のような綿密な構成をもって描かれている。なかでも、冴えない老いたスパイ、ルークの屈折した心理の描写は圧巻というほかない。

こうしてえんえんとつづく事情聴取、および周到な準備工作の果てに、ようやく事態は進展し、ペリーとゲイルはルークらとともに、パリからスイスのベルンに向かい、ディマ一家の救出にとりかかる。直接、彼らをロンドンに移動させるのは危険であり、ルークがベルンのホテルで、かつて英国諜報部に所属し今は政界入りしている大物も加わる会合に、出席するディマを脱出させ、ペリーとゲイルがひとまず家族を郊外の隠れ家に運ぶという段取りである。紆余曲折はあったものの、両面作戦は成功し、ディマ一家は首尾よく一堂に会することができた。しかし、なかなかロンドンへの出発は果たされない。

彼らは念願どおりロンドンに飛びたつことができたのか。誰が「背きし者」なのか。最後にスリリングなドンデン返しも仕掛けられており、息づまる展開がつづく。世界は深い謎に包まれていると実感させられる、文字どおり上質のエンターテインメントである。

(2012.12.16)

黒川創 著『日高六郎・95歳のポルトレ――対話をとおして』(新宿書房、二〇一二)

日高六郎は独自の姿勢によって、戦後日本の社会運動にかかわってきた正真正銘の知識人にして、すぐれた社会学者である。本書は、一九七〇年代末、十代のころ、日高夫妻と出会い、以来三十有余年、彼らと親交のある作家、黒川創が聞き手となり、その問いかけに答えて、日高六郎がみずからの生の軌跡をいきいきと語ったもの。対話の進行とともに、日高六郎の考え方や感性の「原形質」が浮き彫りにされるさまは、圧巻というほかない。

日高六郎は一九一七年(大正六年)、五人兄弟の四男として中国の青島《チンタオ》で生まれた。父は東京外国語専門学校(現在の東京外国語大学)で中国語(北京語)を学び、北京の日本公使館に勤務したのち退職、独立して貿易商となる。中国人との信頼関係を何より重視する気骨のある人物であり、母も白粉《おしろい》けのない聡明な女性だった。また、東京文理科大学に入学、学生新聞の主筆となった、十歳余り年上の長兄のもたらす知識も、日高六郎に陰に陽に影響を与えた。

こうした家庭に育った彼は、多様な人種が共存する都市、青島のインターナショナルな雰囲気もあって、十代の初めからクロポトキンやトルストイを読んだという。青島時代にスポットを当てた冒頭のくだりは、青島という「外地」つまりは異郷において幼少期を過ごしたことが、日高六郎のユニークな感性を養ったことを明らかにする。

旧制中学卒業後、旧制東京高校を経て、一九三八年、東京帝国大学文学部に入学して社会学を専攻、卒業後、陸軍に召集されるが、病気のため除隊、一九四二年、東大の副手となる。以来、一九六九年、全共闘運動のさなか、東大に機動隊が導入されたことに抗議して、東大教授を辞職するまで、二十七年にわたって在職した。在職したとはいえ、日高六郎は社会学の旗手として活躍する一方、さまざまな社会運動にコミットしつづけた。その間、彼は一貫して一元化的な発想を否定し、多種多様な考え方が共存しうる磁場を求める姿勢を崩さなかった。あの青島の町がそうであったように。

こうしてみると、日高六郎は長らく在籍した東大に対して、ひいては戦後日本の社会状況に対しても、つねに一体化できず、違和感を抱きつづけてきたように見える。彼にとって、青島が根本的に異郷であるのと同様、日本もまた異郷にほかならなかったのであろう。

日高六郎は東大辞職後の一九七一年、パリに居を移すが、三年後、暢子夫人が日本赤軍への協力容疑で逮捕されるというハプニングが起こる。容疑は数日で晴れたものの、帰国のやむなきに至り、十五年間、ビザがおりず、パリにもどることができなかった。その間、京都の大学で教鞭を取り、ようやく一九八九年、パリにもどる。かくして十七年が経過するが、夫妻ともども体調すぐれず、二〇〇六年また京都へ。まさに波瀾万丈の軌跡である。

しかし、こうした軌跡を語る口調は、「春風駘蕩《たいとう》」といいたくなるほど、穏やかそのものだ。日高六郎は「僕は、戦前、戦後を見てきた。つまり、僕にとっての戦後史というものも、僕という人間を通じて、体内をくぐって現れる戦後史だからね。単純に言えば、体内にある感覚や判断が、僕の思想であったり、ものさしであったりする」という。

何物にもよらず、みずからの身体感覚によって、九十五年の歳月をみじんの湿っぽい感傷もなく、晴朗に生き抜いてきた、この知識人のポルトレは稀有の輝きに満ち、まことに感動的である。

(2013.2.3)

『明日の友を数えれば』

常盤新平 著

（幻戯書房、二〇一二）

今年一月、八十一歳で亡くなった作家・翻訳家、常盤新平の最後のエッセイ集。二〇一二年まで、著者が七十代に著した長短とりまぜ五十九編のエッセイを収める。

米国の作家アーウィン・ショーの翻訳など、洒落《しゃれ》たイメージのつよい著者が、昔の友人との交遊、たまたまの出会い、父母兄弟のこと、川口松太郎や木山捷平をはじめ好きな作家のこと等々、心に浮かぶことにスポットを当てながら、老境のなかで推移する平穏な日常を綴る。その穏やかな語り口が心に沁《し》みる。

平穏とはいうものの、その実、著者は活発に町歩きを楽しんで、昔ながらの雰囲気を保つ喫茶店で一休みし、ときには友人と日帰り温泉旅行に繰りだすなど、たいへん活動的だ。友人や知り合いも多く、さらりと淡泊な筆致でみごとにそのイメージを描出している。

とりわけ秀逸なのは女性、しかも高齢の女性の描きかただ。たとえば、「おばあさんの桜」の老女。著者が都心に仕事場をもっていたころ、公園の桜の木の下にたたずむ優雅な着物姿のおばあさんを見かけた。その上品な老女は近くで喫茶店を営んでおり、著者は彼女が淹《い》れるドリップ式のコーヒーをしばしば飲みに行くようになる。一編の掌篇小説のような味わいに富む話である。

また、「おばあさんの鮨屋《すしや》」では、脱サラをしておでん屋を営み、「あぶく銭、棚からぼた餅、果報は寝て待て」が好きだという愉快な友人と連れだって、八十三になるおばあさんが握る鮨屋に通う話もおもしろい。おばあさんはいつも笑顔で「早くお迎えが来ないかと待ってるんですよう」と言いながら、せっせと鮨を握り、自転車で路地をかいくぐって出前に出かける。元気潑剌とした、惚れ惚れするほどイキのいいおばあさんだ。このほか、「朝食の楽しみ」には、飛驒の高山に旅し、早朝、おじいさんとおばあさんが営む喫茶店に入ったときのこと、夫婦かと思ったら、なんとおばあさんはマスターおじいさんのお母さんだったという、思わず笑ってしまう話も見える。

高山のおばあさんのその後は不明だが、高齢の彼女たちはやがて静かに退場する。桜のように何やら妖しくも艶麗な喫茶店の老女は病んで店を閉め、まもなく他界したという噂が流れる。鮨屋の活発な老女は老いの深まりにともなって、これまた店を閉め、引退してしまう。物哀しい結末である。本書に収められたエッセイの基調には、総じてこうした老いの哀しみ、あるいは有限の命の哀しみが、ひっそりと流れている。

こうしてふと出会った人々に対してはむろんのこと、昔の友人たちとの交遊に対しても、著者の姿勢には一種、達観したような淡泊さがあり、「袖ふりあうも他生の縁」、「君子の交わりは淡きこと水の若し」を地で行く感がある。鮮やかな距離感覚である。

こうした距離感覚は、自分自身や肉親・家族のことを語るさいにもあらわれている。著者はけっして私事をことごとしく露《あら》わに語ろうとはしない。しかし、問わず語りというべきか、随所でさりげなく言及されており、本書をゆっくり読み進めると、断片的な叙述がおのずとつながり結び付いて、著者の生の軌跡や心の遍歴が浮かびあがってくる。

手練の語り口で展開される、滋味あふれるエッセイ集だといえよう。

（2013. 3. 17）

山藤章二著『ヘタウマ文化論』（岩波新書、二〇一三）

対象となる人物の特徴を意表をつく鮮やかさで描出する、似顔絵作家・イラストレーターとして、つとに知られる著者が、自由自在に展開する、まことに洒落た「文化論」である。

絵であれ文章であれ、従来はウマくなることが究極の目標であり、ヘタからウマいところに上昇するために、著者もまた修練を重ねてきた。しかし、いつのころからか、このウマい、ヘタの二極とは別の尺度であるオモシロいという第三極があらわれ、世間を席巻するようになった。かくして、これはいったいどういうことなのかと、ヘタ、ウマい、オモシロいの三つの極を交錯させながら、著者はヘタウマ文化論を縦横無尽に繰り広げてゆく。

著者がはじめてヘタウマという言葉を知ったのは、一九六〇年代後半、安西水丸ら気鋭のイラストレーターの展覧会を見たときだという。そこに並ぶ絵はどれもヘタなのに、いきいきとした生命力にあふれ、見る者に衝撃を与え実にオモシロい。さるベテランのイラストレーターの言によれば、彼らは「本当に描けばみんなウマいんだけど、わざとヘタに見えるようにしてる」のであり、ヘタウマなのだとのこと。ウマいのに、彼らはその整った枠組みをはずしたり歪めたり壊したりして、新しい表現を模索しているというわけだ。

これを皮切りに、著者は大いなるヘタウマ文化の実践者を次々に想起する。たとえば、江戸末期の文化を盛りあげた、曲亭馬琴、式亭三馬、蜀山人《しょくさんじん》、写楽、歌麿、十返舎一九など。「洒落と粋と滑稽という、江戸文化人の基礎教養を身につけた」彼らは、一芸を極めたのち、やがて限りなく逸脱し、一種、異様な独創の世界を求めるに至る。

さらにまた、かのピカソ。著者は昔、映画「ピカソ、この天才を見よ」を見たとき、正確なデッサン力をもつピカソが、きわめて写実的に描いた対象をぐいぐいと変形し、とんでもない造型をつくりだしてゆくさまを目の当たりにして、その破壊と創造のプロセスを実感したという。

また、とびきりウマい芸の持ち主には、自己破壊衝動ともいうべきヘタへの憧れもあるようだ。「談志が出来なかった芸」のくだりで描かれる落語家立川談志の姿は、そんなウマい芸人の苦闘ぶりを浮き彫りにしており、圧巻である。落語家には、芸は大したことがないのに、そのイメージに「フラ(いわくいいがたいおかしみ)」があり、高座に上がっただけで、客を笑わせるタイプがある。談志は名人芸の持ち主なのに、このフラがなく、「自分の中で騒ぎ立てる「創意の虫」と格闘をし続けなければならなかった」と、著者はいう。

こうして見ると、上質のヘタウマ文化は、ウマくなるためのプロセスをきっちり踏み、型を身につけた人々が、さらなる飛躍をめざし、型を壊して脱皮するという、創造的破壊によってはじめて編みだされるといえよう。江戸文化このかた日本では、こうした創造的破壊が、サブカルチャーの分野において、ちょっと斜に構えた遊びのポーズで脈々と行われてきたことを、本書は的確に示唆している。

もっとも、著者も述べているように、昨今のテレビのバラエティー番組で、タレントが無内容、無芸のしゃべりをまきちらし、レベルの低い観客の笑いをかぶせて、「爆笑空間」を捏造するケースなどは、むろんこの限りではない。
融通無碍《ゆうずうむげ》に展開される本書『ヘタウマ文化論』は、意想外の角度から文化の何たるかを照射しながら、考えるヒントをさりげなく示すなど、無類のオモシロさに満ちている。

(2013.5.5)

宮田昇 著『図書館に通う――当世「公立無料貸本屋」事情』(みすず書房、二〇一三)

著者は、六十有余年、翻訳ミステリで知られる出版社の編集者、翻訳権エージェントとして活躍した出版界の大ベテランだが、リタイア後、居住する東京近郊の都市にある公共図書館を利用し、もっぱら趣味としての読書を楽しむようになった。本書は、本とかかわりの深い著者が、一人の利用者としての目線に立って、公共図書館の変遷、現状、問題点などを、具体的かつ詳細に描きだしたものであり、まことに新鮮で読みごたえがある。

著者によれば、日本における公共図書館の総数は、一九七〇年代初頭には八百館そこそこだったが、現在は四倍近い三千館を超すほどになり、しかもこの十年間の貸出し総数は六億冊以上になっているという。驚嘆すべき冊数である。

著者は図書館に通いはじめてから、現代日本のエンターテインメント小説のおもしろさを知り、まず開架中の本を次々に読破した。さらに、新刊本を借りだそうとすると、たとえば、東野圭吾の『マスカレード・ホテル』は刊行後まもなく申し込んだにもかかわらず、八か月たっても六十四番目の予約待ちであり、実際に借りることができたのはほぼ一年後だったという。これはまだ序の口であり、評判の高い新刊本は数百人の予約待ちもめずらしくないとのこと。

これだけの読者の手を経れば、どんな本でも汚れて劣化するのは当然である。公共図書館が膨大な利用者のニーズにこたえて、複数の本を購入することを問題視し、これでは「公立無料貸本屋」だとする批判もある由だが、これに対し、娯楽としての読書を求めて、公共図書館に通いはじめた著者は、なぜ公立無料貸本屋ではいけないのかと、逆に問題提起をする。たとえ公立無料貸本屋と非難されようと、公共図書館は多数の利用者の読書願望にこたえて貸出し数を増やし、そのパワーを起動力として、「少数の利用者の意見にも耳を傾け」広く目配りして、資料収集保存の役割をも果たしてゆくべきだと、いうのである。

こうした公共図書館を実現するにはいかにすべきか。本書は、利用者ならではのアイデアを提出しつつ、多事多難の公共図書館の今後のありかたを多彩な角度から探ってゆく。

公共図書館にスポットを当てる一方、本書では、藤沢周平をはじめとする好きな作家や時の流れのなかで埋もれた作家、編集者や翻訳エージェントしての経験など、著者と本のかかわりの歴史が戦後出版史と交錯する形で描かれており、これまた興趣あふれる。

とりわけ、海軍航空隊から復員した著者が生計を立てるために、小学校高学年の子供を対象とした貸本屋を開業した経緯を描くくだりは、実におもしろい。私事ながら、私は、著者の貸本屋に通った子供の世代であり、京都西陣にあったわが家近くの貸本屋に日参し、三年余り雑誌、読み物、漫画など、毎日二、三冊借りて、それこそ浴びるように読んだ。読み物はむろん古今東西、もろもろのエンターテインメントばかりである。

こうした私的経験もあって、私自身は公共図書館を利用するには至っていないが、娯楽としての読書を求めて図書館に通いはじめ、公共図書館が公立無料貸本屋であって、なぜいけないのかという著者の主張は、まことに説得力があり正論だと思う。

総じて本書は、仰天するような凄まじい数の利用者にあふれる公共図書館の実情を浮き彫りにし、知られざる図書館文化の現在をありありと伝える好著だといえよう。

(2013. 6. 16)

『『青鞜』の冒険――女が集まって雑誌をつくるということ』

森まゆみ 著

(平凡社、二〇一三)

明治四十四年(一九一一)に創刊された雑誌『青鞜《せいとう》』は、平塚らいてう(一八八六―一九七一)の「元始、女性は太陽であった」という、発刊の辞こそよく知られているものの、その内実はほとんど明らかにされていない。

本書の著者は、『青鞜』に遅れること七十三年、昭和五十九年(一九八四)から二十五年にわたり、女性三人で地域雑誌『谷中・根津・千駄木』を刊行しつづけた。この実践的経験を踏まえつつ、著者は各号の収録作品はむろんのこと、デザイン、校正、広告、販売など、多様な角度から雑誌としての『青鞜』を実際的に検証し、その具体像をいきいきと描きあげている。また、らいてうをはじめ、『青鞜』の同人のユニークな生の軌跡や、本郷区、小石川区など、『青鞜』の同人と縁の深い地域にスポットを当て、時の彼方から「『青鞜』のあったころ」をありありと現前させる。

明治の官吏の家に生まれた平塚らいてうは、本郷の誠之小学校卒業後、お茶の水女高師附属高等女学校に進学、さらに日本女子大に入学、卒業した。こうして当時の女性としては稀有の高い教養を身につけたものの、その能力を発揮する機会もなく、参禅して内的世界の深化を試みたりするうち、森田草平とすこぶる観念的な「心中未遂」事件を起こす。

やがてニーチェの紹介で知られる生田長江《いくたちょうこう》に雑誌の刊行を勧められ、保持研《やすもちよし》、物集和《もずめかず》など日本女子大の関係者五人が集まり、創刊号への準備を進める。資金はらいてうの母が出した。

まさに、手作りの女性の雑誌というところだが、明治四十四年九月に出た『青鞜』創刊号には、先述したらいてうの発刊の辞や物集和の小説のほか、与謝野晶子、田村俊子の作品も掲載され、発行部数は千部。堂々たる船出であった。なお、表紙のデザインをしたのは、やはり日本女子大卒業生の長沼智恵、のちの高村光太郎夫人である。

らいてうは『青鞜』発刊のきっかけを作った主宰人ではあったものの、編集、校正、広告集めなどの実務は苦手であり、創刊当初、実際の編集責任者は保持研だった。本書に描かれるらいてうのイメージはむしろ内向的かつ消極的で、けっして強烈なリーダーシップを発揮するタイプでない。

そんな彼女とは対照的に、馬力のある保持研のような女性が次々に登場し、『青鞜』を持続させていったように見える。らいてうの熱狂的崇拝者だった大阪出身の画家尾竹紅吉(本名は一枝)、保持研が故郷の愛媛県今治に帰った後、編集責任者となった伊藤野枝がこれにあたる。彼女たちがすべて東京以外の出身だったことも興味深い。

本書に登場する伊藤野枝の姿は、福岡から上京し辻潤と結婚、二児をもうけながら、『青鞜』の編集に奔走するなど、まことに野性的でバイタリティーにあふれ、鮮烈きわまりない。次々にメンバーが入れ替わり、編集拠点も移動しながら存続した『青鞜』は、らいてうに奥村博というパートナーがあらわれ、伊藤野枝が大杉栄と出会ったのを機に、大正五年(一九一六)、ついに終刊に至る。通算五年、全五十二冊。『青鞜』の破天荒な冒険は終わった。

本書では、『青鞜』各号の「あとがき」を綿密に読み込み、当時の状況を明らかにするとともに、図版入りで各号の広告を紹介している。なかには、丸善の「新ラシイ女は萬年筆の所有者也」という抱腹絶倒の広告などもあり、時代の雰囲気が如実に読みとれておもしろい。知られざる『青鞜』の冒険と時代を描ききった好著だといえよう。

(2013.8.11)

『佐藤君と柴田君の逆襲!!』

佐藤良明・柴田元幸 著

(河出書房新社、二〇一三)

アメリカ文学者で翻訳家の、佐藤君すなわち佐藤良明と柴田君すなわち柴田元幸のジョイント・エッセイ集である。本書は、十八年前に刊行された『佐藤君と柴田君』(白水社、一九九五)につづくもの。「逆襲」というはなばなしいタイトルについて、佐藤君は「ムムッ、無理だ、逆襲は無理だ……ギャグ集にしとこうか」と、「謙遜」しているが、身辺記、音楽論、書評、翻訳論等々、多様な領域にわたり、洒脱な筆致で展開される両者の文章はシャープにして興趣あふれ、ときとして爆笑しつつ、おみごとと感嘆させられる。

ジョイントとはいえ、文章は主として一編ずつ個別に書かれたものである。しかし、それぞれが虚空に向かって投げたボールを受けとめ、また投げ返すという、いわば虚空のキャッチボールの趣があり、不思議な共生感覚ともいうべきものが醸しだされている。もっとも、二人の著者には共通する面もあるが、正反対といっていいほど異質な面も多々ある。本書では、似て非なる両者の言葉が固有の輝きを発しながら、交錯し火花を散らしている。

共通するのは、両者ともアメリカ文学者で東大の先生であること(佐藤君は早期退職したので元東大の先生)、生まれた土地(柴田君は東京大田区、佐藤君は高崎市)に帰り、三階建ての家に住んでいること(佐藤君はシャコつまり車庫の上、柴田君はショコつまり書庫の上で暮らしている由)、七〇年代半ばまでのロックが好きなこと等々である。

生まれた土地に回帰していることから見ても、ニュアンスの違いこそあれ、二人とも「かつての時間」とりわけ子供のころに対する、愛着もしくはこだわりがつよいように見うけられる。本書においても、それぞれが子供のころの自分を語る場面は数多い。これは、ノスタルジーというようなものではなく、むしろ意志して、大人になることや成熟することを拒否し、自分のなかの子供とともに生きつづけようとする姿勢だといえよう。現実べったりにならない大人コドモとして生き考えること。諧謔《かいぎゃく》性に満ちた彼らの言葉の端々から、まことにピュアな響きが聞きとれ、ふとわが身をふりかえさせられる。

さて、両者の異質な面といえば、まず年がちがう(佐藤君は一九五〇年生まれ、柴田君は一九五四年生まれ)。したがって、経てきた時間帯に微妙なズレがあり、これが資質の差とあいまって、二人の「世界観」の落差となってあらわれる。柴田君の言によれば、「まぁあまり過激なこと言っても詮ないですから出来るところからぼちぼち地道に変えましょう」といった穏健な姿勢は、佐藤君には向かない。しかし、柴田君自身は、「世界を変えようとか良くしようという気概がないから」、そんな佐藤君とは衝突しない、とのこと。こうした姿勢の差もまた本書の随所にあらわれ、起伏に富むおもしろさを生みだしている。

穏健たることを忌避する佐藤君は、怒濤のようにトマス・ピンチョンの大作に取り組み、気概がないと自認する柴田君は、ポール・オースターやスティーヴン・ミルハウザー等々の複雑な小説をスイスイと翻訳しつづけている。そんな彼らの翻訳論や古川日出男など現代日本作家を取りあげた書評も、まことにシャープで迫力がある。というふうに、明敏な頭脳とピュアな感性の持ち主である二人が繰り広げるジョイント・エッセイは、読者をときに哄笑させつつ、見知らぬ世界をさまよう知的冒険の楽しみを満喫させてくれる。

(2013. 9. 29)

史鉄生 著、栗山千香子 訳

『記憶と印象——胡同《フートン》の回想』

(平凡社、二〇一三)

本書は、現代中国の作家史鉄生《してっせい》(一九五一—二〇一〇)の随筆集(原著は二〇〇四年刊行)である。史鉄生は一九六四年、清華《せいか》大学付属中学に入学したが、二年後、文化大革命がはじまり、一九六九年から三年余り、陝西《せんせい》省の山村で放牧などに従事した。この間、脊髄《せきずい》多発性硬化症を患い、北京にもどって治療を受けたものの回復せず、以後、車椅子生活となった。七〇年代末から小説や随筆を書きはじめ、二〇一〇年末、腎臓病の悪化により他界するまで、精度の高い作品を次々に発表し、高い評価を受けるに至る。小説であれ随筆であれ、史鉄生の作品世界の特徴は、とぎすまされた静謐《せいひつ》感と透明度の高さにある。晩年の作というべき本書『記憶と印象――胡同《フートン》の回想』には、その特徴がいっそう鮮やかにあらわれている。本書は、主としてみずからの幼年期や家族について綴った九編の文章から成る第一部、主として幼馴染みや知人について綴った十二編の文章から成る第二部、の二部構成で、史鉄生が記憶の深層から静かに紡ぎだした、つごう二十一編の文章を収める。

ここに収められた文章において、とりわけ鮮やかに描出されているのは老人と子供である。史鉄生の両親はともに「地主」家庭の出身であり、地主の妻だった父方の祖母は、北京の四合院《しごういん》で史鉄生らと同居し、共稼ぎの両親に代わって幼い史鉄生の世話をしてくれた。活発で働き者の祖母が新時代に適応すべく、文字を勉強したり、内職に精を出したりする姿を、史鉄生は彼女を理解できなかった悔いを滲ませつつ、思いをこめて描きだす。

家長たる祖父の決めた結婚に反発し、新妻を捨てて、解放軍に身を投じた大舅《おじさん》(母の兄)の話も印象深い。かつて颯爽たる軍服姿で幼い史鉄生を魅了した大舅は音信不通のあげく、四十数年ぶりに帰ってきたときには、白髪で猫背の老人となり、見捨てた妻もすでに老い、認知症になっていた。以来、大舅は彼女に昼夜を問わずよりそい、その不明瞭な言葉を聞き取ることに精魂を傾ける。史鉄生はそんな大舅に無限のやさしさをこめて語りかける。

一九四〇年代から高名な作家であり、五〇年代に「右派」として批判された作家梅娘《メイニャン》を描く文章も秀逸だ。七〇年代末に名誉回復されるまで、彼女は次々に家族を失いながら、過去の栄光を歯牙にもかけず、道路清掃や家政婦仕事に励み、復活後また筆をとり流麗な随筆を著した。史鉄生はそのけっして屈伏しない強靱さを、賛嘆をこめて描きだす。生き残り、映画監督になった梅娘の娘柳青《リュウチン》は、史鉄生に書くことを勧めてくれた友人だった。

こうした老人群像をいきいきと浮かびあがらせると同時に、史鉄生は胡同でともに過ごした幼馴染みの姿を記憶の底からまざまざと甦らせる。

たとえば十人兄弟の八番目だった八子《バーズ》は、男の子なのに、姉のお下がりの花柄のズボンをはいていたために、陰険ないじめにあうが、めげることなく元気に走り回り、ダンス好きの女の子珊珊《シャンシャン》は継母にいびられながら、夜の校庭で優雅に踊りつづける。老人も強靱だが、胡同の子も強い。こうして子供のたくましさを称《たた》える一方、史鉄生の透徹した眼差しは、子供の世界にも、術策を弄して支配しようとする小ボスが存在することを見逃さず、悪しき構造の根源を鋭く指摘する。

ここに収められた文章はこのようにいずれも硬質の抒情性に満ち、忘れがたい余韻を残す。訳文も明晰にして秀逸、まことに読みごたえのある一冊である。

(2013.11.17)

岩波書店辞典編集部 編
『岩波 世界人名大辞典』
(岩波書店、二〇一三)

さまざまな情報が氾濫する現代、古今東西、もろもろの人物について、正確な知識を迅速に得たいと思うこともしばしばだ。全世界を対象とする『岩波 世界人名大辞典』は、そうした要求にぴったり当てはまる外国人人名辞典である。収録項目総数は三万八千余り、このうち東アジア・東南アジアの人名は一万二千項目にのぼる。この一万二千項目には、七千項目以上の中国の人名が含まれる。こうして全世界の特記すべき人物像が、時空を超えてキラ星のごとく居並び、それぞれ固有の輝きを放つさまは、壮観というほかない。

ここには歴史上、実在した政治家、文学者、芸術家、科学者など、古代から現代までの多様なジャンルの旗手がくまなく収録され、明快な解説によって正確な情報を得られる。中国に例をとれば、政治ジャンルでは、漢の高祖劉邦《りゅうほう》から習近平まで、文学ジャンルでは屈原《くつげん》から莫言《ばくげん》まで、芸術ジャンルでは「書聖」王《おう》羲之《ぎし》から現代の画家徐悲鴻《じょひこう》までというふうに、精密かつ網羅的に取りあげられている。これに加えて、中国の人名につきものの字《あざな》や号などの別名が記載され、自在に知りたい人物にアプローチできるのも便利だ。

また、ビッグな人物のみならず、各時代に何らかの意味で、瞠目すべき痕跡を残した人物もまた、遺漏なく取りあげられている。これまた、中国に例をとれば、四世紀の東晋《とうしん》時代の大政治家謝安《しゃあん》はむろんのこと、その姪で古今きっての才媛の誉れ高い謝道蘊《しゃどううん》も、有名なエピソードとともに具体的に紹介されており、きめこまかな配慮がうかがえる。

さらにまた、実在の人物のみならず、神話・伝説、文学作品などに登場する架空の人物も、数多く収録される。文学作品では、ボヴァリー夫人やダンテス(モンテ・クリスト伯)、『水滸伝』の豪傑魯智深《ろちしん》や『紅楼夢』の賈宝玉《かほうぎょく》等々に加え、ルパンやホームズまで取りあげられ、彼らが登場し活躍する物語世界のエッセンスにふれることができる。

このほか、従来の分野に加えて、ポップカルチャーやスポーツなど、現代の新しい分野に積極的に踏み込んでいるのも、この辞典の大胆にしてゆたかな試みである。

クラシックの巨星ベートーヴェンやモーツァルトと分け隔てなく、ボブ・ディラン、エリック・クラプトン、ローリング・ストーンズなどのロックンローラーが続々と登場するさまを見ると、愉快な気分になってくる。なお、ストーンズもそうだが、ここでは個人名のみならず、グループ名で立てられた項目もある。はなはだ個人的な話だが、私の偏愛するアメリカンロックのグループ、ザ・バンドの項目もあり、簡にして要を得た解説で、メンバー、代表的なアルバム、グループの特徴などが記されており、大いに喜ばしく思った。

映画や演劇のジャンルにもむろん多くの項目が立てられ、たとえば、アラン・ドロン、ロミー・シュナイダー、香港映画のチョウ・ユンファ、中国映画のコン・リー等々、東西屈指の映画スターの項目では、それぞれの代表作が丹念に収録、紹介されている。

このように、広い視野に立って、およそ考えられるかぎりのジャンルを網羅し、古今東西の膨大な人名を収録したこの辞典の最大のメリットは、着実な資料にもとづき、正確な情報を記載していることであり、読む楽しみを味わいながら、ゆったりと知識を身につけることができる。巻末の欧文および漢字の索引もすこぶる充実している。

(2014. 1. 19)

安岡章太郎 著
『歴史の温もり——安岡章太郎歴史文集』
(講談社、二〇一三)

昨年一月、九十二歳で他界した作家安岡章太郎の歴史エッセイ集。幕末維新前後を中心とする文章を収めた第一部、一九三五年(昭和十年)前後から敗戦までの時期を、みずからの体験を核として描く文章を収めた第二部、敗戦を迎えた一九四五年(昭和二十年)以後、なお半世紀近くつづいた昭和という時間帯にまつわる文章を収めた第三部という、三部構成をとる。

こうして時代によって三つに区分されているとはいえ、作者は終始一貫、生身の自分自身を基底に置きながら、きわめて具体的に、対象とする時代やその時、そこで生きた人々を描きあげている。歴史の襞《ひだ》を手触りしながら編みあげられたこれらの文章には、客観的な歴史叙述とはおよそ異なる、各時代の「体温」つまりは「温《ぬく》もり」が如実に伝えられている。

第一部には、十五編のエッセイが収められているが、とりわけ両親の故郷である土佐をテーマとする文章が抜群におもしろい。たとえば、土佐郷士だった父方の家系をたどる小説を執筆中、今も残る古い屋敷の奥座敷に貼られた壁紙の下から、下貼りにされた先祖の日記が発見される。それを見た作者は、「しかし、一瞬ごとに〝蒸発〟して行く時代のにおいと、ギッシリと書きつけられた無数の文字の手触りとが、ほとんど生理的に歴史が肉薄してくるように、私には感じられたのである」(「歴史の手触り」)と記す。

こうして呼びさまされた感覚によって、過去の時代とほとんど生理的に共生しながら描かれる土佐郷士の姿は、その生きかたの細部までありありと映しだし、まことに興趣あふれる。また、母方の落魄《らくはく》した人物を、ユーモラスに描いた「麓《ふもと》さんのこと」などには、学校教育に適応できず、挫折しつづけた作者自身の姿が二重写しにされ、飄逸《ひょういつ》きわまりない。

第二部には、一九四三年(昭和十八年)暮、学徒動員で旧満州の部隊の配属になった著者の、想像を絶する苛酷な体験をリアルに、しかし淡々と綴った文章を中心に、つごう十五編が収められている。軍隊では、

「戦友どの」といえば古参兵を指し、初年兵にとってこの戦友どのに仕えることが、「いかなる激しい演習よりも過酷な負担であった」（「漫画と歌と兵隊と」）と記すなど、これらの文章には心身ともに極限体験をした者の姿がくっきりと描出され、慄然《りつぜん》とさせられる。

こうした体験の果てに、病気のため送還され、辛うじて生きのびた著者は、「平和は一人一人が辛抱づよく戦争に反対し、心底から平和をまもろうとする以外に守りようがないというのは、一見タヨリないようだが、真実の言葉であろう」（「戦争と読書」）と述べている。戦争の渦に巻き込まれたあげく、極限状況から生還し、個のありかたをあくまで重視する著者ならではの重みある発言だといえよう。

第三部には、戦後、貧困のどん底で脊椎《せきつい》カリエスを患いながら、小説を書きつづけた著者の姿、さらには、空疎に推移する戦後社会に違和感を抱きつづけた著者の思いを、さまざまな角度から描く十三編のエッセイが収められる。これにつづいて、本書の結びとして配された「終末の言葉」は、今から三十年近く前に著された文章だが、ここには、「パンドラの箱」たる原発の危険性が明確に指摘されており、圧巻である。

長らく著者に伴走し、個の視座から歴史をとらえかえす著者のエッセンスを凝縮した本書を編集した小高賢（鷲尾賢也）氏も先頃、急逝された由。うたた無常というほかない。

（2014.3.9）

『秘密』

ケイト・モートン著、青木純子訳

（上下、東京創元社、二〇一三）

オーストラリアの作家ケイト・モートンが著した本書『秘密』は、まことに精緻に組み立てられた、文句なしの秀作ミステリである。二〇一一年に翻訳が刊行された『忘れられた花園』も興趣あふれる作品だったが、スリリングな展開といい、結末のドンデン返しの鮮やかさといい、本書のほうが、ミステリとしての魅力も完成度も高いように思われる。

一九六一年夏、英国サフォークの農家《ファームハウス》に住む四人姉妹の長女である、十六歳の少女ローレルは、まだ二歳だった末の弟のジェリーとともにいた、美しい母のドロシーが、不意に訪れた未知の中年男を刺殺する現場を、かげから目撃する。事件は正当防衛として処理されるが、その後、ずっと彼女の心にしこりとなって残る。これをきっかけに、『秘密』の物語世界は、二つの時間帯を交錯させながら展開されてゆく。

その一つは、この事件から五十年後の二〇一一年。有名な女優になったローレルは、すでに九十を超え、病んで余命いくばくもない母を見舞ううち、見知らぬ若い女性とともに写る若き日の母の写真を見つける。これを機に、彼女は、母が口を閉ざして語らない、父と結婚をする前の過去と、あの事件がかかわっていることを確信し、母の過去の追跡に着手する。ローレルの協力者は、事件当時、幼児であり、今は天文学者になった聡明な弟ジェリーだった。

二人の追跡によって、母ドロシーは第二次世界大戦のさなか、ロンドンの豪壮な屋敷に住む老婦人に仕えており、ともに写真に写っているのは、向かいの屋敷に住むヴィヴィアンという裕福な女性、そして彼女の夫の作家こそ、母が刺殺した男だということが、しだいに明らかになる。さらにまた、母には当時、戦争写真家のジミーという恋人があり、母、ジミー、ヴィヴィアンの三人の間には、葛藤があったらしいこともわかってくる。大いなる謎にひたひた迫る、この過程の描写はスリリングというほかない。

もう一つの時間帯は、一九四〇年代初頭、戦時下のロンドンである。ここには、明日の命の保証のない危険な時代に、若い野心家のドロシー、誠実な恋人ジミー、深い影を背負うヴィヴィアン、および彼女に異様に執着する夫ヘンリーが、愛し憎み、あるいは必死にあるいは残酷に生きる姿が活写されている。

このもつれた人間模様はある日、ドロシーの下宿を直撃した爆弾によって一瞬のうちに吹き飛ばされる。ジミーの死を告げに来たヴィヴィアンは爆死、生き残ったドロシーはロンドンから遠く離れた海辺の下宿屋にたどりつき、メイドとなる。やがて彼女は下宿屋の息子であるローレルの父と恋に落ち、幸せな結婚をして四女一男をもうけ、第二の人生を歩む。まさに波瀾万丈のドラマである。

しかし、これだけでは、なぜ母ドロシーがヴィヴィアンの夫を刺殺したか、根本的な謎を究明するには至らない。それもやがて意外な事実が判明し、最後にすべてが明るみに出される。ローレルが突きとめた真実を穏やかに肯定した母は、子供たちに見守られながら眠るように息を引き取る。二転三転した物語世界はこうして静かに幕を下ろすのである。

すぐれたミステリでありながら、おりおりに登場する子供の描写が実にいきいきしているなど、登場人物が微妙に描き分けられているのも、この作品の特徴である。結末がわかった後も、仕掛けをたどりなおしつつ、読み返したくなる稀有のミステリだといえよう。

(2014.5.4)

ジャック・ジェルネ著、栗本一男訳

『中国近世の百万都市――モンゴル襲来前夜の杭州』

(平凡社、一九九〇)

『中国近世の百万都市――モンゴル襲来前夜の杭州』は、今から二十四年前の一九九〇年六月、平凡社から刊行された。ちなみに、杭州《こうしゅう》は十二世紀前半、開封《かいほう》を首都とする北宋《ほくそう》(九六〇―一一二七)が、女真《じょしん》族の金《きん》に滅ぼされた後、江南に立てた亡命王朝南宋《なんそう》(一一二七―一二七九)の首都である。この本は、こうして繁栄、爛熟した杭州の様相を、都市、社会、住居・衣服・食事、人の生涯、時と空間、余暇の楽しみ等々の角度からいきいきと描きだしたもの。

この本の主人公は十二、三世紀の杭州という都市、およびそこに生きるたくましい庶民であり、読んでいるうち、町の匂いやざわめきまで感じとれ、居ながらにして当時の杭州にタイムスリップするような気分になる。

この本が刊行されたころ、私は十七世紀の初め、馮夢龍《ふうぼうりゅう》によって編纂された全百二十編からなる白話短篇小説集「三言《さんげん》」に関する本を書いていた。「三言」の母胎になったのは、開封や杭州の盛り場で、講釈師が聴衆を前にして得意の出し物をおもしろおかしく語った講談のテキスト「話本《わほん》」である。このうち、短篇の話本は一回完結の単発物であり、恋愛などを素材とする世話物、犯罪や裁判を扱う公案物、はたまた幽霊譚、妖怪譚、仙人譚等々、多種多様のおもしろさに満ち、猥雑な生のエネルギーにあふれる物語世界を展開している。

このなかには、花魁《おいらん》と油売りの恋を描いた「売油郎《あぶらうり》　花魁を独り占めにすること」や、白蛇が美女に化けて人間の男に恋する「白娘子《はくじょうし》　永《とこし》えに雷峯塔《らいほうとう》に鎮《しず》めらるること」など、南宋の杭州を舞台とする作品も多い。これらの作品に向き合っていたとき、当時の雰囲気を再現したこの本は、実に多くの手掛かりを与えてくれた。読んでいるうち、主人公たちが人口過密な杭州の街で健気に生きる姿が彷彿としてきたのである。おかげで、楽しく原稿を書きあげることができ、この本は私にとって忘れられない思い出の一冊となった。

（2014.6）

小南一郎著『唐代伝奇小説論――悲しみと憧れと』

（岩波書店、二〇一四）

「唐代伝奇《とうだいでんき》」と総称される一群の短篇小説は、八世紀中頃にはじまる唐代中期から十世紀初頭の唐代後期にかけて著された。これらの作品群はすべて文言《ぶんげん》（書き言葉）で書かれ、中国小説史のなかでも突出した完成度の高さをもつ作品が多い。本書は、この唐代伝奇の誕生から下降に至る過程を、特徴的な作品を取りあげつつ、四章仕立てで具体的にたどる。

まず序論では、唐代伝奇が士大夫《したいふ》（知識人）階層の人々の「語りの場」を母胎としながら形成されたという、ユニークな見解が説得的に展開される。すなわち、士大夫階層の人々が集まり、それぞれ自分が見聞した「異（不思議）」なる事件を語り、それが文字化されるに至ったというのである。なお、唐代伝奇における「異」なる事件には怪異現象のみならず、「人間に関わる異常事態、とりわけ男女の普通ならざる恋愛事件」も含まれる。

古い鏡の魔力をテーマとする作品「古鏡記《こきょうき》」を取りあげた第一章では、この古い鏡が、六朝《りくちょう》時代以来の名門貴族「太原《たいげん》の王氏」と密接な関係をもつことから、唐代伝奇の根源を成す「語りの場」が、さらに遡って名門貴族の一族内部の語りに由来し、それが貴族階層の衰亡とともに、外部に流出したとする興味深い見解が、種々の角度から検証される。

ついで取りあげられる第二章の「鶯鶯伝《おうおうでん》」、第三章の「李娃伝《りあでん》」、第四章の「霍小玉伝《かくしょうぎょくでん》」はともに「男女の普通ならざる恋愛事件」をテーマとし、いずれも唐代伝奇屈指の秀作と目される。ちなみに、「鶯鶯伝」の作者元稹《げんしん》は白楽天の親友の高名な詩人である。この作品は元稹自身の体験にもとづくとされ、科挙受験のため長安に赴いた若者張生《ちょうせい》とその恋人鶯鶯の恋の顚末を描く。時の経過とともに疎遠になった二人は、それぞれ別の相手と結婚、後に再会の機会はあったものの、鶯鶯はきっぱり対面を拒絶したという結末をとる。

一方、「李娃伝」の作者白行簡《はくこうかん》は白楽天の弟であり、唐代伝奇の秀作が白楽天・元稹を中心とする文学集団から輩出した事実を如実に裏書きする。この作品は、科挙受験のため、長安にやって来た名家の御曹司鄭生《ていせい》の転落と再生のドラマを描く。鄭生は有名な妓女《ぎじょ》の李娃に夢中になり一文無しになったあげく、李娃や実の父にまで見離され、転落を重ねて死に瀕《ひん》し、もの乞いに身を落とす。どん底の鄭生と再会した李娃は彼を助け科挙に合格させて、正式に結婚、大団円となる。著者は、鄭生を再生させる李娃に生命を吹き込む神話的な「春の女神」を見る。このあたりの論旨の躍動的な展開は、まさに著者の独擅場である。

最後の「霍小玉伝」の作者蔣防《しょうぼう》も元稹らと親しかった人物だが、物語展開は先の二作とは異なり、陰惨な悲劇そのものだ。すなわち、科挙上級試験をひかえた若者李生《りせい》は、妓女の霍小玉と深い仲になるが、合格後、彼女をあっさり捨てて名家の娘と結婚、霍小玉は、義侠心に富む豪侠が枕辺にむりに連れて来てくれた李生に看取られながら絶命する。彼女の怨念はそれでも消えず、李生は三度の結婚にすべて失敗、不幸な生涯を送る羽目になる。

超越的な力をもつ豪俠を登場させるなど、恋愛小説として自己完結できなかったこの「霍小玉伝」をもって、著者は唐代伝奇の最高峰をなす恋愛小説のジャンルは挫折したと説く。唐代伝奇誕生の「語りの場」の探究にはじまり、そのクライマックスから挫折までの曲折に富む過程をたどる本書の論考は、充実感にあふれ、読みごたえのある力作だといえよう。

(2014.6.8)

『二千七百の夏と冬』（上下、双葉社、二〇一四）

荻原浩 著

東日本大震災から数か月後の二〇一一年夏、関東某所のダム建設予定地から、およそ二千七百年前のものと見られる、縄文人少年の古人骨が発掘された。推定年齢は十五歳。まもなく少年と手を握り合った少女の人骨も発掘される。少女はなんと弥生人だった。

某新聞の地方支局に勤める女性記者は、このニュースに心ひかれ、「骨は語る」という連載企画ができないものかと、多角的な調査と取材にとりかかる。これを皮切りに、少年が生きた縄文・弥生時代と現代を交錯させながら、スリリングな物語世界が展開される。

かの少年ウルクは、縄文人の小集落ピナイ(谷の村)に、母と幼い弟と三人で暮らしていた。ピナイの人々は狩猟と採取で食糧を得ており、リーダーはむろん存在するが、強権をもつわけではなく、クマなどの大きな動物を射止めたときは、鎮魂を祈るなど、概して平穏な日々を送っていた。ウルクの願いも、早く一人前の狩人になることだった。

そんなウルクに大きな転機が訪れる。弟が重病にかかったのだ。ウルクも幼いころ、同じ病気にかかったことがあり、父が命がけでクマを倒し、胆を食べさせてくれたおかげで命拾いしたのだった。かくて、弟を助けるべく、ウルクはクマを捜して山中に分け入り、掟《おきて》で定められた境界を越えてしまう。巨大なヒグマに遭遇したものの、歯が立たず、何とか木の実などを持ち帰ったときには、すでに弟は絶命していた。

掟を破ったウルクは追放の憂き目にあうが、ヒグマを仕留め、「海渡り」と呼ばれる人々が栽培するという「コメ」を見つければ、帰郷が許される。泣き叫ぶ母を残して旅立ったウルクは、山中を彷徨《ほうこう》するうち、かのヒグマに出くわす。持てるかぎりの武器を使い、知恵を絞って、死闘をくりかえした果てに、ついに仕留めることに成功するが、深傷《ふかで》を負い、力尽きて気を失ってしまう。このウルクとヒグマの壮絶な闘いの描写は、まことに臨場感にあふれ、ぐいぐいと読者を引き込む迫力に満ちており、圧巻というほかない。

ウルクが助けられ蘇生したのは、海渡り人の国、「フジミクニ」だった。高みから富士山が見えるこの国は、ウルクの故郷ピナイに比べてはるかに人口が多く、稲作が行われ、猪《いのしし》が飼育され、強権をもつ「王」や戦士もいる。ピナイでは狩猟は行うが、人を射たりはしない。肥沃な土地を狙う王の思惑によって、ウルクは命を助けられ、猪の飼育係になる。

さらに、かつて境界を越えてさまよったとき、出会った少女カヒィと再会し、二人は恋に落ちる。カヒィは王の三番目の妻と目されていたため、ウルクは王の怒りを買い、殺されそうになるが、逆に王を猪の飼育場に追い込み、ウルクになついている猪を駆り立てて、窮地を脱する。かくして、追手を振り切りながら、コメの苗を手に、カヒィとともにピナイをめざそうとする。しかし、凄まじい地震が起こり、ウルクとカヒィは巻き込まれてしまう。これが、手を握り合う縄文の少年と弥生の少女の骨が語るドラマのあらましである。

奇想天外な歴史ファンタジーだが、稲作や動物の飼育がなされる弥生人の国では、穏やかに時が流れる縄文人の集落とは異なり、支配と被支配の関係が強化され、強権をもつ者が出現し、より肥沃な土地を求める戦いがはじまるさまもまた、浮き彫りにされる。楽しく読みながら、文明や進化とは何なのかと、考えさせられる快作である。

(2014. 7. 27)

F・スコット・フィッツジェラルド著、森慎一郎訳
『夜はやさし』
(作品社、二〇一四)

『夜はやさし』は、ドス・パソスやヘミングウェイとともに、アメリカの「失われた世代」を代表する作家、スコット・フィッツジェラルド(一八九六—一九四〇)が、あまりにも有名な『華麗なるギャツビー』刊行(一九二五年)の直後から、九年の歳月をかけて構想、執筆し、一九三四年に発表した長篇小説である。本書は、再刊(初刊は二〇〇八年)だが、翻訳が練りあげられ緻密度を増したのはむろんのこと、フィッツジェラルドがこの作品に取り組んでいた九年の間に、編集者、友人、妻のゼルダと取り交わした数多くの往復書簡が、「小説『夜はやさし』の舞台裏」と題され、収録されており、まことに興趣あふれる。

『夜はやさし』は三部構成をとっている。第一部は、ハリウッドの若く美しい新人女優ローズマリーが休暇を過ごすべく、母と南仏のリヴィエラにやって来るところから、幕を開ける。彼女はこの地で、アメ

リカ人の作家や音楽家などのグループと親しくなり、グループの中心である魅力的なディック・ダイヴァーとその美貌の妻ニコルに憧れ、とりわけ夫のディックに一途な恋心を抱く。しかし、一見、何の破綻もないダイヴァー夫妻には、その実、謎めいた陰の部分があることが、物語時間の経過とともに徐々に露《あら》わになる。

ナイーブなローズマリーの視点から描かれていた物語世界は、第二部に入るや一転して、真の主人公であるダイヴァー夫妻の過去へと遡《さかのぼ》る。アメリカの富豪の娘ニコルは、ある痛切な体験によって精神のバランスを崩し、スイスで療養していた。そのとき、優秀な精神科医のディックとめぐりあい、二人は恋に落ち結婚する。しかし、ニコルは時おり発作を起こし、彼女から目を離せないディックは、精神科医としての活躍の場をしだいに失ってゆく。こうして夫妻の陰の部分を照射した後、物語は第三部でふたたび「現在」にもどる。

第三部では、今度は疲れたディックのほうが、心の張りを失って崩れはじめ、ずるずると下降してゆく。かくて、新しい恋人ができたニコルから離婚され、飄然《ひょうぜん》と去って行く顚末《てんまつ》が描かれる。なんとも切ない結末だが、この結末に対し、フィッツジェラルド自身は、刊行後、ある評論家への手紙で、「下降調《タイング・フォール》の結びというモチーフは熟慮に熟慮を重ねたものであって、気力が萎えたせいなどではなく、明確なプランによるものだ」と明言している。こうして、フィッツジェラルドは明晰に崩壊の物語を描ききったのである。

ちなみに、この作品は本書のよったオリジナル版のほか、後年、作者自身が構想し、死後、これに従って組み替えた改訂版がある。それは、第一部と第二部を入れ替え、時間の経過に沿って物語世界を展開させてゆくものである。しかし、第二部で時間を遡り、謎に迫るオリジナル版の展開のほうが、はるかにスリリングであり、緊迫感があると思われる。
この作品を執筆していた九年の歳月は、妻のゼルダが精神のバランスを崩して入退院をくりかえし、その費用や生活費を捻出するために、次々に短篇小説を執筆する必要に迫られるなど、フィッツジェラルドにとって、とりわけ多難な時期であった。おまけに、彼自身の精神状態もけっしてよくはなかった。その葛藤のさまは往復書簡から如実に読みとれるが、そうした現実をも取り込み昇華しながら、フィッツジェラルドがひたすら書き綴った『夜はやさし』は、時を超えて奥深い輝きを放つ、愛おしい傑作だといえよう。

（2014.8.31）

渡辺京二 著『無名の人生』

（文春新書、二〇一四）

『逝きし世の面影』をはじめ、ユニークな角度から日本近代を照射しつづける著者の語りおろしエッセイ。自己顕示を否定する著者らしく、抑制のきいた語り口で、波瀾万丈だったみずからの生の軌跡を踏まえつつ、来し方行く末を語るその言葉は、鋭くも含蓄に富む。
本書は、序の「人間、死ぬから面白い」を皮切りに、「私は異邦人」「人生は甘くない」「生きる喜び」「幸せだった江戸の人びと」「国家への義理」「無名のままに生きたい」の七章仕立てで構成される。一九三〇年生まれの著者は、七歳のとき、家族とともに中国（北京）に移住、一九四〇年、小学校四年で大連に移り、大連第一中学校在学中に終戦となり、一九四七年に帰国、両親の故郷熊本の親類に身を寄せた。

終戦間際から帰国後にかけ、窮乏生活がつづくものの、大連で裕福な日本人が放出した文学書や哲学書を「なけなしの小遣いで」買いあさり、読みふけったことなど、この時期のことを語る口調は、不思議なほど明るく楽しげだ。著者はこうして中国で幼年期、少年期を過ごしたみずからを、「ともあれ、私の感覚は異邦人のものです」と言い、「私の体内を流れているのはナショナリズムの血ではありません」と、きっぱり言いきる。

著者はやがて熊本の旧制第五高等学校に入学するが、まもなく結核にかかって喀血、療養所に入る。療養所生活は四年半におよび、その間、多くの人々の死を目の当たりにし、「無念な思いはきっとあるはずなのに、ただ黙って死んでゆく――これが、原形としての人間の「生」の在り方だ」と、深く感じる。異国で育った者の異邦人感覚と、療養所経験によって培った死生観は、その後の著者の生き方や考え方の根底をなすものだといえよう。

本書の「幸せだった江戸の人びと」の章では、こうした著者ならではの名著、『逝きし世の面影』について存分に語っている。この作品は周知のように、幕末・明治初期、外国人が著した数々の訪日記録を通して、かつての日本の姿を描きだしたものである。ここに浮き彫りにされる江戸の人びとのイメージは、陽気に屈託なく生を楽しみ、幸福感にあふれており、既成の陰鬱な前近代観をもののみごとに突き崩す迫力がある。

ちなみに、著者はこうした本が書けたのは、自分が訪日記録を著した異国の人びとと、同じ視線をもっていたからだと述べている。対象と一体化しない異邦人の感覚をもっているために、あるがままに受けとめ、映しだすことができたというのである。

さらにまた、逝きし世である江戸時代を手放しで賛美するわけではなく、「それを現代文明を相対化する鏡として用いたいのです」と述べ、みずからのスタンスを明確にしている。

対象と一体化せず、つねに距離を保ち、相対化することを重視する姿勢は、最終章「無名のままに生きたい」まで貫徹される。著者は、自己実現、自分探し等々の名目で、自己顕示に汲々とし、自分を絶対化することを峻拒《しゅんきょ》する。人は「この世に滞在する旅人にすぎない」のだから、自分を取り巻くコスモスの世界と交感しながら、生の実質を感じとることが肝要だというのである。これは、生きることじたいを相対化する態度だといえよう。

競争原理と成果主義にふりまわされ、息せき切って走る風潮が世をおおう現代、渦に巻き込まれず、この世にあって生きることの意味を根底的に語りかける一冊である。

(2014. 10. 19)

『パリの家』

エリザベス・ボウエン著、太田良子訳

(晶文社、二〇一四)

エリザベス・ボウエン(一八九九—一九七三)はアイルランド生まれのイギリス人作家であり、『パリの家』(原著は一九三五年刊行)は、複雑に屈折した文体で濃密な物語世界を織りあげる、彼女の最高傑作と目される長篇小説。『パリの家』は阿部知二・良雄の手になる既訳があるが、本書は、ボウエンの作品を数多く翻訳している訳者による巧緻な新訳である。

本書は、「現在」「過去」「現在」の三部構成をとる。第一部の「現在」は、母を亡くし、祖母のもとに向かう十一歳の少女ヘンリエッタと、込み入った事情があって養子に出され、生まれてはじめて実母カレンに会うことになった、九歳の少年レオポルドが、フィッシャー夫人とその娘ナオミが住む「パリの家」で、たまたま出会うところからはじまる。

ヘンリエッタは小猿のぬいぐるみを離さない無邪気な少女である反面、神経質で異様に鋭敏なレオポルドを冷静にみつめ、威圧的な存在感を漂わせる病身のフィッシャー夫人と、献身的に彼女に尽くす暗い影のようなナオミの関係性を本能的に察知するなど、鏡のように透明な知性を備えている。このヘンリエッタの描きかたは実に魅力的である。

それはさておき、けっきょくレオポルドの実母はあらわれず、舞台は、レオポルドの出生の秘密にかかわる第二部「過去」へと移る。レオポルドの実母のカレンはイギリスの裕福な階層の出身だが、娘時代、フィッシャー夫人がこのパリの家で営んでいた下宿屋に一時期、寄宿し、娘のナオミとも親しい友人だった。彼女はロンドンに帰った後、同じ階層の青年レイと婚約するが、そのあまりの平穏さに飽きたりない思いを抱いていた。そんなとき、ナオミがパリの家に出入りしていたユダヤ人の若い銀行員マックスと婚約し、ロンドンにやって来る。カレンとマックスは暗い衝動に衝き動かされたように恋に落ち、やがて英仏海峡を越えて逢瀬《おうせ》を重ねるようになる。この不条理な恋の顚末は、不穏な風景描写とあいまって、激しくうねるような文体で綴られ圧巻というほかない。

やがてカレンは身ごもるが、マックスはその事実を知らないまま、かねて彼に強力な影響力を及ぼしていたフィッシャー夫人に追いつめられ、自殺してしまう。やがてカレンは母に事実をうちあけて、ひそかにレオポルドを産んだ後、婚約者レイと結婚したのだった。

こうして閉ざされた過去のベールをはいだうえで、物語はふたたび「現在」にもどる。カレンは土壇場で拒否したが、レオポルドの存在を知る夫のレイがパリの家にあらわれ、レオポルドを連れて帰ることとなり、彼らはヘンリエッタを付き添い人の待つリヨン駅まで送って行く。ヘンリエッタは小猿のぬいぐるみをかざしながら、二人に別れを告げ、プラットホームを歩み去って行く。この印象的な場面をもって物語世界は閉幕する。

少女と少年の出会い、不条理な恋の顚末、重く沈んだ空気が澱《よど》むパリの家。これらが何層にも重なって織りなされる本書の物語世界は、ミステリアスな緊迫感に包まれ、読者をぐいぐいと錯綜した世界に引き込んでゆく。もっとも、ボウエンの文体ははなはだ難解であり、実は、私は昔、英語の授業でボウエンの短篇をはじめて読んだとき、その複雑さに仰天しお手上げになったことがある。ボウエンの難解な構文を解きほぐし、その稀有の魅力にあふれた世界を開示した、訳者の並々ならぬ手腕に感嘆するばかりである。

（2014. 12. 7）

『京都〈千年の都〉の歴史』

髙橋昌明 著

（岩波新書、二〇一四）

本書は、八世紀末に造営された平安京の時代から、やがて平家、源氏、足利、豊臣、徳川と、入れ代わり立ち代わり登場する権力者に翻弄されながら、刻々と変貌し、現代まで脈々と生きつづける「千年の都」京都の変遷を、七章仕立てで描く。

著者は、千年の都というものの、「現在の京都市街地には、平安時代に造られた建造物は何一つ残っていない」と言いきる。平安時代のみならず、その後も京都は、地震、大火、疫病、洪水、うちつづく戦乱等々によって、しばしば荒廃の極に達し、わずかな例外を除いて、現代まで無傷で生き残ったものはないといってよい。

著者は住宅地や街角に立てられた石碑や歴史資料をよすがに、そこにあった建造物はむろんのこと、そのとき、そこで生きた人々をはるかに浮かびあがらせ、時代のかなたから、おりおりの京都の姿をありありと再現してみせる。まさに抜群の幻視力、再現力である。

随所に現在の写真や復元図も挿入されており、本書を読みながら、平安時代にタイムスリップし、今は変哲もない町並みに、かつて聳《そび》え立っていた大宮殿や壮麗な庭園を目の当たりにするような、楽しみを味わうこともできる。

ちなみに、平安京の街路も十三世紀頃には、住民によってしだいに宅地や耕地に変えられ（これを巷所《こうしょ》と称する）、いくら禁止令を出してもこの流れを止めることができなかったという。こうして主要道路も大宮殿も貴族の大邸宅も荒廃を重ねた果てに、細分化され、跡形もなく消えてゆく軌跡もしっかり描き込まれており、まことに興味深い。

本書はまた、千年の都のいわば「裏の顔」「陰の部分」にもスポットを当てており、このくだりが出色である。すなわち、平安京は排泄物や塵芥《じんかい》の処理がはなはだ杜撰《ずさん》で、何もかも側溝に流し込んだ。このため側溝は汚物であふれかえり、悪臭芬々《ふんぷん》、しばしば疫病が蔓延《まんえん》するなど、衛生環境は最悪だった。とんだ花の都である。

こうした状態は長くつづくが、十六世紀に入ると、汲み取り式の便所が普及し、衛生環境が大いに改善される。著者は『聚楽第行幸図屏風《じゅらくだいぎょうこうずびょうぶ》』などの屏風絵によってこれに注目し、「汲み取り式便所の普及は、農業の発展にともなって、肥料への需要が高まり、都市の人糞尿が注目されてゆくことと関係があろう」と述べる。さらにまた、スグキ、九条ネギ、壬生菜《みぶな》等々、京野菜のおいしさには定評があるが、これも早い時期に汲み取り式が普及したことが幸いしており、こうして効率よく排泄物を処理すると同時に、京都の街路および家屋の清潔さは、世界的にきわだつに至ったとされる。卓見というほかない。汚物をやみくもに遠ざけるだけでなく、有効活用するとは、これまた千年の都のしたたかさ、懐の深さなのであろう。

総じて、本書は、「千年の都」京都が、さまざまな時代の栄枯盛衰を通過し、何層もの滅びを重ねながら、長い時間を経過してきたことを、多様な視点から明らかにする。また、生き物のように汚れを排出しつづける都市の陰の部分に着目し、汚れの変遷を追跡したことも、本書のおもしろさを増幅している。「千年の都」京都は単に美しい古都ではなく、歴史の残酷さや空しさを奥に抱え込み、汚物をも含み浄化しながら、長い年月を経過してきた。本書を読み、京都を訪れたなら、千年の都のイメージもまた膨らみを増すであろう。

(2015. 2. 8)

『大和屋物語――大阪ミナミの花街民俗史』
神崎宣武 著
(岩波書店、二〇一五)

東京や京都の花街《かがい》に比べ、大阪の花街は語られることが少ないと思われる。本書は、民俗学者の著者が、かつて新橋や祇園と肩を並べる、超一流の花街であった、大阪ミナミ(南地《なんち》)宗右衛門町《そうえもんちょう》の大茶屋《おおぢゃや》、大和屋《やまとや》の最後の女将《おかみ》、阪口純久《きく》からの聞き書きをもとに、資料を網羅して、大和屋の軌跡を核としつつ、大阪ミナミの花街史をたどったものである。

「父祐三郎《すけさぶろう》から娘純久へ」「「大和屋」のしだい」「南地(ミナミ)花街の歴史」「花街のおまつり」の四章から成る本書では、純久の父阪口祐三郎の発想の斬新さと、とび抜けたスケールの大きさが、多角的に描きだされており、圧巻というほかはない。阪口祐三郎は、渾沌とした大阪の花街がしだいに整備された明治四十二年(一九〇九)、伯母が宗右衛門町で営む芸妓の置屋《おきや》、大和屋の後を継いだ。花街変革の意気に燃える祐三郎は、翌年早くも芸妓養成所(のちの大和屋芸妓学校)を設立する。この学校は全寮制であり、毎年、総勢約二十人の十代初めの少女を受け入れ、五年にわたって、舞踊、三味線等々の芸事やお花、お茶などの稽古事にいそしませる。こうして徹底的に訓練され、芸やマナーを身につけた少女が一流の芸妓として花街にデビューするというわけだ。

この大和屋芸妓学校から巣立った芸妓は、開校から昭和四十八年(一九七三)の閉校までの六十三年間に千人にのぼったという。そのなかから、地唄舞《じうたまい》の名手とうたわれた武原はんをはじめ、多くの名妓が誕生したのも、むべなるかな、である。ちなみに、祐三郎は芸妓の意識やマナーの向上をはかる『芸妓読本』をも執筆・刊行している。

こうして、芸妓層のレベルアップをはかった祐三郎は、同時に、大和屋を宗右衛門町きっての大茶屋に成長させ、南地五花街(宗右衛門町、九郎右衛門町《くろうえもんちょう》、櫓町《やぐら》、坂町、難波新地《なんばしんち》)を取りまとめた。そうしたなかで、刮目《かつもく》すべきは、正月の始業式で、五花街の芸妓席次表が発表されたことである。五花街すべての芸妓を技芸の優劣によって、甲、乙、丙、丁の四段階に分類し、さらに最上級の甲類は技芸試験によって甲一、甲二、甲三の三等級に分類するというものだ。当然、甲類に選ばれる者が一流芸妓に相当するが、その数はいたって少なく、芸妓総数の五分の一にも満たない。何とか甲類に入りたいと、芸妓衆が切磋《せっさ》琢磨《たくま》したことは想像に難くない。こうした向上心と誇りが、南地の芸妓ひいては花街全体を活気づけ、そこに張りつめた雰囲気をもたらしたとおぼしい。

このように、ミナミの花街の黄金時代を築いた阪口祐三郎が、いわば剛腕の変革者だとすれば、昭和三十六年(一九六一)、父の没後、大和屋を継いだ純久は、はげしく変わる時代のなかで、大和屋を建て替え、調度、料理、もてなし等々の精度を高めるとともに、種々の行事や催しを積極的に実施し、より広く大阪花街文化をアピールするなど、奮闘しつづけた。しかし、後を継いだ四十二年後の平成十五年(二〇〇三)、ついに大和屋を閉じるに至った。ミナミ花街文化の終焉を見定めた、あっぱれな決断だったというべきであろう。

著者は、祐三郎と純久の全力投球した生の軌跡をたどることを通じて、ミナミの花街ひいては大阪固有の文化のありかたを、鮮やかに描きあげた。さらに、随所に織り込まれた民俗学を駆使した解説や、かつての繁栄をものがたる写真も、興趣を高めている。

(2015. 3. 22)

『最後の晩餐の暗号』

ハビエル・シエラ著、宮崎真紀訳（イースト・プレス、二〇一五）

レオナルド・ダ・ヴィンチ（一四五二—一五一九）の「最後の晩餐」は誰でも知っている名画中の名画だが、実は長い年月を経て極度に損傷していた。そこで一九七七年から九九年まで、後世の加筆をとり除きつつ、念入りな修復作業が行われ、原画が鮮やかに甦った。そのとき、見る者をもっとも驚かせたのは、描かれたキリストの十二人の弟子のうち、一人はどう見ても女性だったことだ。これをはじめ、この名画には従来のキリスト教の知識では解き明かせない、数々の謎が秘められており、見る者に衝撃を与えた。

二〇〇三年に刊行され、世界的な大ベストセラーとなったダン・ブラウンの『ダ・ヴィンチ・コード』、および翌二〇〇四年に刊行された本書、すなわちスペインのミステリ作家ハビエル・シエラの『最後の晩餐の暗号』は、この「大事件」から有形無形のヒントを得て著されたものであることは、まず間違いない。しかし、この二つのミステリはむろんそれぞれ独自のスタイルによって、物語を展開させている。

前者は、現代人が残された手掛かりをたどり、隠された秘密に迫るというスタイルによるが、後者（本書）は、十五世紀末、ダ・ヴィンチがミラノにあるサンタ・マリア・デッレ・グラツィエ修道院の食堂の壁に「最後の晩餐」を描いた時点を核とし、さまざまな登場人物を複雑に交錯させながら、まさしく現在形で謎の解明を進めてゆくというスタイルによるのである。

本書は、ローマ教皇庁に「予言者」と名乗る人物から、しきりにミラノで異端者が陰謀をめぐらし暗躍しているという、暗号まじりの告発文書がとどけられ、これを調査すべく、異端審問官のアゴスティーノ神父がミラノに派遣されるところから、動きはじめる。ミラノに到着した彼はサンタ・マリア・デッレ・グラツィエ修道院に寄宿し、親切な図書館司書の助けを借りながら、「予言者」を突きとめるべく暗号の解読に励む。

その間、彼は食堂の壁に制作中の「最後の晩餐」を目の当たりにし、どうやら異端と目されるメッセージをふんだんに盛り込んだとおぼしい、異様な生気を帯びたその人物描写に心を奪われる。

これを開幕とし、本書の物語世界はアゴスティーノ神父とダ・ヴィンチを交互に登場させながら、佳境に入ってゆく。ここに描かれるダ・ヴィンチはいきいきと躍動的であり、訳者の言葉によれば、「コマネズミのようにくるくると回転する脳みそ、短気で仕事には厳しいが、茶目っ気のある陽気な性格、弟子たちを包みこむ懐の広さ」等々、まことに魅力的である。

それはさておき、やがて図書館司書を皮切りに、アゴスティーノ神父のまわりで次々に殺人事件が起こり、神父自身も不可解な事件に巻き込まれてゆく。

渾沌とした状況は、最終的にもつれた糸を解きほぐすように、しだいに明らかになり、暗い衝動に駆られた「予言者」も姿をあらわし死に至る。

ダ・ヴィンチが「最後の晩餐」にこめたメッセージや異端運動の重要な鍵として存在するのは、かつてカトリック教会に異端として排除された、敬虔な「カタリ派」の末裔であり、すべてを知ったアゴスティーノ神父は教皇庁に何も告げず、失われた福音書を求めてエジプトに旅立って行く。

総じて、多彩な人物を動かしながら、隠された歴史を徐々に明るみに出す作者の語り口は、スリリングにして深い興趣にあふれ、歴史ミステリの醍醐味を味わわせてくれる。

（2015.5.3）

ジョナサン・M・メッツル、アンナ・カークランド編、細澤仁ほか訳『不健康は悪なのか——健康をモラル化する世界』

（みすず書房、二〇一五）

喫煙や肥満がいかに「健康に悪い」かについては、さまざまな媒体を通じて広く流布し、一種の固定観念になっている。本書『不健康は悪なのか』では、こうした傾向がエスカレートする一方の米国社会を直視し、医学、法律、歴史、文学等々の分野の気鋭のエキスパートが、「健康」とは何なのか、「不健康」とは何なのかと、多様な角度から果敢な問いかけを行う。

彼らは、「喫煙は健康に悪い」がその実、「タバコを吸うなんて、悪い奴だ」ということを意味し、「肥満は健康に悪い」がその実、「この人は怠け者であるか、意志が弱いかのどちらかだ」ということを意味するという具合に、現在の「健康」という用語や観念は、価値判断やモラルに満ちあふれているという共通認識から出発し、多様な角度から問題点を浮き彫りにする。ときに慄然《りつぜん》とさせられる、まことに刺激的な論文集である。

本書は、四部仕立てを取り、イントロダクションの「なぜ健康に異議を唱えるのか？」と結語の「来たるべき健康とは？」を含め、全十五章で構成される。そのうちわけは、第一部「ところで、健康とは何だろう？」、第二部「道徳から見た健康」、第三部「健康と疾患を造り出すこと」、第四部「健康になった後の快楽と苦痛」となっている。

このうち、第二部に収められたキャスリーン・ルベスコ著「肥満パニック、そして新しき道徳」は、「肥満が自己統制の欠如を意味するとか、自らを健康にするのに失敗したことを表す」という見解に同調せず、体重減少を目的としたダイエットなどといった「自己管理の定式化」を拒絶し、「あらゆる体型での健康」をめざすべきだと説いて、健康とモラルを一体化させる風潮に異議を唱える。

この「自己管理の定式化」を拒絶するという主張は、やはり第二部に収録されたジョアン・B・ウルフ著「(ときには)おっぱいの育児に異議を唱える」にも共通するものだ。米国では母乳が子供の健康にとって最良とされ、哺乳瓶で育児をするのは「悪い母親」だとする傾向が顕著のようだが、母乳にもさまざまなリスクがあり、母親の生活にも多大な負担となる。だから、母乳キャンペーンの定式化に屈せず、自分自身の生活にもっとも見合ったスタイルをとるべきだと、著者は主張する。

この二つの論文から明らかなように、本書の論考は、「健康」とは何なのか、「不健康」とは何なのかという問題提起とともに、そのモラル的強制に抗し、まっとうで新たな健康への道への手掛かりを探究しているところが、注目される。

このほか、本書の論考のなかで衝撃的なのは、第三部のクリストファー・レーン著「受動‐攻撃性パーソナリティ障害の奇妙に受動‐攻撃的な歴史」とレナード・J・デイヴィス著「強迫性障害の氾濫」の二編の論文である。ちょっとした不安過剰や心配症が、またたくまに「精神科医が治療しなければならない、そして概して社会が憂慮すべき非適応の問題」となり、それらしい病名を付けられた患者が怖ろしい勢いで増えてゆく。精神的不健康者を造りだしてゆく過程を描く、これらの論考には人を慄然とさせるものがある。

なかには難解な論文もあるけれども、本書は総じて、「健康」を安易にモラル化する危険性を多角的にあぶりだし、健康を自覚的にとらえかえすことの重要性に気づかせてくれる。

(2015. 6. 21)

『幽霊塔』

江戸川乱歩 著、宮崎駿 口絵

(岩波書店、二〇一五)

江戸川乱歩の『幽霊塔』は、昭和十二年一月から十三年四月まで『講談倶楽部』に連載された。以来、単行本、全集本、文庫本など、さまざまな形で刊行され、今に至るまで読まれている。今回刊行されたこの本の特徴は、巻頭に宮崎駿の口絵が十六頁にわたって掲載され、読者を『幽霊塔』の物語世界に導入する絶好の水先案内となっていることである。

宮崎駿の口絵は、緻密な筆致で描かれた幽霊塔の各層断面図、少年時代の乱歩が熱中した黒岩涙香の翻案小説『幽霊塔』、近年ようやく判明した原本のアリス・ウィリアムスンの『灰色の女』といった、乱歩本『幽霊塔』成立の前史の絵解き、はては冒頭部の細かなコンテ等々、まさに至れり尽くせり、宮崎駿が少年時代から乱歩本にいかに深く魅せられていたかを、如実に物語っており、圧巻というほかない。

ちなみに、乱歩には『貼雑《はりまぜ》年譜』という生涯の記録があり、驚くべき精度の高さで描かれたスケッチなど多くの図版が含まれている。ここには、宮崎駿の口絵とも共通する、憑かれたような熱中癖が見て取れる。

乱歩本『幽霊塔』の物語世界は、大正時代の長崎の片田舎を舞台に、主人公の青年の叔父(退職判事)が、江戸時代の豪商が建てた不可思議な時計塔のそびえたつ、古風な屋敷を買い取ったところから開幕する。この古風な屋敷にはいわくがあり、まず豪商はこの時計塔に財宝を隠したものの、迷路から出られず、消息を絶つ。ついで、縁者の老婆が養女とともにここに住むが、養女に殺害され、逮捕された養女は獄中死する。

主人公は叔父の命をうけ、この不気味な屋敷を調査に訪れ、そこで謎の美女に出会う。これを皮切りに、主人公の意地の悪い許嫁《いいなずけ》、美女の過去と関係のありそうな青年紳士、美女を熱愛する中年弁護士など、一筋縄でゆかないしたたかな者たちが複雑に絡むなかで、主人公と美女はいつしか心を通わせるようになる。やがて、スリリングな事件が次々に起こり、錯綜をきわめるうち、物語世界はじりじりと時計塔の秘密の核心に迫る。かくして主人公と美女は、ついに時計塔の探訪を経て地底の宝庫にたどりつき、伝説の財宝を発見するに至る。謎の美女の正体も明かされ、物語は終幕の大団円となる。

機械仕掛けの古めかしい時計塔の謎、地底の迷路、宝探し、整形による変身、美男美女の恋物語など、乱歩本『幽霊塔』は、まさに推理小説ならぬ探偵小説、冒険小説、つまりはエンターテインメントの定石をみごとに駆使した、快作といえよう。

乱歩本『幽霊塔』がもともと『講談倶楽部』に連載されたことや、後に乱歩が少年向きの改訂版を著しているところから見ても、大人を対象に書いた作品であることは明らかだ。

しかし、少年時代の宮崎駿が熱中したように、大勢の好奇心あふれる少年少女がひそかにこの本に読みふけり、波瀾万丈の世界に魅了されたことも推測に難くない。そんなかつての少年少女が何十年もの時を経て、ふたたびこの本を手に取り、やはり子供のころと同様、想像力を刺激されることも大いにありうる。

何を隠そう、私もその一人である。

乱歩の『幽霊塔』は、このように大人のなかに今も流れる、好奇心あふれる子供の水脈を掘り起こし、目覚めさせる力があるのではなかろうか。この本の宮崎駿の克明を極める口絵群は、そんな大人のなかの子供に、つよく訴えかけ目覚めさせる迫力に満ちている。

(2015.8.2)

『東京骨灰紀行』

小沢信男 著

(ちくま文庫、二〇一二)

現代東京の深層には、江戸時代以来、火災、地震、戦災等々で命を落とした、無数の死者の骨灰が埋まっている。これは、一九二七年生まれの著者が二〇〇一年から八年がかりで、両国を皮切りに、日本橋、千住、築地、谷中、多摩、新宿、ふたたび両国と、災禍と深くかかわる地を訪ね、地底から響く死者の声に耳を傾けながら、埋もれた東京の歴史を掘り起こした秀作である。

「二十七階や二十五階の高層ビルたちも、その死屍《しし》累々をこそ礎石として、そびえてたっているのですね」といった、洒脱《しゃだつ》な語り口で繰り広げられるこの探訪記には、息をのむ迫力があり、都市も人も過去の累積の上に存在することを、改めて実感させられる。

(2015.8.10)

アレクサンドル・デュマ著、山内義雄訳
『モンテ・クリスト伯』
（全七冊、岩波文庫、一九五六―五七）

大長篇小説はいかにおもしろくとも、なかなか二度、三度と通読できない。そのなかで、私は『モンテ・クリスト伯』だけは二度、通読した。子供のころ、『巌窟王』と題されたダイジェスト版を愛読していたが、全訳本を読んだのは三十を過ぎてからだった。全訳本では、冤罪《えんざい》で投獄された主人公が脱獄に成功し、隠された財宝を手に入れて華麗に変身、自分を陥れた者たちに復讐するという物語が、ダイジェスト版とは段違いの綿密さで展開されており、実に楽しく読んだ。日常を離れ架空の世界に浮遊していると、感覚が豊かにリフレッシュされる。『モンテ・クリスト伯』は大字版も持っているので、またゆっくり通読するのが楽しみだ。

（2015. 8. 17）

ダニーラ・コマストリ＝モンタナーリ著、天野泰明訳
『剣闘士に薔薇を』
（国書刊行会、二〇一五）

イタリアのミステリとりわけ歴史ミステリといえば、すぐ思いつくのは、かのウンベルト・エーコの『薔薇の名前』だが、これ以外、どんな作品があるのか、これまでまったく知らなかった。そんななかで、ダニーラ・コマストリ＝モンタナーリは、古代ローマを舞台に、美女、美食、哲学書を愛する、粋で華麗

な元老院議員のアウレリウスが、元詐欺師のギリシャ人秘書のカストルとコンビを組み、難事件を解明してゆくという、興趣あふれる歴史ミステリ「アウレリウス・シリーズ」をすでに十七作も刊行し、イタリアで多くの読者を得ているという。ちなみに、本書はシリーズ第四作目に当たる由。

物語は紀元四五年、円形闘技場において、老皇帝クラウディウスをはじめとする大観衆の目前で、人気・実力ともにトップの剣闘士ケリドンが勝利目前、謎の死を遂げるところからはじまる。

老皇帝クラウディウスは長らく不遇だったが、この間、研鑽《けんさん》を積んで言語と歴史に精通した学者になり、アウレリウスは若き日、そんな彼からエトルリア語の手ほどきを受けた。意外にもクラウディウスはやがて皇帝になり、アウレリウスとの親密な往来は途絶えたが、両者の信頼関係はひそかに生きつづけていた。このため、アウレリウスはじきじきにケリドン殺し捜査の特命長官に任命され、事件解明に乗りだすことになる。

かくて、裏のありそうな剣闘士訓練所の親方や女剣闘士を含む剣闘士仲間、ケリドンの愛人とおぼしき無言劇《パントマイム》の超人気女優ニュッサ、その背後に隠然と存在する凄腕の法廷演説家とその妹等々、一癖も二癖もある人物が絡み合うなかで、アウレリウスは八面六臂《はちめんろっぴ》の大活躍を演じる秘書カストルともども、試行錯誤をくりかえしながら、じりじりとケリドンの死の影にあるスケールの大きな陰謀をあぶりだしてゆく。最後にケリドン殺しの真犯人も解明されるが、これは意想外の人物であり、みごとなドンデン返しというほかない。

大筋はざっと以上のようだが、推理能力抜群の主人公アウレリウスの名探偵ぶりが鮮やかに描かれているのに加え、彼を取り巻く秘書カストルをはじめとする、多彩な脇役のキャラクターが活写されていることとが、本書の最大の魅力といえる。

脇役のなかでもっとも魅力的な存在は、いうまでもなく秘書カストルである。彼は「誰が相手であれ、まんまと詐欺、瞞着《まんちゃく》、ペテンにかける信じがたい腕前」をもち、はりつけにされそうになったところを、アウレリウスに助けられ秘書に採用された。にもかかわらず、懲りることなく、主人のものは自分のものとばかりに、あっけらかんと着服するなど、図々しいことこのうえない。しかし、頭は切れるし度胸もあり、アウレリウスのためなら水火も辞さない気風《きっぷ》のよさもある。

この秘書カストルと対照的なのが、謹厳実直、真面目を絵に描いたようなアウレリウスの家産管理人のパリスだ。本書では、このライバルでもある二人が、そろって美貌の侍女に手玉にとられるという、オチまでついている。

このほか、アウレリウスの親友である騎士セルウィリウスとその妻も忘れがたいキャラクターである。人のいいセルウィリウスはいたって純情で、超人気女優ニュッサに夢中になり、妻ポンポニアと大騒動を巻き起こし、物語世界をユーモラスにざわめかせる。なお、ゴシップに目のないポンポニアは情報網を駆使し、アウレリウスの捜査に大いに貢献したりもする。さらにまた、アウレリウスの別れた妻のフラミニアも謎めいた雰囲気とともに、要所要所にちらりと登場し、名探偵アウレリウスの秘めたる過去をさりげなく照らしだす。

ちらりと登場するといえば、子供時代の暴君ネロもそうだ。皇帝クラウディウスの姪の息子として宮殿で養育されていたネロは、陰謀が露見し逃走しようとした犯人の一人に、平然と足をからませて階段から転落死させ、早くも端倪《たんげい》すべからざる貌を示す。史実かどうかは別問題として、この遊び心に満ちた作者の仕掛けはまことに強烈な印象を与える。

このように多士済済の脇役の活躍とともに、豪華な宮殿や円形闘技場から貧しい裏町に至るまで、古代ローマの情景が、みごとに浮き彫りにされていることも、本書の物語世界を臨場感ゆたかに膨らませ、読者をおのずと古代ローマ社会に引き込んでゆく。

本書は以上のように、魅力的な脇役群像や都市像をいきいきと描出し、上質のユーモア感覚を随所にちりばめながら、「古き良き」古典探偵小説の枠組みに沿って展開されている。これは現在、「血なまぐさく陰惨なミステリが、次から次へと刊行されて脚光を浴びる内外のミステリ界」(訳者あとがき)にあって、およそ異質なものであり、知的遊戯、良質なエンターテインメントとしてのミステリの本流を行くものといってもよかろう。アウレリウス・シリーズに魅せられた読者の一人として、続刊を鶴首《かくしゅ》して待ちたいと思う。

(2015. 9. 27)

『アメリカは食べる。——アメリカ食文化の謎をめぐる旅』

東理夫 著

(作品社、二〇一五)

本書は、移民の国アメリカの複雑に絡み合った姿を「食」の面から、多角的に探求したもの。著者はアメリカ文化に精通した作家、翻訳家であると同時に、アメリカンミュージックの一つ、ブルーグラスの奏者でもあり、そんな著者ならではの「アメリカ、食の万華鏡」ともいうべき、七百頁を超える巨編である。

本書は、「アメリカ料理とは何なのか」と「画一性という食の魅力」の二部から成る。第一部では、まずアメリカの食の歴史から語り起こし、一六二〇年、メイフラワー号でイギリスから新大陸に渡った人々に焦点が当てられる。食糧不足に苦しんだ彼らは先住民の助言により、トウモロコシなど現地の食糧の栽培や調理法を学び、アレンジして、新しい料理を生みだしてゆく。こうして融合、混淆《こんこう》、混合を特質とするアメリカ食が誕生したという著者の指摘は、まことに秀逸である。

ついで、イギリスにつづき、スペイン、フランス、アフリカ系、ドイツ、アイルランド、イタリア、東欧系、アジア系等々、あいついでアメリカ大陸に渡り、全土に移住した移民の間で、それぞれの食文化がどのような変遷をたどったかが、探求される。著者は車を走らせ町から町へと、広いアメリカ大陸を「食の巡礼」のように移動しながら、多様な移民料理を味わう。本書が圧倒的にすぐれているのは、みずから移動しつつ、移民料理を実地に味わい、いわば移民の軌跡を追体験しているところにあると思われる。

移民料理は故郷の料理の記憶をベースにしながら、食材も調理方法も移り住んだ土地に適応し、融合と混淆を重ねて変化した。このためもあって、名前を聞いただけでは、何なのかさっぱりわからない料理も多い。たとえば、カナダ東部のアケイディアからルイジアナ州に移住した「ケイジャン」と呼ばれるフランス系移民があり、その中心都市のニューオルリーンズは、ケイジャン料理のメッカである。その料理の一つに「ガンボー」と呼ばれるものがあり、どうやら一種のシチューのようなものらしい。

ちなみに、ニューオルリーンズはいわゆるケイジャン・ミュージックの中心地であり、その代表としてあげられるのは、ドクター・ジョンである。彼に「ガンボー」というアルバムがあり、このガンボーの意味がずっとわからなかったが、本書を読んではじめて疑問が氷解した。本書には、さまざまな曲の歌詞も引用されており、アメリカの音楽には料理が歌い込まれていることが多いと感心するとともに、目からウロコの発見も多々あり、実におもしろい。また、第三代大統領のトマス・ジェファーソンは稀代の博学で、それまで誰も口にしなかったトマトをはじめて食べた人物だというような、おもしろい話も随所に見られる。

第二部では、スーパーマーケット、冷凍食品、ファストフード等々が誕生した過程がたどられ、アメリカの食の変遷の一つの帰結が浮き彫りにされ、これまた説得力あふれる。

著者の両親は日系カナダ人二世であり、著者は母の作る多様な移民料理を食べて育ったという。著者自身「アメリカを旅することは自分の内を旅することなのだ」(「あとがきにかえて」)と述べているように、この母の料理が著者にとってアメリカ食そのものだったようにも見える。本書は、こうした個人的体験を踏まえながら、みずから移動して各地の風土と向き合い、味覚をフルに用いて、食の面からアメリカの真髄に肉薄した快作といえよう。

(2015. 11. 1)

『いちまき――ある家老の娘の物語』

中野翠 著

(新潮社、二〇一五)

「いちまき」とは血族の一団、一族の意だという。これは、映画や書物をテーマにした、軽やかな語り口の文章で知られる著者が、彼女の「いちまき」を周到に追跡し、みずからのルーツに光を当てた作品である。そもそも著者のいちまき探求の旅は、今を去ること二十二年、他界した父の遺品のなかに、安政六年(一八五九)に生まれ昭和十七年(一九四二)に没した、父方の曽祖母みわが著した自叙伝を発見したことにはじまる。

『大夢《たいむ》　中野みわ自叙伝』と題された、筆書きの自叙伝によれば、みわの実家は代々、関宿藩《せきやど》（千葉県）の江戸家老をつとめた。幕末、藩は勤皇派と佐幕派に分裂し、佐幕派のリーダーだったみわの父は同志とともに脱走、九歳くらいのみわも母や兄妹とともに転々と逃避行を重ねる羽目になる。父は、彰義隊と官軍の戦いの渦中をくぐり抜け、辛酸を経て静岡・沼津に移動、やがて沼津兵学校附属小学校教師となる。かくて、生活も落ち着いたところで、ようやく離散していた家族を呼び寄せ、いっしょに暮らすことができるようになった。この間約五年、みわも知り合いに身を寄せるなど、苦労を重ねたのだった。

著者は、幕末の激動期にこうして変転を重ねた曽祖母みわ、ひいてはみわの父（著者の高祖父）をはじめとする家族の軌跡を、古地図や種々の資料を丹念に調べると同時に、彼らと関係の深い東京の町、関宿、沼津等々の土地をめぐりながら、もつれた糸をときほぐすように明らかにしてゆく。このプロセスはまことにスリリングであり、失われた過去を甦らせ、著者の言葉を借りれば、「血がザワッ」とするような臨場感がある。

幕末、運命の激変に見舞われた人々は無数にあったに相違ない。固有の家族史に焦点を絞り、「時間旅行」を試みた本書は、その時その場で生きた人々の息づかいを感じながら、激動の時代の断面をありありと浮き彫りにし、読者にざわめく時代のただならぬ雰囲気を実感させる。また、みずからのルーツを探求するうち、著者は直系の一族につながる人々やゆかりのある人々を発見し、また、その子孫との出会いを果たす。

たとえば、以前から好きだった洋画家の浅井忠が高祖父（みわの父）の母の兄の孫であることを発見したり、「狐」のペンネームで知られた鋭敏な書評家とその兄から、彼らが、みわの妹の曽孫であることを知らされ、不思議な縁に「何ともいえない奇妙な気分」になったりする。縦の関係である直系の一族と、横に広がる遠縁の人々。人はこうして縦と横が交錯するところに存在し、脈々とつながり広がる生命の流れのただなかにあるのだと、縁《えにし》の糸に操られ、時間の彼方《かなた》へ旅する著者の姿に、人ごとでなく驚嘆させられる。

総じて、著者は血縁の人々について正面きって語ることに、終始一貫、一種の気恥ずかしさを抱いており、その感覚が対象に対する微妙な距離感となってあらわれ、この作品に身内ならぬ読者をも引き込む魅力を与えている。ちなみに、全五章からなる本書には、各章ごとに「後日談」が付されており、祖先のルーツをたどる著者自身の姿を描いたコメントが記されている。これによって過去と現在が重層化され、いっそう興味深い。

それにしても、ここに掲載されている曽祖母みわの古写真は、その面差《おもざ》しが著者とよく似ており、血は水よりも濃しと、命の流れの不思議さに、改めて感慨を覚えるばかり。

(2015. 12. 27)

池内紀 著『カール・クラウス――闇にひとつ炬火あり』

(講談社学術文庫、二〇一五)

カール・クラウス(一八七四―一九三六)は、世紀末ウィーンで活躍した批評家、作家、編集者。彼は、一八九九年から三十数年にわたって評論誌『炬火《きょか》』を一人で編集、執筆、刊行した。こうして長年にわたって、『炬火』の紙面の大半を占める時評、社会批判、文明批評、諷刺文を一人で書きつづけ、つごう九百号余り、総頁数二万三千余を刊行しきったというから、まさに筋金入りの自立した文筆家、ジャーナリストというほかない。

クラウスの活躍は多岐にわたり、『炬火』の刊行を持続する一方、生涯で七百回に及んだ「カール・クラウスの文芸劇場」なる朗読と講演の会を定期的に開き、これまたたった一人で大勢の聴衆を魅了した。のみならず、上演すれば十日はかかるという桁《けた》外れのスケールをもつ大諷刺劇『人類最期の日々』をはじめ、多くの著述を著した。

本書は、ただ「ことば」だけを武器として駆使し、不本意な時代と社会に、飽くことなく立ち向かった尖鋭にして痛烈な諷刺の人、カール・クラウスの姿を、ドイツ系ユダヤ人の製紙販売業者の五男として生まれ、ハプスブルク家のオーストリア゠ハンガリー帝国の首都ウィーンに育ったその生い立ち、さまざまな意匠がもつれ合った世紀末ウィーンの状況、『炬火』や劇作に顕著に見えるその表現方法の特徴等々を、九章にわたって追跡し、浮き彫りにした作品である。三十年前に刊行された初版本に全面的な改訂を施して再登場した本書は、今この時にいきいきとクラウスを甦らせ、読者に新鮮な驚きを覚えさせる。

第一次世界大戦からヒトラーの登場まで、激動する時代に刊行された『炬火』は、多数の定期購読者に支えられつづけた。ことに初期の『炬火』において、クラウスは尖鋭な筆致で、些細な事実やことばを核として、日常の不正や、社会の構造的な悪を容赦なくえぐりだしたが、その情報にはときに購読者から匿名で送られて来たものもあったという。

やがてクラウスは手当たりしだいに他を批判する時評家から、警抜な諷刺精神をもつ批評家、劇作家等々へと変貌するが、本書で明らかにされるその諷刺的表現方法は、基本的に変わらないように見える。著者は、「一篇ずつをたどっていくと、カール・クラウスの批評の方法がくっきりと浮かび上がってくる。論争するにせよ、諷刺するにせよ、批判するにせよ、彼は好んでちょっとした一語を手がかりとした。相手が何の気なしに用いた一語、思わず口にした一語、あるいは逆に、意識してはさみこんだ一語、意味ありげに洩らした一語、力をこめて飾り立てた一フレーズ。それが仮借ない批判の導火線になる」と述べ、こうした一語を「証拠物件」として、クラウスは隠された醜い真実をあばいてゆくという。こうしたクラウスの表現方法は、相手のことばを逆手に取った逆襲的表現といえよう。

実は、この表現方法は、魯迅(一八八一―一九三六)が論敵との論争のさいに、もっとも愛用した攻撃テクニックであった。魯迅は論敵のちょっとしたことばを取りあげ、その美辞麗句の裏に隠された醜悪な正体を容赦なくあばいた。クラウスと魯迅はむろんまったく直接のかかわりはないが、ほぼ同時代人であり、同じ年に死去している。自立した文章家である点も共通しており、時代精神であろうかと、驚嘆するばかり。というふうに、本書は、読む者それぞれに強く訴えかける迫力と刺激に満ちた稀有の作品にほかならない。

(2016.2.7)

『中国銅鑼《チャイニーズ・ゴング》の謎』

クリストファー・ブッシュ 著、藤盛千夏 訳

(論創社、二〇一五)

英国のミステリ作家クリストファー・ブッシュ(一八八五―一九七三)は、限られた登場人物のなかに、殺

人事件の犯人がいるにもかかわらず、複雑な迷路を設定し、土壇場の謎解きに至るまで、読者を右往左往させる、古典的なパズル・ミステリの名手である。

ブッシュは名探偵ルドヴィック・トラヴァースを核とする作品を六十冊以上、著した。その第二作に当たる世評の高い『完全殺人事件』(一九二九)は、一九三六年に日本でも翻訳・刊行され、その後、何度も改訳・刊行され、長らく読み継がれてきた。

このほか、数冊の作品の翻訳が刊行されているが、最近は手に入りにくく、この『中国銅鑼の謎』(一九三五)は久々の新訳であり、むろん本邦初訳である。このように、ブッシュの作品が紹介される機会が少ないのは、総じて語り口が堅実かつ地味であり、回り道に回り道を重ねる展開の仕方もスリリングとはいいがたいことも、あずかっているのかもしれない。しかし、ゆったり構えて読めば、謎が謎を呼ぶ古典パズル・ミステリの醍醐味《だいごみ》を堪能できること、請け合いであり、その意味でこの『中国銅鑼の謎』は絶好の一冊である。

本書の主要登場人物は、陰険で意地のわるい財産家の老人、その四人の甥、財産家老人の弁護士、老人の屋敷に勤める執事夫婦の、つごう八人である。四人の甥の職業は、破産した玩具工場経営者、画家、教師、退役軍人だが、それぞれ困窮し、財産家の叔父の遺産を得ることを切望している。また、弁護士は親の代から、老人が何度も書き換える遺言状の管理をするなど、内情に詳しい人物だが、素行に問題があり、どうやら負債もあるらしい。執事夫妻は一見、誠実そのものだが、これまた大きな秘密を抱えているようだ。

暗い影のあるこれらの人々が、老人の誕生祝いのために、地方の豪壮な邸宅で一堂に会し、執事が晩餐の合図に、老人お気に入りの中国銅鑼《チャイニーズ・ゴング》を鳴らしたとき、その音に紛れ、どこからともなく銃が発射され、老人が殺害される。執事の妻と画家の甥を除き、残る五人がその場に居合わせており、怪しいといえば、全員が怪しい。

ここで、現地の警察署長とたまたま署長の家に滞在中の素人探偵ルドヴィックが登場、関係者一同への尋問を開始する。しかし、さしものルドヴィックも迷路に踏み込んだように、何度も読み違え、失敗を重ねるが、綿密に一人一人のそのときの行動、ひいては彼らの過去から現在にわたる軌跡を洗いだして、犯行の不可能性を一人ずつ立証し、容疑者リストからはずしてゆく。

かくして、残ったのは意外な人物だった。ちなみに、この犯行には、それまでの地道なストーリー展開とはうらはらに、奇想天外なトリックが用いられており、著者の遊び心、冒険精神が、ここぞとばかりに集中的に発揮されている。

本書は、このように、限られた登場人物、空間における謎解きのおもしろさと同時に、嫌味で、典型的な嫌われ型の被害者の老人、彼に翻弄される四人の甥、明晰だがどこか素っ頓狂な探偵、忠実だが度胸満点の探偵の相棒等々、登場人物のキャラクターやその関係性が細やかに描かれ、一場の舞台劇を見るような興趣にあふれる。

こうしたもう一つの世界に遊ぶ楽しさは、古典ミステリならではのものであり、グロテスクな惨劇が主流を占める現代ミステリには、求むべくもないといえよう。

（2016.3.27）

『図説 樹木の文化史――知識・神話・象徴』（柊風舎、二〇一六）

フランシス・ケアリー著、小川昭子訳

樹木の起源は途方もなく古く、三億六千万年から三億七千万年前だとされる。むろん人類の登場ははるかに遅く、とても同日には論じられない。そんな悠遠の生命をもつ樹木は、古代から人類にとって神秘的な世界を象徴する神聖なものであると同時に、巧緻な工芸品や日常的な道具類の素材であり、また不断に食料や飲料を提供してくれる身近な宝庫でもあった。

本書は、大英博物館のスタッフだった著者が豊饒《ほうじょう》な知識を踏まえて、樹木と人間とのかかわりの歴史を、神話・伝説、詩文、絵画、工芸品などを縦横に取りあげながら、多様な角度から論じた作品である。なお、本書には多数の美しい図版が採録されており、著者の文章を水先案内にしながら、奥深い樹木の世界に誘い込まれる楽しみを味わうことができる。

本書は、二部構成をとり、「樹木の知識」と「神話と象徴」の二章からなる第一部では、まず、その見分け方（分類）や育て方など、人間の樹木に関する知識の変遷を概観したうえで、洋の東西の神話・宗教・芸術において、樹木がいかに重要な意味をもっているかを追跡する。ここで、注目されるのは、「世界軸、つまり世界の中心を示す宇宙樹――天と地と冥界を枝と幹と根によって結びつけている――」が、「南北両半球」のいくつかの信仰体系で重要な意味を与えられていると、指摘されていることである。

この「宇宙樹」は「生命の樹」であり、滔々《とうとう》と絶えることのない生命の流れを暗示し、復活や長寿とも結び付く。その一例として興味深いことに、中国古典小説『西遊記』に見える「人参果《にんじんか》」の樹が取りあげられている。この樹は三千年に一回だけ花が咲き、三千年に一回だけ実をつけ、その実はまた三千年たってやっと熟す。これはまことに霊験あらたかな実で、匂いを嗅ぐだけで、その人は三百六十歳まで生きられ、一箇まるまる食べたら、四万七千年も生きられるというのだ。悠遠の歴史をもつ樹木が、生命の樹のイメージを生みだし、長寿幻想と結び付くさまが単純明快に示されており、おもしろいというほかない。

ちなみに、著者はこうした生命の樹のイメージが、西洋では、脈々とつらなる家系譜を樹木の形であらわす「家系樹」に、しばしば転用されると述べ、種々の図を採録している。

さて、こうして「生命の樹」を核とし、樹木と人のかかわりを展望した後、第二部「樹木譜」では、世界各地の多種多様の樹木を素材とする工芸品が、素材別に取りあげられ、工芸品を通して見る樹木の文化史が浮き彫りにされる。ここで、取りあげられる素材としての樹木は、ツゲ、サンザシ、イトスギ、イチジク、イチョウ、リンゴ、クワ、オリーブ等々、つごう二十五種にのぼる。ここには、樹木そのものが器、木像、箱、棺などに仕立てられたものと、絵画、彫刻、工芸品のなかで、描かれたり彫り込まれたりしたものとが混在しており、中国清代の梅の図柄入りの杯や江戸時代の桜模様の歌舞伎衣装まで紹介されている。文字どおり異種混淆だが、いずれもみごとな出来栄えであり、鮮明な図版を見ながら、人間がいかに樹木から多くの恩恵を得ながら共生してきたか、感じ入るばかりだった。

こうして本書はあくまで樹木と人間のかかわりに着目し、樹木の文化史をたどったものだが、ここに刻印された輝かしい共生の歴史に比べれば、今や、人間は樹木に思い入れをすることもなく、共生するすべを見失ってしまったと、読後、しばし呆然としたのであった。

（2016.5.8）

『老生』

賈平凹 著、吉田富夫 訳

（中央公論新社、二〇一六）

著者の賈平凹《ジャピンアオ》（一九五三年生）は、ノーベル文学賞作家の莫言《モオイエン》と肩を並べる現代中国の代表的作家。一九七二年、文化大革命期に、西安《せいあん》の西北大学に入学、在学中から小説を書きはじめ、修練を重ねるが、賈平凹の名をいっきょに高からしめたのは、一九九三年に刊行された長篇小説『廃都《はいと》』である。『廃都』は、古都西安を舞台に、知識人階層の頽廃した日々を描いた作品であり、現代中国小説に稀に見るセクシュアルな描写で話題を呼んだが、発禁処分を受け、長らく絶版状態がつづいた。これ以後も、賈平凹は数多くの作品を発表しつづけ、二〇一四年に刊行された長篇小説『老生《ろうせい》』は、その最新作にあたる。

『老生』は、『廃都』とは打って変わり、賈平凹の故郷をモデルにしたとおぼしい、陝西省《せんせい》の秦嶺《しんれい》山脈の田舎町を舞台として展開される。訳者の言葉（「読者へ」）によれば、この町は、「太古からの雰囲気をいまなお残す」辺境であり、この作品に登場する多くの人物は「戸籍上の名前すら怪しげな大地の最底辺を這いずるようにして生きる人々」である。

この田舎町を舞台に、『老生』の物語世界は、時代の流れに沿いつつ四つの物語によって構成される。すなわち、第一話は一九四〇年代の国共内戦期、第二話は五〇年代初頭の中国共産党政権による土地改革、第三話は六〇年代半ばから約十年つづいた文化大革命、第四話は八〇年代の改革開放から、二〇〇〇年代初めに猛威をふるったサーズ（SARS、新型肺炎）騒動へとつづく経済成長期、を背景とするのである。

半世紀を超える激動期を背景とする物語だから、登場人物も膨大な数にのぼり、しばし顔を見せたかと思うと、時代の渦に巻き込まれてあっけなく命を落とすなど、次々に入れ替わってゆく。しかし、こうして変遷をくりかえす辺境の町で、物語世界の開幕から終幕まで、終始一貫して登場しつづける人物が二人いる。一人は、生と死の境界を行き来する、仙人のように年齢も定かでない弔い師である。辺境の町に生きる人々の移り変わりを眺めてきた彼は生き証人として、『老生』の物語世界の語り手の役割をも担っている。ちなみに、この作品のタイトルの「老生」には、長く生きた男という意味と、京劇などの古典演劇の役柄の一つ「老け役」という意味があり、直接には、語り手の弔い師を指すといえよう。

物語の展開上、弔い師ほど重要な役割を演ずるわけではないが、今一人、四話を通じて大いなる影のように生きつづけ、辺境の町に磁力を及ぼすのは、第一話での遊撃隊の唯一の生き残りであり、後年、この地域の最有力者となる匡三《きょうさん》という人物である。

著者はこうして時間を超越した弔い師を語り手にするとともに、もう一つ構成上、「仕掛け」を設けている。それは、奇怪な空間に出没する怪神・怪人・怪獣・怪鳥・怪魚等々を満載したコスモロジカルな中国古代神話『山海経《せんがいきょう》』を、随所にはめ込み、作品世界を重層化していることである。この途方もない幻想的空間、幻想的存在が織り込まれていることにより、相当以上にグロテスクで血なまぐさい『老生』の作品世界が昇華され、一種、暗黒童話のような趣を帯びるに至っており、すこぶる巧みな語り口だと思われる。

全体の流れを見れば、第一話の国共内戦期では、この秦嶺の町でもほとんど自然発生的に遊撃隊が結成され、強欲な地主や有力者と果敢な遊撃戦を繰り広げる。しかし、けっきょくは体制側の部隊に殲滅《せんめつ》され、先にあげた匡三以外、惨死してしまう。なお、匡三はもともと大食漢のもの乞いだったが、遊撃隊に参加して武闘の術を身に付け、僥倖に恵まれて死を逃れたのだった。このくだりは残酷な場面も多いが、損得抜きの戦闘精神の輝きと、新しい世界の開幕の予兆が見られ、この作品においてもっとも躍動感にあふれる。

第二話では、土地改革の時代を対象とし、土地を没収される地主と少しでも土地を得たい持たざる農民との、ドタバタ騒動の悲喜劇がなまなましく描かれ、第三話では、文化大革命の時代を対象に、吊《つ》るし上げ騒動の残酷劇の顚末がいささか滑稽味を帯びつつ、詳細にたどられる。激動をくぐり抜けた改革の時代を対象とする第四話は、まさしく欲望全開、こぞって金儲けに狂奔し、りっぱな家を建てるやら、宴会浸りになるやらと、辺境バブルのこれまた悲喜劇が展開される。この狂乱にとどめを刺したのがサーズの蔓延である。辺境の町でも死者が続出し、あっというまに死の町と化してしまう。

こうして見ると、『老生』の作品世界は大騒動つづきだが、グロテスクな人々の葛藤のなかにも、かつての遊撃隊のメンバーと同様、まともに生きようとする者の姿も点描されており、それが救いでもある。著者賈平凹はこのようにして現代中国の来し方行く末を粘り強く凝視しつづけ、目先の欲望に呑み込まれる空しさをみごとにあぶりだしたといえよう。

（2016. 6. 12）

『偽りの書簡』

R・リーバス、S・ホフマン著、宮﨑真紀訳

（創元推理文庫、二〇一六）

本書は、一九五二年、スペイン北東部の大都市バルセロナを舞台に、二人の女性、すなわち二十四歳の新聞記者アナと四十代の文献学者ベアトリズが協力して、不可解な殺人事件の謎を解いてゆくという、興趣あふれるミステリである。

ちなみに、二人の著者のうち、ロサ・リーバス(一九六三年生まれ)はバルセロナに近い地域の出身、歴史小説およびミステリの作家として活躍中だが、二〇一三年から、友人のザビーネ・ホフマンと共同で、新聞記者アナのシリーズの刊行を開始し、本書はその第一作目にあたるという。作中の女性探偵コンビと同様、著者もまた女性コンビというわけだ。

本書の舞台バルセロナは、いわゆるスペインとは異なる独自の文化や伝統をもつカタルーニャの主要都市であり、物語時間の一九五二年当時は、スペイン内戦(一九三六—三九)後、権力を握ったフランコの独裁政権によりとりわけきびしく弾圧されていた。中心人物のアナの家族は、兄が反政府派として処刑され、やはり新聞記者だった父は失職し、文献学者のベアトリズも反体制的だと烙印を押されて、大学にポストを得ることができない。というふうに、本書の中心人物はいずれも時代状況の暗い影を背負っている。

そんな時期に、バルセロナの上流階級の未亡人マリオナが殺害され、検察や警察の不穏な主導権争いの渦中で、それまで社交欄しか扱ったことのない新米雇われ記者のアナが事件担当に選ばれる。ただし、記事は警察の公式発表の枠を一歩も出てはならないという条件付きだった。

そんななか、アナはひそかに独自の調査を進め、殺されたマリオナが隠し持っていた恋文の束に着目する。差出人の実名は不明。そこで、アナはひょんなことから知った遠縁のベアトリズに、恋文の写しを読んでもらう。文献学者のベアトリズは、書き手の言い回しや表現から、その人物の出身、特徴を見抜き、特定することができるのだ。

以後、行動派のアナと思索派のベアトリズは補い合いながら、じりじりと真相に接近し、ついに恋文の主、マリオナの恋人の存在を突きとめる。この恋人が殺人犯なのか。しかし、ベアトリズの鑑定によって、恋文の書き手が二人いることが判明し、事件の真相はまたも不可解となる。こうして、まったくタイプのちがう二人の女性が恋文を手掛かりに、秘められた事実を探りだしてゆく過程は、まことにスリリングであり、圧巻だというほかない。

やがて恋文の書き手である兄弟があいついで死を遂げ、警察や検察の意に反する行動をとるアナとベアトリズに対する追跡、追及もはげしくなり、緊迫した場面がつづく。マリオナ殺害の深層に何があるのか、彼女を殺した真犯人は誰なのか、なぜ警察や検察が躍起になって、アナたちを追いつめるのか、黒幕はいったい誰なのか。最終局面に向かうにつれて、物語展開は急テンポになり、文字どおり息もつかせぬおもしろさにあふれかえる。

本書『偽りの書簡』はこのように、謎解きミステリの醍醐味を存分に味わわせてくれると同時に、中心人物アナとベアトリズの周辺の人物、たとえば、アナの上司、祖父、父母、ベアトリズの甥の弁護士、たくましくも愛すべき家政婦などが、巧みに描かれており、中心人物ともども不本意な状況のなかで、めいっぱい生きる人々の姿が鮮やかに浮き彫りにされている。総じて、近ごろ稀に見る秀作だと、感嘆することしきりである。

（2016.8.7）

吉川幸次郎 著『論語』（上下、朝日選書、一九九六）

桑原武夫 著『論語』（ちくま文庫、一九八五）

中島敦 著「弟子」（『山月記・李陵　他九篇』所収、岩波文庫、一九九四）

私がはじめて『論語』を通読したのは半世紀以上も前であり、読んだのは吉川『論語』である。『論語』の注釈は無数にあるが、吉川『論語』はそのうち主として、「古注《こちゅう》」すなわち三世紀中頃、魏《ぎ》の何晏《かあん》が編纂した『論語集解《しっかい》』、「新注《しんちゅう》」すなわち十二世紀後半の南宋《なんそう》、朱子《しゅし》が著した『論語集注《しっちゅう》』、および日本の江戸時代に、伊藤仁斎の著した『論語古義《こぎ》』、荻生徂徠《おぎゅうそらい》の著した『論語徴《ちょう》』の四書を比較検討しつつ、『論語』の表現を解きほぐしてゆく手法で著されている。一見、煩瑣なこうした手続きを踏んで明らかにされる、『論語』世界および孔子像には、既成観念をくつがえすダイナミックな躍動性があり、それまで抱いていた先入見が吹っ飛び、大いに感動した。

桑原武夫先生の手になる『論語』は全二十篇のうち、より孔子の素顔や肉声をヴィヴィッドに伝えているとされる、前半十篇を対象としたものである。桑原『論語』も種々の注釈に目を配りながら著されているが、そのすばらしさは、ともに明朗闊達、健やかな陽性の人である孔子と桑原先生が、時を超えて根源的に共鳴し、孔子の原像をありありと浮かびあがらせているところにある。たとえば、孔子がみずからを許して、「其《そ》の人と為《な》りや、憤《いきどお》りを発して食を忘れ、楽しんで以《もっ》て憂いを忘れ、老いの将《まさ》に至らんとするを知らざるのみ」（述而《じゅつじ》第七）と述べたくだりでは、孔子は、「そうした活潑健康なパーソナリティの持ち主で、年のことなど考えず、最後の日まで充実した生を生きぬこうとしている」と解説される。孔子に対する深い共感が美しく満ちあふれた、稀有の作品というほかない。

孔子には大勢の弟子がいたが、とりわけ顔回《がんかい》、子貢《しこう》、子路《しろ》の三人は高弟中の高弟だった。中島敦の「弟子」はこのうち、もと遊侠で、無謀なところはあるものの、純情一筋の愛すべき快男児、子路と孔子との類まれな関係性に焦点を当てたもの。孔子はヤンチャな子路を叱りながら、「敝《やぶ》れたる縕袍《おんぽう》を衣《き》、狐貉《こかく》を衣《き》る者と立ちて、而《しか》も恥じざる者は、其《そ》れ由《ゆう》（子路の本名）なるか」（子罕《しかん》第九）と、ボロボロの上衣を着ていても、上等の毛皮を着た者の前で、堂々とふるまう子路を手放しで称賛し、子路もまた孔子を心から敬愛しながら、ずけずけと言いにくいことを言ってのけるなど、この師弟は余人の測り知れない強い信頼関係で結ばれている。「弟子」はこの師弟を核として、乱世を生きた孔子一門の、自由でのびやかな雰囲気を、いきいきと描出する。

（2016. 8. 28）

クリストフ・マルケ著、楠瀬日年 絵

『大津絵――民衆的諷刺の世界』

（角川ソフィア文庫、二〇一六）

大津絵は江戸時代初期から明治にかけ、東海道最大の宿場、大津の町はずれで、旅人に土産物として売られていた民衆絵画。その独特の自由自在にして飄逸な趣は今も、見る人に忘れがたい印象を与える。

本書は、日本の近世・近代美術史を専門とするフランスの学者、クリストフ・マルケが、その歴史から説き起こし、近代の画家に与えた衝撃に至るまで、多種多様の鮮明な図版(模写を含む)を紹介しながら、大津絵の全貌を説き明かしたもの。

本書は三章によって構成され、第一章で、まず大津絵の歴史がたどられる。初期の大津絵は十七世紀末まで、神仏を画題とする作品がほとんどだった。阿弥陀《あみだ》如来、青面金剛《しょうめんこんごう》、法然、空海等々が描かれるが、ことに興味深いのは「十三仏《ぶつ》」と称される作品である。もともと初七日から三十三回忌まで、十三回の法要でそのつど異なる仏を描いた仏画が掲げられるのが常だった。それを簡略化し、十三の仏をすべて一枚に描き込み、どの法要でも兼用したのが、この「十三仏」だという。こうした「十三仏」は多く残っている由。いかにも庶民的な知恵と実用性にもとづくこの発想には、機智の閃きもあり、感嘆させられる。

初期の神仏画につづき、十八世紀になると、大津絵の真骨頂ともいうべき、世俗的な画題が主流を占めるようになる。世俗画大津絵には鬼がしばしば描かれるが、けっして恐ろしげな怪物としてではなく、鼠に追いかけられて逃げ惑ったり、泣きそうな表情で念仏を唱えたり、なんとも気弱で滑稽な存在として出現する。ここに、いきいきした悪戯っ気に富む大津絵のパロディーの精神や逆転の発想を、見てとることができる。また、こうした世俗画には、大名行列の先頭を行く威張った槍持奴《やりもちやっこ》の姿を、虎の威を借る狐とばかり、憎々しげに描いたものや、三味線を弾く美女の着物の裾から、狐の尻尾が出ているさまをサラリと描いたものなど、のびやかで辛辣なユーモア感覚と諷刺精神にあふれた作品も多い。

大津絵は世俗画隆盛の時期をすぎると、しだいにすべてを笑い飛ばす遊戯感覚や鋭い諷刺性を失い、護符つまりはお守りとしての用途を担うようになり、病気、盗賊、火難等々、種々の災難から家や身を守る縁起物となってゆく。かくて、東海道を行き来する旅人がいなくなるとともに、熟練の職人絵師の手になる大津絵も忘れられていったのだった。この大津絵の変遷を、著者は簡にして要を得た筆致でみごとに描ききっている。

第二章には、早くから大津絵に注目し、その散逸と消滅を懸念した、篆刻《てんこく》家の楠瀬日年《くすのせにちねん》(一八八八―一九六二)が、ほとんどすべての大津絵の画題を模写し版画にして、大正九年(一九二〇)に刊行した版画集が、そのまま収録されている。ここには七十八枚の版画が、仏、鬼、美人、鳥獣等々の七項目に分けられ、著者の解説も付される。主要な大津絵はすべて入っており、フルカラーで鮮明、大津絵の世界に存分に浸ることができる。最後の第三章では、楠瀬日年と大津絵のかかわりが記されるとともに、浅井忠、岸田劉生、梅原龍三郎、ピカソ、ミロなど、洋の東西の近代画家が、大津絵のシンプルにして自由闊達な表現力に衝撃をうけ、忘れられた大津絵の魅力を再発見したことが述べられる。

本書は、フランス語で書かれた原本を著者自身が日本語訳したとのことだが、平明で読みやすく、美しい図版とともに、大津絵の世界への絶好の水先案内となっている。

(2016.9.25)

鶴見俊輔 著
『敗北力――Later Works』
(編集グループ〈SURE〉、二〇一六)

著者は、二〇一一年十月、脳梗塞で倒れ、以来、さまざまな病気と向き合いながら、二〇一五年七月、九十三歳で亡くなった。本書は、四年近くつづいた不如意な病中生活のなかで、倒れる一、二年前に発表したエッセイや講演等々二十三編を、著者みずから編集した「著者自編」と、雑誌などに発表されたが、著書に収録されなかった十二編を収録した「自著未収録稿」の二部から成る。このほかに、著者が静かに語りかけてくるような、「未発表詩稿」五篇が挿入され、著者の晩年の貌に豊かな膨らみを与えている。

本書の中核をなすのは、いうまでもなく「著者自編」に収録された文章である。「なれなかったもの」「敗北力」「日本人は状況から何をまなぶか」「学校の外」「身ぶり手ぶりから始めよう」等々、二十三編の文章にはさまざまな対象が取りあげられているが、その底には共通して、著者が長い歳月をかけて練りあげ、血肉と化した主調音が響いている。

その一つは、「敗北力」という考えかたである。著者は、「敗北力は、どういう条件を満たすときに自分が敗北するかの認識と、その敗北をどのように受けとめるかの気構えから成る」といい、そのみごとな例として伊藤博文、高杉晋作等をあげる。たとえば、高杉晋作は、長英戦争の敗北後、英国の軍艦に講和交渉に出向いたさい、英国側が島を一つ借用したいと言いだすと、日本の八百万《やおよろず》の神々の名を並べ立てて、島は神にいただいたものだから貸せないと答え、通訳を煙に巻いて、危機を切り抜けた。こうした敗者の気構えが、日露戦争このかた二〇一一年の原発事故に至るまで、この国では見られなくなったと、著者は指摘する。敗北をバネにしてこそ、新しい視野が切り開けるという、強靱な発想である。

今ひとつは、何事も急がず、生活体験のなかから、ゆっくり会得してゆくことが、基本だという信念である。ここに収録された講演の記録のなかで、著者はこう述べている。「「知識」はね、「自分の中の態度」に根差していなければ、「思想」にはなりません」(「この時代と会う山本宣治」)。至言である。そうした「自分の中の態度」は、さまざま生活体験を積み重ねながら、自分の頭で考えることによってしか形成されない。西郷隆盛は鹿児島の人間関係の濃密な路地で育った「路地の英雄」だった（『二〇一一年を生きる君たちへ』）とも、述べているが、これもまた、その生きかたや思想が、幼いころからの生活体験によって、ゆっくり育まれた「自分の中の態度」に根差すものだという、卓抜な指摘だと思われる。

こうした考えかたは学校教育、大学教育に対する根源的な不信によるところが大きい。著者は、大学とは「他人、特に欧米人の言ったことを、自分の考えたことと錯覚させる機械」（「たっぱのある人」）だと、何とも痛烈な定義を施している。実感をともなわない空ろな知識を峻拒《しゅんきょ》する、その烈々たる批判精神は、本書の随所に見られ、圧倒的な迫力がある。

このほか、本書には、「著者自編」「自著未収録稿」を通じて、著者の出会った、桑原武夫、梅棹忠夫、小田実等々、忘れえぬ人々を描いたエッセイが数多く収録されている。いずれもその姿が彷彿とするいきいきした筆致で描かれており、読みごたえがある。

総じて、著者の最後の贈り物である本書は、潑剌とした精神の躍動に満ち、その力強くも不思議にほの明るいメッセージには、読者を元気づけてくれるものがある。

（2016.11.6）

渡辺京二著『父母《ちちはは》の記——私的昭和の面影』

（平凡社、二〇一六）

幕末の日本人の暗いイメージを一転させた『逝きし世の面影』や『黒船前夜』等々の秀作で、新たな地平を切り開いた著者が、父母をはじめ忘れえぬ人々とのかかわりを掘り起こし、みずからの生の軌跡を追跡したエッセイ集。本書には、「私的昭和の面影」というサブタイトルが付されているが、一九三〇年（昭和五年）生まれで現在八十六歳の著者が、戦前戦後の激動期のただなかを生きた個人的体験を赤裸々に語るうちに、おのずとその背後から時代の状況や雰囲気が、臨場感ゆたかにせり上がってくるさまは、圧巻というほかない。

本書には六編のエッセイが収められているが、とりわけ秀逸なのは書名にもなった「父母の記」である。著者の父は活動写真の弁士だったが、その後、中国へ渡り北京や大連で映画館の支配人や興行師になった。アイデアマンで経営手腕がある一方、「遊民」めいたところのあるダンディーな色男で、女性問題を起こしつづけ、母をはじめ家族を悩ませたという。著者は七歳のとき、母や姉とともに中国の父のもとに行き、最初は北京ついで大連へ移り、一九四七年に帰国するまで異郷でほぼ十年、少年時代を過ごした。この間、トラブルメーカーの父と才気煥発にして辛辣な母との葛藤はつづき、父母の故郷である熊本の親類に身を寄せ窮乏生活を送るうち、ついに父は別の女性を伴い大分に移住してしまう。

なんとも気楽な話だが、以後の母は感嘆すべき底力を発揮して、窮乏生活に平然と順応した。また、著者が熊本の旧制第五高等学校（現在の熊本大学）に入学後、結核になって喀血、長期の療養生活を過ごした後、政治絡みの文学活動に没頭していたときも、母はその事態を慌てず騒がず受けとめ、不干渉主義をつらぬいた。著者はそうした母の姿について、「母は一庶民として、自分の生活世界の外にあることに対しては実に謙虚だった」と述べている。

どんな環境にも順応しつつ、自分と身内の生活世界を確保してゆこうとする点では、著者の姉も筋金入りの母に勝るとも劣らない。著者が生の実感にあふれた「国家から自立した庶民世界」に着目する視点を得たのは、このたくましき母と姉の存在によるところが大きいと思われる。何やら腰の定まらぬ父に対しても、父と母はもともとミスマッチであったために悲喜劇《トラジコメディ》が生じ、「それでいながら母も父も、結局は自分の生きかたを貫徹してしまったのである」と述べているが、これは年輪を経た著者のやさしさというべきであろう。

一場のドラマを見るようなこの「父母の記」のほか、本書にはそれぞれ影響を受けた吉本隆明と橋川文三を追悼した文章も収められている。深い敬愛の念にあふれた美しい文章であり、読みごたえがある。また、熊本の佐藤秀人なる一種の奇人ともいえる僧侶の肖像を描いた、「佐藤先生のこと」というエッセイは、傍若無人な癇癪《かんしゃく》もちで、阿修羅のように戦いながら、たった一人で寺院の変革をすべく奮闘した人物の姿を活写したものだが、まざまざとその姿が現前するような無類のおもしろさがある。

おもしろさと同時に、このエッセイから、異郷で少年時代を送った著者が、長らく熊本に居住するうち、土地の人々と深く交感するに至ったさまが如実に読みとれ、その意味でも興趣尽きないものがある。

総じて、揺れ動く時代の渦中で、さまざまな人々とのかかわりを通して、著者の生きかたや考えかたが形づくられてゆく過程を浮き彫りにした、みごとな追憶の記だといえよう。

(2017. 1. 15)

小沢信男 著『俳句世がたり』

(岩波新書、二〇一六)

二〇一〇年四月から一六年十月まで七十三回にわたり、雑誌に連載されたエッセイをまとめたもの。芭蕉から正岡子規や夏目漱石、久保田万太郎、著者の知友に至るまで、心ひかれた俳句を引きながら、「継起する天下の出来事」についての思いを、洒脱《しゃだつ》にして切れ味鋭い語り口で述べ尽くし、爽快きわまりない。ちなみに、昭和二年(一九二七)、東京に生まれた著者には、古今の災禍とかかわる地を訪ね、おびただしい死者の声に耳を傾けながら、埋もれた東京の歴史を掘り起こした名著『東京骨灰紀行』(ちくま文庫、二〇一二年刊)がある。

雑誌連載がはじまってからほぼ一年後の二〇一一年三月十一日、東日本大震災、福島原発事故が起こった。これに触発され、以後、災禍による死者の声を聞き取った、『東京骨灰紀行』の著者ならではの、独特の視点に立つ文章が本書の中核を占めるようになる。

たとえば、「震災忌置く箸の音匙《さじ》の音」(三橋敏雄)という、大正十二年(一九二三)九月一日に勃発した関東大震災の慰霊祭の風景を歌う俳句がまず引かれ、これから大震災の二十二年後の東京大空襲が連想され、さらに東日本大震災が連想される。

こうして災禍の記憶が重ね合わされ、無数の死者の姿が彷彿と浮かびあがってくるなかで、著者は供養されない死者に思いを馳せる。原発事故による死者のうちには、「原発安全神話の捏造《ねつぞう》の場」をしっかり探しあてて訪れる魂魄《こんぱく》もあるだろう、と。かくして、「戦亡の友いまあがりくるよ夏の浜」(同前)の句が引かれ、この文章は結ばれる。死者と共生し、その思いや感覚を、わがものとしてとらえかえす凄味のある文章であり、鬼気迫るというほかない。

付言すれば、著者自身、本書には追悼録の一面があると記しているように、死者との共生感覚は、「危うくも吾れ祭られず招魂祭」と歌う変哲《へんてつ》こと小沢昭一をはじめ、先んじて他界した多くの懐かしい友人の姿を描く文章にも濃厚にあらわれている。

本書の核をなすのは、さまざまな死者への思いの深さとともに、著者の筋金入りの否定精神である。たとえば、当今の流行語の「想定外」を取りあげては、「こんな大津波がきて、こんなにもろく原子力発電所がぶっ壊れるとは、だれしも思いのほかだ。というのだが、この地震列島でなんと横着な」と、すっぱり斬り捨てる。また、「絆」を取りあげては、「絆という文字は、牛馬をつなぎとめる綱が本義とか。束縛、苦役。してみれば絆をときはなつのが人権の祭ではないですか。めざすは自由闊達の自治」と、突っ込みを入れる。思わずクスッと笑いながら、これらの流行語に対する、いわく言い難い違和感のよってくるところが、ずばりと歯切れよく示され、すっきり納得させられる。練達の表現である。

災禍や死者たちのイメージにおおわれ、理不尽な世の動きに異議を唱えながら、本書には全体として、まったく陰惨な暗さは見られず、むしろあっけらかんと明るい。それは、ひとえに著者の諧謔性あふれるユーモア感覚と、軽妙洒脱な語り口によるものである。

古今の俳句を引き合いに出し、これらと共鳴しながら、歯に衣きせない「世がたり」を展開する本書は、無類のおもしろさにあふれ、読者に快い解放感を与えてくれる。著者は「よみじへもまた落伍して除夜の鐘」と歌っているけれども、鋭敏な否定精神をさらに研ぎすまし、まだまだ「落伍」しつづけて、目からウロコの文章を読ませてもらいたいと願うばかり。

（2017. 2. 26）

ビル・ヤノヴィッツ著、石本哲子訳
『ザ・ローリング・ストーンズ メイン・ストリートのならず者』
（水声社、二〇一六）

ザ・ローリング・ストーンズはいうまでもなく、一九六〇年代前半から現在に至るまで半世紀以上にわたって、パワフルに活躍しつづける最強のロックバンドであり、七二年に発表されたアルバム『メイン・ストリートのならず者』は、現在ではストーンズの最高傑作の一つと目されている。

「ロックの名盤！」シリーズの一冊である本書の著者ビル・ヤノヴィッツは、一九六六年アメリカ生まれ。ストーンズのメンバーより二十歳余り年下だが、このアルバムは、「世界の扉を開ける鍵であった」と述べているように、ロック少年だった彼こそ、三十数年にわたりこれを聞き込んだ、年季の入った聞き手にほかならない。

本書において彼は、アルバム作成当時のストーンズのメンバー、ミック・ジャガー、キース・リチャーズ、チャーリー・ワッツ、ビル・ワイマン、ミック・テイラーの発言や協力した演奏者へのインタビューを交えつつ、さまざまな要素が混ざり合い溶け合って、十八曲からなるこの無上のアルバムが一つの世界を形づくってゆく過程を、徹底的に追跡し再現している。

このアルバムが作られた当時、絶頂期にあったストーンズは大きな転機にさしかかっていた。母国イギリスから課せられた莫大な税金を逃れるために、やむなく「亡命」し、そろってフランスに移住したのである。やがて彼らはキースが借りた、ニース近郊のヴィルフランシュの大きな家の地下室を拠点としてレコーディングを開始する。

これはまことに大掛かりなものであり、五人の中心メンバーのほか、かねて馴染みの演奏者、プロデューサーから技術者までが集合した。かくて各人各様の生活時間をもつ者が入り乱れ、思うままに出入りしながら、時をかまわず演奏に明け暮れる暮らしが、七一年の七月からほぼ四か月にわたってつづいた。おまけに、当時のことだから、アルコールや薬もふんだんにあり、誰も彼も心身ともにしだいに疲労の極に達してゆく。

ヤノヴィッツも指摘しているが、このアルバムには、そんな密閉された空間のなかで、異様に高揚した感情と、それとはうらはらの物憂い倦怠感が、かすかな雑音や息づかいとともに、濃厚にたち込めており、整然と機械処理されたアルバムとはおよそ異なる、ストーンズならではの雰囲気を漂わせている。

さらに、このアルバムの大きな魅力は、総体としてストーンズが少年時代から愛しつづけた、ロックのルーツともいうべきアメリカのブルース、カントリー、ゴスペル等々を、自由自在に取り込み、ヤノヴィッツの言葉によれば、「ストーンズは自らのルーツとミュージシャンとしての技量を結晶させ」て、鮮やかに再構築していることである。原点回帰とさらなる出発。このアルバムが時の経過とともにますます輝きを増すのは、こうして「古いものこそ新しい」という逆説を、みごとに実証していることによると思われる。

本書は、このアルバムに収録された十八曲についても一曲ずつ、きめこまかく追跡して、その曲が演奏された状況やアルバムの文脈における位置づけを明らかにしている。実は、私の手元に二〇一〇年に発売された『メイン・ストリートのならず者』の「豪華版」があり、本書を読んでから、もう一度聞いてみたところ、その秘められた文脈がありありと浮かびあがってくるような気がして、感動を新たにした。
この「ロックの名盤！」シリーズでは、ボブ・ディランの『追憶のハイウェイ61』なども続刊される由、楽しみは尽きない。

(2017. 4. 2)

ロバート・ゴダード著、北田絵里子訳
『謀略の都』『灰色の密命』『宿命の地』
（1919年三部作、それぞれ上下、講談社文庫、二〇一七）

『還らざる日々』『隠し絵の囚人』『リオノーラの肖像』等々、歴史ミステリの名手として知られる、英国の作家ロバート・ゴダード（一九五四年生まれ）の大長篇ミステリ。

「1919年三部作」と総称される本書は、第一部『謀略の都』（上下）、第二部『灰色の密命』（上下）、第三部『宿命の地』（上下）の三部から成る。文庫本にしてつごう六冊、圧倒的な迫力のある巨編である。

物語世界は、第一次世界大戦後の一九一九年の春から夏にかけ、各国の思惑や利害が錯綜する世界情勢を背景として展開される。全編を通じて大活躍する主人公は、英国軍の元パイロット、ジェイムズ・マクステッド（マックス）である。

第一部『謀略の都』は、パリで開催されている講和会議の英国代表団の一人で、元外交官だったマックスの父が不慮の死を遂げたところから開幕する。知らせを受けて英国からパリに到着したマックスと兄に対し、パリ警察も英国代表団も、父の死を老いらくの恋が絡んだ事故死だと説明する。事なかれ主義の兄はその説明を受け入れるが、不審を覚えたマックスは父の死の真相を突きとめるべく、パリに残留する。

やがて彼は父の恋人だったとされる女性から、父の残した謎めいたメモを受け取り、パリ滞在中の米国、ブラジル、日本など、父とかかわりのあったさまざまな国の人物と接触して、父が莫大な資金を調達しようとしていたことを知る。老いらくの恋を成就するための資金だったと言う知人もいたが、マックスは納得できず、なおも父の足取りを追跡するうち、殺されたことを確信する。

その過程で、ドイツの大物スパイ、レンマーの存在が浮かびあがってくる。レンマーの指揮するスパイ網は広範囲であり、英国代表団のメンバーにも怪しい者がいる。忍び寄る影のなかで、マックスは銃撃され負傷するが、挫けることなく追及の手をゆるめない。

第一部はざっと以上のように展開される。ここで注目されるのは、主人公マックスがプロの探偵ではなく、二十七歳のパイロット上がりの素人であるにもかかわらず、反射神経の鋭さを武器に、謎に包まれた父の死の真相を追跡することによって、その背後に潜む大いなる「秘密」の核心に迫ってゆくことである。

むろん、彼ひとりですべてがカバーできるはずもなく、スパイだらけの世界で、何があっても裏切らない信頼できる人々が、マックスの強い味方となる。毅然としたオーラを放つ母、パイロット時代からの誠実な盟友の整備士サム、マックスの師匠格になる辣腕の英国秘密検察局員アップルビー、米国人情報屋のパートナーだった好漢モラハン、その同僚の機敏な女性秘書マロリー、日本代表団の一員で元警察官の端然とした黒田(途中で殺害される)、神出鬼没のアラブ人少年怪盗ルル・サンジュなどがこれに当たる。これら魅力的な協力者が、物語に豊かな彩りを添える。

第二部『灰色の密命』では、主要な舞台はスコットランド、さらにはロンドンへと移行する。彼に利用価値があると判断したスパイ網の指揮者レンマーの誘いに乗ったふりをして、マックスはレンマーの指示どおり、父のメモとかかわりのある機密文書「グレー・ファイル」を手に入れるが、その内容を確認しないうちに、レンマー一派に奪われるなど、ファイルをめぐって激しい攻防戦が繰り広げられる。

その一方、この第二部では、父の旧知であり、レンマーとも深いつながりのある日本の悪辣な政治家、戸村伯爵が登場し、マックスの前に立ちふさがる。こうして事態がますます複雑化するなかで、マックスは多彩な顔ぶれから成る協力者チームに助けられながら奮闘し、物語は最終段階の第三部へと突入する。

第三部『宿命の地』は日本を舞台とする。日本に渡ったマックスとそのチームは新たな協力者に助けられ、レンマーおよび戸村伯爵の攻撃をかわしつつ、グレー・ファイルを別途、入手することに成功、レンマーと戸村に痛撃を与える。しかし、それで事はすまず、さらに、父の在任中、東京で生まれたマックスの出生にまつわる謎が浮かびあがる。このあたりには、意表を突くドンデン返しもあり、秀逸な語り口が光る。

衝撃を受けながら、マックスは、父が莫大な資金を調達しようとしたのは、この謎にかかわることを突きとめ、チームとともに東京、横浜、京都へと追跡をつづける。かくて、何度も危機に見舞われながら、マックスは戸村伯爵の悪の巣窟たる、京都北部の迷宮のような古城に潜入し、大冒険のあげく、謎をあばきだして戸村伯爵に打ち勝ち、この波瀾万丈の巨編は終幕を迎える。

以上のように、このゴダードの最新作は、歴史ミステリ、スパイ小説、大冒険活劇等々、さまざまな要素を複雑華麗に盛り込んだ大エンターテインメント小説であり、物語の快楽に浸る喜びを存分に味わわせてくれる。実はマックスの宿敵、戸村伯爵もレンマーも滅んではおらず、次作にはマックスが再登場する由、さらなる展開が、大いに期待される。

（2017. 5. 28）

『五月の雪』

クセニヤ・メルニク著、小川高義訳

（新潮クレスト・ブックス、二〇一七）

ロシア生まれの女性作家クセニヤ・メルニク（一九八三年生まれ）の短篇集。ロシア極東部のマガダンに生まれ育ったメルニクは、一九九八年、十五歳のときに家族とともにアメリカのアラスカ州に移住した。ニューヨークの大学で社会学等を学んだ後、教職につきながら創作をつづけ、現在はロサンゼルスに住む。なお、作品は英語で書かれている。

メルニクの故郷マガダンは、スターリン時代に強制収容所のあったところだが、大勢の芸術家が流刑されていたため、その後、文化都市の様相を帯びるようになった。この独特の都市マガダンの歴史、風土、そこに生きる人々の姿は、この地で少女時代まで過ごしたメルニクの記憶に深く刻みつけられており、この本に収められた九編の短篇の基調を成す。

ここにはしばしば著者の分身ともいうべき少女ソーニャが登場し、祖父母、両親、彼らの知人等々にまつわる物語が展開される。こうして各編がゆるやかにつながりながら、総体として連作短篇の世界を形づくっているのである。

ここに描かれる物語は、訳者が「あとがき」のなかで、「（著者は）執筆時の調査、また先行する世代の経験談によって、子供だった自身の記憶を、修正ないし補強した上で、フィクションに変容させたはずである」と述べるように、その多くが著者の実際体験によるものではなく、伝聞によると思われる。

九編のうち、「イチゴ色の口紅」と「上階の住人」の二編がとりわけ興趣に富む。前者は、ソーニャの母方の祖母オーリャの物語である。一九五八年、初恋に破れたオーリャは、十八歳で士官学校を卒業したばかりの将校と結婚し、結婚の翌日にイチゴ色の口紅を買って、まもなく夫の赴任地へ向かう。やがて、娘のマリーナ（ソーニャの母）が誕生するが、夫は大酒を飲んで博打にうつつを抜かし、家庭内暴力までふるう始末。愛想を尽かしたオーリャは離婚し、マリーナを連れて実家にもどる。

その後、オーリャは医大に入り、歯科医として自立する。ずっと後年、別れた夫が復縁を求めて会いに来たとき、久々にイチゴ色の口紅をつけてはみたものの、「一度ぶたれた男には、もう一度ぶたれる」と思い、きっぱり断った。この別れた破滅的な夫の姿が、ドストエフスキーの小説の登場人物を彷彿とさせるのに対し、ソーニャの「オーリャおばあちゃん」は実に堂々としてたくましい。

「上階の住人」は、スターリンを讃《たた》える歌をうたわなかったかどで、マガダンの収容所送りになった、かつてのソビエト連邦きってのテノール歌手マーキンの軌跡をたどる。ここには、マガダンの石油貯蔵所の管理者だったソーニャの父方の祖父が登場し、思春期の少女ソーニャに、マーキンの波瀾万丈の軌跡を語り聞かせる。祖父は、収容所から出た後もマガダンに住みつづけるマーキンを支援し、歌手として復帰させる。しかし、マーキンはホモセクシュアルだとされ、またまた逮捕されてしまうが、釈放後も九十歳になった現在（一九九七年とされる）までマガダンを離れない。

この不遇のマーキンの物語には、マガダンやソビエト連邦の歴史が巧みにオーバーラップされており、みごとというほかない。

以上のように、米国に移住した著者は、この連作短篇において、少女ソーニャの視点を導入し、距離感をもって過去の出来事を描くことにより、逆に父祖の地であるマガダンやロシアのありようを、輪郭鮮やかに描きあげており、まことに読みごたえがある。

（2017.7.16）

コナン・ドイル 原作、山中峯太郎 訳著、平山雄一 註

『名探偵ホームズ全集』（全三巻、作品社、二〇一七）

昭和三十年代から五十年代にかけて、小学校の図書館では、「少年探偵団」シリーズ、「怪盗ルパン」シリーズ、「名探偵ホームズ」シリーズが取り揃えられ、小学生が競って借りだし読みふけった。これらのシリーズに精通した彼らは、「ルパン」派と「ホームズ」派に分かれて、侃々諤々《かんかんがくがく》、どちらが優れているか、弁舌をふるったという。

私はこの世代の上限に属するのだが、貸本屋通いが忙しく、学校図書館にほとんど行かなかったせいか、残念ながら、こんな楽しい経験はなかった。子供時代の体験は尾を引くのか、やがてミステリが好きになり、今に至るまで多種多様の作品を読みつづけているにもかかわらず、ルパン物もホームズ物も、「敬して遠ざく」という感じで、ほとんど読んだことがない。

しかし、とりわけシャーロック・ホームズは探偵の元祖であり、一度まとめて読んでみたいと思っていた。そんなとき、かつて小学生が熱中したコナン・ドイル原作・山中峯太郎訳著の「名探偵ホームズ全集」（全二十巻、ポプラ社刊）が、三巻本（各巻約七百頁）として装いも新たに堂々と復刻された。収録された作品は中・短篇合わせて六十七編、ホームズ物を網羅している。初心に帰って読むには絶好だと読みはじめ、

一気に全巻通読した。

この山中峯太郎版「名探偵ホームズ全集」は翻案であり、子供向けに表現がわかりやすく変えられ、登場人物のイメージも微妙に作り変えられている。

もっとも大きく変えられているのは、主人公ホームズのイメージである。原作のホームズがやや病的で暗く、知識をひけらかすキザな感じがするのに対し、山中版のホームズはとてつもない大食漢であり、事件に直面したときもまず腹ごしらえをするなど、いたって明朗快活、爽快なイメージを発散している。相棒のワトソンもコーヒー好きで、なんと一度に三杯から九杯もがぶ飲みするという具合。ホームズにもワトソンにもユーモラスなところがあり、残酷な事件が描かれるときも、作品世界の雰囲気は陰惨な暗さにおおわれることはない。

もっとも山中版の筋立てや物語展開は、基本的に原作から逸脱することはなく、原作に忠実な翻訳と読み比べてみても、ほとんど変わりはない。山中峯太郎は原作によりつつ、まことに巧みに細やかな改変を加えて、子供にも読みやすく楽しいホームズ世界を作りあげたのである。ちなみに、この『名探偵ホームズ全集』には一編ごとに、克明かつ周到な註釈が付されており、原作との差異が微細な点まで、ていねいに指摘されている。この目配り抜群の註釈には、年季の入ったシャーロッキアンも脱帽することであろう。

さらにまた、最終の第三巻には、註釈者の全体的な解説と全巻にわたる解題が収録されている。ここには、二十世紀初頭、中国の革命運動に参加するなど、波瀾万丈の時期を経て、少年読み物を多く著すに至った、山中峯太郎の生の軌跡をたどる簡にして要を得た略伝も付されている。

総じて、本書は、山中版「名探偵ホームズ全集」を何としても忘却の彼方から呼びもどし、今一度、

「あの快活なホームズ」を復活させたいという、註釈者のつよい意志と緻密な註解とが嚙み合い、古くて新しいホームズ世界をあざやかに現出させることに成功したといえよう。ホームズ物とは疎遠の向きにも、この三巻から成る復刻版は、そのおもしろさを実感する得がたい機会を、与えてくれるにちがいない。

（2017.9.3）

『秋田實　笑いの変遷』

藤田富美恵 著

（中央公論新社、二〇一七）

「上方漫才の父」と称される漫才作家秋田實（一九〇五―七七）の評伝。著者は秋田實の長女（一九三八年生まれ）。身近で見た父の姿を敬愛をこめて描くと同時に、父の残した膨大な資料を読み込み、上方漫才の変遷を細やかにたどったドキュメンタリーである。

秋田實は明治三十八年、大阪で生まれた。彼の父は砲兵工廠《こうしょう》に勤める熟練の鋳物職人であり、母は和裁が得意で近所の娘さんに教えていた。また父方の祖父母は日用雑貨の小売店を営んでいた。小学校卒業後、この祖父母の家に父母ともども同居し、今宮中学を経て、大正十二年（一九二三）、旧制大阪高校に入学する。高校入学後まもなく、生涯の友となる中学の先輩藤澤桓夫《ふじさわたけお》、同級の長沖一《ながおきまこと》と同人雑誌を出して小説を書きはじめ、また、英語で書かれた笑話を集めて読みふけるという日々を送る。のちの大阪文化を代表する藤澤桓夫、長沖一、秋田實の三人が、このように若くしてめぐりあったことは、稀有の幸運であったといえよう。さらにまた、秋田實が若いころから外国の笑話に通暁していたことは、その後、前代未聞の新しい近代漫才を作りだすための原動力になったと思われる。

五年がかりで高校卒業後、東大文学部に入学するが、さっそく「新人会」に入り、種々のプロレタリア系の文芸誌や機関誌で編集や小説の執筆にあたり、やがて『オール讀物』などの雑誌に、『カルメン』等々の文学作品を漫才化、コント化して掲載するようになる。この間、東京在住の彼を経済的に支えたのは、和裁上手で働き者の母だった。しかし、彼は大学を中退し、雑誌に寄稿しながら、しだいに漫才作家の道を歩みだす。

その転機になったのは、昭和九年(一九三四)、台本を書いたエンタツ・アチャコの「お笑い早慶戦」がラジオで全国放送され、人気を博したことだった。これを機に、機智にあふれた会話のやりとりを主眼とする「しゃべくり漫才」が隆盛となり、秋田實は大阪へもどる。吉本興業に入り(数年後に退社)、漫才作家として多忙を極めながら、結婚し子供も生まれるが、しだいに戦時色が強くなってゆく。そんななかで、秋田實は週刊誌などに「読み物漫才」を次々に発表するが、両親や妻子を福井へ疎開させ、昭和二十年、満州演芸協会の仕事で単身、中国へ向かう。やがて終戦、帰国できたのはその翌年十月末だった。

帰国後、彼は漫才界を離れ教師への転身をはかって、福井から家族を連れ妻の実家のある京都に移り、ボクシングの雑誌を作ったりして、生計を立てた。しかし、漫才界にとって秋田實はいわば大黒柱であり、そのうち京都の家に秋田Aスケ・Bスケ、夢路いとし・喜味こいしなど若い漫才師が集まって、「MZ研進会」なる研究会を結成、その意気に感じて、秋田實は彼らを一人前の漫才師に育てあげることに没頭するようになる。

この京都時代の叙述は、早起きして台本書きに励みながら、寸暇を惜しんで子供たちと遊ぶ、やさしい父としての秋田實の姿をいきいきと描きだしており、胸うたれる。また、ここに登場するAスケ・Bスケなどの漫才師は、その名を聞くだけで何とも懐かしい思いがする。

漫才界のために尽力する一方、懸命にライフワークの『ユーモア辞典』を作成しつづけた秋田實は、昭和五十二年、七十二歳で他界した。本書には、健やかな笑いを求めて戦前・戦後を生き抜いた、上方漫才作家秋田實の姿が、愛情をこめて鮮やかに描きだされている。

(2017.10.15)

『湖畔荘』

ケイト・モートン著、青木純子訳　(上下、東京創元社、二〇一七)

世界中で愛読されるオーストラリアの作家(現在はロンドン在住)、ケイト・モートン(一九七六年生まれ)の『忘れられた花園』『秘密』につぐ長篇ミステリである。全三十五章で構成され、章ごとにロンドン、コーンウォールと舞台が変わり、現在と過去が交錯する語り口は、前二作と変わらないが、その展開はいっそう複雑巧妙になっている。

物語世界はロンドン警視庁の女性刑事セイディ・スパロウが事件に深入りしたため、上司の意向でやむなく休暇をとり、七十を超えた母方の祖父が一人で暮らすコーンウォールにやって来たところから動きはじめる。

ある日、彼女はジョギング中に、荒れ果てた無人の館を見つけ、これがかつてエダヴェイン家の人々が住んでいた「湖畔荘」と呼ばれる館であり、七十年前、この家の幼い息子セオドア(セオ)が姿を消すという迷宮入りの事件があったことを知る。追究心を刺激されたセイディは、遠い過去の事件の調査を開始する。

これを契機として、物語世界は、七十年前のコーンウォールと現在のコーンウォールおよびロンドンを、交互に舞台としながら展開されてゆく。七十年前、湖畔荘には第一次世界大戦に従軍、復員した当主のアンソニー、その妻のエリナ、デボラ、アリス、クレメンタインの三姉妹と年の離れた弟(一歳未満)のセオ、さらにエリナの母、エリナの父の親友だった老文学者、アリスの片思いの相手だった風来坊の庭師ベンなどが暮らしていた。ちなみに、湖畔荘はもともとエリナの実家のものだったが、彼女の父の没後、不本意ながら手放し、たまたま遺産が入ったアンソニーがエリナのために買いもどしてくれたのだった。

場所と時間が複雑に入り組み、そこに登場人物がそれぞれ心に抱えた秘密が絡むこの物語の迷宮的世界は、しだいに秘められた事実をあぶりだし、今なお生死不明の幼児セオの事件の真相に近づいてゆく。その原動力になったのは、女性刑事セイディのなんとしても謎を解きたいという執念と行動力である。今は高名なミステリ作家となった九十歳近い次女アリスは長年、謎のままだった事件の全貌とみずからの家族の真の姿を見極めるべく、そんなセイディに協力を惜しまなかった。さらに、セイディの祖父バーティも孫を案じてそれとなく支えつづけた。こうしたそれぞれ高齢のアリスとバーティのあるいは溌剌とした、あるいは深い慈愛に満ちた存在感が、この物語をゆたかに底支えしている。

七十年間の紆余曲折をたどった物語展開は、あっと驚くドンデン返しを経て、すべての謎が解明され、最終的に大いなる大団円を迎える。本書の著者ケイト・モートンの作品はこの『湖畔荘』に見られるように、家族の歴史に焦点を当て、その秘密を周到に追跡しながら、謎解きに至るという展開をとるものが多い。そこには昨今のミステリにしばしば見られる、おどろおどろしい血なまぐささは、まったく見られない。彼女の新たな作品が刊行されるのを待ち望む読者が多いのも、むべなるかな、といえよう。

ちなみに、ケイト・モートンの作品はこれまで一作完結であり、作品の間をつなぐ決まった探偵役は登場しなかった。しかし、公私ともども自分自身の問題を抱えながら、この物語で大活躍したセイディがロンドン警視庁を退職し、私立探偵事務所を開設することになった由、この魅力的な女性探偵の再登場の機会もあるかと、楽しみである。

(2017.12.17)

『バテレンの世紀』
渡辺京二 著

(新潮社、二〇一七)

一八五三年、ペリーが日本に来航したとき、日本中が深甚な衝撃を受け動揺した。遡ってみれば、実はこれは日本と西洋の二度目の遭遇(セカンド・コンタクト)であり、この三百年前、最初の遭遇(ファースト・コンタクト)があった。本書は、『逝きし世の面影』『黒船前夜』等々の著作において、日本の歴史を新たな角度から照射した著者が、一五四九年、ポルトガル系イエズス会の宣教師フランシスコ・ザビエル一行が鹿児島に到着した時点から、十七世紀前半のキリシタン禁教令、鎖国へ至るまでの約一世紀にわたる、日本と西洋のファースト・コンタクトの諸相を詳細にたどったキリシタン通史である。膨大な文献を読みこなして著されたこのキリシタン通史は、埋もれた歴史の脈絡を掘り起こした労作にほかならない。なお、本書は序章と終章を合わせ、全二十九章から成る。

最初に日本に来訪したザビエルは鹿児島から平戸、山口を経て、京都に向かうが、京都が内乱状態だったため、なすすべもなく、まもなく帰国した。これ以後、イエズス会の宣教師、および彼らに連動したポルトガルの貿易船が続々と、キリシタンに好意的な大友宗麟《そうりん》の支配する豊後、さらには平戸や長崎にやって来た。イエズス会の戦略はまず権力者と関係を深め、家臣、庶民へと布教の輪を広げてゆくものだったが、当時、九州には大小の覇者が乱立し、貿易の利を狙って宣教師と近づく者も多かった。このため、宣教師らもポルトガル貿易船との連携を強め、宗教と商業利益の両立を図るようになる。

ともあれ九州に一定の基盤を得たイエズス会は、やがて京都に宣教師を派遣した。町衆が力をもつ京都での布教は困難を極めたが、高山右近父子をはじめ畿内の領主および配下の武士が続々と入信するようになった。著者は、九州の覇者が貿易の利にひかれてキリスト教に接近したのに対し、貿易とは無縁な畿内の領主や武士が入信したのは、混乱した時代において、より純粋に精神的確信を求めたのだろうと述べている。卓見である。

織田信長が畿内を制覇すると、宣教師を取り巻く状況は好転した。ずば抜けた国際感覚をもつ信長は国際情勢や西洋文化に多大なる興味を示し、もともと無信仰だったにもかかわらず、安土に修道院を建てるほど、宣教師を厚遇したのである。この修道院はひときわめだつ壮麗な三階建てで、最上階には神学校《セミナリヨ》まで設けられていたという。

信長没後、天下人となった豊臣秀吉は当初、宣教師を厚遇し、その傘下の有力な武将のうちには、小西行長をはじめキリシタンも含まれていた。しかし、老境に入るにつれ感情の起伏が激しくなった秀吉は、やがて宣教師の過激な布教行為やキリシタン大名との密接な関係に疑惑をつのらせ、ついには激怒して態度を一変させ、「バテレン追放令」を発布するに至る。とはいえ、この追放令は宣教師の大っぴらな布教行為を禁止するだけであり、社会の雰囲気はむしろキリシタンに好意的で、貴人の間には十字架をアクセサリーに用いるなど、キリシタン風のファッションが流行し、秀吉自身もワインや牛肉を好んだ。

このように秀吉の追放令にはゆとりがあったが、徳川家康の時代になると、イエズス会宣教師の立場はいっそう危うくなる。その原因の一つは、スペインとの貿易に関心のあった家康が同国との交渉を深めるにつれ、スペイン系修道会が進出して、日本でのイエズス会の布教独占を打破し、さらに布教を事としないオランダ、イギリスの貿易船が来航するようになったこと。今一つは家康自身、貿易はさておき、キリスト教文化が日本をおおうことを危惧し嫌悪したことだった。こうした家康のキリスト教文化への警戒は、しだいに強まり、一六一四年に発布された、すべてのキリシタンを排除する禁教令へとつながってゆく。

このように信長、秀吉、家康の三者三様のキリシタンへの姿勢を綿密に描くことによって、三人の支配者の差異を浮き彫りにした本書の叙述は、発見に富み、興趣あふれる。

キリシタンを異物として排除する家康の姿勢は、徳川政権の全国支配体制が固まった後、秀忠、家光に受け継がれ、禁教令に抗する宣教師や信者を徹底的に処刑するなど、格段に強化された。かくして全面的なキリシタン禁教令のもと、一六三九年、西洋ではオランダとの交易のみを認める鎖国体制が完成したのだった。バテレンの世紀は終わったのである。

なお鎖国の二年前、日本のキリシタン運動の最後の光芒を放つかのように、宗教反乱「天草の乱」が勃発した。本書では、この「天草の乱」を、中世後期に西洋で頻発した「千年王国」運動と通底する特徴をもつとするなど、創見にあふれる叙述がなされている。

総じて、顧みられることの少なかった西洋とのファースト・コンタクトの顛末について、綿密に追跡し、委曲を尽くして描いた本書は、まことに読みごたえのある一冊である。

(2018. 2. 25)

シモーヌ・ド・ボーヴォワール著、井上たか子訳

『モスクワの誤解』

(人文書院、二〇一八)

本書は思想・文学等々、幅広い分野で数々の名作を著した、フランスのシモーヌ・ド・ボーヴォワール(一九〇八―八六)が、一九六六―六七年に執筆した中篇小説である。しかし、長らく活字化されることなく、著者の死の六年後の一九九二年、リール第Ⅲ大学の研究誌にはじめて掲載され、さらに歳月を経た二〇一三年、ようやくレルヌ社から単行本として刊行された。その日本語訳である本書は、著者の執筆の時点からすでに半世紀が経過しているにもかかわらず、この隠れた佳作の、時を超えた魅力をみずみずしく再現している。

ボーヴォワールはパートナーのサルトルとともに、一九六二年から六六年にかけ数度にわたってソ連に滞在しており、本書はそのときの体験を下敷きにしている。当時のソ連は、スターリンの死から十年前後、フルシチョフさらにはブレジネフを指導者としていた時期にあたる。これまた今を去ること半世紀余りだが、本書で描かれるこのソ連の時間帯は、外国から来た旅人の視点からとらえた歴史的現在として、鮮やかに浮き彫りにされている。

本書の中心人物は、二人とも元高校教師でパリに住む夫婦、アンドレとニコルである。夫のアンドレは

再婚であり、先妻との間に生まれた娘のマーシャはロシア人と結婚して息子が一人おり、出版社に勤めながらモスクワで暮らしている。老境に入って定年退職し、二人の息子であるフィリップも自立して、時間がたっぷりできたアンドレとニコルは、マーシャに会うため、最初の訪問から三年後、ふたたびモスクワを訪れ、マーシャの案内で各地を見て回りながら、一か月間滞在する。その間のアンドレとニコルの心の動きを、著者のボーヴォワールは交互に二人の視点を入れ替えながら、巧みに描きだす。

アンドレはいわば旧左翼であり、時代の変化をすんなり受け入れることができず、変化をいきいきと肯定する娘のマーシャと激論をかわすことも多い。一方、妻のニコルは、先妻の娘であるマーシャに好意をもっているものの、若く潑剌とした彼女と接すると、自分は衰えの途上にある六十歳なのだと、身に迫る老いをまざまざと実感させられる。

こうして、アンドレの視点から描かれる部分は、やや抽象性を帯びた政治的色彩が濃く、ニコルの視点からは、身体感覚にもとづく老いへの不安が底流をなすという具合に、微妙な差異があり、この差異を対比させることによって、物語が波瀾含みの弾力性をもって展開されてゆく。旅の当初から、どこか嚙み合わなかった二人は、官僚主義の弊害で行きたいところにも行けず、アンドレはマーシャの勧めで旅を延長しようとするが、パリに帰りたいニコルは、相談もなしに旅の延長を決めたと激怒し、ついに彼らは衝突する。

些細なことから意思の疎通ができなくなった彼らは、やがて語り合ったすえに、「だいたいのところ」で相互了解に至った。「モスクワの誤解」はこうして和解に至ったわけだが、さりとて、それぞれの老いの不安が消えるわけもない。今後、何度もこうした問題が再燃するだろうが、そのつど彼らは何とか乗り越え、ともに生きてゆくであろうという余韻を響かせながら、この物語は静かに幕を下ろす。

ボーヴォワールは繊細なタッチで目にふれた旅の情景を描きながら、こうして老いの不安を鮮烈に浮かびあがらせた。執筆から半世紀後の現在もまったく古びることのない、その問題意識の鋭さには驚嘆すべきものがある。

（2018. 4. 22）

山田稔著『こないだ』（編集工房ノア、二〇一八）

作家・フランス文学者である著者のエッセイ集。他界した先輩や友人について綴った文章など二十二編を収める第一部と第二部、十一編の書評を収める第三部、二編の書き下ろしエッセイを収める第四部から成る。

第一部と第二部では、京都の学生時代以来、縁の深い友人の杉本秀太郎、古い文学仲間の福田紀一など、身近な友人を描いた文章が印象深い。

杉本秀太郎の訃報に接した日、著者はその著作を読んで過ごし、かねて彼の最高傑作だと確信するエッセイ「どくだみの花」に思いを馳せ、これにまつわる記憶を紡ぎだす。この文章を発表した後、杉本秀太郎から届いた葉書の末尾に、「手応えのない、オモロナイ世の中だねェ」とあったという。このため息まじりの言葉を書き記して、「『どくだみの花』のことなど」と題したこの文章は終わる。過剰な思い入れなく、淡々と綴られているにもかかわらず、今は亡き大切な友人の姿がくっきりと描きだされ、みごとである。

また、福田紀一について記した「〈あと一円〉の友情」は、ユニークな小説を書いていた彼との出会いから別れまでをたどる文章。富士正晴を中心とする同人誌『VIKING』や「日本小説を読む会」など、関西の文学グループ独特の雰囲気のなかで、育まれた「友情」の形がいきいきと描かれる。この文章の結びには、葉書が五十円から五十二円に値上げされる直前、二人がやりとりした葉書について記されている。著者からの葉書を受け取った福田紀一の返信には、それぞれ二円ずつ節約し「あと一円でご縁(五円)で何が買えるだろうか。いずれまた」とあった。この苦いユーモアの漂う言葉の主の「「いずれまた」はもうなかった」と、著者は無限の思いをこめながら、さらりと書き添える。

今あげた二人の友人との交友には葉書が大きな位置を占めるが、総じて、著者は実によく葉書を書き、相手の先輩や友人も同様だ。しかも、著者はおりおりに受け取った葉書をきちんと保存しており、これはまさに「記憶の玉手箱」だと驚嘆させられる。ちなみに、著者には富士正晴とやりとりした膨大な書簡(葉書中心)をベースとする『富士さんとわたし——手紙を読む』(編集工房ノア)という快著があり、本書にも富士正晴について言及した箇所が随所に見える。そのうち「芸としての頓死」によれば、富士正晴は記録を大切にし、日記、手紙から雑誌等々に至るまで保管し、果ては、本を一冊書きあげるごとに歯が一本抜けたため、その抜けた歯を一本ずつ小さな空き瓶に入れ、本の題名を記した紙を貼って保存していたという。著者の葉書保存もそんな富士さん譲りなのかもしれない。

それはさておき、本書に一九六〇年代末、大学の正門前の楠の大木が鋸《のこぎり》で伐り倒されそうになったが刃がたたず、傷痕だけが残ったという話が出てくる(「樹と猫と」)。二十年余り後、これを見ると、傷痕はほとんど消えていた。そのとき、著者は、傷痕は「現実には消えているぶんだけ、いっそうくっきりとよみがえってくる。その感覚を何時までも失いたくない」と思う。本書に登場する記憶のなかの人々の話が、つい「こないだ」のことのようにくっきりと鮮やかなのは、著者が保ちつづけるこうした感覚によるものだと思われる。

本書は忘れえぬ人々と共有した時間を「今、ここ」に甦らせるすぐれたエッセイ集であり、また第三部の書評集成も著者ならではの卓見に満ち、読みごたえがある。

(2018.7.8)

渡辺京二

『幻影の明治――名もなき人びとの肖像』

(平凡社ライブラリー、二〇一八)

本書『幻影の明治――名もなき人びとの肖像』は、幕末から明治へ、時代の転換期を生きた人々の姿を、多角的に描いた出色の評論集であり、「山田風太郎の明治」「三つの挫折」「旅順の城は落ちずとも――『坂の上の雲』と日露戦争」「「士族反乱」の夢」「豪傑民権と博徒民権」「鑑三に試問されて」の六章と付録の「〈対談〉独学者の歴史叙述――『黒船前夜』をめぐって」から成る。これらの文章は、もともと一編ずつ単独で書かれたものだが、各編がおのずと連繫し、共鳴しあって、みごとにまとまった世界が作りあげられている。

著者の「あとがき」によれば、冒頭の「山田風太郎の明治」にはじまる三編は同時期(二〇一〇年とおぼしい)に書かれたものであり、つづく「「士族反乱」の夢」と「豪傑民権と博徒民権」の二編は八〇年代初頭に著されたもので、たがいに補いあう関係にあり、最後の「鑑三に試問されて」だけが独立した考察だとのこと。いずれも自由自在にして躍動的な筆致で書かれており、読んでいると心躍る快感がある。

まず第一章の「山田風太郎の明治」について。著者は「少年の時から娯楽小説なしには暮らせぬ性分」の由、この山田風太郎の明治シリーズ論は、娯楽小説の語りの方法に習熟した著者ならではの卓見と、著者が長年ねりあげ、自家薬籠中のものとする幕末から明治の時代状況に対する深い認識によって展開され、余人の追随を許さぬものがある。

著者は、文庫版で十四冊に及ぶ山田風太郎の明治シリーズのおもしろさのよってくるところとして、第一に多くの実在の人物を登場させ、虚構の人物と絡ませ取り組ませて、もう一つの現実ともいうべき架空の世界を創出していることをあげる。著者はまた、山田風太郎が史実をしっかり押さえて書きながら、絶妙の手際で、その奇想から生まれた虚構の人物に合わせて、細かな事実の改変をいとわないことをずばりと指摘し、明治シリーズの異様なまでの迫力と臨場感を醸成している最大のポイントを明らかにする。

さらに、著者はその絶好の例として、『明治波濤歌』のなかの「からゆき草紙」を取りあげ、具体的に論を進める。付言すれば、この明治シリーズ論は、具体的な作品を取りあげ丹念に解き明かしながら考察されているため、抜群の説得力がある。

さて、「からゆき草紙」の主人公は樋口一葉である。物語は、一葉の母がかつて奉公し、当時(明治二十八年)貧窮のどん底にあった大身《たいしん》の元旗本の娘、美登利が複雑な経過を経て、叔父と甥が組んだ二人組の女衒《ぜげん》に騙されて南洋へ売られ、「からゆきさん」にされそうになったとき、彼女を救うべく一葉が大奮闘する顛末を描く。一葉は女衒どもの滞在先である占い師の久佐賀某の屋敷へ乗り込むが、事態は好転せず、お手上げになったとき、久佐賀邸の隣で料亭を営むお龍がひそかに救いの手をのべる。お龍は以前、料亭で催された歌会で窮地に陥った一葉を助けたことがあった。この俠気《きょうき》の女性お龍も侍の娘だったが家が零落し、かの女衒どもの手で南洋に売られる途中、危機一髪で脱走し西洋の曲馬団に逃げ込んだことがあった。彼女は習い覚えた軽業を生かして久佐賀邸に忍び入り、久佐賀と叔父の女衒を血祭りにあげる。おかげで美登利は魔手を逃れることができたのだった。

まさに血湧き肉躍る大活劇だが、著者は、この物語の仕組みを説き明かしながら、山田風太郎が、一葉の日記に記されているように、借金を申し入れようとするなど、実際に因縁のあった久佐賀と、『たけくらべ』の作中人物である美登利を絡ませ、いかにして「からゆき草紙」の異次元的リアリティーを帯びた小説的小宇宙を作りだしたか、その舞台裏を明らかにする。著者は、「小説の効用が現実の既知の相貌を解体して、新たな相貌を呈示することにあるとすれば、風太郎の有名人を利用しての意外性の創出は、たんなる知的遊びというより小説が本来もつべき創造作用と知るべきである」とも述べているが、まさに山田風太郎の稀有の理解者による至言というべきであろう。

「からゆき草紙」の樋口一葉、お龍もそうだが、山田風太郎の明治シリーズには、「性高貴にして純粋、この世のけがれと無縁のような女性」がしばしば登場する。といっても聖女のような女性ばかりではなく、『警視庁草紙』の「痴女の用心棒」に見えるような無邪気な痴女もまま出現する。著者は、こうした聖女、痴女、怪女等々、多彩な魅力ある女性像が山田風太郎の物語世界を活性化していると指摘する。風太郎は現実の女性には冷淡だったようだが、なればこそ、魅力ある女性像を造形できたともいえると、著者はいう。この明治シリーズの女性像論のくだりは、ことのほか筆が走り、たいへんおもしろい。

また、明治シリーズのさらなるポイントとして、著者は、山田風太郎が維新の敗者に対して、終始一貫、共感をもち、シリーズの最終巻『明治十手架』に至って、「徳川社会の持っていたよき面が、新しい権力によって意図的に破壊されたことをはっきりと示した」と述べ、風太郎の時代認識の鋭さを高く評価する。この指摘のとおり、山田風太郎の明治シリーズは、長らく支配的だった既成の歴史観を突き崩したところに成り立っており、その意識のありようには、著者と深く通底するところがあると思われる。

私事ながら、私自身も子供のころから「娯楽小説なしには暮らせぬ性分」で、山田風太郎のこのシリーズも数年前に読みはじめたが、三分の二くらいまで読んだところで挫折してしまった。それが、この真髄を突く著者の論考を読み、こんなにおもしろいものだったのかと再認識して、ついに読破、充実した時間に浸ったことを付記しておきたい。

それはさておき、第二章の「三つの挫折」は、まず、『安吾捕物帖』を皮切りに、長谷川伸の『江戸と上総の男』および山田風太郎の『絞首刑第一番』に描かれた、三様の「彰義隊崩れ」を主人公とする物語を読み解き、それらが「歴史は勝者だけが創るのではない、敗者もまた、闇の中から歴史の形成に参与するのだと語っている」と述べる。歴史の闇を穿つみごとな洞察力というほかない。この論考は、彰義隊崩れから、敗戦後の特攻隊崩れを描いた物語へと及んだ後、「敗者の歴史に注目したからといって、私たちは社会変動の全体を叙述したことになるのだろうか」と、さらに大きく転回する。

著者はここで長谷川伸の『足尾九兵衛の懺悔』を取りあげ、京都の生家の没落後、幕末の乱世を自力で生き抜き、博徒の親分になった主人公の九兵衛が、世の変化にまったく関心をもたず、「一寸の虫」の気概にあふれた「逸民」として自立の道を歩んできた姿に注目する。かくして、「あらゆる歴史的大変動の底には、それによってけっして左右されない無告の大衆が存在する。(中略)歴史の底には歴史的事件に左右されぬ、それを超えた厖大な生が実在する。そのような生をイメージできてこそ、歴史叙述の新しいスタイルが見えてくるのではあるまいか」と述べ、この章は幕を閉じる。勝者でも敗者でもない明朗な「無告の民」のイメージを鮮烈に提示した、『逝きし世の面影』の著者の面目躍如たる言葉である。

共感にもとづいて著された上記の二章とは打って変わり、第三章「旅順の城は落ちずとも――『坂の上の雲』と日露戦争」は司馬遼太郎の『坂の上の雲』を取りあげて、ここに見られる司馬遼太郎の歴史観、歴史認識を徹底的に批判し、痛烈きわまりない。著者は、「要するに司馬は、明治日本のゼロから始まった近代化が成功したのは、世界史上の奇跡にほかならぬといいたいのだ」とずばり指摘し、明治人は「ゼロからはいあがろうとする自分たちの位置を正確に自覚していたので」、戦争のさいにも、「合理的客観的な思考を保っていたといいたいのだ」と述べる。そのうえで、日本の近代化は「遅れた前代」とすっぱり切れた明治にゼロからはじまったという司馬遼太郎の教条的な発想は、敗戦で自信喪失した日本人に自信を取りもどさせ、また明治期の合理的精神がなぜ神がかり的精神に退化したのか、現代日本人に反省をうながしたものであろうと、さらに舌鋒鋭く追及する。

真に反省すべきは、すべてが明治からはじまったとするお仕着せの歴史観だとする、この章の叙述には、著者の秘めたる激しさが爽快に噴出し、この著者の視点にこそ現代を逆照射するポイントがあると、改めて納得したのだった。

第四章「「士族反乱」の夢」と第五章「豪傑民権と博徒民権」のうち、前者は西郷をいただいた西南戦争、熊本の神風連の蜂起をはじめ、維新後に続発した新政権に対するいわゆる「士族反乱」が、けっして既得権を失った士族の利害にもとづくものではなく、広範に農民層を含みつつ、一見、奇態に見えるスタイルによって、体制固めに狂奔する新政権に異議を申し立て、もう一つの近代を求めるものであったことを論証する。ちなみに、著者は、神風連にシンパシーをもつ熊本民権党の組織者、宮崎八郎が、主義主張が一致しない西郷の反乱に加担して挙兵したさい、その矛盾を突かれると、「西郷に天下取らせて、また謀反するたい」と放言した挿話を記しているが、これは一種「永久革命宣言」とも受け取れる言葉であり、まことに興味深い。ちなみに、第五章は、自由民権運動のうち、土佐、名古屋、秩父などで勃発した下層農民や博徒を中心とする「下流民権」運動についての講演だが、民権運動の知られざる面にスポットを当てたものであり、これまた興趣あふれる。

上記の五章に、内村鑑三について述べた第六章、自身の歴史叙述の方法などについて語った対談も含め、総じて本書は、つねに「名もなき人びと」の実在を視野に入れながら、歴史の転換期の諸相を具体的に浮き彫りにする、著者の卓越した歴史感覚をみごとに映しだしている。まことにおもしろく、かつ読みごたえのある秀作評論集である。

(2018.8)

『紫陽花舎随筆』

鏑木清方 著、山田肇 選

(講談社文芸文庫、二〇一八)

明治、大正、昭和にわたって活躍した日本画家、鏑木清方《かぶらききよかた》(一八七八―一九七二)の随筆集。清方は明治十一年、神田で生まれたが、生後まもなくから、銀座界隈を中心に転居をくりかえした。ちなみに、母が引っ越し好きだったせいもあり、生涯を通して引っ越し回数は三十回に及んだという。父は幕末の文人で、清方が八歳のとき、『やまと新聞』を創刊したが、しだいに経営が苦しくなり、家計が成り立たなくなる。このため、父の勧めにより、十三歳のとき水野年方の弟子となって挿絵画家をめざし、二年後には『やまと新聞』にコマ絵を描いた。以後、父に代わり祖母と母を支えて生計を立て（父は清方が二十四歳のときに死去）、二十代に入るや、多くの新聞や雑誌から注文を受け、挿絵画家としての地歩を固める。生涯の友泉鏡花と知り合ったのも、この時期（清方二十三歳）である。

しかし、やがて清方はけっきょく小説の枠組みから自由になれない挿絵に飽き足りず、創作画へと方向転換するに至る。日本画家鏑木清方の誕生である。以後、清方は晩年に至るまで、「築地川」「鰯《いわし》」「朝夕安居」等々、明治中期の市井の風俗を描いた作品や、傑作の誉れ高い「築地明石町」を筆頭とする美人画等々の分野で、次々に秀作をあらわすに至る。

清方は、生粋の江戸の下町娘だった天保生まれの祖母や母を敬愛し、庶民としての誇りをもちつづけた人であった。みずから「私のなかにしっかり根を下している心のふるさとというのは、物心を覚えてから、明治の三十四五年までつづいた自分のうちの生活にあるといえよう」（「心のふるさと」本書所収）と述べているように、庶民の視座に立つ清方の描くかつての東京下町風景には、穏やかに推移した日々がみごとに再現され、見る者に根源的な郷愁を覚えさせる。また、「築地明石町」に見てとれるように、清方の美人画に描かれる女性像には総じてきりっとした内的な緊張感がただよい、前代の美人画とは異なる存在感がある。ここには、きっぱりした祖母や母を敬愛した清方ならではの女性観が認められる。

鏑木清方は文章家としてもすぐれ、多くの随筆集を発表している。本書は没後六年、昭和五十二年（一九七八)に刊行された『紫陽花舎随筆《あぢさゐのや》』(六興出版)を文庫化したものである。三部で構成され、第一部は東京の自宅が戦火のために焼失し、昭和二十一年、鎌倉の材木座に移り住んでから数年の間に書かれたものを収める。戦後まもない時期に書かれた文章であり、生活者として画家として、災禍をもたらす戦争を厭《いと》う叙述が散見し、興味深い。

第二部は昭和二十九年、鎌倉雪の下の新居に移ろうとする時期以後に書かれた文章を収める。ようやく心身ともに静かな日々をとりもどし、先述した「心のふるさと」、すなわちかつての東京の下町の情景や暮らしを綴った文章も多く見え、しみじみとした情趣にあふれる。第三部は書かれた時期を問わず、画により直接的にかかわる文章を収める。なかでも「上村松園論」は、女性画家上村松園の人となりからその作品まで緻密に論じ尽くし、三遊亭円朝像をはじめとする清方の生彩あふれる肖像画をしのばせる秀作である。

本書を読みながら、手元にある清方の画集を眺め、他の随筆集をも合わせ読むと、酷暑の最中《さなか》であるにもかかわらず、しばし爽やかな風に吹かれるような清涼感を覚えた。長い年月を静かにかつ誠実に生きた画家の面影をみごとにあらわす一冊である。

(2018. 8. 12)

『影の歌姫』

ルシンダ・ライリー著、高橋恭美子訳

(上下、創元推理文庫、二〇一八)

本書は、アイルランド生まれのミステリ作家ルシンダ・ライリーによる、連作長篇シリーズ「セブン・

シスターズ」の第二編にあたる。

セブン・シスターズとは、プレアデス星団（おうし座の散開星団。和名は「すばる」）にまつわるギリシャ神話の七人姉妹を指す。このシリーズはこれになぞらえ、六人の姉妹（七人めの所在は不明）を主人公とする。

姉妹とはいえ彼女たちに血のつながりはなく、謎の大富豪である養父（パ・ソルト）によって、生後まもなく次々に世界各地から連れて来られ、スイスのレマン湖の畔《ほとり》に建つ壮麗な館で、慈愛深い家政の責任者マリーナに見守られながら成長し、やがて自立する。おとぎ話のような設定だが、敬愛する養父が姉妹の出生の地を暗示する天球儀と、出生にまつわる品を遺《のこ》して急逝したため、彼女たちはあいついで自分のルーツを探し求める旅に出る。

六人姉妹のルーツ探しの旅の先陣を切ったのは、長女の翻訳家マイアであり、その旅の顚末《てんまつ》を描いたのが、このシリーズの第一編『蘭の館』上下である。天球儀で暗示された地、ブラジルのリオ・デ・ジャネイロに向かったマイアは曲折を経ながら、曽祖母にはじまるみずからの家族の過去の歴史を探りあてる。彼女はこうしてルーツを探りあてると同時に、長らく抱え込んできた苦い恋の記憶から解放され、新たな一歩を踏みだすに至る。

これにつづく本書『影の歌姫』上下は、マイアのすぐ下の妹アリーのルーツ探しの旅をたどる。アリーはすぐれたフルート奏者からヨット選手に転身した快活な女性だが、養父の死後まもなく、やはりヨット選手の恋人が事故死してしまったため、悲嘆のどん底に突き落とされ、生きる気力を失いそうになる。そんなとき、養父が遺してくれた、かつてノルウェーで活躍した歌手アンナの生涯を綴る伝記を読んだのを契機に、アンナと自分の関係を調べはじめ、やがてアンナが後半生を送ったノルウェー南西部の音楽の町ベルゲンを訪れる。そこで、アリーはアンナの玄孫にあたる音楽家のトム・ハルヴォルセンと出会い、その協力を得て長い歳月をさかのぼり、ついにみずからのルーツを探りあてる。

このアリーの過去への旅を、本書は、十九世紀後半を舞台とするアンナの波瀾万丈の物語と、二十世紀前半、アンナの孫ピップ（トムの祖父）とユダヤ人の恋人が繰り広げる悲劇的な物語とを交錯させながら、細やかに描きあげてゆく。なお、アンナの物語では、彼女が主演女優の黒子の「影の歌姫」としてデビューしたイプセンの戯曲「ペール・ギュント」で、音楽を担当したグリーグも重要な役割を担うなど、ことのほか興趣にあふれる。

かくして百数十年、アンナを起点として、五世代にわたる音楽とかかわりの深い家族の歴史をたどるうち、みずからの出生の秘密を探りあてたアリーは、養父と恋人を失った痛手からしだいに回復し、再生の契機をつかむに至る。シリーズ第一編のマイアの物語と第二編のアリーの物語に共通するのは、彼女たちがみずからのルーツを探る旅によって、いずれも喪失から再生へと甦りを果たすところにある。

さて、六人姉妹の残る四人はいかなる旅をするのか。所在不明の最後の一人は実在するのか。謎に包まれた養父は、なぜ不幸な状況で誕生した彼女たちを捜しだし養女にしたのか。彼はいったい何者なのか。まだまだ大きな謎は残されており、この大いなるシリーズの以後の展開への期待が膨らむばかりだ。

（2018. 9. 23）

『ただの文士――父、堀田善衛のこと』

堀田百合子 著

（岩波書店、二〇一八）

戦後まもなくからほぼ半世紀にわたり、『広場の孤独』『時間』などの小説、『方丈記私記』『ゴヤ』『定家明月記私抄』などの評伝、『上海にて』『キューバ紀行』などの評論等々、さまざまな分野で次々に秀作、超大作を著した堀田善衛（一九一八―九八）の回想記である。著者は長女の堀田百合子（一九四九年生まれ）。堀田善衛は「原稿を書くということは、原稿用紙の升目に一文字ずつ田植えをしているようなものだ」と言いながら、深夜、トントン、トントントンと万年筆の音を響かせて、ひたすら原稿を書き綴っていたという。

そんな父の姿を幼いころから見てきた著者が、ときにユーモアをまじえつつ描く素顔の堀田善衛は、著者自身「文句言いでもなく、気難しいわけでもなく、コツさえつかめば扱いやすい家庭人です」と、娘ならではの率直さで述べているように、迫力あふれる著作とはうらはらに、ノホホンとした風情があり、本書はその落差を巧まずして浮き彫りにする。

堀田善衛は一九一八年（大正七年）、富山県高岡市伏木で生まれた。生家は大きな廻船問屋だった。一九四二年（昭和十七年）、慶応大学文学部仏文学科を卒業、一九四四年、召集されたものの、病気のため召集解除となる。翌一九四五年三月、上海に渡り、終戦後の一九四七年一月、引き揚げ船で帰国するまで、混乱の渦中にあった上海で過ごす。評論集『上海にて』（一九五九）には、このときに実感した乱世的状況が臨場感ゆたかに描かれている。

帰国後、『広場の孤独』『漢奸』などの小説を発表、作家としての地歩を固めるとともに、一九五〇年代後半以降、アジア・アフリカ作家会議（A・A作家会議）の主要メンバーとして活躍、ひんぱんに海外諸国を訪れるようになる。そうしたなかで、やがて画家ゴヤ（一七四六―一八二八）の評伝を執筆すべく、しばしばスペイン各地を旅した。旅を重ねながら、徹底的に資料を読み込んだうえで、著された超大作評伝『ゴヤ』（単行本は全四巻、一九七四―七七年刊）は、多様な国の人々が混在するスペインの乱世のなかで、波瀾万丈の生涯を送った複雑なゴヤ像を描ききった傑作にほかならない。上海といいゴヤの生きた時代のスペインといい、堀田善衞は乱世を描く作家だったといえよう。

『ゴヤ』が完成した後、よほどスペインと相性がよかったのか、堀田善衞は一九七七年から八七年まで、トータルで十年にわたりスペインに移り住んだ。「あとは頼むな」と言いのこし、母とともに父が去った後、ひとり日本に残った著者もおりにつけスペインを訪れ、気候の変化の激しさに右往左往しながら、いつのまにかすんなり適応している父母の暮らしぶりを目の当たりにした。本書にはそんな父母の姿がいきいきと記されている。

堀田善衞は、若いころの上海暮らしに端を発し、六十歳目前でスペインに移り住むまで、生来、らくらくと国境を越え異郷に身を置くことができる、インターナショナルな感覚の持ち主であったとおぼしい。その意味で、本書の著者のいうとおり、稀有の「世界人」だったといえよう。のみならず、堀田善衞はスペイン移住後、平安時代末期・鎌倉時代初期を舞台とする評伝『定家明月記私抄』（単行本は一九八八年刊）を書いており、あえて異郷でこれを執筆したことに関し、「平安朝末期などというものは、現代のわれわれから見て、まず外国である」と述べている。遥かな過去の時間を空間的にとらえたおもしろい発言である。

一九八七年、スペイン暮らしを切りあげ帰国した後も、モンテーニュを取りあげた大作評伝『ミシェル城館の人』(単行本は全三巻、一九九一―九四年刊)を完成するなど、堀田善衞の創作力は最晩年まで衰えることはなかった。みごとな作家生涯というほかない。

いかなる大作、大長篇も、田植えをするように一字一字、原稿用紙を埋めてゆく日々の積み重ねからしか生まれない。本書の著者は、いつどこにいても、倦まずたゆまず、原稿用紙に向かいつづけた父、堀田善衞の姿を、「毎夜、父は午後一一時過ぎに、お茶の道具一式を入れた小さな岡持を持って、書斎へ出勤します。(中略)椅子に座り、まずバンドエイドを人指し指と中指に貼ります。これはペンだこが痛くなるからです。そして、頭痛薬を一錠飲みます。これは気休めです。そして、ここから先、何をしているかは不明です。誰も見たことがありませんので……」と、思いをこめて記している。

「世界人」堀田善衞の日常における地道な仕事ぶりが彷彿とする描写である。本書は、あくまで著者の見聞を中心としながら、適宜、堀田善衞の文章や発言を織り交ぜ、「ただの文士」にして同時に「ただならぬ文士」でもあった堀田善衞の生きかた、ありかたを鮮やかに浮き彫りにしている。

先ごろ池澤夏樹、鹿島茂、宮崎駿らが縦横に語る『堀田善衞を読む』(集英社新書)も刊行された。本書と合わせ読めば、堀田善衞の人と作品の魅力がより明らかになるであろう。

(2018. 12. 2)

書物あれこれ 4

「モノ」としての書物

パソコンの普及とともに、大部な中国古典もほとんどすべて全文データベース化されている。なるほど言葉の検索もきわめて容易であり、目を皿のようにして、必死で頁をめくっていたころと比べると、文字どおり隔世の感がある。もっとも、紙資料育ちの私としては、データベースの便利さは重々承知しながらも、これはと思う用例については、やはり実際に本を見てその箇所にあたり、確認しないとどうも落ち着かない。

考えてみれば、中国の書物のかたちは長い時間をかけて、じりじりと変貌を重ねてきた。今から約二千五百年前、春秋時代に生きた孔子（前五五一―前四七九）は『易《えき》』を愛読し、「韋編三絶《いへんさんぜつ》」したとされる。当時の書物は、竹簡《ちくかん》（細く切った竹のふだ）を韋（なめし皮）でとじたものであり、くりかえし熟読したために、その皮ひもが三度も切れたというのである。

このスタイルの書物はたいへんかさばり、また値段もそうとう高かったと思われるが、前漢《ぜんかん》の武帝《ぶてい》（前一四一―前八七在位）に仕えた「滑稽《こっけい》（饒舌《じょうぜつ》をふるう宮廷の道化）」の東方朔《とうほうさく》（前一五四？―前九三？）は、武帝に対して三千枚もの竹簡に記した上奏文を捧げ、認められて任用されたという。なにしろ長いの

で武帝は読みおわるのに二か月もかかったというから、竹簡方式は書くほうも読むほうもたいへんな労力を要したことがわかる。

後漢《ごかん》の元興《げんこう》元年(一〇五)、宦官《かんがん》の蔡倫《さいりん》が紙を発明したあと、文字の記述はしだいに紙へと移行する。ちなみに、西晋《せいしん》の文人左思《さし》(二五〇?―三〇五?)が魏《ぎ》・蜀《しょく》・呉《ご》三国の首都の特徴を描きわけた「三都の賦《ふ》」を完成すると、人々が争って筆写したため、西晋の首都洛陽《らくよう》では紙の値段があがったとされる。いわゆる「洛陽の紙価を高める」である。この話は、三世紀末の西晋時代にはすでに紙が広く流通していたことを示している。

紙資料の時代になったあとも、書物は長く「写本」のかたちで流通する。これが決定的に変化するのは、宋《そう》代(北宋九六〇―一一二六、南宋一一二七―一二七九)である。この時代、木版印刷が普及して「版本」が主流となり、書物も格段に入手しやすくなるのだ。これにともない、書物収集も容易となり、個人蔵書家が続々と出現するようになる。さらに時代がくだり、明《みん》代(一三六八―一六四四)以降になると、印刷技術の発展によって出版業はますます栄え、多種多様の書物が刊行され大衆化の傾向もつよまる。

こうして中国では竹簡から紙へ、さらに写本から版本へと、時代の推移とともに書物のかたちは変化を重ね、書物を手にする階層も徐々に拡大してきた。ただ、どのようなかたちであれ、せんじつめれば、これらの書物がすべて具体的なモノであることに変わりはない。手ざわりのあるモノとしての書物に執着する私は、電子図書の時代になっても、やはりそれを紙に印字しなければ読めないのではないかと思うばかり。


(2005.7.17)

消える書店

最近、店じまいする書店が多い。家の近くにあった書店もつい先日、姿を消したし、京都河原町通(三条から四条の間)の大型書店二軒もあいついで閉店するもようだ。もう四十年も昔になるが、私が学生だったころ、河原町通の中心部には大型書店が少なくとも四軒(そのうち二軒はずいぶん前になくなった)はあった。家庭教師のアルバイト料が入ると、町へ出てこれらの書店を行脚《あんぎゃ》し、前からほしいと思っていた本を次々に買い込むのが、何よりの楽しみだった。おかげで、有り金をスッテンテンに使い果たし、重い荷物をかかえて、当時、賀茂川《かもがわ》の上流にあった自宅まで、歩いて帰ったこともよくあった。

時がたち、今や町の風情も一変し、ゲームセンターや若者向きのグッズを並べた店がひしめきあうようになった。若者を中心に人は大勢歩いているけれども、書店に入る姿はほとんど見かけない。こうして変質した繁華街に書店は似合わないということだろうか。

四千年の歴史をもつ中国では、六世紀の中頃、南朝梁《りょう》の時代に早くも書店が出現したと推定されるが、詳しいことはわからない。明らかに書店の存在が確認されるのは、木版印刷が普及しはじめた北《ほく》宋《そう》(九六〇―一一二六)以降である。もっとも、この書店は常設ではなく、寺院の境内などで月に何度か開かれる定期市の露天商だった。北宋のころ、首都開封《かいほう》の相国寺には、市のたびにこうした露天書店がずらりとならび、にぎわったとされる。

伝統中国きっての女性詩人、李清照《りせいしょう》(一〇八四―一一五一以降)と、その配偶者の趙明誠《ちょうめいせい》も、この相国寺の露天書店の常連だった。彼らは市がたつたびに出かけ、気に入った書物を見つけると、財布をはたいて買い求め、それでも足りないときは、趙明誠が着ている上着を質に入れて購入した。残った小銭で果物を買って家に飛んで帰り、いっしょに食べながら、手に入れた書物の品定めをするのが、彼らの無上の楽しみだったという。察するところ、相国寺の市には質屋もあれば果物屋もあるなど、種々雑多の露天商が混在し、そのなかに李清照夫妻を狂喜させるほど貴重な書物を販売する書店も、店を張っていたとおぼしい。だとすれば、書店はもともと雅俗混淆《こんこう》の繁華の巷《ちまた》から生まれたといえそうだ。

時代が下り、十六世紀後半の明末になると、出版業が急成長したのと並行して、中国全土の主要都市に常設書店が軒を並べる書店街が出現した。露天から常設書店街へ、中国の書店は書物を求める人々の思いを受けとめ、その需要にこたえて変化し発展してきた。

さて、京都の繁華街から書店が消えてゆく現在、問題はどこにあるのだろうか。インターネットで書物を購入する向きも急増しているが、やはり書物は実物を手にとって、購入するのが本道というもの。読者はたまにはパソコンを消して書店へ足を運び、書店はそんな潜在読者を吸引する魅力をもつよう、地味な工夫を重ねるしかないのかも知れない。

(2005.10.9)

主要作品名索引

五十音順．主として小見出しとして上がっている
主要な作品名のみをあげた．

あ行

か行

さ行

た行

な行

は行

ま行

や行

ら行

わ行

主要著者名索引

五十音順．主として小見出しとして上がっている
主要な著者名・編者名のみをあげた．

あ行

か行

さ行

た行

な行

は行

ま行

や行

ら行

わ行

初出一覧

各件冒頭から順に，本書の掲載頁数，本書で項目名としている書評対象の書名(またはエッセイタイトル)，初出媒体名，初出年／月(／日)を示す．媒体名の略称は，朝日＝朝日新聞，京都＝京都新聞，産経＝産経新聞，日経＝日経新聞，毎日＝毎日新聞，エコノミスト＝週刊エコノミスト，読書人＝週刊読書人，ポスト＝週刊ポスト，をそれぞれ示す．

I 書評 1987〜2007

6 魯迅ノート：読書人，1987/11/30 号
8 孔子：産経，1989/10/23 夕刊
10 後宮小説：ポスト，1990/2/16 号
11 村の名前：月刊北國アクタス，1990/11 号
12 夏姫春秋：月刊北國アクタス，1991/9 号
13 客家：SAPIO，1991/11/28 号
15 百年の孤独：ミステリマガジン，1992/5 号
(上記 7 件，のちに井波律子『中国のアウトサイダー』筑摩書房，1993 年に収録)
17 宮崎史学の魅力：『宮崎市定全集』第 18 巻月報，岩波書店，1993/4
22 消えた万元戸，土牢情話：読書人，1993/4/26 号
25 ワイルド・スワン：ポスト，1993/4/30 号
26 フローラの肖像：ポスト，1993/9/10 号
28 棺を蓋いて，私の紅衛兵時代，キッチン・ゴッズ・ワイフ：CREA，1993/11 号
30 中国人の日本観：ポスト，1994/3/25 号
32 天怪地奇の中国：日経，1994/6/26
33 檻獄都市：図書新聞，1994/9/17 号
35 「異界」と現実──漱石について：『漱石全集』第 11 巻月報，岩波書店，1994/11
39 最後の宦官：SAPIO，1994/11/10 号
41 幸田文と身体感覚：『幸田文全集』第 4 巻月報，岩波書店，1995/3
45 幸田露伴：ノーサイド，1995/5 号
49 桃源郷の機械学：女性セブン，1995/3/2 号
50 明末のはぐれ知識人：波，1995/6 号

52　中国山水画の誕生：読書人，1995/7/14 号
54　幸田文の簞笥の引き出し：SAPIO，1995/11/22 号
56　孟嘗君：産経，1996/1/10
58　杉本秀太郎文粋：ちくま，1996/3 号
61　北京好日：産経，1996/7/4
62　上海：産経，1996/12/9
63　龍あらわる：本の話，1997/2 号
66　わが幻の国：群像，1997/2 号
（上記 22 件，のちに井波律子『中国文学 読書の快楽』角川書店，1997 年に収録）
70　中国怪食紀行：ポスト，1997/11/7 号
73　逆光のオリエンタリズム：朝日，1998/4/5
74　介子推：『介子推』解説，講談社文庫，1998/5
80　安倍晴明伝：朝日，1998/5/10
81　名探偵を，探偵すれば：朝日「味読 乱読」，1998/5/24
83　全ての人は過ぎて行く：朝日，1998/6/14
84　生命の樹：朝日，1998/7/5
86　蔡元培：朝日，1998/8/2
87　お茶をどうぞ：朝日，1998/9/13
89　鬼の宇宙誌：『鬼の宇宙誌』解説，平凡社ライブラリー，1998/9
95　人われを漢奸と呼ぶ：ポスト，1998/9/25 号
98　魔法：『魔法』解説，河出書房新社，1998/10
106　レトリック感覚：朝日「書棚から――記憶に残る本・気になる本」，1998/10/4
107　狂気の王国：朝日，1998/11/1
109　読書の首都パリ：朝日，1998/11/22
110　翔べ麒麟：文学界，1998/12 号
113　隋唐の仏教と国家：『隋唐の仏教と国家』解説，中公文庫，1999/1
119　江戸化物草紙：朝日，1999/1/24
120　ミシェル・フーコー／情熱と受苦：朝日，1999/2/21
121　中国路地裏物語：朝日，1999/4/11
123　まだら文：朝日，1999/5/9
124　文福茶釜：朝日，1999/6/13
125　前日島：朝日，1999/7/18
127　ゴールド・マウンテン：朝日，1999/8/29
128　古代中国と古代日本の常世観・異界観――折口信夫について：『折口

信夫全集』別巻3月報，中央公論新社，1999/9
134　マイトレイ：フィガロジャポン「トレンド発信都市のスタイルのある部屋.」，1999/10/5号
136　文明のなかの博物学：朝日，1999/10/31
137　宇宙を呑む：朝日，1999/12/5
138　映画渡世，日本映画史：朝日「書棚から——記憶に残る本・気になる本」，2000/1/9
140　ムネモシュネ：朝日，2000/1/30
142　リヴァイアサン：朝日，2000/2/20
143　中国「戯れ歌」ウォッチング：朝日，2000/4/9
144　今ひとたびの戦後日本映画：『今ひとたびの戦後日本映画』解説，中公文庫，2000/5，岩波現代文庫，2007/7
150　西遊記：朝日，2000/5/14
151　江戸百夢：朝日，2000/6/4
152　大阪笑話史：朝日，2000/7/9
154　大正美人伝：朝日，2000/8/20
155　翻訳夜話：朝日，2000/11/5
157　刺客の青い花：朝日，2000/12/17
158　ロードショーが150円だった頃：朝日，2001/2/4
159　唐シルクロード十話：朝日，2001/3/4
160　加田伶太郎全集：朝日，2001/3/25
162　中島敦の中国小説：『中島敦全集』第1巻月報，筑摩書房，2001/10
166　桃源郷：日経，2001/11/11
167　昭和文学史：すばる，2002/5号
170　中国出版文化史：學鐙，2002/7号
176　白檀の刑：日経，2003/9/7
177　「中国ミステリ」の愉しみ：『岩波講座文学』第6巻月報，岩波書店，2003/12
181　中国遊俠史：日経，2004/5/9
182　君よ弦外の音を聴け：京都，2004/6/6
184　中国民族主義の神話：日経，2004/6/20
185　纏足の発見：ポスト，2005/2/18号
186　ゲーテさん　こんばんは：日経「半歩遅れの読書術」①，2006/2/5
188　東海道書遊五十三次：日経「半歩遅れの読書術」②，2006/2/12
189　青春の終焉：日経「半歩遅れの読書術」③，2006/2/19

191　川本三郎の映画評論：日経「半歩遅れの読書術」④，2006/2/26
192　美食家に学ぶ食の楽しみ：週刊朝日「週刊図書館 読書日和」，2006/2/17号
194　王朝物語：論座「書棚の奥から」，2006/10号
197　中国 食の文化誌：日経，2007/5/13
199　紅楼夢の殺人：『紅楼夢の殺人』解説，文春文庫，2007/8

Ⅱ 中国の古典 中国の歴史

210　論語：朝日「書棚から――記憶に残る本・気になる本」，1999/3/7
212　弟子：エコノミスト「歴史書の棚」，2010/1/12号
213　老子：エコノミスト「歴史書の棚」，2010/2/9号
214　孫子：エコノミスト「歴史書の棚」，2009/8/18号
216　劉邦：日経，2005/6/12
217　漢の武帝：エコノミスト「歴史書の棚」，2008/8/26号
218　司馬遷：しにか，1994/5号(のち，前掲『中国文学』収録)，エコノミスト「歴史書の棚」，2008/12/16号
221　史記列伝抄：毎日，2011/6/26
223　三国志実録：『三国志実録』解説，ちくま学芸文庫，1997/3(のち，前掲『中国文学』収録)
230　随筆三国志：エコノミスト「歴史書の棚」，2008/11/18号，『随筆三国志』解説，講談社文芸文庫，2007/5
238　山海経：エコノミスト「歴史書の棚」，2010/8/3号
240　列仙伝・神仙伝：エコノミスト「歴史書の棚」，2009/9/15号，『列仙伝・神仙伝』解説，平凡社ライブラリー，1993/9
247　王羲之：エコノミスト「歴史書の棚」，2009/12/8号
248　荊楚歳時記：エコノミスト「歴史書の棚」，2010/3/9号
250　顔氏家訓：エコノミスト「歴史書の棚」，2009/4/14号
251　魏晋南北朝：エコノミスト「歴史書の棚」，2009/1/20号
252　隋の煬帝：エコノミスト「歴史書の棚」，2008/7/22号
254　煬帝：毎日，2011/3/27
256　「唐代伝奇」：エコノミスト「歴史書の棚」，2011/3/1号
257　唐詩選：エコノミスト「歴史書の棚」，2010/6/8号
258　読まずにきた本――「常識の欠落」：群像，2003/2号
260　馮道：エコノミスト「歴史書の棚」，2008/9/23号
262　朱子伝：毎日，2010/9/19

264　水滸伝：エコノミスト「歴史書の棚」，2010/11/2号
266　蜀碧・嘉定屠城紀略・揚州十日記：エコノミスト「歴史書の棚」，2009/2/17号
267　陶庵夢憶：エコノミスト「歴史書の棚」，2009/3/17号，朝日「書棚から――記憶に残る本・気になる本」，1999/7/4
270　聊斎志異：エコノミスト「歴史書の棚」，2010/9/7号
272　随園食単：エコノミスト「歴史書の棚」，2009/6/16号
273　両地書：こころ，vol. 3，2011/10号
278　中国の歴史：朝日「学生のためのBookガイド　その3」，2015/8/24夕刊，エコノミスト「歴史書の棚」，2008/10/21号
280　中国歴史・文学人物図典：エコノミスト，2011/3/29号
281　中国傑物伝：『中国傑物伝』解説，中公文庫，1994/9（のち，前掲『中国文学』収録）
287　中国ペガソス列伝：『中国ペガソス列伝』解説，中公文庫，1997/8
292　中国政治論集：エコノミスト「歴史書の棚」，2009/10/13号

Ⅲ　書評 2008～2018

300　転生夢現：毎日，2008/4/6
302　愛しの座敷わらし：毎日，2008/5/11
304　出ふるさと記：毎日，2008/6/8
306　ロスト・ジェネレーション：毎日，2008/7/13
309　富士さんとわたし：毎日，2008/8/10
311　紅顔：『紅顔』解説，中公文庫，2008/9
314　乱歩の軌跡：毎日，2008/9/14
316　わたしの戦後出版史：毎日，2008/10/12
319　被害者の娘：毎日，2008/11/9
321　なにもかも小林秀雄に教わった，哲学は人生の役に立つのか：毎日，2009/1/25
324　ロシア文学の食卓：毎日，2009/2/22
326　漱石の漢詩を読む：毎日，2009/3/29
328　山月記，弟子，李陵：毎日「この人・この3冊」，2009/5/3
329　夏王朝：エコノミスト「歴史書の棚」，2009/5/19号
331　サガン：毎日，2009/5/24
334　運命：エコノミスト「歴史書の棚」，2009/7/14号
335　花田清輝：毎日，2009/7/19

338　幸田露伴(齋藤礎英)：群像，2009/8号
341　アンダルシアの肩かけ：毎日，2009/8/23
343　舞台人走馬燈：毎日，2009/9/27
345　まぼろしの王都：毎日，2009/11/8
348　中国医学はいかにつくられたか：エコノミスト「歴史書の棚」，2009/11/10号
349　「女装と男装」の文化史：毎日，2010/1/10
352　読書雑志：毎日，2010/2/21
354　菜根譚：エコノミスト「歴史書の棚」，2010/4/6号
355　言い残しておくこと，思い出袋：毎日，2010/4/11
358　乾隆帝の幻玉：エコノミスト「歴史書の棚」，2010/5/11号
359　アガサ・クリスティーの秘密ノート：毎日，2010/5/16
361　グリニッチヴィレッジの青春：毎日，2010/6/27
364　玄奘三蔵，シルクロードを行く：エコノミスト「歴史書の棚」，2010/7/6号
365　巡礼コメディ旅日記：毎日，2010/8/8
367　数になりたかった皇帝：エコノミスト「歴史書の棚」，2010/10/5号
369　自由生活：毎日，2010/10/31
371　革命とナショナリズム：エコノミスト「歴史書の棚」，2010/11/30号
372　空白の一章：毎日，2010/12/26
374　漢籍はおもしろい：エコノミスト「歴史書の棚」，2011/1/4号
375　科挙：エコノミスト「歴史書の棚」，2011/2/1号
377　京都うた紀行：毎日，2011/2/20
379　忘れられた花園：毎日，2011/5/15
382　ライフ：毎日，2011/8/14
384　ナボコフ全短篇：毎日，2011/10/2
387　キャベツ炒めに捧ぐ：毎日，2011/11/13
389　江戸＝東京の下町から：毎日，2012/1/15
391　白秋望景：毎日，2012/3/4
393　鍾馗さんを探せ!!：毎日，2012/4/22
396　パーディタ，ある女流詩人伝：毎日，2012/6/10
398　梅原猛の授業　能を観る：毎日，2012/7/22
400　辞書を育てて：毎日，2012/9/2
402　先哲の学問：毎日，2012/10/14
404　葬られた王朝：『葬られた王朝』解説，新潮文庫，2012/11

409　われらが背きし者：毎日，2012/12/16
411　日高六郎・95歳のポルトレ：毎日，2013/2/3
414　明日の友を数えれば：毎日，2013/3/17
416　ヘタウマ文化論：毎日，2013/5/5
418　図書館に通う：毎日，2013/6/16
420　『青鞜』の冒険：毎日，2013/8/11
422　佐藤君と柴田君の逆襲!!：毎日，2013/9/29
424　記憶と印象：毎日，2013/11/17
426　世界人名大辞典：毎日，2014/1/19
428　歴史の温もり：毎日，2014/3/9
430　秘密：毎日，2014/5/4
432　中国近世の百万都市：こころ，vol. 19，2014/6号
434　唐代伝奇小説論：毎日，2014/6/8
436　二千七百の夏と冬：毎日，2014/7/27
438　夜はやさし：毎日，2014/8/31
440　無名の人生：毎日，2014/10/19
442　パリの家：毎日，2014/12/7
444　京都〈千年の都〉の歴史：毎日，2015/2/8
446　大和屋物語：毎日，2015/3/22
449　最後の晩餐の暗号：毎日，2015/5/3
451　不健康は悪なのか：毎日，2015/6/21
453　幽霊塔：毎日，2015/8/2
455　東京骨灰紀行：朝日「学生のためのBookガイド　その1」，2015/8/10 夕刊
456　モンテ・クリスト伯：朝日「学生のためのBookガイド　その2」，2015/8/17夕刊
456　剣闘士に薔薇を：毎日，2015/9/27
459　アメリカは食べる。：毎日，2015/11/1
461　いちまき：毎日，2015/12/27
463　カール・クラウス：毎日，2016/2/7
465　中国銅鑼の謎：毎日，2016/3/27
468　樹木の文化史：毎日，2016/5/8
470　老生：毎日，2016/6/12
472　偽りの書簡：毎日，2016/8/7
475　論語(吉川幸次郎)，論語(桑原武夫)，弟子：毎日「この3冊」，2016/

8/28
476 大津絵：毎日，2016/9/25
478 敗北力：毎日，2016/11/6
480 父母の記：毎日，2017/1/15
482 俳句世がたり：毎日，2017/2/26
485 メイン・ストリートのならず者：毎日，2017/4/2
487 謀略の都，灰色の密命，宿命の地：毎日，2017/5/28
490 五月の雪：毎日，2017/7/16
492 名探偵ホームズ全集：毎日，2017/9/3
494 秋田實 笑いの変遷：毎日，2017/10/15
496 湖畔荘：毎日，2017/12/17
498 バテレンの世紀：毎日，2018/2/25
501 モスクワの誤解：毎日，2018/4/22
503 こないだ：毎日，2018/7/8
505 幻影の明治：『幻影の明治』解説，平凡社ライブラリー，2018/8
510 紫陽花舎随筆：毎日，2018/8/12
512 影の歌姫：毎日，2018/9/23
515 ただの文士：毎日，2018/12/2

コラム 書物あれこれ

1 三つ子の魂，百までも：ミネルヴァ通信「書物逍遙」，2010/1号
2 忘れられない一冊：週刊朝日「週刊図書館 忘れられない一冊」，2012/6/8号
204 十八歳で感じた知的快感：共同通信，2005/4/11配信
205 岩波文庫と私：図書，2007/10号
294 「劇場」としての本棚：日本近代文學館，2003/1/1号
296 手帳：毎日「読む楽しみ，知る楽しみ」，2008/12/21
518 「モノ」としての書物：京都「ソフィア」，2005/7/17
520 消える書店：京都「ソフィア」，2005/10/9

井波律子

1944年富山県生まれ。1966年京都大学文学部卒業。1972年同大学院博士課程修了。金沢大学教授、国際日本文化研究センター教授を経て、同名誉教授。専門は中国文学。『三国志演義』『中国文章家列伝』『奇人と異才の中国史』『中国の五大小説 上下』『論語入門』(以上、岩波新書)、『故事成句でたどる楽しい中国史』(岩波ジュニア新書)、『三国志名言集』『中国名言集 一日一言』『中国名詩集』『中国文学の愉しき世界』(以上、岩波現代文庫)、『中国人物伝』(全4巻)『完訳 論語』(以上、岩波書店)、『酒池肉林』『中国人の機智』『中国侠客列伝』(以上、講談社学術文庫)など著書多数。『三国志演義』(講談社学術文庫、全4巻)、『世説新語』(平凡社東洋文庫、全5巻)、『水滸伝』(講談社学術文庫、全5巻)の個人全訳でも知られる。

書物の愉しみ 井波律子書評集

2019年6月18日 第1刷発行

著 者 井波律子《いなみりつこ》

発行者 岡本 厚

発行所 株式会社 岩波書店
〒101-8002 東京都千代田区一ツ橋2-5-5
電話案内 03-5210-4000
https://www.iwanami.co.jp/

印刷・精興社 製本・牧製本

ISBN 978-4-00-061345-3 Printed in Japan